Vera F. Birkenbihl

Die Birkenbihl-Methode, Fremdsprachen zu lernen

Die Deutsche Bibliothek – CIP-Einheitsaufnahme

Birkenbihl, Vera F.:
Die Birkenbihl-Methode, Fremdsprachen zu lernen / Vera F.
Birkenbihl. – [Neuausg.], 5. Aufl. – München ; Landsberg am
Lech : mvg-verl., 1994
  (mvg-Paperbacks ; 426)
  ISBN 3-478-08426-1
NE: GT

Das Papier dieses Taschenbuchs wird möglichst umweltschonend hergestellt und enthält keine optischen Aufheller.

1. GABAL-Auflage: März 1987
2. GABAL-Auflage: April 1988
3. GABAL-Auflage: Oktober 1989
4. GABAL-Auflage: Oktober 1990
1. mvg-Auflage: März 1990
2. mvg-Auflage: September 1991
3. mvg-Auflage: Februar 1992
4. mvg-Auflage: November 1992
5. mvg-Auflage: August 1994

Der Titel ist natürlich weiterhin in Originalauflage im GABAL-Verlag erhältlich.
© 1987 by GABAL-Verlag, Speyer
Lizenzausgabe mit freundlicher Genehmigung der GABAL-Verlag GmbH.

Veröffentlicht in der Reihe der „mvg-Paperbacks"
mvg-verlag im verlag moderne industrie AG, München/Landsberg am Lech

Alle Rechte, insbesondere das Recht der Vervielfältigung und Verbreitung sowie der Übersetzung, vorbehalten. Kein Teil des Werkes darf in irgendeiner Form (durch Fotokopie, Mikrofilm oder ein anderes Verfahren) ohne schriftliche Genehmigung des Verlages reproduziert oder unter Verwendung elektronischer Systeme gespeichert, verarbeitet, vervielfältigt oder verbreitet werden.

Umschlaggestaltung: Gruber & König, Augsburg
Druck- und Bindearbeiten: Presse-Druck Augsburg
Printed in Germany 080426/894802
ISBN 3-478-08426-1

Inhaltsverzeichnis

VORWORT — V
Geleitwort der Herausgeber — VI
Kann diese Schrift Ihnen helfen? — VII

KAPITEL 1 - SPRACHENLERNEN, ABER WIE NICHT? — 5
Mini-Quiz 5 Die vier Grundfertigkeiten (5)

Fünf herkömmliche Vorurteile über das Sprachenlernen — 7
Man braucht einen Lehrer (7) Man muß viel lesen/schreiben (10)
Man muß Grammatik studieren (10) Man muß Vokabeln lernen (11)
Man muß furchtbar viel Zeit investieren (11) Geschichtliches (12)
Spielregeln und Grammatik-Regeln (14)

Gehirn-gerechtes Sprachenlernen — 17
Teamwork im Gehirn (17) Info-Bündel (19)

Warum Vokabel-Lernen nicht funktioniert — 21
Der Zusammenhang ist der Zusammenhalt! (22) Der Klang eines
Wortes (22) Vorläufiges Fazit (23)

KAPITEL 2 - DER ERFOLGSPLAN — 24
Was ist eigentlich anders? — 24
Ein wenig Technik — 26
Grundsätzliches zum Hören (27)

Überblick: Die Birkenbihl-Methode — 28
Der erste Schritt: De-Kodierung des Textes — 29
Eine ganz besondere Synthese (30) Über Kreuz denken (32)
Fallbeispiel 1: Haatha kitaab^{un} (34) Was bringt das De-Kodieren
nun genau? (36) Fallbeispiel 2: Der-Gazellerich (37)
Fallbeispiel 3: Die meine erste (38)

Einführung zum zweiten Schritt — 39
Hör-Training (40) Lese-Training (41)

Der zweite Schritt: Hören/Aktiv — 42
Der dritte Schritt: Hören/Passiv — 44
Diese Tatsache nützen wir bei Hören/Passiv aus (44)

Der vierte Schritt: Sprechen/Schreiben/Üben, etc. — 47
Vorläufiges Fazit (48)

Zusammenfassung der Methode (Überblick) — 49
Neuer Wein in alten Schläuchen? (50)
Wer greift hier wem vor? (50)
Ein Wort zu Superlearning (51)

KAPITEL 3 - SCHRITT 1: DE-KODIEREN — 53
Fallbeispiel 4: De-Kodier-Übung/Italienisch — 53
Lösung zur De-Kodierungs-Aufgabe (55) Schreibweise beim
De-Kodieren: Thema mit Variationen (57) Lautschrift, ja oder
nein? (57) Fallbeispiel 5: Du Frau-Kind? (58) Fallbeispiel 6:
Partikeln bittesehr (60)

KAPITEL 4 - SCHRITT 2: HÖREN/AKTIV — 62

Ganzhirn-Synthese (62) Was passiert bei diesem Lernschritt im Gehirn? (63) Vorgehen (65) Wie oft soll man einen Text aktiv hören? (66) Wie einfach sollen Texte für Einsteiger sein? (66) Schrift-Vorbereitungen bei Hören/Aktiv (67) Variationen von Hören/Aktiv (68) Achtung vor Sprachmischungen (69)

KAPITEL 5 - SCHRITT 3: HÖREN/PASSIV — 70

Technische Details zum Kopieren der Kassette (72) Technische Details zum Hören selbst (73) Vorgehen (74) Parallel-Lernen (76) Wie wollen Sie anfangen? (76) Die Zeitfrage (77)

KAPITEL 6 - SCHRITT 4: SELBER-TUN — 79

1. Hören — 79
Nebenbei bewußt hören (80)

Mini-Quiz — 80
Ganz bewußt hören (81)

2. Lesen — 81
Lektionstexte lesen (81) Andere Texte lesen (81) Lesematerial (84) Mit Übersetzungen parallel lesen (85) Lange oder kurze Texte? (86)

3. Sprechen — 88
Zur Aussprache ganz allgemein (88) Übung: Freies Sprechen (91) Fill-in-Sprechübungen (92) Dialoge nachspielen (für eine Person) (92) Rollenspiele (zu mehreren) (93) Pattern Drills (94)

4. Schreiben — 95
Abschreiben (95) Diktat (96) Rück-De-Kodieren (96) Fill-in-Übungen (96) Wollen Sie eine Ihnen neue Schriftart erlernen? (96)

KAPITEL 7 - TIPS & TRICKS — 100

Arbeiten Sie mit Farben! — 100
Dialoge farblich kodieren (100) Sinn-Zusammenhänge "bemalen" (100) Der Farbwörter-Trick (101) Der Wörterbuch-Trick (101)

Der Etiketten-Trick — 102
"Isolierte Wörter" lernen — 102
Mit Stift und Papier oder Schere und Klebstoff — 104
Video-Training — 106
Übungen selber "basteln" — 108
Fill-in-Übungen (109) Fragen selbstgemacht! (110)

Grammatik - wenn ja, dann wann? — 111
Das sogenannte Sprachgefühl kreativ erwerben! — 111

KAPITEL 8 - DIE HÄUFIGSTEN FRAGEN — 115

- Kann man im Schlaf lernen? (115)
- Soll man Latein lernen? (116)
- Soll man ausländische Zeitungen lesen? (116)
- Sind Video-Sprachkurse für Autodidakten geeignet? (117)
- Wie kann man im Zielland üben, wenn jeder dort automatisch gleich deutsch oder englisch mit uns spricht? (117)

- Wo kann man (im Zielland) am besten üben? (118)
- Wann ist man zu alt, um mit dem Sprachenlernen zu beginnen? (120)
- Soll man Radiosendungen in der Zielsprache hören? (120)
- Kann es sein, daß man eine der vier Grundfertigkeiten in der Zielsprache besser beherrschen lernt als in der Muttersprache? (120)
- Wie lernt man eigentlich, in der Zielsprache zu denken? (120)
- Ist die Vier-Schritt-Methode auch für angehende Dolmetscher geeignet? (121)
- Warum soll man eigentlich Sprachen lernen? (121)

Die Sprachen der Welt - Zitat-Auszüge Frederic BODMER 124

KAPITEL 9 - FORTGESCHRITTENE, SCHÜLER UND MATERIALIEN

Der fortgeschrittene Lerner 129
Speziell für Schüler 129
Materialien 130
  134

KAPITEL 10 - SPRACHENLERNEN MIT COMPUTER?

  141
Lernprogramme auf Diskette? 141
Programmierer - meldet Euch! 141
Die Übungswerkstatt: Der Computer 142

> Kinderleicht: Die Übungs-Schneiderei (142) Der Computer als Sprach-Trainer (144) Der Computer als kreativer Helfer! (147)

SCHLÜSSELSÄTZE ZUR BIRKENBIHL-METHODE 149

P.S. ZUR DRITTEN AUFLAGE 159

Literaturverzeichnis 162
Stichwortverzeichnis 164

Mein Vorschlag zum Lesen dieses Buches:

Lesen Sie zunächst einmal *alles* durch, aber mit einem farbigen Leuchtstift: <u>Markieren</u> Sie bitte alle Textstellen, die Ihnen besonders "einleuchten" oder die Sie besonders "ansprechen"; damit filtern Sie nämlich bereits diejenigen Aspekte heraus, die *für Sie* von speziellem Interesse sein werden. Anschließend entwickeln Sie Ihren persönlichen "Schlachtplan". Jetzt erst treffen Sie endgültige Entscheidungen, z.B. darüber, ob Sie einen bereits vorhandenen Kurs verwenden oder einen neuen kaufen wollen etc. Dann können Sie anfangen!

Danksagung:

Es ist mir ein echtes Bedürfnis, einigen Menschen zu danken, die bei den Vorbereitungen zu diesem Buch geholfen haben; in chronologischer Reihenfolge :

- **allen Seminar-Teilnehmern**, deren Erfahrungen in dieses Buch einflossen;
- **all jenen treuen Birkenbihl-Fans**, die das Buch voller Vertrauen schon vor Erscheinen bestellt hatten.
- **Herrn Prof. Dr. WAGNER**, weil die Zusammenarbeit mit ihm immer erfrischend unbürokratisch sein darf;
- **Herrn Dr. MAHRLA** für die Durchsicht des Manuskriptes; als Polyglott konnte er sogar die arabischen Fallbeispiele mitprüfen;
- **Frau Gabriele TIETZE**, weil sie wieder einmal ihr Bestes gegeben hat, was bei einem Manuskript, welches wir kamerafertig erstellen, immer extreme Sorgfalt erfordert, und, last not least,
- **Frl. Anita BRANDMAIR** für die Bereitschaft, ein ganzes Wochenende für das Lektorat zu opfern, als es eilte.

Ihnen allen meinen Dank!   Vera F. Birkenbihl, Januar 1987

Hinweis zur dritten Auflage

Abgesehen davon, daß diese Auflage überarbeitet wurde, gibt es jetzt zwei zusätzliche "Kapitelchen"; erstens: *Schlüsselsätze zur Birkenbihl-Methode* (ab Seite 149). Diese Schlüsselsätze können sowohl vorab als auch am Ende gelesen werden. Das zweite neue "Kapitelchen" (ab S. 159) enthält die Reaktion *eines* Arabisch-Lehrers; sie soll hier stellvertretend für diejenigen flexiblen Lehrer stehen, die früher im "alten Stil" gelehrt haben und nun doch bereit sind, völlig "umzupolen"...

Im übrigen freut es mich außerordentlich, daß das Buch jetzt so "abhebt", nicht zuletzt, weil inzwischen sogar Sprachschulen es empfehlen. Das spricht für die Instruktoren dieser (meist privaten) Institutionen, denn für viele Lehrer in *"normalen"* Schulen ist eine leichte Methode leider nach wie vor Anathema! Na ja.

Ich wünsche Ihnen viel Erfolg! Und vergessen Sie nicht: *Wenn dieses Buch auch Ihnen helfen kann — bitte weitersagen!*

Vera F. Birkenbihl, Oktober 1989

Vorwort zur mvg-Taschenbuchauflage

Es freut mich außerordentlich, daß dieses Buch nun, anläßlich des neuen Toncassettenkurses, *auch* als mvg-Taschenbuch erhältlich ist; denn die Moderne Verlagsgesellschaft (mvg) hat bereits seit 1973 eine Reihe meiner Bücher und Toncassetten herausgebracht. Genauso freut mich die Tatsache, daß die mvg die Lizenz für diesen Cassettenkurs (*Anleitung zum Fremdsprachenlernen*) erworben hat, denn er war ja zunächst in meinem eigenen kleinen A-Verlag erschienen und somit nur A-Verlags-Kunden zugänglich.

Die Kombination **Buch & Cassetten** ersetzt nun mein Seminar zu diesem Thema. Somit kann jetzt wirklich jeder auf die Birkenbihl-Methode umstellen, auch Menschen, die vorrangig **hören** (verstehen) und sprechen lernen wollen, die also kein großes Interesse daran haben, sich die Methode „**erlesen**" zu müssen. Sie können die Cassetten 1 und 2 (das didaktische Hörspiel) anhören (z. B. bequem unterwegs) und dann mit Hilfe der dritten Cassette die vier Schritte „in Zeitlupe" durchdenken. Danach könnten Sie einige wenige Textstellen im Buch nachschlagen, z. B. den Überblick zur Methode (S. 49), oder das Kap. 8 (die häufigsten Fragen aus den Seminaren) durchblättern, um diejenigen Fragen aufzugreifen, deren Antwort für Sie persönlich von Interesse sein wird. Vielleicht interessiert Sie jedoch mehr, was Fortgeschrittene (Kap. 7) oder Schüler (Kap. 9) tun können bzw. wie Sie Ihren Computer sinnvoll zum Sprachenlernen einsetzen können (Kap. 10). Sie sehen: Das Buch bietet eine Fülle von *ergänzenden* Informationen für die Hörer der Cassetten. Diese Cassetten jedoch ersparen es Ihnen, das *ganze* Buch lesen zu müssen.

Übrigens: Falls Sie selbst ein Mensch sind, der gerne liest, dann brauchen Sie die Cassetten zwar nicht für *sich*, aber vielleicht kennen Sie jemanden, der lieber hört? Schließlich ist der bisherige Erfolg meiner Sprachlern-Methode überwiegend der Mundpropaganda zufriedener Leser zu verdanken, die das Buch weiterempfohlen hatten, eben *weil* sie von ihren neuen Erfolgen so begeistert waren. Diese Art der „Werbung" freut mich am meisten! Allerdings wurde ich seit Jahren immer wieder gebeten, auch die Menschen zu berücksichtigen, die *lieber hören* als lesen. Das Ergebnis ist der Cassettenkurs.

Ich wünsche Ihnen viel Entdeckerfreude (und den Verlust einiger schädlicher Vorurteile über das Sprachenlernen) sowie viel Freude und Erfolg, wenn Sie meine Methode selbst ausprobieren werden!

Vera F. Birkenbihl, Frühjahr 1990   Odelzhausen b. München

Geleitwort des Lizenzgebers

Dieses Birkenbihl-Buch, das bisher in der 3. Original-Auflage bei GABAL (vgl. letzte Seiten) erschienen ist, stellt eine echte Innovation dar und ist in der nunmehr vorliegenden ersten Taschenbuchauflage mehr denn je „bestsellerverdächtig". Die Leser von Birkenbihl: *Stroh im Kopf?* (gleichfalls eine GABAL-Lizenzauflage bei mvg) haben in Teil III der 3. bis 5. Auflage bereits die Sprachlern-Methode unserer Erfolgs-Autorin kennengelernt. Allerdings nur als „Skelett". Viele haben die Methode trotzdem sofort, und zwar erfolgreich, angewandt. Dies gilt nicht zuletzt für die Seminarteilnehmer von Vera F. Birkenbihl. Hieraus ist ein Bedürfnis nach Ausbau und vertiefender Darstellung der Birkenbihl-Sprachlern-Methode entstanden. Diesem Anliegen wollten Autorin und Verlag gern entsprechen. Aus diesem Bedürfnis heraus ist im Jahre 1987 dieser Band im Rahmen der GABAL-Schriften „Die Reihe für Ihre erfolgreiche Zukunft" als eigenständiges Buch zum Birkenbihl-Sprachenlernen entstanden.

Im Zeitalter zunehmender europa- und weltweiter Integration stellt das Beherrschen einer oder mehrerer Fremdsprachen keine Sonderqualifikation, sondern eine echte Notwendigkeit dar.
Aber Lernen schlechthin – und damit **zugleich** das Sprachenlernen – sollte nicht zuletzt auch Spaß machen. Und dies ist möglich! Diese Erkenntnis zu verbreiten und zu ihrer Durchsetzung beizutragen ist ein erklärtes und satzungsgemäßes Ziel der gemeinnützigen GABAL. Hierzu wollen wir auch mit dem vorliegenden Band einen Beitrag leisten; die Schrift stellt zugleich eine Ergänzung zum GABAL-Band-Suggestopädie (Superlearning) dar, einer wichtigen Methode, bei der der Lehrer eine besonders herausragende Rolle spielt. Demgegenüber zeichnet sich die Birkenbihl-Methode dadurch aus, daß sie Autodidakten eine nachweisbar effiziente – wirksame und kostensparende – Chance bietet.
Wir freuen uns deshalb, daß dieser Band mit den entsprechenden Audio-Cassetten – ähnlich dem beim GABAL-Verlag erschienenen Kurzseminar „Stroh im Kopf?" – bei mvg in Lizenz im Rahmen dieser attraktiven Taschenbuchreihe erscheint.

Möge deshalb auch diese Taschenbuchausgabe den von uns vertretenen Anliegen dienen und vor allem den vielen Lesern, aber auch den „Schon-Anwendern" der Birkenbihl-Sprachlern-Methode sowie den von der Autorin nachstehend erwähnten vier Zielgruppen einen hohen Nutzen bieten.

Speyer, im Februar 1990

Hardy Wagner

Der Herausgeber

Kapitel 1
Sprachenlernen, aber wie nicht?

Die meisten Menschen glauben, eine Fremdsprache zu erlernen sei schwierig. Diese irrige Annahme beruht auf der Tatsache, daß der traditionelle Unterricht diesen Eindruck erweckt. Allerdings gibt es einige wenige Menschen, für die Sprachenlernen wirklich schwer sein könnte; aber das kann man schnell herausfinden. Es folgt ein Mini-Quiz.

Hinweis: Bitte beantworten Sie die vier Fragen (die sich alle auf Ihre Muttersprache beziehen), *wobei die Antworten der Person gelten, an die Sie gerade denken*. Also testen Sie entweder Ihre *eigene* Fähigkeit oder die eines anderen (Kind, Partner, Schüler), indem Sie die Antworten bezüglich dieser Person geben.

Mini-Quiz:

1. Können Sie im allgemeinen gut verstehen, was Menschen sagen (Radio, Fernsehen, Gespräche)?   [] **ja**   [] **jein**   [] **nein**

2. Können Sie fließend lesen (Zeitung, Zeitschriften, Bücher)?
                          [] **ja**   [] **jein**   [] **nein**

3. Können Sie sich mündlich klar und präzise ausdrücken? (Achtung: Jeder sucht ab und zu nach Worten, aber können Sie im allgemeinen sagen, was Sie wollen?)   [] **ja**   [] **jein**   [] **nein**

4. Können Sie sich schriftlich ausdrücken (z.B. Briefe schreiben)?
                          [] **ja**   [] **jein**   [] **nein**

Wichtig: Nur wenn die Antwort bei *allen* vier Fragen "jein" bzw. "nein" lautet, hat diese Person möglicherweise wirklich kein Sprachentalent. Das trifft aber nur auf extrem wenige Menschen zu!

Die Grundfertigkeiten:
Sicher haben Sie es bereits gemerkt: Die Fragen des Quiz beziehen sich auf zwei grundsätzliche Fertigkeiten, die das erfolgreiche "Benutzen" einer jeden Sprache ausmachen: **Verständnis** und **Ausdruck**. Diese wiederum zerfallen in je zwei Unterkategorien, so daß sich insgesamt vier Fertigkeiten ergeben, die erworben werden können:

- **HÖREN** (=verstehen)
- **LESEN** (=verstehen)
- **SPRECHEN** (=sich aktiv ausdrücken)
- **SCHREIBEN** (=sich aktiv ausdrücken)

Es ist klar, daß jede dieser Grundfertigkeiten von anderen Voraussetzungen ausgeht; so müssen Sie, wenn Sie aktiv sprechen (schreiben) wollen, nur *ein* Wort wissen (z.B. Essen), während Sie beim Verstehen (hören oder lesen) auch Synonyme begreifen müssen (Speise, Nahrung, Mahlzeit, Mittag- oder Abendessen, etc). Das heißt: Wir müssen zwischen *aktivem* und *passivem* Wissen unterscheiden, ersteres können Sie selbst aktiv einsetzen, letzteres hingegen "nur" verstehen. In Ihrer Muttersprache entspricht das passive Vokabular in der Regel ungefähr dem Fünffachen Ihres aktiven Wortschatzes!

Nun kommt es auf Ihre Zielsetzung für die zu lernende Sprache an: Wollen Sie sich später überwiegend "unterhalten" können, dann brauchen Sie ja nicht unbedingt schreiben oder lesen zu lernen, aber Sie müssen sich ein gutes aktives Grundvokabular aneignen, welches alle Situationen, über die Sie sprechen wollen, einigermaßen abdeckt. Wenn Sie jedoch alle vier Fertigkeiten erwerben wollen, dann ist die Grundvoraussetzung dafür natürlich, daß Sie diese in Ihrer Muttersprache einigermaßen beherrschen! Denn: Wer schon in seiner Muttersprache ungern liest, wird selten (und kaum besonders flüssig) lesen. Damit aber wird das Lesen von fremden Texten ungleich schwieriger (was Sprachlehrer in der Regel nicht berücksichtigen, wenn sie ihre Schüler zum Lesen zwingen wollen). Aber vor allem ist das Gegenteil wichtig:

Wenn jemand sich in seiner Muttersprache fließend ausdrücken kann, dann gibt es überhaupt keinen Grund dafür, daß er dies nicht auch in einer (oder gar mehreren) Fremdsprache(n) tun könnte!

Warum aber haben Millionen von Menschen solche Probleme, daß sie glauben, sie hätten "kein Sprachentalent"? Warum kann ein Schüler nach fünf Jahren Französisch-Unterricht nicht fließend französisch denken, sprechen, lesen? Die Antwort liegt nicht beim Lernenden, sondern im System, welches gewisse Vorurteile bei den Lernenden auslöst. Diese Vorurteile aber blockieren später den Erfolg, weil sie, per "selbst-erfüllende Propheizeiung", immer wieder verwirklicht werden, was sie natürlich verstärkt! Dieser Prozeß der Selbst-Blockade ist sehr wichtig (vgl. meine Einführung in gehirn-gerechtes Lernen: *Stroh im Kopf? - Gebrauchsanweisung für's Gehirn*, ebenfalls bei GABAL, 6.Aufl. 1988). Denn wir schaffen unsere Welt, in der wir leben, aufgrund bestimmter Annahmen (Vorurteile) über diese Welt selbst, und zwar in weit größerem Maße, als uns dies normalerweise bewußt ist. Lassen Sie uns deshalb die *fünf häufigsten* Vorurteile meiner Seminar-Teilnehmer über das Sprachenlernen etwas näher betrachten.

Fünf herkömmliche Vorurteile über das Sprachenlernen:

Bitte überprüfen Sie, welche der folgenden fünf Aussagen Ihnen bekannt vorkommen bzw. richtig erscheinen:

> Um eine Fremdsprache zu lernen,
> [] ... braucht man einen Lehrer.
> [] ... muß man viel lesen und schreiben.
> [] ... muß man Grammatikregeln pauken.
> [] ... muß man Vokabeln lernen.
> [] ... muß man viel Zeit investieren.

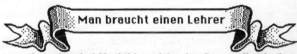

Man braucht einen Lehrer

Nein. Was man braucht, sind *Vorbilder*, nicht aber Leute, die glauben, einem alles "erklären" zu müssen. Das gilt für alle Lebensbereiche! Eltern, die selbst viel lesen, brauchen sich nicht "den Mund fusselig zu reden", weil ihre Kinder lesefaul sind! Eltern, die miteinander oft streiten, werden auch mit tausend Erklärungen über richtiges Verhalten keine friedfertigen Kinder erziehen.

Das heißt: Das meiste Lernen von Verhalten beruht auf Imitation. Das gilt auch für unser Sprach-Verhalten! Deshalb kommunizieren wir genau so aggressiv wie unsere Vorbilder. Wir sprechen genau so korrekt oder inkorrekt wie unsere Umwelt. Unsere (Ab-)Neigungen zum Lesen, Schreiben, Diskutieren etc. werden sehr stark von unserer Umgebung (mit-)geprägt! Auf das Sprachenlernen bezogen, heißt das:

> **Vorbilder (auch Schallplatten, Radio, Ton- und Videokassetten) helfen uns ohne Lehrer, also "alleine", zu lernen. Dies ist sogar weit leichter, als Unterricht im herkömmlichen Sinne zu "genießen"!**

Wenn Sie sich einmal mit den hervorragenden Gedankengängen Maria MONTESSORIs befaßt haben; sie hat es sehr deutlich zum Ausdruck gebracht: "Am besten hilft man dem Kind, *wenn man ihm hilft, es selber zu tun!*" Dies gilt natürlich auch für Jugendliche oder Erwachsene, die sich selbst unterweisen wollen! Deshalb ist diese Schrift eine Anleitung zum Selberlernen, damit Sie sich die "Umwelt des Sprachenlernens" selber schaffen können! Schließlich haben Sie das größte Sprachlern-Problem im Kleinkinderalter *souverän* gelöst! Also können Sie ja eine Sprache lernen! Und die erste ist weit schwieriger, als alle späteren es je sein könnten!

Fragen wir uns: Wie bringen Kinder diese phänomenale Lern-Leistung denn zustande? Einfach! Sie hören ihre Vorbilder tagtäglich und ahmen diese nach. Im Gegensatz zum üblichen Sprachunterricht mit erzwungenem Pauken von isolierten Wörtern (=Vokabeln) steht das, was Kinder hören, immer in einem Sinn-Zusammenhang:

- Sieh mal, eine Katze!
- Willst du noch Milch?
- Komm, wir geh'n jetzt einkaufen.
- Faß das nicht an, das ist heiß!

Beim Nachahmen sind Kinder absolute Meister! In extrem kurzer Zeit ahmen sie nicht nur die Worte selbst (den Inhalt sozusagen) nach, sondern auch den Tonfall, die Sprachmelodie, den Sprechrhythmus ihrer Vorbilder. Spricht die Umgebung Dialekt oder Hochsprache? Spricht man grammatikalisch korrekt? Diese Aspekte werden alle vollautomatisch mitgelernt! In diesem Zusammenhang eine kleine Geschichte: Ein Engländer, ein Franzose und ein Bayer unterhalten sich über die Schwierigkeiten ihrer drei Muttersprachen:

Es ist sinnvoll, sich einmal über einen wichtigen Tatbestand klarzuwerden: Man muß Kinder überhaupt nicht korrigieren! Sie lernen sogar besser, wenn man ihnen nicht zu erklären versucht, was sie tun sollen! *Denn sie korrigieren*

ihre Fehler alleine! So kann es sein, daß ein Kind einige Tage lang *gehte* sagt, aber schon kurz darauf wird *gehte* gegen *ging* ausgetauscht, und zwar ohne daß irgend jemand das Kind auf seinen Fehler hingewiesen hätte! Im Gegenteil. Wenn die Umgebung tausendmal fordert, das Kind solle *wie bitte?* sagen: Jedesmal wenn die Großen mit *häh* reagieren, verstärken sie *eben dieses* Verhalten beim Kind, unabhängig davon, was sie verbal verlangen!!

Dasselbe gilt für einen älteren Lernenden: Wenn das korrekte Vorbild immer wieder gehört wird, korrigiert er sich selbst weit besser, als wenn ein Lehrer meint, er müsse bei jedem Fehlerchen "eingreifen". Dieses Eingreifen drückt höchstens auf das Selbstwertgefühl! Daher sind bestimmte Aspekte meiner Methode so angelegt, daß diese erstaunliche Selbst-Korrektur-Funktion des Gehirns automatisch aktiviert wird! Dies bewirkt eine andere innere Einstellung - sowohl zum Lernen als auch zu sich selbst!

Im übrigen ist festzuhalten: Je mehr wir ein Kind korrigieren, desto "behinderter" wird es im Sprachgebrauch. Zu viele Korrekturen führen zu typischen Störungen, wie Einsilbigkeit, Stottern, Verlust des Wunsches, sich aktiv auszudrücken, sowie Unlust zum Lesen und Schreiben. Wenn das Kind sich aber nicht (mehr) *freudig* durch Sprache ausdrücken kann, dann kann dies später auch zu ernsthaften Lebensproblemen führen. Denn die Sprache bestimmt ja maßgeblich mit, wie wir unsere Wirklichkeit wahrnehmen und meistern! In manchen Fällen aber verkümmern Sprach-Fähigkeiten derart, daß jemand gar nicht (mehr) differenziert über sich und die Welt nachdenken kann, weil ihm hierzu, im wahrsten Sinne des Wortes, die Worte fehlen; solche Menschen sprechen nicht mehr viel, außer: "Gib mal die Butter rüber" oder: "Wir haben keine Marmelade im Haus!" Bitte fragen Sie sich:

- **Lesen Sie gerne?** Dann lesen Sie zwangsläufig auch oft!
- **Schreiben Sie gerne?** Dann schreiben Sie mehr als nur Einkaufszettel!
- **Sprechen Sie gerne?** Dann sprechen Sie auch flüssig.
- **Hören Sie gerne?** Dann hören Sie auch gut zu!

Falls Sie feststellen sollten, daß Sie in der Muttersprache zu wenig sicher sind, dann könnten Sie dagegen auch jetzt noch etwas unternehmen, wenn Ihnen klar geworden ist, daß diese angebliche "Unfähigkeit" *anerzogen* wurde, und zwar in der Regel durch zu viel Kritik und/oder durch zu wenige gute Vorbilder! Diese kann man sich aber selbst verschaffen! Halten wir also fest:

Wenn gute Vorbilder vorhanden sind, kann man sich selbst unterrichten. Wenn dies schon ein Kleinkind kann, das seine erste Sprache lernt, gilt dies für Erwachsene erst recht!

Falls Sie mit einem absoluten Minimum an Mühe etwas für Ihre Muttersprache tun wollen, dann könnten Sie einmal ...

- **... die Fernsehsendungen** kritisch prüfen, die Sie am häufigsten sehen: In einem Krimi werden Sie in der Regel eine andere Sprache hören als in einer Diskussion mit einem Nobelpreisträger. Jede Diskussion mit qualifizierten Partnern ist sprachlich interessanter als die meisten Sendungen, die "für die Masse" gemacht werden.

- **... aufmerksam Radiohören.** Wenn Sie öfter mal eine informative Sendung (Berichte, Diskussionen, Interviews) auf Kassette mitschneiden, werden Sie zwangsläufig ab und zu eine "erwischen", die sprachlich besonders interessant ist. Diese können Sie ja jetzt öfter hören, z.B. unterwegs. Wenn Sie sie öfter anhören, werden mehr Wörter aus Ihrem passiven in Ihren aktiven Wortschatz (und das ist ein Schatz!!) "wandern". Auf diese Weise verbessern Sie Ihre Muttersprache, mühelos! Außerdem könnten sie ja einmal ...

- **... über Ihr Lese-Material** nachdenken, und zwar Zeitungen (Zeitschriften) und Bücher. Natürlich nur, falls Sie gerne lesen. In jedem Fall sind die ersten beiden Tips (oben) sicher für jeden interessant, der einerseits keine Zeit hat, sich ausführlich mit seiner Muttersprache auseinanderzusetzen, und der andererseits doch wenigstens "etwas" tun möchte.

Man muß viel lesen/schreiben

Dies ist ebenfalls Unsinn. Wie viele Menschen gibt es, die ihre Muttersprache fließend sprechen, ohne häufig zu lesen oder zu schreiben! Das gilt sogar für Analphabeten! Bedenken Sie bitte, daß die sogenannte "klassische Literatur", wie die heiligen Schriften der Inder und der Chinesen, früher jahrtausendelang *mündlich* weitergegeben wurden, ehe der Mensch die Schrift erfunden hatte. Und bedenken Sie bitte auch, daß die dort verwendete Sprache dermaßen ausdrucksstark ist, daß wir sie heute noch bewundern! Wer wollte angesichts dessen noch behaupten, daß Lesen und Schreiben eine notwendige *Grundvoraussetzung* für differenzierten Sprachgebrauch darstellen?!

Man muß Grammatik studieren

Nachdem jedes Kind seine Muttersprache lernte, ohne Grammatik-Regeln auswendig zu lernen, kann dieses Vorurteil nicht stimmen. Wir merken vielmehr, daß *Grammatik-Tun* (also anwenden) und *Grammatik-Analysieren* zwei völlig unterschiedliche Tätigkeiten sind. Bei *Grammatik-Tun* sagen Sie z.B. korrekt *er ging* statt, wie es analog den meisten Verbformen eigentlich heißen müßte, *gehte*, während Sie beim *Analysieren* bewußt registrieren, daß *gehen* ein unregelmäßiges Verb ist. Noch ein Beispiel: Finden Sie bei den Wortfolgen unten diejenige heraus, die *nicht* als richtiger deutscher Satz gelten kann:

```
a) Die Kinder spielen.
b) Hans und Maria.
c) Napoleon war Korse.
```

Im Seminar wissen alle Teilnehmer, daß die Wortfolge (b) nicht als kompletter Satz anzusehen ist, aber nur ungefähr 30% der Teilnehmer wissen, was da fehlt. Wissen Sie es?

> Es fehlt das sogenannte Prädikat (= die Satzaussage).

Wenn Sie also fähig sind, Ihre Muttersprache einigermaßen korrekt zu sprechen (schreiben), dann können Sie die Grammatik "tun". Warum sollten Sie dann eine Fremdsprache über den geistigen Umweg des "Grammatik-Analysierens" lernen, wenn Sie dies in Ihrer Muttersprache schon nicht mögen? Daher bietet meine Methode die Möglichkeit, die neue(n) Zielsprache(n) auch *ohne formale Grammatik-Analyse* zu lernen! Das schließt natürlich nicht aus, daß ein Grammatik-Fan sich mit der Grammatik auseinandersetzen darf.

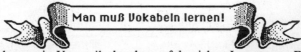

Man muß Vokabeln lernen!

Auch wieder so ein Vorurteil, das dem erfolgreichen Lernen von Fremdsprachen im Wege steht. Denn das isolierte Lernen einzelner Wörter steht im krassen Gegensatz zur Arbeitsweise Ihres Gehirns, wie wir weiter unten noch aufzeigen werden! Daher kann es nur mit einem Riesenaufwand an Zeit, Energie und "Nervenkraft" zu (mittel-)mäßigen Ergebnissen führen, wie jeder, der es schon probiert hat, weiß. (Ausnahmen sind genau so selten wie ausgesprochene Grammatik-Fans; sie bestätigen also die Regel.) Lassen Sie mich an dieser Stelle nur festhalten: Wenn auch Sie in der Vergangenheit das Sprachenlernen "schwer" fanden und wenn auch Sie zu dem Fehlurteil gelangt sind, Sie hätten wahrscheinlich "absolut kein Sprachentalent", dann sind auch Sie höchstwahrscheinlich dem Vokabel-Pauk-Vorurteil zum Opfer gefallen! Das aber wird sich bald ändern, denn bei meiner Methode *gibt es überhaupt kein Vokabel-Lernen*. Das heißt nicht, daß Sie keinen Wortschatz erwerben werden, aber eben *ohne* Vokabel-Pauken!

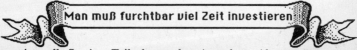

Man muß furchtbar viel Zeit investieren

Das meinen alle Seminar-Teilnehmer, ohne Ausnahme. Aber genaugenommen stehen hinter dieser Aussage zwei unterschiedliche Gedankengänge:

Erstens: Man braucht *Jahre*, um eine andere Sprache zu lernen.
Zweitens: Man muß *pro Tag* (oder Woche) viele Stunden aufwenden, um vorwärtszukommen.

Wenden wir uns zunächst der ersten Aussage zu: Braucht man wirklich Jahre? Hier gilt ein klares JEIN: Die Aussage stimmt (teilweise) insofern, als man ja zur Beherrschung der ersten Sprache tatsächlich Jahre gebraucht hat. Sie stimmt auch insofern, als man bei jeder Sprache noch hinzulernen kann, und zwar genaugenommen ein Leben lang! Dies gilt auch für Ihre Muttersprache (oder wissen Sie, was ein Rhombencephalon ist?) Aber die Angst vor jahrelangen Anstrengungen, ehe man sinnvoll kommunizieren kann, stimmt auch wieder *nicht*, weil jemand, der bereits eine Sprache kann, auch die *Konzepte* kennt, die hinter den Worten stehen. (Hier sehen wir wieder einmal, wie wenig effizient das schulische Fremdsprachenlernen ist!) Was heißt das? Ein Kind, welches zum erstenmal begreift, was mit dem Wort "ehrlich" wirklich gemeint ist, hat jetzt auch das Konzept (Ehrlichkeit) gelernt. Der Erwachsene aber kennt diese Idee, die hinter diesem Wort steht, bereits, so daß alle Ideen (Begriffe), die auch in seiner Muttersprache vorkommen, weit schneller gelernt werden können als von einem Kind, dem die darunterliegenden Ideen selbst noch fremd sind!

Was nun den Zeitaufwand für das "aktive Lernen" pro Tag oder Woche angeht, so glaubt man meistens, er sei enorm. Deshalb stehen in der Schule mehrere Stunden Sprachunterricht pro Woche auf dem Stundenplan. Dazu vergeben die Lehrer noch jede Menge Hausaufgaben, welche weitere Stunden kosten! Aber das müßte nicht sein! Darum ist der Zeitaufwand des *aktiven* Lernens mit meiner Methode minimal! Natürlich muß man schon etwas leisten, aber im Vergleich zur herkömmlichen Methode braucht man nur ca. ein Viertel der Zeit für *aktives Lernen*, wobei das dann Erreichte aber mit Sicherheit "sitzt". Das geht deshalb, weil ein Großteil der "Lernarbeit" *passiv* bewältigt wird, weil wir ihn nämlich ans Unterbewußtsein "delegieren" werden. (Details folgen später!) Das klingt im ersten Moment sicher unglaublich, aber wenn Sie es probieren, werden Sie sich bald selber überzeugen können!

Geschichtliches...
Die hier vorgestellte Methode wurde in rund 25 Jahren von mir entwickelt. Genaugenommen waren die ersten 15 Jahre ein eher blindes (intuitives) Suchen (mit vielen Umwegen!) nach dem Ideal-Weg, sich eine Fremdsprache anzueignen. Dieser Weg mußte sich vom "normalen", d.h. dem typischen Angebot von Schule und Erwachsenenbildung (z.B. Sprachkurse in Sprach- oder Volkshochschulen sowie Firmen) unterscheiden, denn damit sind Millionen von Leidtragenden nicht gerade erfolgreich gewesen! Interessanterweise sind viele dieser Menschen durchaus gewillt, eine Fremdsprache zu erlernen, aber trotzdem geben sie immer wieder auf, weil sie glauben, sie hätten kein Talent. Diese Annahme aber ist falsch!

Wenn nämlich der Wunsch vorhanden ist, dann ist in der Regel auch das nötige "Talent" da. Dies muß keinesfalls überdimensional sein. Meines ist *nur durchschnittlich* ausgeprägt. Das merke ich daran, daß andere Sprachen-Fans weit schneller von einer Sprache in die andere überwechseln können als ich. Das sind Leute mit einem besonders stark ausgeprägten Talent, was natürlich auch genetisch bedingt ist. Aber: Wenn Sie ein "normales" Sprachen-Talent mit meiner Methode "voll ausreizen", werden Sie weit mehr erreichen als so mancher Mensch mit einem besonderen Talent, der nach herkömmlichen Methoden lernen muß!

Die Grund-Idee, die bereits vor 25 Jahren in mir keimte, war die:

Nachdem jedes Kind seine erste (und somit schwierigste!) Sprache im zartesten Alter erlernt, und zwar ohne Vokabel-Pauken, muß es einen Weg geben, der diesen Prozeß weitgehend imitiert!

Diese gewaltige intellektuelle Leistung des Kindes liegt nämlich in der Tatsache begründet, daß die *Fähigkeit zur Sprache angeboren*, also sozusagen als Hardware fest in unserem biologischen "Computer" verdrahtet ist. Deshalb lernt jedes Kind die Sprache (oder Sprachen), die es umgibt (umgeben). Auf der anderen Seite ist *nur die Voraussetzung für Sprache* angeboren. Das bedingt ja unsere Flexibilität, *jede* Sprache als Muttersprache gleichermaßen leicht zu lernen, sowie die Fähigkeit, uns später auch mit anderen Sprachen auseinandersetzen zu können. Nur ein Kind, das mit Stummen aufwächst, wird nicht sprechen lernen!

Trotzdem liegen gewisse Gefahren darin, den Erwachsenen zu sehr "wie ein Kind" lernen zu lassen, wie es die sogenannte "natürliche Methode" im letzten Jahrhundert versuchte. Denn ein älterer Mensch ist ja aufgrund der Tatsache, daß er bereits mindestens eine Sprache beherrscht, in einer *weitaus besseren Ausgangslage* als das Kleinkind. Also galt es ebenfalls zu beachten:

Die "Ideal-Methode" darf sich nicht allzu sklavisch an das frühkindliche Erlernen der Erstsprache "anlehnen"; sie muß nämlich die enormen Vorteile, die ein erwachsener Mensch - mit Muttersprache - mitbringt, voll ausnutzen!

Diese beiden Grundgedanken waren die ersten beiden Ausgangspunkte. Im Laufe der Jahre kamen weitere Überlegungen hinzu. Zum Beispiel:

• <u>Im "normalen" Unterricht wird der Lernende in der Regel viel zu früh gezwungen, ihm noch unvertraute Laute auszusprechen.</u> Und zwar nicht nur im Unterricht, sondern auch beim Vokabelpauken, wenn man die Worte nämlich vor sich hin murmelt! Dies ist m.E. eine der Hauptursachen für einen starken

Akzent später. (Weitere Gründe sind Lehrkräfte, die nicht ihre Muttersprache unterrichten, also ein Chinese, der Englisch lehrt; sowie falsche Vorbilder durch Mitlernende, s. nächster Punkt).

• <u>Je mehr die Lernenden im Unterricht "selber sprechen" müssen, desto mehr "falsche Vorbilder" schafft diese Gruppe.</u> Hört der Lernwillige seine Mitlerner nämlich häufig falsch sprechen, werden (da ja Lernen weitgehend auf Imitation beruht) hier von Anfang an die Weichen für Fehler in der Zukunft gestellt! Übrigens ging es mir mit Französisch so: Ich hatte diese Sprache in den USA auf der Universität gelernt. Ohne daß mir das damals bewußt wurde, habe ich den amerikanischen *Akzent meiner Kommilitonen* dermaßen stark "übernommen", daß bei meinem ersten Frankreichbesuch jeder Franzose sofort im Brustton der Überzeugung ausrief: "Ah, vous êtes americaine?" (Ah, Sie sind Amerikanerin?)

• <u>Es gibt Menschen, die lernen besser "übers Ohr", während andere lieber lesen und/oder schreiben wollen.</u> Das gilt auch für Lehrer, die den Lernenden nur allzu oft ihren eigenen Stil aufdrängen wollen. Eine Lehrkraft, die *gerne* schreibt, wird zahlreiche Rationalisierungen für das Abschreiben der Texte, für Diktate und für schriftliche Hausaufgaben anbieten, was aber nur denjenigen Lernenden hilft, die ebenfalls gerne schreiben. Eine "ideale Methode" muß dies berücksichtigen, damit sie nicht denselben Fehler macht. Zwar plädiere auch ich dafür, daß jeder, der alle vier Grundfertigkeiten erlangen will, *ein wenig* lesen und schreiben sollte; aber zwischen einem notwendigen Minimum und den Übermengen, die manche Lehrer von *jedem* ihrer Schüler fordern, liegt ein gewaltiger Unterschied!

• <u>Menschen beginnen ihr Fremdsprachen-Studium mit unterschiedlichen Fähigkeiten.</u> Wir erwähnten ja schon: Wer ein ausgesprochener Grammatik-Fan ist, wird sich über jeden grammatikalischen Hinweis freuen. Aber die meisten Menschen sind das nicht! Also muß die "ideale Methode" es möglich machen, ohne formales Grammatik-Studium, insbesondere ohne das Lernen von Grammatikregeln, auszukommen. Schließlich hat jeder Mensch seine erste Sprache lange vor der ersten Konfrontation mit "Sprachlehre" in der Schule gelernt! Daher gehe ich von der Annahme aus, daß *ein Minimum* an "Spielregeln" der Sprache, wie man sie bei meinen ersten beiden Lernschritten automatisch erwirbt (Erklärungen später), dem erwachsenen Lernbegierigen hilft, solche Regeln auch anzuwenden, und zwar ohne formale Grammatik.

Spielregeln und Grammatik-Regeln
Lassen Sie mich den Unterschied zwischen einer "Spielregel" und einer echten Grammatik-Regel aufzeigen: Wenn Sie z.B. lernen sollen, welche *Präpositionen* welchen *Kasus* nach sich ziehen, dann ist das die Art von Regel, die den Grammatik-Fan begeistert, jeden anderen Lerner aber anödet! Denn sie setzt voraus, daß Begriffe wie *Präposition, Kasus, Deklination, Konjugation,*

transitiv, intransitiv etc. so geläufig sind, daß man eine Regel, welche diese Begriffe verwendet, sofort begreifen und anwenden kann. Dazu aber gehört jahrelanges Training! Anders ist es bei den "Spielregeln", die ich meine: Wenn Sie durch den ersten Schritt meiner Methode (De-kodierte Texte, s. Kap. 2 und 3) quasi "zufällig" bemerken, daß bei englischen Sätzen nach dem Schema: <u>Man</u> *is basically good* (<u>Der Mensch</u> ist grundsätzlich gut) kein "the" (also kein "der", "die" oder "das") auftaucht, dann begreifen Sie diese "Spielregel" auch ohne eine "offizielle" Grammatik-Regel wie die folgende: "Bei allgemeinen Aussagen werden die Substantive im Nominativ generell nicht determiniert."

Das heißt: Meine Methode nutzt einerseits den Vorteil, daß ein *intelligenter* Mensch mit den Vorkenntnissen seiner Muttersprache bestimmte "Spielregeln" sehr wohl selbständig erkennen und später aktiv anwenden kann, während der Nachteil einer "echten" Grammatik-Analyse, nebst ihrem Spezialvokabular, ausgeschaltet wird. Im übrigen ist noch festzuhalten, daß die Grammatiker oft einen gravierenden Fehler machen, der den Erfolg des Lernwilligen unerhört behindern kann, wie Frederick BODMER in seinem hervorragenden Werk *Die Sprachen der Welt* darstellt. (Das Buch ist derzeit noch vergriffen; eine Neuauflage ist jedoch in Vorbereitung!)

> Die Schwierigkeiten beim Sprachenlernen ... werden *tausendfach* vermehrt durch eine Lehrpraxis, die noch im *lateinischen* Gelehrtentum ... wurzelt und zum Teil auf den *Griechischunterricht während der Reformation* zurückgeht. Latein und Griechisch besitzen riesige Klassen von Ableitungen, die sich in zwei Typen einteilen lassen, die *Konjugationen* und die *Deklinationen*. Die Regeln ... geben Auskuft darüber, wie man die *klassische Literatur mit Hilfe eines Wörterbuches übersetzen* kann.
>
> Grammatiker, die sich ihr Leben lang in diesen Regeln geübt und sie gebraucht hatten, übertrugen nun dieselbe Methode auf *andere Sprachen, die aber einem anderen strukturellen Typus angehören* ..., und zwar ohne Rücksicht darauf, ob wir (diese Regeln) tatsächlich zu kennen brauchen und unter welchen Umständen. Die Wörter, die keine solchen Ableitungen bilden, wie z.B. die *Partikel*, die doch in den *modernen* Sprachen eine so große Rolle spielen, wurden in den Hintergrund gedrängt ... Die Wirkung war, daß dem Gedächtnis (des Lernenden) *ein ungeheurer, unnötiger Ballast* aufgebürdet wurde, ohne daß man ihm die Aufgabe ... auf irgendeine Weise erleichtert hätte! (Hervorhebungen von mir).

• <u>Die Zielstellungen der Lernenden sind höchst unterschiedlich.</u> Wir müssen doch nicht alle dieselben Fähigkeiten gleich gut beherrschen! Wer in seiner Zielsprache überwiegend verhandeln will, muß sie sowohl gut verstehen als auch flüssig sprechen können. Wer hingegen überwiegend verstehen (hören oder lesen) will, muß doch nicht zum freien Sprechen (Schreiben) gezwungen werden, oder?!

Es folgen noch einmal die vier Grundfähigkeiten, die Ihre Zielstellung berücksichtigen soll, diesmal nach aktivem und passivem Wissen gegliedert:

<u>aktives Vokabular ist nötig für:</u>
- **SPRECHEN**
- **SCHREIBEN**

<u>passives Vokabular ist nötig für:</u>
- **HÖREN**
- **LESEN**

Es folgen einige der (häufigsten) Ziele, welche meine Seminarteilnehmer erreichen wollten. Bitte denken Sie mit, wie unterschiedlich die Aspekte bezüglich der vier Grundfertigkeiten sind, die erreicht werden sollen:

• Ich muß in USA <u>Verhandlungen für meine Firma führen</u> können. Wenn ich das nicht bald schaffe, wird man einen anderen senden; dann kann ich gleich einpacken. Mit 54 Jahren habe ich wenig Lust, mich noch einmal in den derzeitig katastrophalen Arbeitsmarkt zu werfen...

• <u>Meine Tochter lernt</u> Latein und Englisch in der Schule und hat furchtbare Probleme damit. Ich hatte leider nie die Möglichkeit, eine höhere Schule zu besuchen, möchte ihr aber bei den Hausaufgaben helfen. Außer Vokabel-Abhören konnte ich bisher nichts beitragen, aber gerade das scheint so gut wie nichts zu nützen, obwohl sie wirklich fleißig ist.

• Ich habe bei Verhandlungen im Ausland zwar immer einen Dolmetscher, möchte jedoch so viel wie möglich <u>verstehen</u> lernen. Dann hätte ich mehr Zeit zum Überlegen (bis die Übersetzung erfolgt ist) und könnte mithören, was die Verhandlungspartner zueinander sagen, weil sie ja glauben, ich verstünde sie nicht.

• Ich werde in Spanien regelmäßig <u>Präsentationen</u> geben, d.h., ich muß bestimmte Themenbereiche gut <u>erklären</u> können, brauche aber nicht unbedingt alles zu verstehen, da die Fragen der Hörer schnell übersetzt sind. Wenn aber mein Vortrag ebenfalls simultan übertragen werden muß, dauert er ja doppelt so lange, ganz abgesehen davon, daß die Leute durch die Wartezeiten leicht den Faden verlieren.

• Ich muß demnächst unsere japanische Joint-Venture-Firma in Kyoto betreuen. Zwar will ich die Sprache nicht beherrschen; aber ich möchte zumindest die <u>Begrüßungsformeln, Fragen nach dem Wohlergehen, ein wenig smalltalk</u> meistern können. Ich glaube, daß dies eine wichtige Basis für die Verhandlungen schafft, die natürlich auf englisch oder deutsch abgehalten werden ... Schließlich müssen unsere europäischen Sprachen für die Japaner genau so schwer sein wie japanisch für mich. Warum sollen immer nur die anderen uns entgegenkommen, noch dazu, wo wir doch dort Geschäfte machen wollen?

• Ich muß regelmäßig Fachpublikationen <u>auf Russisch lesen,</u> weil die meisten dieser Beiträge nie ins Deutsche übersetzt werden!

- Ich bin oft in arabischen Ländern und will mich dort teilweise auch allein zurechtfinden, so daß ich nicht immer einen Babysitter brauche, um ein paar Souvenirs einzukaufen oder einen Trip ins Hinterland zu machen. Ich komme mir vor wie ein hilfloses Kind, vor allem wenn ich vergleiche, wie souverän meine Partner sich hier bei uns in Europa bewegen können. Ich möchte wenigstens auf dem Niveau eines Kindes sprechen und lesen können!

- Durch das <u>Satellitenfernsehen</u> bekomme ich jetzt Sendungen in verschiedenen Sprachen "ins Haus". Die würde ich gerne verstehen können, mehr will ich (vorläufig) gar nicht.

Nun gibt es zwei Möglichkeiten: Entweder es interessiert Sie, *wodurch* meine Methode *gehirn-gerecht* wird, oder aber Sie sind ein Praktiker: Sie wollen (zumindest im Augenblick) nur wissen *wie*, nicht aber warum:

- **Ich will wissen, warum:** Lesen Sie gleich weiter.
- **Ich will nur wissen, wie:** Überspringen Sie die folgenden Abschnitte und gehen Sie gleich zu Kapitel 2 (Seite 24) über.

Gehirn-gerechtes Sprachenlernen:

Da ich die Grundgedanken zum erfolgreichen Lernen (das ich *gehirn-gerecht* nenne) an anderer Stelle ausführlich beschrieben habe, will ich hier nur kurz auf einige Aspekte eingehen, die dort noch nicht so genau herausgearbeitet wurden. Wer sich für Hintergrundwissen oder Details interessiert, sei auf das schon erwähnte Buch *Stroh im Kopf?* verwiesen.

Teamwork im Gehirn:

Einerseits ist von Bedeutung, daß wir quasi nicht *ein* Hirn, sondern eine Menge Gehirne im Kopf herumtragen, wobei uns aber hauptsächlich der sogenannte Kortex (der neueste, intelligenteste Teil dieses phänomenalen Instruments) interessiert.

Aber auch dieser Kortex existiert doppelt, so daß man von der rechten und der linken Hirnhälfte (oder *Hemisphäre* wie beim Globus) spricht. Aber auch innerhalb einer solchen Hirnhälfte gibt es Spezial-Abteilungen: So gibt es z.B. *zwei* Sprachzentren (links), wobei eines (WERNICKE) für das *Verstehen* und das zweite (BROCA) für das aktive *Sprechen* zuständig ist. Sie wurden nach den Forschern, die sie entdeckt haben, benannt:

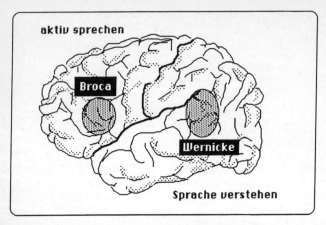

Bei Schlaganfällen kann es vorkommen, daß eines dieser Zentren zerstört wird. Bei Störungen im WERNICKE-Bereich kann der Patient zwar fließend sprechen, aber (fast) nichts mehr verstehen. Ist hingegen das BROCAsche Areal gestört, dann versteht der Patient zwar (und kann durch Nicken und Kopfschütteln Signale senden), aber er kann keinen Satz mehr bilden. Nun müssen diese beiden Zentren erstens miteinander arbeiten und zweitens mit weiteren anderen "Abteilungen" im Hirn kooperieren.

Wenn wir etwas nicht verstehen, sagt der Volksmund: "Ich kann mir kein Bild davon machen." Diese Aussage beschreibt einen sehr wichtigen Zusammenhang: Eine Abteilung in der rechten Hirnhälfte ist nämlich für die "Bilder" zuständig, die wir uns machen. Diese aber sind wieder vom Tastsinn hergeleitet, denn Sehen heißt mit den Augen etwas "abtasten". Wenn wir etwas nicht verstehen, dann sagen wir auch, daß wir es nicht be*greifen* können. Oder denken Sie an das Wort "Vorstellung", es beschreibt etwas, was wir *vor* unser geistiges Auge hin*stellen*, um es zu betrachten – was natürlich nur möglich ist, wenn wir zu dem Begriff, den wir verstehen sollen, bereits ein "Bild" haben:

Ich kann mir aber nur eine "Vorstellung" von etwas machen, was ich kenne! Da der Erwachsene die Dinge, deren Namen in der Zielsprache er lernen will, in der Regel gut genug kennt, um sich "Bilder" machen zu können, hat er dem

Kind gegenüber (das seine Muttersprache lernt) einen ungeheuren Vorteil, der jedoch von zahlreichen Sprachlehrern (bzw. Autoren von Sprachkursen) nicht ausgenutzt wird. Diesen Vorteil verliert der Lernende jedoch sofort wieder, wenn er Vokabeln lernen muß. Stellen Sie sich den Prozeß vor! Sie sitzen da und murmeln wiederholt:

```
Anzug     = suit
Kopf      = head
Fenster   = window
```

Dieser Prozeß ist höchst ineffektiv, denn nun bekommt die "Spracherkennungs-Abteilung" im linken Gehirn *zwei Worte* zur Information, während der rechten Hirnhälfte keinerlei bildliche Unterstützung angeboten wird. Wie in *Stroh im Kopf?* schon gezeigt, sollte man zu lernende Informationen selbst innerhalb der Muttersprache möglichst durch Bilder, Fallbeispiele etc. ergänzen. Dies gilt natürlich in besonderem Maß auch für das Sprachenlernen! Aber Vokabel-Pauken bewirkt das Gegenteil (das gilt auch für die meisten Kurse, die unter dem Stichwort "Superlearning" angeboten werden!!) Wir kommen gleich noch einmal hierauf zurück. Außer den (nur teilweise angedeuteten) "Abteilungen" im Gehirn gibt es *Mechanismen*, so z.B. den der Verknüpfung. Was heißt das? Ganz einfach:

Info-Bündel
Einzelne Informationen werden zu sogenannten "Bündeln" (clusters) zusammengefaßt. Wenn Sie z.B. lesen, wie ein Steuerknüppel im Flugzeug funktioniert, dann werden Sie diese Erklärung sofort begreifen, falls Sie bereits andere Steuer-Elemente (wie das Lenkrad im Auto) kennengelernt haben.

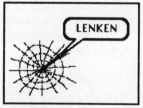

Das ist so, weil das Gehirn mit dem ersten **Lenk**-Wort, das Sie kennenlernen, sofort erstens die Information selbst gespeichert und zweitens ein sogenanntes Informations-Bündel "gestartet" hat. Damit ist der Aspekt des Lenkens oder Steuerns quasi zum "Knotenpunkt" dieses neuen Bündels geworden, wie die Abbildung oben verdeutlicht. Andere Aspekte, die im selben "Bündel" liegen, sind Gedanken, die Ihnen spontan als Assoziation "einfallen", wenn Sie an "Lenken" denken, z.B. der Begriff: "Kontrolle". Also ist das Wort "Kontrolle" eine der vielen möglichen *Assoziationen* zu dem Wort "Lenken":

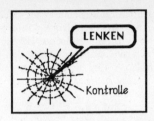

Das ist schon eine phantastische Leistung unseres Hirns, aber dieses phänomenale Instrument in unserem Schädel ist noch weit raffinierter: Informationen werden sowohl "horizontal" als auch "vertikal" abgelegt. Was heißt das? Zunächst werden alle Informationen zu Informations-Netzen verknüpft:

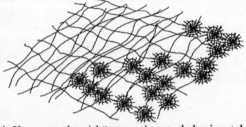

Die Netze (mit Knotenpunkten) können wir uns als horizontale Verknüpfungen vorstellen - wie ein Fischernetz am Strand, wobei die Informations-Bündel wie Seeigel über das Netz verstreut sind. Gleichzeitig sind alle "Bündel" jedoch auch nach "oben" mit anderen verbunden: Diese "senkrechte" Verbindung kann zeichnerisch nicht dargestellt werden, denn die Vernetzung ist so "eng", daß die bildliche Darstellung einer schwarzen Fläche gliche. Hier also nur eine *Andeutung*, damit Sie sich trotzdem ein Bild machen können:

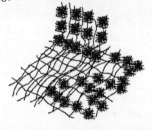

Wenn Sie sich nun eine für Sie neue Information als ein "Etwas-mit-Haken" vorstellen ...

... dann sehen Sie (vor Ihrem geistigen Auge), daß eine neue Information sich in Ihr vorhandenes Informations-Netz einhängen muß, wenn (und nur wenn!) Sie zu diesem Themenbereich oder Wissensgebiet bereits die *ersten "Fäden"* eines Netzes geknüpft haben! Manchmal ist das Netzwerk natürlich bereits gut ausgebildet: so wird z.B. ein Briefmarkensammler sich ein neues Detail, das sein Hobby betrifft, sofort und ohne Wiederholungen merken können. Jemand, der erst zu sammeln beginnt, wird dieselbe Information zunächst noch relativ "schwierig" finden, während sie einem, den Briefmarken nicht interessieren, "wahnsinnig kompliziert" (oder "langweilig") erscheint. Anders ausgedrückt: Je ausgebreiteter Ihr Informations-Netzwerk bereits ist, desto leichter merken Sie sich "neue" Informationen! Deshalb beklagen sich ja auch diejenigen Menschen am lautesten über ihr angeblich "schlechtes Gedächtnis", die sich sowieso für nichts interessieren. Oder, umgekehrt: *je mehr Sie lernen, desto leichter lernen Sie hinzu!*

Diese unglaublich komplexe Art und Weise, Informationen zu "ordnen", wird beim herkömmlichen Sprachenlernen überhaupt nicht berücksichtigt: Bloßes Vokabel-Lernen *kann* keinen Erfolg bringen, denn dieses Vorgehen verstößt *gegen* die Arbeitsweise des Gehirns, wie wir gleich sehen werden.

Warum Vokabel-Lernen nicht funktioniert:

Es dauert sehr lange, bis das neue Wort (*suit*) an das deutsche (*Anzug*) "gehängt" werden kann, da das neue Wort zunächst nur ein sinnloses Klang- und Schriftbild ist. Nun beruht die sogenannte Lernpsychologie auf Grundlagen, die EBBINGHAUS vor über 100 Jahren etablierte, als er anhand von *sinnlosen* Silben "Lernverhalten" wissenschaftlich testete. Unser Gehirn ist aber ein Organ, das uns helfen soll, zu überleben. Es ist phantastisch, wenn es darum geht, *Sinnvolles* zu lernen. Aber es "tut sich schwer", Informationen in sein super-raffiniertes System einzuordnen, deren Sinn nicht erkennbar ist, denn solche Informationen können ins Netzwerk nicht "eingehängt" werden. Aber genau das soll das Gehirn schaffen, wenn wir krampfhaft Vokabeln pauken wollen (sollen). Wenn das neue Wort endlich im Gedächtnis "landet", dann nur, weil das Gehirn es letztendlich das Klangbild <u>Anzug = suit</u> koppeln konnte (deswegen soll man Vokabeln ja auch laut lesen oder zumindest halblaut vor sich hin murmeln!). Nun sind die beiden Wörter quasi untrennbar miteinander verbunden. Was aber bedeutet dies in der täglichen Praxis?

<u>1. Sie werden nie einen *suit* sehen können</u>, wenn er Ihnen im wirklichen Leben begegnet, weil Sie immer denken: "Wie heißt das nochmal...Anzug...Anzug... Anzug..., ach ja, *suit*!"
<u>2. Sie werden gezwungen sein, alles im Kopf zu "übersetzen"</u>; dadurch aber verlieren Sie wertvolle Zeit, wenn Sie jemanden verstehen wollen (bzw. wenn

Sie lesen); ganz zu schweigen von Ihrem Versuch, selbst etwas zu sagen.
3. Durch diese laufende Übersetzerei neigen Sie dazu, Strukturen Ihrer Muttersprache in die Zielsprache übertragen zu wollen. Dann passieren typische Fehler, wie z.B. *he laughed himself a twig* – wiewohl man sich sich im Englischen keinen Ast lachen kann!
4. Weil Sie ja ständig Ihre Muttersprache im Kopf haben, neigen Sie auch zu Tonfall und Sprachmelodie derselben. Damit haben Sie aber einen "dicken Akzent", der es Ihren Gesprächspartnern schwermacht, Sie zu verstehen. Deswegen spricht ein Spanier ein uns weit verständlicheres Deutsch als z.B. ein Pakistani, dessen muttersprachliches Klangbild des Urdu sich von dem der deutschen Sprache weit mehr unterscheidet als das Klangbild des Spanischen.
5. Wegen dieser Schwierigkeiten macht es keinen Spaß! Daher meiden Sie jede Chance, in der Zielsprache aktiv zu werden. Wie aber sollen Sie dann besser werden?

Der Zusammenhang ist der Zusammenhalt!
Wie schon gezeigt, ordnet eine Abteilung in der rechten Hirnhälfte die einzelnen Informationseinheiten zu Bündeln. Deswegen lernt das Kind die Muttersprache relativ leicht, denn jedes Wort erscheint im Zusammenhang. Isoliertes Vokabel-Lernen aber ist auch in diesem Punkt kontra-produktiv, weil es die Arbeitsweise des Gehirns bekämpft. Nicht viel besser sind isolierte einzelne Sätze und Phrasen. Deshalb plädiere ich für "ganze Texte", also kleine Lektionen, Szenen, Dialoge, in denen ein Zusammenhang geschaffen wird, den wir aus unserer Vergangenheit her bereits kennen. Das heißt aber auch, daß Lektionen, welche Sie zum Einkaufen schicken, für Sie ungünstig sind, *wenn Sie nicht gerne* einkaufen. Und daß eine Lektion voller Gemüsenamen für Sie nur interessant ist, wenn Sie die Namen kennen *wollen*.

Der Klang eines Wortes...
Es gibt noch ein Argument gegen das Vokabel-Pauken. Ein isoliertes Wort "klingt" nämlich oft ganz anders als im Satzverband. Ein kleines Beispiel soll dies aufzeigen. Angenommen, Sie hätten die englischen Wörter (s. unten) bereits isoliert gelernt, und angenommen, ein Amerikaner würde diese Worte in der hier gezeigten Reihenfolge tatsächlich sagen, dann hätten Sie gewisse Probleme:

```
WHAT        was
SHALL       Zukunftspartikel
WE          wir
CALL        rufen, nennen
IT          es
```

Dieser Ausdruck *What shall we call it?* entspricht in etwa unserem "... na, so ein ...Dingsda...". Aber *hören* würden Sie nicht die einzelnen Worte, so wie Sie sie gebüffelt hatten, sondern in etwa ein: **"What'cha'ma callit?"**

Auch wir sagen ja oft: "Geld hamma keins", selbst wenn wir Hochdeutsch sprechen. Auf diesem Prinzip beruhen Wortspiele wie:

Diekuranntebissifiel und **Blumento Pferde**

oder ähnlich. Falls Sie übrigens diese beiden Beispiele noch nicht (er)kennen sollten, hier ist die Auflösung:

> Die Kuh rannte, bis sie fiel. Blumentopf-Erde.

Vorläufiges Fazit:
Wenn wir die Arbeitsweise des Gehirns berücksichtigen, dann wird Sprachenlernen leicht. So haben Teilnehmer meiner Seminare in wenigen Monaten eine Sprache so weit beherrschen gelernt, daß sie im Zielland "klarkommen" konnten, und das, wiewohl sie in dieser Zeit *maximal vier Stunden pro Woche* für *aktives Lernen* opfern mußten! Einer meiner Teilnehmer sagte im Seminar:

```
"...Ich habe total verschüttete Kenntnisse in Englisch
und Französisch.Ich habe absolut kein Sprachtalent, muß
aber für meine Firma schnell Spanisch lernen. Das aber
macht mir Angst, denn ich werde es eh nicht schaffen!"
```

Er entschied sich dann doch, es zu versuchen und dabei meine Methode zu testen. Wiewohl er *sehr skeptisch* war, konnte er innerhalb von *sieben Wochen* die notwendige Basis legen. Bei einem Aufwand von nur ca. 3-4 Stunden aktiven Lernens pro Woche! Dann reiste er nach Spanien, wo er nach weiteren fünf Tagen (Vorbereitungszeit, die er jeden Abend fernsehend im Hotelzimmer verbrachte, weil er sich noch nicht zu sprechen traute) bereits **80%** dieser Fernsehsendungen verstand. Zwar verhandelte er dieses erste Mal noch mit Hilfe eines Dolmetschers, aber bereits zwei Reisen später verzichtete er sogar auf diesen!

Ich selbst habe 1985 für einen Trainings-Auftrag in Holland in zwei Monaten (neben dem Seminarbetrieb, wohlgemerkt) holländisch gelernt. Dann bin ich hingefahren und habe in dieser Sprache Kommunikations-Seminare abgehalten; mit Übungen und Rollenspielen (bei welchen die Teilnehmer schnell und teilweise mundartlich sprechen, wie Sie sich bestimmt lebhaft vorstellen können)!

Na, haben Sie Lust bekommen? Dann lesen Sie gleich weiter!

Kapitel 2
Der Erfolgsplan

Wie schon erwähnt, ist ein Sprach-Lern-System nicht optimal, wenn es alle Lernenden zwingt, *exakt* dieselben Tätigkeiten auszuführen. Der eine möchte mehr schreiben, der andere lieber mehr hören oder lesen. *Ein* Lerner benötigt ein besonders großes *passives* Vokabular, ein anderer ein *aktives*. Manche Lerner *wollen* die Grammatik exakt analysieren, viele nicht. Ungefähr 60% aller Lerner sind gerne bereit, Übungen (mündlich oder schriftlich) zu absolvieren, *wenn* die Auflösung *sofort* angeboten wird, was zu einer Reihe kleiner *Erfolgserlebnisse* führt, u.s.w.

Deshalb ist die hier angebotene Methode als gehirn-gerechter *methodischer Grundansatz* zu verstehen. Darauf aufbauend, gibt es zahlreiche Möglichkeiten für Variationen, so daß der einzelne sich, seinen speziellen Bedürfnissen (und seiner Wesensart!) entsprechend, sein höchst persönliches Individual-Programm zurechtschneidern kann! Dies ist nicht nur wichtig für Sie selbst, sondern auch für Ihre Mitarbeiter, Kollegen, Angehörigen, Freunde, Kinder, denen Sie vielleicht empfehlen wollen, ebenfalls gehirn-gerecht zu arbeiten! Angenommen, Sie finden Ihren persönlichen Stil, dann empfehlen Sie dem anderen bitte nicht, *Ihre Art zu lernen* zu übernehmen, sondern lassen Sie ihn ebenfalls aus diesem Angebot sein persönliches Programm zurechtschneidern.

Was ist eigentlich anders?

Diese Frage taucht im Seminar am häufigsten auf, insbesondere von Teilnehmern, die bereits mehrmals eine Sprache angefangen und dann doch wieder abgebrochen hatten. Es sind dies Menschen, die durchaus genügend Talent haben (darum beginnen sie ja immer wieder), die aber andererseits von der Methode frustriert werden und deshalb enttäuscht wieder aufgeben. Lassen Sie mich deshalb die Hauptunterschiede (zum herkömmlichen Sprachenlernen) kurz zusammenfassen:

• Die Freude beginnt bereits beim Lernen selbst! Unser Gehirn ist ein Lern-Organ par excellence. Solange Lernen gehirn-gerecht angegangen wird, ist das Lernen nicht nur erfolgreich, sondern auch ausgesprochen lustauslösend; eben weil Lernen ein Überlebens-Mechanismus ist. Alle Überlebens-Mechanismen aber sind *biologisch* mit *Lustgefühlen* verbunden. Sie werden also

nicht nur Erfolg haben, sondern mit *Freude* und *Faszination* arbeiten können!
Damit aber verändert sich eine wesentliche Prämisse: In der Schule hat man
meist das Gefühl, daß das Lernen *unlust*ig und mit Frust verbunden sei und
daß man die Freuden - wenn überhaupt - dann erst viel später erleben würde,
wenn man genug gelitten (z.B. ausreichend viele Wörter und Grammatik-Regeln gepaukt) hätte. Anders ist es bei meiner Methode: Das Lernen macht von
Anfang an wirklich Freude!

• <u>Gehirn-gerechte geistige Tätigkeit ist aufregend</u> im wahrsten Sinne des
Wortes! Leider haben zu viele Menschen durch Schule und Ausbildung die
Freude am "geistigen Abenteuer" verloren, die jedes Kind noch besitzt, wenn
es die Welt neu–*gierig* zu erforschen versucht! Diese Freude kann jedoch
wiedergewonnen werden! Wenn man nämlich merkt, daß das Sprachen-*Lernen* sogar *Spaß* macht, wird möglicherweise dadurch auch zu anderen
Wissensgebieten ein (neuer) Weg gefunden. In einer Zeit, in der Weiterbildung immer wichtiger ist, wäre doch ein angenehmer "Nebeneffekt",
oder? Außerdem gilt: Wenn Sie einmal beginnen, sich *aktiv* mit Sprache(n) zu
befassen, werden Sie interessante Entdeckungen machen, die auch auf Ihre
Muttersprache Einfluß haben. Angenommen, Sie lernen eine Sprache, in der
es kein Wort für "haben" gibt, dann beginnen Sie vielleicht darüber nachzudenken, wieso wir für die folgenden Redewendungen immer wieder "haben"
gebrauchen:

- ich <u>habe</u> ein Auto
- ich <u>habe</u> einen Freund
- ich <u>habe</u> ein Problem
- ich <u>habe</u> Hunger
- ich <u>habe</u> Angst.

Sie sehen also, daß Sie zwangsläufig so manches über Ihre Muttersprache entdecken werden, was Ihr Sprachbewußtsein ganz allgemein schärft! Deswegen raten uns die Sprachforscher ja auch, uns mit Fremdsprachen zu befassen,
wenn wir *unsere eigene Sprache* besser in den Griff bekommen wollen! Und
weil unser Sprachgefühl mit der Wahrnehmung unserer sogenannten Wirklichkeit eng verknüpft ist, könnte Ihr Sprachenlernen weitreichende Folgen
für *Ihr gesamtes weiteres Leben* haben. [Wer sich für diesen Aspekt
interessiert, vgl. *Sprache als Instrument des Denkens*, mvg-Tonkassette (in
jeder Buchhandlung).]

• <u>Erfolg ist gut fürs Selbstwertgefühl!</u> Eine Binsenweisheit, sagen Sie vielleicht. Richtig. Aber vielleicht ist Ihnen noch nicht klar, daß auch Ihr demnächst zu erwartender *Erfolg beim Sprachenlernen* einer der Erfolge sein
wird, der Ihr Selbstwertgefühl stärken kann. Denn: Jede Fähigkeit, die man
beherrscht, verbessert unser Selbstvertrauen! Sie lernen ja demnächst zwei
Dinge gleichzeitig: Auf der einen Ebene lernen Sie die Zielsprache (z.B.
Spanisch), während Sie *gleichzeitig* lernen, *wie man eine Sprache leicht lernt!*

Übergeordnete META-EBENE	DAS LERNEN
¿ Habla Ud. español?	ZIELSPRACHE
gute Gefühle kein Frust Erfolg	EMOTIONELLER BEREICH positiv!

Das heißt, daß Sie später auch noch *weitere Sprachen* lernen können, eben weil Sie das Sprachenlernen als solches inzwischen gelernt haben. Sie wissen ja: Die allererste Sprache (Muttersprache) ist auch die schwerste, und die erste Fremdsprache ist noch relativ schwer, aber die *sechste Fremdsprache ist ungleich leichter als die erste!* War Ihnen das eigentlich schon bekannt?

Ein wenig Technik

Wie schon angedeutet, werden Sie einen Großteil der Lernarbeit quasi an Ihr Unbewußtes *delegieren*. Da man aber in der Regel nicht unbewußt lesen oder schreiben kann, wird dieses passive Lernen überwiegend über das Ohr gehen, also mittels *Kassetten* vollzogen. Damit simulieren Sie sozusagen jedesmal einen Mini-Aufenthalt im Zielland, und zwar tun Sie dies in Ihrer eigenen Wohnung, im Garten, bei Reisen etc.

Über die Details sprechen wir noch, zuerst jedoch zur Technik einige Worte: Sie benötigen unbedingt einen *Kassettenrecorder*. Falls ein *Videogerät* zur Verfügung stünde, wäre das optimal, insbesondere wenn Sie *so schnell wie möglich ein großes passives Vokabular* erwerben wollen! Aber ein normales (Audio-)Kassettengerät ist Minimum! Optimal wären *zwei* Geräte: Eines mit zwei Laufwerken, so daß Sie mit Leichtigkeit Kassetten oder Teile davon kopieren können (warum und wie wird später erklärt), und ein Mini-Gerät im Walkman-Format (bzw. ein Diktiergerät), das Sie leicht mitnehmen können! Lassen Sie mich an dieser Stelle festhalten: Sie sollen nicht nur mit Kassetten arbeiten, weil Sie dann Ihre "Lehrer" zu jedem Zeitpunkt (Ort) hören können, wie die Werbung für Fernlehrgänge immer betont, sondern es gibt noch einen zweiten, ebenso wichtigen Grund:

Sie benötigen ein Kassettengerät, um eine Tätigkeit auszuführen, welche den Hauptvorteil meiner Methode nutzt
(s. unten: eine neue Synthese).

Falls Sie noch kein Videogerät besitzen, so sollten Sie die Video-Tips trotzdem lesen, denn erstens gibt es meist Freunde (die eins haben) oder Leihgeräte, und zweitens kann man den *Ton* einer Videokassette auch auf eine normale Audio-Kassette überspielen und nach mehrmaligem Anschauen des

Videobandes mit dem Ton alleine weiterarbeiten! Außerdem ist das Videogerät für bestimmte Lerntricks dermaßen hilfreich, daß es sich sogar lohnen würde, eines anzuschaffen.

Grundsätzliches zum Hören:
Einer der Gründe, warum Kinder ihre Muttersprache so unglaublich effizient lernen, ist natürlich der, daß sie andauernd von ihr umgeben sind. *Da sind Menschen, die zum Kind oder miteinander sprechen, da ist Radio, da ist Fernsehen* etc. Wenn Kinder ins Ausland fahren, lernen sie die dortige Landessprache wesentlich schneller als Erwachsene; nicht etwa, weil Erwachsene zu einer ähnlichen Lernleistung unfähig wären, sondern *weil Kinder sich weit konsequenter mit den Klängen der Zielsprache umgeben.* Sie spielen dort mit einheimischen Kindern, lauschen dem Radio, sehen fern etc., während die Erwachsenen sich diesen fremden Lauten kaum aussetzen, miteinander (sowie in ihren Gedanken) in der Regel die Muttersprache benutzen und kaum fernsehen oder Radio hören. Dabei behaupten sie meist, Radio und Fernsehen hätte für sie (noch) keinen Sinn, weil sie den Sendungen sowieso nicht folgen könnten. Kinder stören solche "Kleinigkeiten" nicht; eben darum beginnen sie ja sehr bald zu verstehen...

Nun können wir die *Zielland-Atmosphäre* auch bei uns zuhause imitieren, wenn wir Kassetten benutzen! Dabei ist es überhaupt nicht nötig, daß Sie immer bewußt zuhören. Wie Sie noch sehen werden, besteht der Schritt 3 (Hören/Passiv) meiner Methode ja *gerade* darin, daß Sie *nicht* bewußt zuhören sollen!

Nehmen wir zum Beispiel an, Sie besäßen eine Radiosendung in Ihrer Zielsprache, die Sie (ohne Vorkenntnisse) gerade erst lernen wollen. Lassen Sie diese Kassette so oft wie möglich im *Hintergrund* laufen, während Sie aufräumen oder Essen zubereiten, beim Spazierengehen (Walkman macht's möglich), auf Reisen, beim Baden, u.s.w. Während die Klänge für Sie natürlich anfänglich nur "Hintergrund" darstellen, gewöhnt sich doch Ihre rechte Hirnhälfte (oder, wenn Sie so wollen, Ihr Unterbewußtsein) sehr bald an sie. Auf diese Weise wird Ihnen die *Tonalität der Zielsprache immer vertrauter*! Außerdem beginnen Sie bereits nach kurzer Zeit, erste Worte zu verstehen. Sie erkennen plötzlich Begrüßungsformeln (As-salaam aleikum) und "kleine Worte" (ja, nein, aber, wieso?, nicht wahr, etc.) und ahnen, wann diese eingesetzt werden. Dieses eher *intuitive Wissen der rechten Hinhälfte* wird später dazu führen, daß Sie "spontan" und "ganz natürlich" mit solchen Sprach-Fragmenten reagieren werden, wenn Sie selbst zu sprechen beginnen. Wer mit seiner Zeit knapp kalkulieren muß, kann sich ausrechnen, wie vorteilhaft das *passive* Lernen ist! Aber die Kassetten-Arbeit hat noch weitere Vorteile:

- <u>Kassetten erlauben Ihnen, bestimmte Inhalte immer und immer wieder zu hören.</u> Während ein menschlicher Sprecher ungeduldig werden würde, kann dieselbe Textstelle auf Band so oft wiederholt werden, wie Sie es wünschen.

- <u>Die Kassette kann jederzeit gestoppt werden.</u> Ein Mensch würde es Ihnen sicher verübeln, wenn Sie ihn laufend bitten würden, seinen Redefluß zu unterbrechen, damit Sie "Zeit" haben, sich "ein Bild zu machen".

- <u>Auf der Kassette klingt der Text immer gleich!</u> Ein menschlicher Sprecher würde denselben Satz zwar jedesmal ähnlich, aber eben nicht identisch wiederholen, so daß ein Ton-Training vom Band letztlich sogar effizienter ist!

- <u>Die Kassette ist Ihnen nicht böse, wenn Sie *nicht* zuhören!</u> Dies ist wichtig, wenn Sie "passives Hören" durchführen wollen! Und "passives Hören" können Sie normalerweise nur im Lande selbst erleben.

- <u>Mit der Kassette können "tote Zeiten" genutzt werden.</u> Ob Sie auf einen Bus warten oder in einer Straßenbahn fahren, ob Sie mit dem Hund "gassi gehen" oder reisen... Ein Mini-Kassettengerät kann immer eingesetzt werden, insbesondere für passives Hören (leise, mit der schon erwähnten *Hintergrund*-Wirkung. Übrigens: Wie Sie das für manche Menschen lästige Problem mit den *Kopfhörern* lösen können, wird in Kap. 6 erklärt.) Damit aber vermehren Sie die Zeiträume, in denen Sie den Landaufenthalt simulieren!

Überblick: Die Birkenbihl-Methode

Es folgt ein kurzer Abriß, damit Ihre rechte Hirnhälfte einen ersten Überblick bekommt. Dann können Sie später die detaillierteren Informationen der Kapitel 3-6 sowie die Zusatzinformationen der Kapitel 7-9 in das neue Informationsnetz "einhängen":

Der erste Schritt: De-Kodierung des Textes

Im allgemeinen wurden wir in der Schule dazu angehalten, entweder eine sogenannte "gute Übersetzung" des Lektions-Textes anzufertigen oder aber gar keine. Diese Forderung ist ein Überbleibsel der sogenannten "natürlichen Methode" aus den achtziger und neunziger Jahren des letzten Jahrhunderts. Sie sollte den Erwachsenen zwingen, wieder *genau*so wie das Kind zu lernen. Stattdessen plädiere ich für das wort-wörtliche Entschlüsseln (das De-Kodieren) eines Textes, und zwar aus drei Gründen:

1. Ihre rechte Hirnhälfte ist für Muster und Strukturen zuständig. Dort werden nämlich die (in Kap.1) erwähnten Informations-Netze aufgebaut. Die rechte Hirnhälfte ermöglicht es uns, unsere Muttersprache grammatikalisch (weitgehend, je nach der Qualität der Vorbilder, mit denen man aufwächst) richtig anzuwenden, auch wenn wir keine einzige Grammatik-Regel in Worte fassen können! Diese Fertigkeit nutzt der De-Kodierungs-Prozeß aus!

> Wiewohl das De-Kodieren selbst (als geistige Disziplin) demjenigen, dem es Freude macht, zu einem tieferen Verständnis verhilft, liegt der Haupt-Vorteil des De-Kodierens in dem de-kodierten TEXT, der dabei entsteht!

2. Je absurder die wort-wörtliche "Übersetzung" ist, desto leichter erkennen Sie die Art und Weise, wie diese Fremdsprache Dinge anders ausdrückt als Ihre Muttersprache. Damit fällt aber auch die weitverbreitete Angst vor Idiomen (unübersetzbare Wortfolgen) weg! Beispiel: Eine *Entscheidung* wird im Deutschen *gefällt* oder *getroffen*, im Englischen hingegen *gemacht*, im Französischen wird sie jedoch *genommen*...

3. Wenn Sie später im zweiten Lernschritt (Hören/Aktiv) den de-kodierten Text mitlesen, während Sie *gleichzeitig* den Zielsprache-Text von der Kassette hören, bewirken sie im Gehirn *die ganz besondere Synthese* (s. unten).

4. Wenn Sie einen Großteil der Lernarbeit passiv bewältigen wollen, wozu der de-kodierte Text die Grundvoraussetzung schafft, lohnt sich die kleine Mühe bestimmt. Im Notfall können Sie ja de-kodieren lassen...

<u>Zum vierten Punkt oben</u>: Das De-Kodieren ist nicht Selbstzweck, sondern es ist der *erste* Schritt einer Vier-Schritt-Methode! Das bedeutet natürlich auch, daß wir später mit diesem de-kodierten Text weiterarbeiten werden. Das heißt: Wenn Sie das De-Kodieren nicht selber vornehmen wollen, dann müssen Sie dies nicht! Sie können es entweder delegieren oder aber (in Zukunft) sogar de-kodierte Texte fertig kaufen. (Siehe S. 33) Diese speziellen Texte brauchen Sie für die *ganz besondere Synthese*, auf die ich Sie jetzt aufmerksam machen möchte.

Eine ganz besondere Synthese

Wenn Sie später zu Schritt 2 (Hören/Aktiv) weitergehen, dann werden Sie einerseits den Originaltext hören (z.B. eine Englisch-Lektion), während Sie *gleichzeitig* den de-kodierten Text mitlesen:

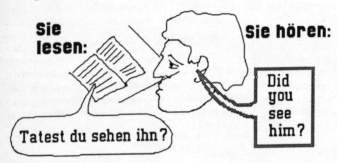

Jetzt hört Ihre rechte Hirnhälfte das Klangbild des englischen Wortes, während die linke Hirnhälfte *gleichzeitig* das deutsche Wort liest! Das Schlüsselwort ist *gleichzeitig*!

Bei diesem zweiten Schritt vollzieht sich *einer der wesentlichen Aspekte meiner Methode*, er ist sozusagen der "Kasus Knaxus"! Denn jetzt kommt die Tatsache, daß Sie die Ausgangssprache (meistens Ihre Muttersprache) bereits *beherrschen*, voll zum Tragen. Überlegen Sie bitte: Ursprünglich lernten Sie die erste Sprache in Sinn-Zusammenhängen, z. B. weil jemand auf einen Baum deutete und "Baum" sagte. Daher ist es Ihnen heute absolut *unmöglich*, einen Baum zu sehen, ohne das Wort "Baum" zu wissen. Das ver-bild-licht die folgende Zeichnung:

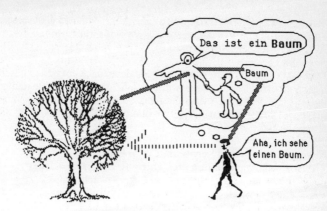

Dieser Prozeß hat dermaßen früh in Ihrem Leben stattgefunden, daß Sie sich normalerweise bewußt nicht mehr daran erinnern. Er ist ein Teil dessen, was Carlos CASTANEDA meint, wenn er sagt, daß alle Erwachsenen, mit denen ein Kind in Berührung kommt, genaugenommen Lehrer seien, denn sie liefern uns durch solche Erklärungen die *Beschreibung der Welt*, auf der wir später unser gesamtes Weltbild aufbauen. Die Art und Weise, wie unsere muttersprachliche Beschreibung der Welt stukturiert ist, bestimmt jedoch später, wie einfach/komplex, simpel/differenziert, objektiv/subjektiv etc. wir die Welt wahrnehmen werden! Wenn wir später ein Objekt sehen, dessen Name uns bekannt ist, denken wir dann je daran, *woher* wir diesen Namen eigentlich kennen?

Auf diesem Wissen kann man aufbauen. Dabei darf man die wesentliche Tatsache nicht vergessen, daß Sie für alle abstrakten Begriffe (Werbung, Mut, Intelligenz, Liebe), die Sie *begreifen* können, ebenfalls klare *Vorstellungen* in Ihrer rechten Hirnhälfte entwickelt haben, wiewohl diese nicht unbedingt bildlich sein müssen. So, jetzt stellen Sie sich bitte vor, daß Sie *diesen* Text hören, während Sie die De-Kodierung mitlesen:

Sie sehen: Es ist genauso leicht, einen "abstrakten" Text zu verstehen wie einen "leicht vorstellbaren" – vorausgesetzt, wir können den Inhalt der Botschaft auch in der Muttersprache begreifen!

Übrigens ist es gar nicht so wichtig, ob Sie dabei *auch* auf den englischen Text achten. Versuche haben gezeigt, daß der Erfolg genauso einschlagend ist, wenn jemand, der nicht lesen/schreiben, sondern *nur sprechen* lernen will, während der Phase Hören/Aktiv *nur* den de-kodierten Text liest (ohne das Englische zu sehen).

Denn durch diesen Lernschritt wird eine völlig neuartige, einmalige Synthese im Gehirn bewirkt, bei welcher der deutsche Begriff mit seinem fremdsprachlichen Pendant quasi zu einer Einheit verschmolzen wird.

Somit aber wird das Wort *table* zu einem Synonym für *Tisch*, genauso, wie Sie statt des deutschen Ausdrucks *Reiz* auch *Stimulus* verwenden können, wenn dieses sogenannte Fremdwort Ihnen geläufig ist! Lassen Sie mich bitte diesen wichtigen Tatbestand noch einmal betonen:

Durch das Hören der Zielsprache bei *gleichzeitigem* Lesen des de-kodierten Textes werden die Begriffe *untrennbar* miteinander verbunden! Während Sie beim üblichen Vokabel-Lernen (TISCH *gefolgt von* TABLE) die gleichbedeutenden Begriffe immer in einem gewissen *Zeitabstand* verarbeiten, werden Begriffe bei unserer Methode dem Gehirn *simultan* angeboten. Und genau das ist der kleine, aber wesentliche Unterschied zum herkömmlichen Lernen!

Über-Kreuz-Denken:
Wie aus den Diskussionen in meinen Seminaren immer wieder hervorgeht, haben einige Teilnehmer aufgrund uralter Vorurteile ein besonderes Problem, wenn es gilt, das Konzept des De-Kodierens zu akzeptieren. Sie verwechseln nämlich das wort-wörtliche Übertragen der Zielsprache in die Muttersprache mit dem Gegenteil! Bitte bedenken Sie jedoch: Einer der gravierendsten Fehler, den *alle* Sprachenlerner machen, besteht doch darin, daß sie vertraute Redewendungen ihrer Muttersprache wort-wörtlich *in die Zielsprache* übertragen! Dann fragt man z.B. "Speak you German?" (Sprichst du Deutsch?) statt: "Do you speak German?" Wenn wir hingegen die Formulierungen der Zielsprache wörtlich *in unsere Muttersprache* umsetzen, dann gehen uns viele "Lichter auf", welche später genau diesen Fehler vermeiden helfen! Dann nämlich wird uns die "fremde" Struktur genauso vertraut wie die eigene.

(Weiter auf Seite 34)

Falls Sie noch mehr Birkenbihl lesen wollen...
Einige meiner (Taschen-)Bücher:

Jeder Titel unter DM 20.-

- **Kommunikationstraining**, 13. Aufl., 1992
- **Stroh im Kopf? – Gebrauchsanleitung fürs Gehirn**,
  13. Aufl., 1992 (vgl. auch Ton-Kassetten-Set, unten!)
- **Stichwort : Schule – Trotz Schule lernen !**, 3. Aufl., 1988
- **Erfolgstraining – Schaffen Sie sich Ihre Wirklichkeit selbst**, 4. Aufl., 1992
- **Psycho-logisch richtig verhandeln**, 6. Aufl., 1990
- **Signale des Körpers** (Körpersprache verstehen), 8. Aufl., 1992
- **Freude durch Streß**, 8. Aufl., 1992
- **Der persönliche Erfolg**, 7. Aufl., 1991
- **Zahlen bestimmen Ihr Leben** (Numerologie), 5. Aufl., 1992
- **Die Brille**, 2. Aufl., 1992
- **Warum wir andere in die Pfanne hauen**, 1992

Falls Sie jedoch lieber Kassetten hören...*

- **Stroh im Kopf? - Gebrauchsanleitung für's Gehirn**
  (Das oben erwähnte Buch + 3 Kassetten) im SET für DM 65.-
- **RHETORIK-Kassetten-Seminar**; Sie hören Seminar-
  Auszüge! (ca. 212 Min. Spielzeit auf 3 Kassetten + Skript) DM 99.-
- **Anleitung zum Sprachenlernen:** Didaktisches Hörspiel + Buch
  (für Menschen, die lieber hören als lesen, z.B. unterwegs!) DM 98.-
- **Von Null Ahnung zu etwas EDV** (didaktisches Hörspiel + Skript) DM 29.80
- **Die Kunst des Lobens** (didaktisches Hörspiel + Skript) DM 29.80
- **Gekonnt entscheiden** (didaktisches Hörspiel + Broschüre) DM 19.80

Wenn Sie ernsthaft Sprachen lernen wollen...*

... dann sollten Sie die **Birkenbihl-Sprachmaterialien** bestellen! Da gibt es z.B. den
Text eines Vortrages, den ich einmal gehalten hatte. Es handelt sich um ein Motivations-
Thema (Titel: *Der Seppuku-Effekt*) für fortgeschrittene Lerner. Jedes Wort ist de-kodiert,
so daß Sie Lernschritt 1 einsparen! **Englisch, Französisch, Italienisch & Spanisch**:
- **Text** (deutsch, plus in der Zielsprache einmal mit, einmal ohne De-Kodierung) sowie
- **1 Ton-Kassette** (Lesung auf deutsch), plus
- **1 Ton-Kassette** (Lesung/Zielsprache, dreimal: A-Seite langsam, B-Seite schneller).
  Dieses Set kostet je Sprache komplett 59.- DM, nur bei uns!*
- <u>NEU</u>: **Seppuku/Arabisch** (handschriftlich!, Lesung nur *einmal*, sehr deutlich; d.h.:
  A- und B-Seite der Kassette sind *identisch*. Ebenfalls plus deutsche Kassette) DM 150.-

Bitte **Gesamtverzeichnis & Sprachen-Spezial-Info** (A-Verlag*) anfordern!

---

* Erhältlich in meinem kleinen Selbst-Verlag und Versand (über den *alle* meine Bücher/Kassetten bezogen werden können). Ab einem Bestellwert von DM 50.- liefern wir porto-/verpackungs-FREI:

A-Verlag c/o mi-service, Justus-von-Liebig-Str. 1, 8910 Landsberg

Übrigens: Falls Sie sich mit dem Gedanken tragen, eine "besonders schwere" Sprache zu lernen (vielleicht weil Sie dies aus beruflichem Interesse heraus müssen), dann nehmen Sie bitte zur Kenntnis: Mit meiner Methode ist dies ebenfalls sehr leicht! So absurd, wie Sie vielleicht meinen, ist dieser Gedankengang gar nicht. Denn wenn Sprachenlernen *Freude* macht und *erfolgreich* verläuft, bekommt man oft Lust zum Weiterlernen. Ferner gilt:

Nachdem deutsche Firmen sich zwangsläufig mehr und mehr darum bemühen, auch im Nahen und Fernen Osten Handel zu treiben, werden sich mehr und mehr Menschen in der Zukunft, zumindest einige wenige, Kenntnisse in diesen Sprachen aneignen müssen! Außerdem wissen Araber, Chinesen oder Japaner, auch wenn sie durchaus bereit sind, mit uns auf Englisch oder Französisch zu verhandeln, es ungemein zu schätzen, wenn Sie wenigstens ein paar "Brocken" ihrer Sprachen verstehen. Auch der Partner, der *gerne* englisch oder französisch mit Ihnen spricht, wird Ihnen das hoch anrechnen, was Ihnen automatisch einen Verhandlungs-Vorsprung Ihren Wettbewerbern gegenüber gibt, die sich die Mühe oft (noch) nicht machen! {Aber Ihre Wettbewerber kennen ja in der Regel die Birkenbihl-Methode nicht, ha!}

Weiterhin möchte ich zu bedenken geben: Gerade Sprachen, die nicht zur indoeuropäischen Sprachfamilie gehören, liefern faszinierende Einsichten in die Struktur unserer eigenen Sprache. Sie sind also unerhört ergiebig im Hinblick auf "Sprache als Instrument des Denkens". Je mehr "andere" mögliche Arten des Ausdrucks für alltägliche Redewendungen Sie kennenlernen, desto mehr weitet sich Ihr geistiger Horizont, und zwar auch in der Muttersprache!

Fallbeispiel 1: Haatha kitaab^{un}
Das folgende Fallbeispiel zeigt uns drei Dinge (wobei nebenbei bemerkt sein soll, daß Arabisch von rechts nach links geschrieben und gelesen wird):

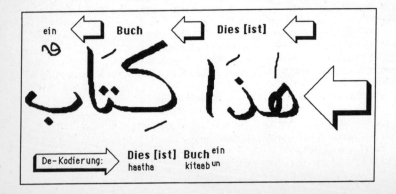

1. Es gibt kein Wort für "sein": Der Araber sagt nicht "dies *ist*" sondern nur: "dies". Für den Araber ist *ich in München* völlig ausreichend, nur wenn er ausdrücken will, daß jemand sein *wird* oder daß jemand dort *war* (bzw. *nicht* ist), hat er spezielle Begriffe dafür. *Wenn Sie das beim zweiten Lernschritt bewußt hören, dann werden Sie später, wenn Sie selbst etwas sagen (schreiben) wollen, nie krampfhaft versuchen zu sagen:"Ich bin aus Deutschland", weil Ihre rechte Hirnhälfte bereits weiß, daß es ein "bin" nicht gibt.*

2. Es gibt kein Wort für "ein", außer man meint ein *einziges*. Somit sagt der Araber nicht "*ein* Buch", sondern er drückt das unbestimmte "ein" durch eine Endung aus, was sich bei der De-Kodierung deutlich zeigt. Wenn Sie dies durch das Entschlüsseln des Textes bereits festgestellt haben, werden Sie später nie dastehen und verzweifelt das Wort für "ein" suchen, wenn Sie sich aktiv ausdrücken wollen!

3. Das De-Kodieren ist eine äußerst kreative Angelegenheit. Es gleicht ein wenig dem Entschlüsseln einer Geheimsprache. Also ist das De-Kodieren wie ein *Kriminalrätsel*, bei dem Sie der *Sprach-Detektiv* sind. Es ist aber auch spannend, welches System Sie für die Schreibweise selbst entwickeln werden, um die Aspekte, um die es geht (die von der Ausgangs-Sprache besonders abweichen), auszudrücken. So setze ich z.B. Wörter, die in der Ausgangs-Sprache überhaupt nicht vorkommen, in eckige Klammern: "ich [bin] in Kairo", während ich eine Endung, die einem eigenen Wort in der Ausgangs--Sprache entspricht, klein schreibe und hoch setze (Buch^{ein}), u.s.w. Falls Sie denken, das sei ja eine Menge Arbeit, lassen Sie mich bitte entgegnen:

• **Bei den meisten Kursen müssen Sie sowieso "herausbekommen", was die Lektions-Sätze bedeuten!** Theoretisch sollten Sie ja zuerst die Vokabeln lernen und anschließend den Text entschlüsseln; da können Sie auch gleich gehirngerecht vorgehen, indem Sie richtig de-kodieren!

• **Diese Arbeit ist geistig anregend,** also mit sturem Vokabel-Pauken und ähnlichen Arbeitsgängen, *welche die Intelligenz beleidigen*, gar nicht zu vergleichen! Außerdem werden Sie mit fortschreitenden Kenntnissen ja nur noch Textstellen mit *neuen Wörtern oder Redewendungen* de-kodieren, so daß der Aufwand für das *De-Kodieren von Woche zu Woche geringer* wird!

• **Es gibt Sprachkurse, welche große Hilfestellungen "eingebaut" haben.** Wenn Sie sich einen Kurs besorgen, der eine Satz-für-Satz-Übersetzung gleich mit anbietet, dann müssen Sie ja nur noch wenig selbst de-kodieren. Außerdem gibt es bereits erste Birkenbihl-Sprachmaterialien, welche die De-Kodierung bereits *mitliefern*! Sie sind zunächst als Ergänzung für Menschen mit Vorkenntnissen in der jeweiligen Zielsprache gedacht (*Englisch-, Französisch-, Italienisch-, Spanisch-* sowie *Arabisch-* Materialien).

Was bringt das De-Kodieren nun genau?

Wie schon erwähnt, kann man das De-Kodieren delegieren, z.B, indem mehrere Lernwillige sich die Texte aufteilen, so daß jeder nur einen Teil selber de-kodieren muß. Oder man kann sich von einem "Einheimischen" der Zielsprache (notfalls sogar von einem Dolmetscher) helfen lassen, insbesondere wenn die Firma bereit ist, die Kosten zu tragen; sie spart ja Ihren Lehrer ein! Aber es spricht doch einiges dafür, zumindest einige Texte *selbst* zu de-kodieren:

Durch das De-Kodieren wird Ihrer rechten Hirnhälfte, wie schon erwähnt, die *Struktur* der Zielsprache *vorgeführt*. Wenn wir wort-wörtlich übersetzen, gewinnen wir Einsichten über abweichende Ausdrucks-Möglichkeiten, wie das obige Fallbeispiel bereits zeigte. Damit aber erkennen wir die "Spielregeln" der Sprache, ohne formal Grammatik zu betreiben; d.h., wir lernen wesentliche Details, die angeblich nur mit sturem Pauken erlernbar sind. Betrachten wir beispielsweise einmal kurz die Partikeln, von denen BODMER (vgl. das Zitat in Kapitel 1, S. 15) sagte, daß sie in den modernen Sprachen so ungeheuer wichtig seien und daß sie trotzdem von den Grammatikern unbeachtet blieben. **Partikeln** sind kleine Worte, wie:

in
auf
neben
wegen
nach
weil
mittels

Beim De-Kodieren merken Sie, daß viele dieser Partikeln in anderen Sprachen entweder "anders" gesetzt werden müssen bzw. sogar vollkommen unübersetzbar in unsere Muttersprache sind. Betrachten Sie das folgende einfache Beispiel. Wobei Sie bitte den Partikel in den Ausdrücken vergleichen!

SRPACHE	AUSDRUCK	DE-KODIERUNG
deutsch	**auf** der Straße	
amerikanisch	**on** the street	**auf** der Straße
	aber:	
englisch	**in** the street	**in** der Straße
italienisch	**nella** strada	**in** der Straße
holländisch	**in** de straat	**in** der Straße

Durch das De-Kodieren werden Sie später im Italienischen eben nicht versucht sein zu sagen: "auf" der Straße! Bitte seien Sie sich darüber klar, daß das wörtliche Übersetzen *aus* der Zielsprache jetzt automatisch die Gefahr verringert, daß Sie später *aus Versehen* muttersprachliche Wendungen *in die Zielsprache* zu übersetzen versuchen!

Oder denken Sie an einen ganz "schlimmen" Aspekt, vor dem viele Sprachenlerner sich fürchten: Das (grammatikalische) *Geschlecht* eines Wortes! Wie Sie wissen, machen Ausländer, die deutsch sprechen, hier noch nach Jahren Fehler. Sie sagen dann zum Beispiel:

Nun behaupten Sprachlehrer (und Autoren von Sprachkursen) immer wieder, dieses Problem könne *nur* dadurch gelöst werden, daß man die Worte mit ihrem Geschlecht stur auswendig lernt! *Ich widerspreche energisch!* Denn auch dieses Problem wird durch meine Methode ohne Vokabel-Pauken gelöst, wobei das De-Kodieren ja nur der erste Schritt ist. Bitte vergleichen Sie einmal:

SPRACHE	SONNE	GESCHLECHT
deutsch	**die** Sonne	weiblich
arabisch	aSH-SHamsu	männlich
aber:		
französisch	**le** soleil	männlich
italienisch	**il** sole	männlich
spanisch	**el** sol	männlich
griechisch	**o** ílios	männlich

Sie sehen, diese kleine Liste zeigt sehr deutlich, daß unsere eigene Ausdrucksweise gar nicht unbedingt "typisch" ist, wenn wir sie einmal mit einigen anderen Sprachen vergleichen. Das tröstet Sie vielleicht, wenn Sie denken: "Mein Gott, warum muß es jetzt dort *der* Sonne heißen??"

Des weiteren ist Ihnen sicher klar, daß Sie sich beim De-Kodieren bereits wichtige Hinweise geben können, *wenn* Sie selber de-kodieren. So scheue ich nicht vor Neu-Schöpfungen zurück, wenn diese mir helfen, einen Aspekt bewußt zu registrieren, wie die folgenden beiden Beispiele zeigen.

Fallbeispiel 2: Der-Gazellerich
In einer arabischen Story tauchte *eine Gazelle* auf; aber schon im nächsten Satz heißt es nicht: "*Sie* floh vor dem Jäger", sondern: "*er* floh...". Daraus ist leicht zu ersehen, daß "*die* Gazelle" (laut Vokabelliste!) genau genommen ein "der" ist; also de-kodierte ich einfach "der-Gazellerich"; dann stimmt nämlich auch das "er floh..." im nächsten Satz!

Fallbeispiel 3: Die meine erste

Im Italienischen wird häufig vor "mein", "dein", "sein" etc. der bestimmte Artikel gesetzt, was beim De-Kodieren ohne jede formale Grammmatik-Regel klar wird. Dieses Beispiel zeigt die ersten beiden Sätze eines alten (inzwischen überarbeiteten) Assimil-Italienisch-Kurses:

Parla italiano?
Sprechen-Sie Italienisch?

Non ancora, é la mia prima lezione.
Nicht noch* [es]ist die meine erste Lektion

* Sie sehen auch, daß die Wortstellung von *noch nicht* vertauscht ist!

Wenn Sie einen fremdsprachlichen Text als ein *Rätsel* auffassen, eine *Herausforderung* an Ihre Fähigkeiten, Detektiv zu spielen, dann ändert sich die Situation des alten Sprachenlernens schlagartig. Ihre Vorteile:

Vorteil Nr.1: Ihre rechte Hirnhälfte ist von Anfang an aktiv dabei; denn sie registriert die Sprachmuster, einfach weil Ihre linke Hemisphäre die wortwörtliche Bedeutung "ausbaldowert" hat!

Vorteil Nr.2: Sie brauchen keine Angst mehr vor Idioms zu haben. Wenn Sie durch das De-Kodieren einmal begriffen haben, daß der Angelsachse sich nun mal keinen Ast lacht, dann sind Sie nie mehr versucht zu sagen: *He laughed himself a twig.* (Den Satz würde kein Angelsachse verstehen!) In diesem Zusammenhang muß ich daran denken, daß ein bekannter Politiker in diesem unserem Lande gesagt haben soll: *You can say you to me* .

<u>Vorteil Nr.3: Es macht Spaß!</u> Das De-Kodieren bietet eine ähnliche Art von (positiver) Aufregung, wie sie z.B. ein Briefmarken-Fan empfindet, der etwas über eine Marke lernt, was ihm neu war! Sprachenlernen wird nun endlich *intellektuell stimulierend!* Und hier liegt der Hauptunterschied zwischen einem Erwachsenen und einem Kind: Der Erwachsene *weiß* ja schon so viel! Für das Kind ist häufig sowohl das Wort als auch der Gegenstand neu! Für uns ist es meist nur das Wort selbst, welches nun zu einem *Synonym* (gleichbedeutenden Wort) werden kann! Also sieht Ihr geistiges Auge einen *Tisch* <u>oder</u> einen *table* <u>oder</u> ein *tsue* <u>oder</u> eine *mensa!* Das ist genauso "gleich" wie die Wortwahl zwischen *Geste* <u>oder</u> *Gebärde!*

Wiewohl der De-Kodierungs-Prozeß, wenn Sie ihn selber durchführen, ein wenig Zeit in Anspruch nimmt, spart er Ihnen doch später viel mehr Zeit und Frustration, denn:

1. **Sie werden nie verzweifelt ein Wort in einer Fremdsprache suchen, das es "dort" nicht gibt!**
   (Z.B. "haben" im Arabischen!)

2. **Sie werden nie mehr deutsche Redewendungen in andere Sprachen transferieren** ("speak you German?"), **während Sie die Formulierungen der Zielsprache sehr wohl exakt anwenden können** (der-Sonne)**!**

3. **Sie werden eigene Sätze analog zu gelernten Sätzen bilden können, wobei Sie die Sprachstruktur (also die Grammatik) mühelos und ohne Büffeln von Grammatik-Regeln korrekt (nach-)bilden können!**

4. **Sie werden weit schneller und effizienter in der Ziel-Sprache denken können!**

Einführung zum zweiten Schritt:

Im Seminar wird meine Sprachlern-Methode erst erläutert, nachdem Grund-Informationen und Übungen zur Arbeitsweise des Gehirns (z.B. Gedächtnis) vorausgegangen sind. Also kennen die Teilnehmer bereits eine Übung (vgl. *Stroh im Kopf?* Imaginationsübung in Kap. 8. Ich möchte diese Übung daher hier ebenfalls vorausschicken, wobei ich ausdrücklich betone, daß ich sie speziell zum Behalten *muttersprachlicher Informationen* entwickelt habe!

Der Sinn dieser Übung liegt in der Tatsache begründet, daß wir uns (wie in Kap.1 erwähnt) immer "ein Bild machen", wenn wir etwas lesen oder hören.

Nur wird dieser Prozeß des Bildermachens in Schule und Ausbildung in der Regel so stark "abgewürgt", daß er ins Unbewußte verdrängt wird. Unbewußte Bilder aber "sieht" man nicht mehr klar vor dem "geistigen Auge"; das führt zu gewissen Problemen im Alltag. So wird jemand, der nur eine ungenaue Vorstellung von etwas hat, sich meist dementsprechend wischi- waschi *ausdrücken*! Des weiteren kann man ein "klares Bild" weit leichter behalten, so daß diese Übung sowohl Ihr Sprach-Gefühl als auch Ihr Gedächtnis fördern wird! Sie können das Training hörend oder lesend durchführen:

Hör-Training:
Sie benötigen einen gesprochenen Text, der Ihnen noch unbekannt ist. Zum Beispiel können Sie eine Nachrichtensendung im Radio mitschneiden und anschließend üben. Zunächst gilt es, jeweils zwei, drei Sätze anzuhören und dann auf die PAUSE-Taste zu drücken. Nun stellen Sie sich das Gehörte bewußt bildlich vor:

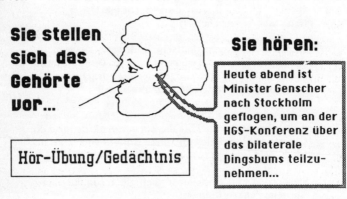

Nun könnte die Vorstellung in etwa so "aussehen":

1. GENSCHER steigt ins Flugzeug ein. Je genauer Sie den erwähnten Menschen kennen, desto mehr "Nahaufnahmen" sollten Sie sich vorstellen; ist Ihnen sein Gesicht jedoch unbekannt, dann "sehen" Sie ihn quasi aus der Ferne. 2. Das Flugzeug hebt ab, wird ganz klein (wie ein Spielzeug) und fliegt jetzt über eine Europakarte nach Stockholm. Sollten Sie nicht wissen, wo sich ein genannter Ort befindet, dann wäre es besonders intelligent, im Atlas nachzuschlagen! Das heißt, wenn Sie diese Übung ernsthaft betreiben, brauchen Sie mindestens ein kleines (Jugend-)Lexikon und einen Atlas. Besser wäre ein gutes Nachschlagewerk; es gibt preiswerte (!!) Taschenbuch-Ausgaben von MEYERs, BROCKHAUS etc. Nachdem wir für so vieles andere Geld ausgeben, wäre diese Summe vielleicht doch erschwinglich? 3. Das Flugzeug landet, GENSCHER steigt aus. Er begibt sich in das Gebäude, in dem die Konferenz stattfinden

soll. Falls Sie nicht wissen, was *bilateral* ist, könnten Sie ebenfalls nachschlagen. Sie sehen, daß diese Übung nicht nur ein einfaches Gedächtnis-Training ist, sondern daß sie möglicherweise auch zu einer Erweiterung Ihrer Allgemeinbildung beitragen könnte!

> Das Übungsziel ist erreicht, wenn Sie nicht mehr auf die PAUSE-Taste drücken müssen, wenn Sie also die "Bilder" vor Ihrem geistigen Auge parallel zum gesprochenen Wort sehen können.

Allerdings gilt diese Aussage für das *allgemeine Gehirn-Training*; was das Sprachenlernen betrifft, müssen Sie *nicht* erst warten, bis dieses Ziel erreicht ist. Falls es Sie interessiert: Dazu brauchen meine Teilnehmer in der Regel ca. sechs Wochen, wenn sie einmal pro Tag (à 10 Minuten) üben. Sollten Sie sich dazu entschließen können (unabhängig vom Sprachenlernen), würden Sie ganz allgemein eine Menge für sich tun.

Lese-Training:
Diese Übung verläuft genau, wie oben beschrieben, nur mit dem Unterschied, daß Sie nicht auf eine Taste drücken müssen, wenn Sie innehalten wollen, um Ihre Vorstellungen bewußt zu registrieren. Zum Üben geeignet sind nicht nur alltägliche Artikel, Zeitungen, Zeitschriften, Fachpublikationen, Bücher, sondern im besonderen Maße auch Jugendbücher, welche in ein Wissensgebiet einführen, wie die *Was-ist-das?*-Reihe, die übrigens aus den USA kommt. In bezug auf das gehirn-gerechte Darstellen sogenannter trockener Informationen sind uns die Angelsachsen ja immer noch weit voraus! Wenn Sie solche Texte benutzen, könnten Sie ebenfalls etwas für Ihre Allgemeinbildung tun, falls Sie dies wünschen. (Es gibt derartige Kinder- und Jugendbücher zu sehr vielen Themen, so daß fast jeder Interessierte einige finden kann, über welche er eigentlich noch zuwenig weiß.) Überlegen Sie einmal: Zehn Minuten Lesetraining pro Tag, über einige Jahre hinweg, ergäbe eine ganze Menge Wissen, das man quasi beiläufig lernt! Dies gilt in besonderem Maße für "lesefaule" Menschen.

Falls Sie sich wundern, daß ich in einer Anleitung zum Fremdsprachenlernen so viel Aufhebens vom muttersprachlichen Lesen mache, lassen Sie mich bitte zwei Gedanken anbieten: Erstens ist es eine traurige Tatsache, daß die meisten Menschen weit weniger flüssig lesen können, als man nach den vielen Jahren Schule (plus oft noch weitere Jahre der Spezial-Ausbildung) annehmen sollte, so daß dieses Training so manchem guttäte, insbesondere, wenn man beruflich häufig lesen muß! Zweitens könnte es sein, daß Sie durch dieses Training Ihre Lesefähigkeit für die Fremdsprache automatisch verbessern, denn, wie eingangs schon erwähnt: Fertigkeiten, die Ihnen in der Muttersprache nicht besonders gut gelingen, gelingen in der Zielsprache meist noch schlechter!

Aber jetzt zurück zum Sprachenlernen: Sie haben also einen bestimmten *Text* (z.B. eine Lektion) de-kodiert (bzw. de-kodieren lassen) und beginnen nun mit dem zweiten Schritt, dem aktiven Hören:

Der zweite Schritt: Hören/Aktiv

Jetzt benötigen Sie die Kassette, welche *den* Text enthält, der schriftlich *in de-kodierter Form* vorliegt: Sie hören den Text und lesen gleichzeitig die de-kodierten Wörter mit. Dabei stellen Sie sich jedes Detail bildlich vor.

Also machen Sie genau dasselbe, wie oben beschrieben, nur, daß es sich "zufälligerweise" dabei um einen fremdsprachlichen Text handelt, den Sie lesend hören. Daher soll ja Ihr Vorgehen dem Training für muttersprachliche Texte entsprechen. Daß Sie den Text anfangs öfter hören müssen, weil alles oder vieles neu ist, ist selbstverständlich! Aber durch die De-Kodierung begreifen Sie ja jedes Wort! Indem Sie sich alles bildlich vorstellen, bieten Sie der rechten Hirnhälfte wesentliche Informationen gleich mit an, müssen also nicht warten, bis diese sich die Bilder selbst "gebastelt" hat. Außerdem hören Sie ja immer eine kleine Situation (einen Dialog), welcher in einem (hoffentlich einigermaßen intelligenten) Sinn-Zusammenhang steht, der beim isolierten Pauken einzelner Vokabeln oder Phrasen gewöhnlich fehlt!

Wir können festhalten:

> **Ihrem Gehirn ist ein de-kodierter Fremsprachen-Text genau so "recht" wie ein muttersprachlicher, in dem vielleicht einige unbekannte Wörter stecken.**

Im Gegenteil, viele deutsche Texte sind so mit "Fach-Chinesisch" vollgepackt, daß sie einem "Fach-Spanier" weniger verständlich sind als ein de-kodierter Satz mit demselben Inhalt. Oder verstehen Sie den folgenden "deutschen" Satz aus einem Sachbuch auf Anhieb?

"Die relative Effizienz kumulierter Kommunikationssubstrate basiert auf der funktionalen Relation zwischen der absoluten Kapazität des Rezipienten und dem quantitativen Theasaurus offerierter Informationen."

Also, Sie sehen: Die Phase *Hören/Aktiv* ist leicht, weil Sie beim De-Kodieren ja nur Worte verwenden, die Sie kennen. Dieses aktive Hören ist so erfolgreich, weil es in diesem Aspekt dem Erlernen der Muttersprache ähnelt, denn auch hier werden Worte, die man einmal begreift, ja *nur* im Sinnverband erlernt! Außerdem nimmt die rechte Hirnhälfte auch den Tonfall und das Klangbild wahr, so daß gleichzeitig ein enorm komplexer Lernprozeß (vgl. oben: die neue Synthese) ausgelöst wird. Denn während Sie die De-Kodierung lesen, wird Ihre rechte Hirnhälfte *ganz nebenbei* registrieren:

- **Aussprache zusammenhängender Wort-Gruppen,**
  (Geld haben wir keines wird zu: Geld *hamma* keins)
- **Tonfall des "einheimischen" Sprechers,**
  (Parla italiano? Non ancora, è la mia prima lezione.)
- **Sprach-Melodie,**
  (Sie essen noch. Sie essen noch?)
- **Sprech-Rhythmus,**
  (vgl. das Beispiel Psy-**cho**-lo-gy, Kap.6)
- **Zusammenziehungen (Liaisons)**
  (Sieh-mal her! Kannste {kannst-du} mal kommen?) und vieles mehr!

Dieses *Hören/Aktiv* machen Sie so lange, bis Sie – ohne die Kassette stoppen zu müssen – den gesamten Text dieser Lektion *genauso gut verstehen können*, wie wenn er deutsch gewesen wäre! Das heißt im Klartext:

> **Nach Abschluß des zweiten Lernschrittes ist es für Ihr Gehirn vollkommen egal, ob Sie diesen Text in Ihrer Mutter- oder in der Zielsprache hören!! Sie verstehen (d.h. begreifen) ihn ja jetzt vollkommen!**

Wir können also wieder sagen:

> Das Übungsziel ist erreicht, wenn Sie nicht mehr auf die PAUSE-Taste drücken müssen, wenn Sie also den Text auch ohne die De-Kodierung verstehen können, weil Sie zu den Worten jetzt klare Bilder haben!

Sie verstehen *diesen Text* jetzt mit dem ganzen Hirn. Das ist der üblichen halbhirnigen Vorgehensweise natürlich vorzuziehen! Danach erst folgt der dritte Schritt mit *diesem* Text, während Sie mit anderen Texten bereits bei Schritt 1 oder 2 beginnen werden. (Sie "fahren" ab jetzt mehrgleisig!)

Der dritte Schritt: Hören/Passiv

In *Stroh im Kopf?* wurde bereits erläutert, daß nur die linke Hirnhälfte sich auf ausgeführte Tätigkeiten konzentrieren muß, da sie ja Schritt-für-Schritt, linear, ein-dimensional vorgeht! Ganz anders die rechte Hirnhälfte: Sie kann mehrere Dinge gleichzeitig, parallel und mehr-dimensional tun! Dies ist mit Worten (der linken Hirnhälfte) nur sehr schwer zu erklären. Denken Sie einmal an Ihren Körper: Wie viele Prozesse laufen da gleichzeitig und auf mehreren Ebenen ab, ohne sich zu stören, zum Beispiel innerhalb der Zelle, innerhalb eines Organs, im Gehirn! Abertausende von biochemischen, elektrischen, neurologischen Prozessen geschehen gleichzeitig, während wir mit Worten immer nur über den einen oder anderen dieser Prozesse zur gleichen Zeit sprechen oder nachdenken können!

So ähnlich ist es, wenn die rechte Hirnhälfte Informationen verarbeitet. Deswegen kann sie ja *sowohl* den Tonfall *als auch* die Lautstärke, die Mimik, die Gestik, die Haltung, die Pausen, die Sprachmelodie und zahlreiche andere Aspekte *gleichzeitig* wahrnehmen, wenn wir jemandem zuhören und glauben, wir nähmen nur die Worte selbst wahr! (Wenn Sie dieser Aspekt besonders interessiert, könnten Sie ja mal in mein mvg-Taschenbuch, *Signale des Körpers und was sie aussagen,* hineinsehen...)

Diese Tatsache nützen wir bei Hören/Passiv aus:
Während Sie irgend etwas tun, lassen Sie die Kassette *nebenher* laufen. Zum Beispiel: Bei Haus- oder Gartenarbeiten, beim Gassi gehen mit dem Hund, beim Basteln, auf Reisen etc. (Seit es Walkman gibt, kein Problem mehr!) Im

übrigen können Sie den Fremdsprachen-Text sogar während eines spannenden Krimis laufen lassen (vgl. Kap. 5). Wichtig:

> **Bei dem Schritt Hören/Passiv brauchen, ja sollen (!) Sie überhaupt nicht bewußt zuhören! Ihre rechte Hirnhälfte speichert das für Sie Wesentliche ganz allein, ohne Ihr bewußtes Zutun!**

Das sogenannte Bewußtsein ist überwiegend in der linken Hemisphäre des Gehirns "beheimatet", während ca. zwei Drittel des sogenannten Un(ter)-Bewußten in der rechten Hirnhälfte angesiedelt sind! Deswegen kann man sehr wohl davon sprechen, daß wir im dritten Lernschritt einen großen Teil der Lernarbeit an das Unbewußte "delegieren", nach dem Motto:

In dieser Phase des Hören/Passiv lernt Ihre rechte Hemisphäre Aspekte, die Sie später sowohl beim aktiven Sprechen als auch beim Verstehen wissen wollen! Da Sie jedoch bewußt *nichts* dazu tun, sage ich von diesem Lernschritt immer: *Ich lerne nicht - Ich lasse lernen!* Diese Formulierung ist durchaus wörtlich zu nehmen, denn sie beschreibt den Grund, warum Sie mit dieser gehirn-gerechten Methode weit weniger Zeit für aktives Lernen investieren müssen. Zwar "verbraucht" das passive Hören auch "Zeit", aber da Sie dabei immer *etwas anderes tun*, weil Sie ja *nicht* bewußt hinhören *sollen*, ist diese Zeit keine Zeit, die Ihnen bei anderen Tätigkeiten fehlt!

Erst wenn der Text Ihnen *vertraut* und gar nicht mehr fremd erscheint, gehen Sie mit *diesem* Text zum vierten Schritt über. Das bedeutet natürlich auch, daß Sie mit einer anderen Textstelle schon wieder weitermachen können!

Dieser Aspekt, daß Sie an mehreren Textstellen zugleich arbeiten, ist sehr wesentlich. Denn bei Lektion 2 mögen Sie bereits zu dem Stadium des Selber-Tuns (Schritt 4) vorgedrungen sein, während sie die Lektionen 3 und 4 noch passiv hören, aber Lektion 6 bereits de-kodieren!

> • **Dieses Parallel-Arbeiten entspricht der Arbeitsweise des Gehirns, welches für manche Aspekte** (Schritt 3) **eben länger braucht als für andere** (Schritt 1).

> • **Auf diese Weise hat Ihr Kopf *mehr* Zeit für Prozesse, die länger dauern, *ohne* daß dadurch Ihr Lernprozeß insgesamt gestoppt oder verlangsamt werden würde.**

Damit vermeiden wir den Standard-Fehler, daß wir *ungeduldig* werden und *zu früh* zum nächsten Schritt übergehen. Auf diese Weise wird Ihr Programm höchst individuell. Es passiert häufig, daß Partner, die am gleichen Tag beginnen und ihre aktive Lernarbeit ebenfalls gleichzeitig durchführen, schon nach einigen Tagen erste Verschiebungen feststellen.

Für die letzte Lernphase kommt es darauf an, ob Sie überwiegend sprechen oder nur verstehen bzw. lesen oder schreiben wollen! Wenn Lesen/Schreiben Ihre Hauptziele sind, dann bewirkt die dritte Phase, daß Sie *nicht* mit der falschen Aussprache "im Kopf" lesen werden! Also:

> **Selbst wenn Ihr Hauptziel im Lesen/Schreiben bestehen sollte, durchlaufen Sie die Phase Hören/Passiv trotzdem.**

Dafür gibt es zwei Gründe: Erstens ist es gehirn-gerecht, wenn Ihnen das Klangbild eines gelesenen Wortes vertraut ist; sonst besteht wieder die Gefahr eines halbhirnigen Vorgehens, und das ist weit weniger effektiv! Zweitens: So mancher wollte ursprünglich nur lesen lernen; aber wenn er merkt, wie leicht diese Methode das Lernen macht, dann ändert er seine Meinung oft! Dann ist es natürlich besser, wenn Sie bereits den richtigen Klang kennen.

Es folgen nun erste Hinweise zu den *Möglichkeiten* des vierten Schrittes, damit Sie Ihren ersten Überblick jetzt abschließen können. Aber wirklich ausschöpfen werden wir diese Möglichkeiten erst ab Kapitel 6!

Der vierte Schritt: Sprechen/Schreiben/Üben etc.

Bei diesem vierten Schritt ergeben sich die meisten Unterschiede, sowohl von einem Lernwilligen zum nächsten als auch für dieselbe Person bei verschiedenen Sprachen. So bin ich bei Arabisch z.B. durchaus bereit, strukturierte Übungen schriftlich zu absolvieren; zum einen, weil das Schreiben als solches Freude macht und eine Übung interessanter ist, als immer nur irgendwelche Texte abzuschreiben; zum anderen, weil ich eine Methode entwickelt habe, mittels derer wir uns Übungen mit Auflösung (und sofortigem Erfolgs-Erlebnis) selber "basteln" können (s. Kap. 6); diese aber machen mir dann eben auch Spaß! Ganz anders sieht die Situation bei Chinesisch aus, welches ich nur ein wenig lesen können möchte... Weil dieser vierte Schritt so variabel ist, will ich hier nur erste Andeutungen machen. Es geht im wesentlichen wieder um unsere vier Grund-Fertigkeiten:

- Sie wollen gerne lesen?

Wenn das erste Grundwissen vorhanden ist, wird es Sie langsam reizen, auch andere Texte zu lesen. In Kap. 6 finden Sie Hilfestellungen zur Auswahl von geeigneten Texten sowie zum Lesen selbst.

- Sie wollen gerne hören?

Wenn Sie gerne hören wollen, gibt es zwei Möglickeiten: *entweder Sie wollen nur hören* (d.h. verstehen), z.B. Radio- und Fernseh-Sendungen, Tagungs- und Kongreßbeiträge, Präsentationen bei Kunden, ohne selbst (viel) sagen zu müssen. *Oder aber, Sie wollen Ihre Hör-Fähigkeit zusammen mit dem Sprechen entwickeln,* um später in der Zielsprache Konversation betreiben zu können. Falls ersteres der Fall ist, empfehle ich Ihnen auf alle Fälle, die Video-Tips in Kap. 7 zu lesen, bei Vorkenntnissen könnten diese alleine schon ausreichen, so daß Sie den Sprach-Kurs bald zur Seite legen können. (Vgl. auch Kap.9, Stichwort: Fortgeschrittene). Wollen Sie hingegen beide Ziele vereinen, dann schafft die Video-Methode auf alle Fälle eine solide *Grundlage* für den Erwerb des passiven Vokabulars; aber Sie sollten zusätzlich alles unter Sprech-Training Gesagte ebenfalls berücksichtigen.

- Sie wollen gerne sprechen?

Wenn Sie sich in der Zielsprache später flüssig unterhalten wollen, ist es besonders wichtig, daß Sie sich darauf vorbereiten, über Themen zu sprechen, die Ihnen am Herzen liegen! (Tips hierzu finden Sie ebenfalls in Kap. 6.)

- Sie wollen gerne schreiben?

Wenn Sie Texte abschreiben möchten, weil Sie eine Ihnen neue Schrift üben wollen (japanisch, arabisch, russisch), dann bedenken Sie bitte: Für *Formen* ist die rechte Hemisphäre zuständig! (Details hierzu in Kap. 6.) Auch sollten Sie an schriftliche Übungen denken, bei denen sofortige Erfolgs-Erlebnisse den Spaß an der Freude erhöhen. (Kap. 6 und 7 enthalten das Nötige.)

Vorläufiges Fazit:
Wenn Sie diese Vier-Schritt-Methode ausprobieren, dann werden Sie zwar unerhört viel lernen: aber keine Vokabeln. Sie speichern nämlich ohne viel Aufwand die gesamten Lektions-Texte. Das ist so ähnlich wie früher, wenn Sie den Katechismus lernten, den wir immer im selben Tonfall, in derselben Geschwindigkeit, mit denselben Betonungen an derselben Stelle hörten – so ähnlich speichern Sie jetzt ganze Textstellen in Ihr Gedächtnis ein!
Das hat verschiedene Vorteile:

• <u>Sie erinnern sich immer an ganze Satzteile</u> (mit der korrekten Aussprache), können diese also schon sehr bald einsetzen, sowohl wörtlich (quasi als Zitat) als auch in leichter Abwandlung. Angenommen, eine Person in einer Lektion hat über ihren Beruf gesprochen, dann können Sie den Satz leicht abwandeln und über Ihren eigenen Beruf eine ähnliche Aussage machen. (Wir kommen in Kap. 6 wieder darauf zurück.)

• <u>Sie können einzelne Wörter "herausfischen"</u>. Da Sie ja mit Ihrem ganzen Gehirn *alles* eingespeichert haben, wissen Sie genauso wie im Deutschen, was die Wörter *im einzelnen* bedeuten, wiewohl Sie die Worte ja nicht einzeln, sondern im Sinnverband gelernt hatten! Wer also mit meinem System arbeiten will, weil er *nicht wegen*, sondern *trotz* Schulunterricht eine Fremdsprache lernen will, sollte dies wissen! Auch brauchen Sie kein Quiz zu fürchten! Dies gilt nicht nur für typische Vokabel-Tests, sondern für *jede* Art von Fragen nach Details. Angenommen, Ihr Lehrer "steht auf" dem Pauken unregelmäßiger Verbformen und produziert dann Grammatik-Tests nach dem Motto: Bilden Sie die Vergangenheitsform von *go*. Dann brauchen Sie nur kurz zu überlegen, welche Person in den Lektionstexten *gegangen* war! Und sofort fällt Ihnen ein: *Mrs. Smith went to the shop...* Aha, *went* ist die gesuchte Form! Solange der Test Wörter abfragt, die in den Texten aufgetaucht waren, sind Sie sicher. *Denn ein Text, der ganzhirnig gespeichert worden war, ist ja in jedem Detail vorhanden!*

• <u>Sie haben sich an den Klang der Wörter im Satz gewöhnt</u>, also können Ihnen keine isoliert "gelernten" Wörter später, wenn sie in einem Satz ganz anders klingen, *wieder fremd* erscheinen (was beim Büffeln isolierter Vokabeln leider nur allzu häufig der Fall ist)!

• <u>Sie üben aktiv!</u> Sie können z.B. in der Wohnung umhergehen und einen Dialog nachvollziehen, der sich im Wohnzimmer in einer Lektion abgespielt hat! Sie können sich beim Autofahren selbst erzählen, was Sie da draußen sehen, wenn in einer Lektion jemand die Aspekte beschrieben hatte!

Sie können dieselben Artikel kaufen, dieselben Speisen und Getränke bestellen wie die Lektionspersonen. Sie können aber auch *andere* Wörter in den Grundsatz einbauen, falls Sie etwas anderes kaufen/essen/trinken wollen.

Genauso können Sie ein Hotelzimmer buchen oder was immer die Lektions-Personen eben taten! Mit anderen Worten:

Das macht Mut! Das ist wie Theaterspielen. Das ist ähnlich wie bei einem Kind, welches ja auch die Realität "erprobt", wenn es beim Spielen vor sich hin murmelt, also Selbstgespräche führt!

Zusammenfassung der Methode (Überblick):

Schritt 1:
De-Kodieren: Spielen Sie Detektiv, lösen Sie Rätsel, setzen Sie die grauen Zellen Ihres Großhirns schöpferisch ein! Oder lassen Sie de-kodieren, damit Sie den Text für Schritt 2 verwenden können.

Schritt 2:
Hören/Aktiv: Stellen Sie sich alles bildlich, farbig, drei-dimensional vor! Wie beim Hören eines deutschen Textes!

Schritt 3:
Hören/Passiv: Lassen Sie lernen: Lassen Sie Ihre rechte Hemisphäre auf Klang-*Bild,* Tonfall, Aussprache etc. achten, während Sie etwas anderes tun!

Schritt 4:
Sprechen oder *Lesen/Schreiben:* Jetzt beginnen Sie, die Fremdsprache bereits *aktiv* einzusetzen. Wenn Sprechen Ihr Hauptziel ist, spielen Sie die Situation durch! Wie das Kind, das Selbstgespräche führt, wenn es Praxis "probt". Wenn Sie lieber schreiben/lesen wollen, finden Sie auch hierzu noch zahlreiche Hinweise in Kap. 6.

Ehe wir ins Detail einsteigen, gibt es noch ein Thema, das *viele*, aber *nicht alle* Seminar-Teilnehmer interessiert: Ist meine Methode wirklich so neu, oder handelt es sich um "alten Wein in neuen Schläuchen"? Mein Vorschlag: Ich gehe im folgenden auf diese Frage ein, aber wenn es Sie nicht interessiert, springen Sie gleich zu Kap. 3 (S. 53).

Neuer Wein in alten Schläuchen?
Natürlich gab es bereits einige Ansätze zum Fremdsprachenlernen, die alle von sich behaupteten, "einmalig" und "völlig anders" zu sein! Auf der anderen Seite haben verschiedenste Systeme jeweils einige Details, die ganz einfach erfolgreicher sind als andere Wege, so daß langsam aber sicher manche dieser Ideen von anderen Autoren übernommen wurden.

Außerdem haben manche Ideen sich auch unabhängig voneinander entwickelt; so dachte ich einige Jahre lang, ich sei die einzige, die das De-Kodieren erfand; ich mußte aber 1987 feststellen, daß das nicht stimmte (s. unten).

Daher formuliere ich es folgendermaßen: Meine Methode ist von mir entwickelt worden, wobei ich sie im Laufe der Jahre immer näher an das ebenfalls von mir entwickelte Konzept des gehirn-gerechten Arbeitens gebracht habe. Dabei halfen mir zahlreiche Seminar-Teilnehmer, die bereit waren, zu experimentieren. Auch erhielt ich oft Rückkoppelung von Hörern meiner Vorträge (mit bis zu 900 Personen), die auf eigene Faust versucht hatten, mit den dürftigen Informationen, die in einer Stunde gegeben werden können, zu arbeiten. Auch diese Rückkoppelungen waren sehr hilfreich. Und so kristallisierte sich langsam das heraus, was ich heute als Methode anbiete.

Der Grund, warum ich das System nicht "Gehirn-gerechtes Sprachenlernen" oder so ähnlich, sondern "die Birkenbihl-Methode" nenne, ist ein ganz einfacher: Ich werde nämlich sehr häufig gefragt, inwieweit meine Methode mit Superlearning (s.u.) oder mit der Sowieso-Technik etwas zu tun hat. Um solche und ähnliche Fragen in Zukunft zu vermeiden, habe ich mich entschlossen, meinen Namen mit der Methode zu verbinden. Und, nachdem ich bisher rund 25 Jahre (also mehr als die Hälfte meines Lebens) in die Methode investiert habe, wäre es eher verdächtig, wenn ich es nicht wagen würde, sie so zu nennen.

Wer greift hier wem vor?
Es ist schon interessant: Wenn jemand zu einem späteren Zeitpunkt eine Idee hat, die es früher schon einmal gab, dann heißt es oft, der frühere Autor (Forscher) habe dem späteren Autoren "vorgegriffen". Tatsache aber ist, daß eine meiner Schlüssel-Ideen schon einmal da war: Das wort-wörtliche Übersetzen wurde nämlich vor rund 100 Jahren bereits vorgeschlagen, wie ich 1987 erst erfuhr. (Für diesen Hinweis danke ich Dr.MÖLLRING; er machte mich freundlicherweise darauf aufmerksam.) Und zwar forderte ein Dr. TEICHMANN (in TEICHMANNs *Praktische Methode Französisch - eine sichere Anleitung zum wirklichen Sprechen der französischen Sprache*), man solle die Lektions-Texte wörtlich übersetzen, was allerdings keine große Breitenwirkung ausgelöst hat. Denn erstens mußte der geneigte Leser diese De-Kodierung fast ohne Hilfe, nur mit einem Wörterbuch "bewaffnet",

vornehmen (der Autor gab nur Tips für die ersten vier Abschnitte). Und zweitens gab es damals keine Möglichkeit, *das De-Kodierte mitzulesen, während man die Zielsprache hörte.* Dazu hätte man ja einen menschlichen Sprecher gebraucht, der "auf Kommando" die Texte spricht, die man gerade durcharbeiten will, denn es gab noch keine Kassetten.

Außerdem behaupte ich, daß *erst die Synthese des Hörens mit dem Lesen des De-Kodierten* den durchschlagenden Erfolg bringen wird!. Trotzdem hatten Dr. TEICHMANNs Schüler bereits weit mehr Erfolg als damals üblich, was aus den zahlreichen "Testimonials" (Bezeugungs-Schreiben) hervorgeht, die er im Anhang seines Werkes abgedruckt hat! Und er macht noch einen bemerkenswerten Vorschlag bezüglich des Lesens fremdsprachlicher Texte (vgl. Kap. 6).

Also - natürlich gab und gibt es andere Ansätze, die wertvoll sind. Wobei man zwischen Kursen, die eine spezifische Sprache gleich mitanbieten (wie Dr. TEICHMANNs Buch) und übergeordneten Methoden zum Sprachenlernen - wie meiner - unterscheiden muß. In der letzten Kategorie konnte ich fast nichts finden; die wenigen Anleitungen zum Sprachenlernen, die ich in Europa und den USA fand, geben meist nur Tips, wie man Vokabeln oder Grammatik-Regeln noch effizienter pauken kann; da ich aber dagegen bin, stur auswendig zu lernen, nützt das nicht viel. Meines Wissens ist meine Methode derzeit die gehirn-gerechteste. Falls Sie anderer Meinung sind, schreiben Sie mir bitte; ich bin immer daran interessiert, andere Lern-Ansätze kennenzulernen. Aber meine Methode funktioniert! Das weiß ich aus den Erfolgen meiner Seminar-Teilnehmer (die ja alle zunächst glaubten, sie hätten kein Sprachen-Talent). Also hoffe ich, daß meine Methode *auch für Sie* ein Ansatz ist, der Ihnen hilft, etwa vorhandene Vorurteile zu überwinden und das zu schaffen, was Sie schon lange *hätten schaffen können*, wenn nicht falsche Methoden Sie bis jetzt daran gehindert hätten!

Ein Wort zu Superlearning:
Nachdem die Frage nach der *Suggestopädie* (auch Methode Dr. LOZANOV oder *Superlearning* genannt) immer wieder gestellt wird, will ich hierzu kurz Stellung nehmen.

Meines Erachtens hat Dr. Lozanow einen hervorragenden *Ansatz* geschaffen. Wer sich für Details interessiert, sei auf BOCHOW und WAGNER (*Suggestopädie/Superlearning - Grundlagen/Anwendungsberichte*, GABAL) verwiesen.

Das Problem mit Superlearning ist nur, daß es einen durchaus positiven Ansatz bietet, der jedoch in sehr starkem Maße am Lehrer "hängt". Mit einem guten Instruktor ist Superlearning ausgezeichnet; *aber es steht und fällt mit dem Menschen, der lehrt.* Der Instruktor muß nämlich einerseits äußerst diszipliniert sein, er darf andererseits aber auch nicht zur "Maschine" werden, indem er nur die technischen Aspekte (z.B. die besondere Vortragsweise) korrekt einsetzt. Es gibt nicht viele Menschen, die im Sinne Dr. LOZANOVs guten Unterricht erteilen können.

Es gibt jedoch eine Menge Anbieter, die mit dem Begriff hausieren gehen, weil er derzeit hoch im Kurs steht, deren Unterricht (oder Sprachkurs für Selbstlerner) aber nicht wirklich den hohen Ansprüchen gerecht wird, die Dr. LOZANOV eigentlich stellte. Solche Kurse bieten dann im Grunde kaum mehr als eine glorifizierte Art und Weise, isolierte Vokabeln und Redewendungen zu pauken, mal mit, mal ohne Musik. Zwar werden ab und zu ein paar Mini-Lektionen eingestreut, aber es handelt sich doch weitgehend um das Herkömmliche, nur eben mit dem Etikett *Superlearning*. Seien Sie also vorsichtig, und informieren Sie sich gründlich, wenn Sie ernsthaft Superlearning "betreiben" wollen.

Kapitel 3
Schritt 1: De-Kodieren

Am besten lernt man das De-Kodieren, indem man einfach beginnt. Deshalb schlage ich Ihnen vor, jetzt gleich einen ersten Versuch zu wagen, damit Sie sehen, daß es gar nicht schwer ist. Wenn Sie einen Text mit Übersetzung der einzelnen Sätze haben, dann ist es natürlich relativ leicht. Aber da die meisten Sprachkurse keine Übersetzungen anbieten, sollten Sie gleich einmal unser Fallbeispiel ausprobieren, wobei der Text keine "Lektion" darstellt, sondern einem italienischen Buch für große und kleine Kinder entstammt.

Fallbeispiel 4: De-Kodier-Übung/Italienisch

Das Beispiel ist Luigi MALERBAs reizendem Büchlein: *Storiette tascabili*. entnommen worden. Vorgehen: Sie finden auf der nächsten Seite den Text, einmal komplett, dann noch einmal mit Platz zum Hineinschreiben. Suchen Sie bitte jedes Wort in der anschließenden Vokabelliste, und tragen Sie seine Bedeutung oberhalb oder unterhalb des italienischen Begriffes ein. Optimal wäre es, De-Kodierungen prinzipiell mit *Bleistift* vorzunehmen. Falls Sie wollen, könnten Sie (in Ihren Sprachkursen) den Text, den Sie entschlüsseln wollen, auch fotokopieren (bei besonders kleinem Druck gleich mit Vergrößerung!), so daß Ihr Buch-Text ohne Dekodierung verbleibt. Denn später, wenn Sie schon weiter sind, macht es Ihnen sicher mehr Freude, die inzwischen vertrauten Texte auch ohne Randbemerkungen auf Anhieb lesen zu können. Bei sehr preiswerten Kursen kaufe ich immer zwei Exemplare, so daß ich in eines *hineinschreiben* kann und gleichzeitig das andere zum *Nachschlagen* benutze, damit ich nicht laufend hin- und herblättern muß, z.B. zwischen der Vokabel-Liste und dem Text selbst.

Cinque mosche di Luigi MALERBA: Erano cinque mosche. La prima mosca era contenta di essere la prima, beata lei. – Io invece sono contraria alle gerarchie, – diceva la seconda, – perché guastano i rapporti. Basta guardare quello che succede tra gli uomini e tra le formiche –. Però si accontentava di essere la seconda. La terza era un po' meno contenta di essere la terza...

Luigi MALERBA: **Cinque mosche**

Erano cinque mosche.

.

La prima mosca era contenta

.

di essere la prima, beata lei.

.

– Io invece sono contraria alle gerarchie, –

.

diceva la seconda,

.

– perché guastano i rapporti.

.

Basta guardare quello che succede

.

tra gli uomini e tra le formiche –.

.

Però si accontentava di essere la seconda.

.

La terza era un po' meno contenta di essere la terza...

<u>Vokabular für **Cinque mosche** - nächste Seite!</u>

Vokabular für **Cinque mosche**:

Cinque	fünf
mosche	Fliegen (Mehrzahl, sprich: MOSKE)
erano	sie waren
la	die
prima	erste
mosca	Fliege (Einzahl von mosche)
era	{er/sie} war
contenta	zufrieden (weibliche Form)
di	von
essere	sein
la prima	die erste
beata	glückliche (weibliche Form)
lei	sie
io	ich
invece	hingegen
sono	bin
contraria	{da}gegen
alle	al (auf) + le (die, Mehrzahl)
gerarchie	Hierarchien
diceva	sagte
la seconda	die zweite
perché	weil, denn
guastano	{sie} verderben
i	die (Mehrzahl, männlich)
rapporti	Beziehungen
basta	genug
guardare	sehen, schauen
quello	was, welches
che	daß
succede	passiert
tra	zwischen
gli uomini	den Menschen
e	und
le formiche	den Ameisen
Però	Aber
si	sich
accontentava	zufriedenstellte
la terza	die dritte
un po'	ein wenig, Abk. von: un poco
meno	weniger

Lösung zur De-Kodierungs-Aufgabe (umseitig):

Bitte beachten Sie, daß sie nur *eine* Möglichkeit aufzeigt, nicht aber die einzige. Jede De-Kodierung ist immer auch eine künstlerische Leistung, so daß sich zwangsläufig kleine inhaltliche Unterschiede ergeben werden, wenn zwei Personen denselben Text de-kodieren. Denn kaum ein Wort ist so hundertprozentig "eindeutig", als daß es nicht verschiedene Interpretierungsmöglichkeiten gäbe. Ganz abgesehen von der Art und Weise, wie man die De-Kodierung in den Text eintragen möchte.

Cinque mosche

<pre>
           5   Fliegen
Erano   cinque mosche.
[Es]waren   5   Fliegen
La prima mosca era contenta
Die erste Fliege war zufrieden
di essere la prima, beata lei.
von sein die erste, glückliche sie.

– Io invece sono contraria alle gerarchie, –
Ich hingegen bin   gegen   auf-die Hierarchien
diceva la seconda,
sagte   die zweite,
– perché guastano i rapporti.
weil   sie-verderben die Beziehungen
Basta guardare quello che succede
Genug [zu] sehen   was   daß passiert
tra   gli uomini e tra le formiche –.
zwischen den Menschen + zwischen den Ameisen.
Però si accontentava di essere la seconda.
Aber sich zufriedenstellte   von sein die zweite.

La terza era un po' meno contenta di essere la terza...
Die dritte war ein wenig weniger zufrieden von sein die dritte...
</pre>

Wenn Sie die Übung (zumindest denkerisch) bewältigt haben, dann haben Sie sicher einiges feststellen können. Es folgen jetzt einige Bemerkungen, die ein Seminar-Teilnehmer (der, wie er sagte, absolut kein Grammatik-Fan ist!) beim De-Kodieren gemacht hat. Wir haben ihn nämlich gebeten, seine Gedanken halblaut vor sich hin zu murmeln, und diese Worte (mit seiner Genehmigung) auf Band aufgezeichnet. Feststellungen wie die folgenden gehören zum Bereich der "Spielregeln" (s. Kap.2), welche man beim De-Kodieren (quasi zufällig) entdeckt, wenn man mitdenkt:

```
1. Erano ... = sie waren... Aha. Aber das sie steht hier
gar nicht... hm.
2. di essere... = von sein; komisch; es heißt also nicht
zu sein, wie bei uns.
3. beata lei... = glückliche sie, das muß wohl unserem
"die Glückliche" entsprechen; interessant!
4. Io invece... Komisch, hier wird ich gesagt, aber oben
kein "sie"... ah ja, natürlich, invece heißt ja hingegen,
das ist eine betontere Form von ich... mal abwarten, was
später kommt.
5. alle gerarchie... = auf-die, aha. Wir würden sagen
"ich bin gegen Hierarchien", aber hier ...
```

So oder ähnlich werden auch Sie wahrscheinlich denken, beim De-Kodieren. *Das ist mit formaler Grammatik nicht zu vergleichen*, führt aber letztlich zu einem bewußteren Grammatik-Gefühl, und zwar "schmerzlos". Sehr viele

Seminar-Teilnehmer haben festgestellt, daß sie nach und nach sogar begannen, die "offiziellen" Grammatik-Erklärungen in den Lehrbüchern mit Gewinn zu lesen, wiewohl sie früher eher Unlustgefühle erlebten, wenn sie an Grammatik dachten. (Was ich unserem Schulsystem anlaste!) Trotzdem fühlen sie sich aber auch frei, eine unverständliche Grammatik-Erklärung ohne schlechtes Gewissen zu überblättern, denn sie wissen ja, daß sie bei der Birkenbihl-Methode die offizielle Grammatik auch ganz weglassen *können*.

Schreibweise beim De-Kodieren: Thema mit Variationen
In unserem Fallbeispiel haben Sie gesehen, daß ich Worte, die in der Zielsprache durch einen einzigen Ausdruck wiedergegeben sind, im Deutschen mit Bindestrichen verbinde. Dadurch sieht man mit einem Blick, daß man diese Worte später *nicht einzeln* in die Zielsprache übertragen darf. Zum Beispiel: Bei guastano = sie-verderben; ist das "sie" impliziert, d.h., es "steckt" sozusagen in guastano bereits "drin". Oder bei alle = auf-die (Hierarchien).

Sie haben Begriffe in Klammern vorgefunden. Das sind Wörter, die im Deutschen gesetzt werden *müssen*, während sie in der Zielsprache fehlen. Zum Beispiel bei guardare = [zu] sehen. Damit verhindern wir, daß wir später ein Wort für "zu" suchen, wenn wir einen ähnlich strukturierten Satz selber bilden wollen!

Lautschrift, ja oder nein?
Wenn eine Sprache mit einer anderen Schrift einhergeht oder wie beim Japanischen sogar mit drei möglichen Schreibweisen, so folgt dem Text (zunächst) in der Regel die Lautschrift. Aber es gibt auch Lehrbücher, die von der ersten Lektion an keinerlei Hilfestellung in Form einer Lautschrift anbieten. Denn: Hier streiten Sprachlehrer (und Autoren von Sprachkursen, die ja meist Sprachlehrer sind) oft erbittert. Die einen sind für, die anderen gegen diese Hilfestellung. Die einen sagen, man würde die Schrift weit schneller erlernen, wenn man *gezwungen* sei, die Worte zu entziffern; das heißt, genau genommen, zu ent-buchstabieren, denn es sind ja keine Ziffern! (Sie sehen, sogar im Deutschen könnte man manchmal De-Kodieren). Die anderen sagen, daß das Lesen- und Schreibenlernen ungleich erleichtert wird, wenn man eine Zeitlang beide Systeme sehen kann.

Hier müssen Sie letzlich Ihre eigene Entscheidung treffen, denn auch die Lernenden "fallen" in zwei Lager. Das liegt daran, daß es individuelle Unterschiede gibt; die einen lernen tatsächlich mit Lautschrift besser, während es bei anderen umgekehrt ist. Es geht also nicht darum, daß eine Position "richtig" und die andere falsch ist, sondern es gilt herauszufinden, welche für *Sie* die *bessere* sein wird! Daher rate ich Ihnen:

Wenn **Sie das Gefühl haben (und Ihre Intuition ist immer richtig!), daß Sie eine Lautschrift wollen, dann beginnen Sie mit einem Kurs, der diese anbietet. Lassen Sie sich nicht von einem Mitmenschen aus dem "anderen Lager" irre machen, ob er nun Lehrer ist oder Kollege!**

Glauben Sie hingegen, daß Sie lieber gleich die Schrift üben wollen, dann können Sie ja eine vorhandene Lautschrift abdecken oder sogar mit einem dunklen Filzstift übermalen... Was das Erlernen einer fremden Schrift angeht, so finden Sie in Kapitel 6 auch hierzu noch spezielle Tips.

So, jetzt gibt es zwei Möglichkeiten: *entweder* Sie hätten gerne noch ein oder zwei weitere Fallbeispiele, oder aber Sie möchten lieber schon weitergehen.

    [] Ja, ich will noch was sehen! (Siehe gleich unten)
    [] Mir reicht's: (Springen Sie bitte gleich zu Kapitel 4, Seite 62.)

Fallbeispiel 5: Du Frau-Kind?
Das folgende Beispiel entstammt dem Assimil-Kurs *Le Chinois sans peine*, welcher vom Französischen ins Chinesische führt. Es ist der erste Satz der ersten Lektion.
Er heißt also: **ni hao^2**? Übrigens sind hochgestellte Ziffern $^{1, 2, 3 \text{ oder } 4}$ hier ein Aussprache-Hinweis, sie geben die Tonhöhe an.

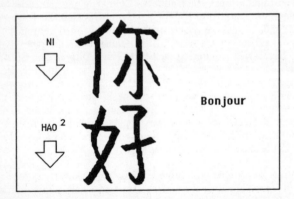

Bei der Technik der sogenannten "guten Übersetzung", wie Sie sie vielleicht von der Schule her kennen, *würden* Sie lernen, **ni hao^2** mit *Grüß Gott!* (oder *Guten Tag*) zu übersetzen. Wenn Sie dann aber in einem späteren Satz der Bemerkung begegnen: "Der Kaffee ist gut", und wenn **ni hao^2** wirklich *Grüß*

Gott bedeuten würde, dann könnten Sie das Wiederkehren von **hao²** zunächst überhaupt nicht einordnen! Selbst wenn die Übersetzung *guten Tag* lautete, wären Sie verwirrt, weil ja nicht das erste Wort *gut* heißt, sondern das zweite (**hao²**)! Tatsache ist nämlich, daß **ni hao²** *überhaupt nicht Guten Tag* oder Grüß Gott bedeutet (wiewohl viele Chinesisch-Kurse es so übersetzen), sondern es heißt: *du gut?*:

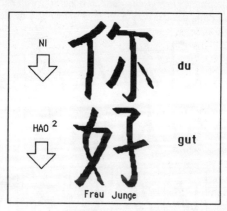

Dieses Beispiel zeigt uns zweierlei: Erstens, Chinesen begrüßen sich mit der Formel *du gut?*; deshalb taucht **hao²** bei anderen Sätzen wieder mit der Bedeutung *gut* auf. Zweitens: Genaugenommen setzt sich *gut* aus zwei Wörtern zusammen, nämlich dem Wort für *Frau* plus dem Wort für *Kind, Junge*. Dies ist ein Hinweis für ein wesentliches Element dieser Sprache, die nämlich nur einsilbige Grundkonzepte kennt, welche in zahllosen Formen zusammengesetzt werden. So bedeutet das Zeichen für *Frau* zweimal nebeneinander *Streit*, eine Dreiergruppe des Frau-Zeichens *Gerücht*, aber *Frau* plus *Kind* heißt *gut*, und *Frau* unter (dem Zeichen für) *Dach* bedeutet *Frieden*:

Solche und ähnliche Erkenntnisse liefert das De-Kodieren! Ich möchte einmal etwas überspitzt sagen: Wer das nicht spannend finden kann, der hat sicherlich drei oder alle vier Fragen im Mini-Quiz (s. Seite 5) verneinen müssen. Aber das sind wirklich Ausnahmen...

Fallbeispiel 6: Partikeln bittesehr

Zuerst zur Schreibweise: Japanisch kann senkrecht wie waagerecht geschrieben werden, wenn waagerecht, dann von links nach rechts. Diese Form verwende ich hier. Außerdem habe ich alle Zeichen der sogenannten *Hiragana*-Schrift in Kästchen gesetzt, um sie von den *Kanji*-Zeichen (die dem Chinesischen ursprünglich als Ganzworte entlehnt wurden) zu unterscheiden; das sieht dann wie unten gezeigt aus. Der Satz heißt übrigens: *Japaner sprechen japanisch*, wobei jedes der drei deutschen Worte je eine Zeile einnimmt:

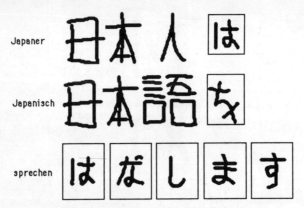

Nun ist zu beachten, daß die japanische Sprach-Struktur sich von der unseren extrem unterscheidet! Zum Beispiel drücken wir den Akkusativ durch Deklination (das sieht man an den Endungen) aus: *Ich sehe den Menschen*, während der Japaner *Partikeln nachschiebt*. Aber auch ohne exakte Grammatik-Analyse können Sie beim De-Kodieren genauso "intuitiv" feststellen, auf welche Weise die Sprache "funktioniert", wie ein japanisches Kind, das seine Muttersprache lernt! Sie wissen ja, daß auch die "schwerste Sprache" leicht genug ist, daß bereits vier- und fünfjährige Kinder dieses Landes sie einigermaßen beherrschen können!

Ein einfacher Weg, mit "unübersetzbaren" Wörtern (wie zahlreichen Partikeln im Japanischen oder Arabischen) umzugehen, bietet sich an, wenn man diese Wörter einfach in die deutsche De-Kodierung *übernimmt*, sie aber optisch abhebt, z.B., indem man sie in einen Kreis setzt, wie das folgende Beispiel zeigt.

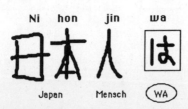

Hier muß die Partikel **WA** stehen*. Auch wenn man keine Grammatik betreiben will, also wenn man überhaupt nicht begreift, *warum* das so ist, kann man de-kodieren: Japan Mensch **WA**.

Im folgenden Satzteil steht die Partikel oo (= langes o), mit der wir genauso verfahren:

Der Schluß ist ebenfall hochinteressant: Die ersten drei Zeichen ergeben nämlich das Wort "sprechen", die letzten beiden "tun"; die Kombination wird jedoch wie ein Wort behandelt, daher der Bindestrich bei der De-Kodierung:

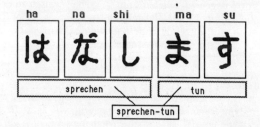

---

* Übrigens hat das **WA** der Japaner fast dieselbe Funktion wie das **WA** der Berliner!

Kapitel 4
Schritt 2: Hören/Aktiv

Wie bereits erwähnt, ist die Phase *Hören/Aktiv* enorm wichtig. Sie bewirkt nämlich die *ganz besondere Synthese* und stellt damit einen der wesentlichsten Erfolgs-Momente meiner Methode dar. Deshalb ist es notwendig, daß Sie sich *exakt* an die einfachen Hinweise für die Durchführung halten, während alle anderen Lernschritte Ihnen *viel* Freiheit zum Experimentieren geben: Beim De-Kodieren sind unzählige Variationen denkbar; sowohl, was die eigentliche Durchführung angeht, als auch, *ob* Sie überhaupt selber de-kodieren wollen (oder ob Sie diese Arbeit delegieren bzw. fertig de-kodierte Texte kaufen möchten). Ebenso erlauben die Lernschritte 3 und 4 es Ihnen, nach Lust und Laune mit den Vorschlägen zu "spielen", um Vorgehensweisen zu entwickeln, die Ihrer Persönlichkeit und Ihrer Zielstellung angepaßt sind. Der Schritt des Hören/Aktiv jedoch muß *exakt* durchgeführt werden, wiewohl es auch hier kleine "Freiheiten" gibt, die unten angedeutet werden.

Ganzhirn-Synthese

Sie erinnern sich: Dieser Lernschritt soll ja die *ganz besondere Synthese* im Gehirn bewirken. Nun fragen die Teilnehmer häufig, wie "gesichert" die Erkenntnisse seien, wenn ich z.B. sage, meine Methode sei *gehirn-gerecht*. Nun hat die Gehirn-Forschung zwar in den letzten hundert (insbesondere in den letzten zehn) Jahren ungemein viel herausgefunden, aber vergessen Sie bitte nie: *Das Gehirn dürfte wohl das einzige Organ in diesem Universum sein, das versucht, sich selbst zu begreifen.* Wenn man als Mensch das Gehirn einer Maus "begreifen" möchte, dann ist dies schon schwer genug und gelingt auch nur teilweise.

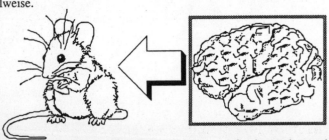

Aber aufgrund der Annahme, daß wir quasi von einer

höheren Warte aus auf den einfacher strukturierten Organismus "hinabblicken" können, *scheint* das Vorhaben möglich. Anders ist es, wenn wir *uns selbst* mit derselben "objektiven Distanz" betrachten wollen. Zwar sind alle Aussagen in der Forschung nur mit allergrößter Vorsicht als "gesichert" anzusehen, denn auf allen Forschungs-Gebieten wächst das Wissen ständig, was auch bedeutet, daß "alte Erkenntnisse" durch neuere (noch sicherere?) verdrängt werden. Im Bereich der Gehirn-Forschung ist dies m.E. in noch größerem Maße der Fall. Daher sind meine Aussagen natürlich letztendlich "nur" als Denk-Modell zu verstehen, wiewohl sie von den Forschungsergebnissen abgeleitet wurden. Aber für den Erfolg beim Lernen (in diesem Fall Sprachenlernen) kann es uns eigentlich gleichgültig sein, wie "gesichert" die Theorie ist, *wenn* ein Denk-Modell *in praxi* "funktioniert", oder?

In diesem Sinne kann ich sagen: Zwar handelt es sich bei meinen Aussagen über die Arbeitsweise des Gehirns teilweise um Denk-Modelle, aber die Tatsache, daß sie das Sprachenlernen ungemein erleichtern, ist ein Fakt, der sich nicht weg-diskutieren läßt! Da intelligente Menschen eher bereit sind, ein neues Verhalten auszuprobieren, wenn man ihnen einen plausiblen Grund dafür anbietet, meine ich, daß die Denk-Modelle durchaus eine hilfreiche Funktion haben. *Wenn* Sie also eine Erklärung für Ihr zukünftiges Vorgehen wollen, dann lesen Sie hier weiter. *Andernfalls überspringen* Sie bitte die folgenden Abschnitte; für Sie geht's bei der nächsten Überschrift (**Vorgehen,** auf Seite 65) weiter.

Was passiert bei diesem Lernschritt im Gehirn?
Stellen Sie sich bitte vor, wie die Teamarbeit der verschiedenen Abteilungen im Gehirn koordiniert werden muß: Wenn Sie, der Gehirn-Besitzer, diesen Lernschritt *Hören/Aktiv* durchlaufen, dann "passieren" im Hirn gleichzeitig verschiedene Prozesse, die ich hier nur stark vereinfacht andeuten will:

<u>Die linke Hemisphäre</u>: Hier sind die *beiden* Sprachzentren: eins für Verstehen und eins für aktives Sprechen:

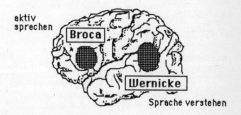

Bei dem Lernschritt *Hören/Aktiv* senden Sie (als Gehirn-Besitzer) Informationen an WERNICKE (Verständnis), während BROCA erst bei Schritt 4 "gelehrt" wird, *wenn* (und nur wenn) Sie dann auch das aktive Sprechen üben!

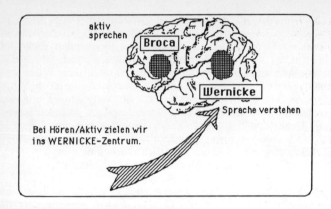

<u>Die rechte Hirnhälfte</u>: Zum einen ist sie für die *Tonalität* (z.B. Aussprache, Tonfall, Sprachmelodie, Betonung etc.) zuständig. Zum anderen hängt sie neue Begriffe in das Informationsnetz ein und sorgt gleichzeitig dafür, daß die einzelnen *Informationsbündel* (CLUSTERING) richtig miteinander verbunden werden. Dieser Vorgang ist unglaublich komplex (s. Kap.1). Des weiteren sorgt die rechte Hemisphäre für die *Vorstellungen*, die Sie beim Hören (oder Lesen) entwickeln. Deshalb ist das in Kap.2 vorgestellte Gehirn-Training besonders auch als Training für das *rechte* Hirn anzusehen!

<u>Zusammenarbeit der beiden Hirnhälften</u>: Zwar sind die einzelnen Areale, in denen sich die genannten Tätigkeiten der rechten Hemisphäre abspielen, noch nicht so eindeutig lokalisiert worden wie die Bereiche BROCA und WERNICKE, aber für unsere Vorstellung (Denk-Modell!) hilft dieses Bild:

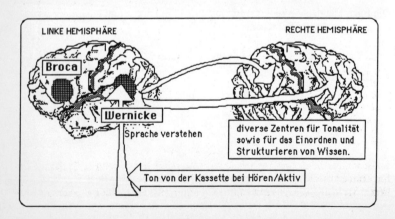

Das heißt, daß Informationen von WERNICKE aus an andere Stellen im Gehirn *weitergegeben* werden, zum Beispiel an die Areale in der rechten Hemisphäre, die wir schon erwähnt hatten.

Mehr Theorie ist für das erfolgreiche Anwenden des zweiten Lernschrittes nicht nötig. Wer sich wirklich detaillierter informieren will: im Literaturverzeichnis sind natürlich einige Gehirn-Bücher aufgelistet, insbesondere Thomas BLAKESLEY und Richard M. RESTAK und Luciano MECACCI sind empfehlenswert. Alle drei sind ohne Fachjargon geschrieben und gehirngerecht, d.h., sie bieten zahlreiche Fallbeispiele (und Abbildungen) für Ihre rechte Hirnhälfte mit an!

Vorgehen

Sie werden (wie Sie schon wissen) bei *Hören/Aktiv* jeweils den de-kodierten Text lesen, während Sie *gleichzeitig* von der Kassette die Zielsprache dazu hören. Dabei drücken Sie so *oft wie nötig* auf die PAUSE-Taste, damit Sie sich, quasi in Zeitlupe, jeden Satz (Satzteil) "klarmachen" bzw. vorstellen können. Sie müssen jede Aussage genau so gut begreifen wie eine deutsche Aussage mit demselben Inhalt!

Angenommen, Sie wollten Italienisch lernen. Es folgt als Beispiel der Anfang der ersten Lektion des früheren **Assimil**-Kurses *Italienisch ohne Mühe:* Wir hatten ja ebenfalls bereits erwähnt, daß ein "abstrakter" Inhalt genauso leicht zu verstehen ist, wenn Sie dessen Inhalt in Ihrer Muttersprache begreifen können, wie hier:

So bewirken Sie *die ganz besondere Synthese*, welche Ihren Erfolg garantiert. Sie erinnern sich: *Es ist nicht nötig, daß Sie den italienischen Text mitlesen.* Wenn Sie später überwiegend sprechen und verstehen wollen, können Sie sich *ausschließlich* auf die deutsche De-Kodierung konzentrieren. Wenn Sie aber später auch lesen/schreiben üben wollen, dann lenken Sie Ihr Augenmerk (später, im 4. Lernschritt) *auch* auf den italienischen Text, *nachdem* Sie das De-Kodierte ohne Probleme verstehen können. Dann wird das Schriftbild der italienischen Worte ebenfalls an Ihr bereits vorhandenes Wissen gebunden.

Wie oft soll man einen Text aktiv hören?
Die Antwort lautet (wie in Kap.2 bereits erwähnt):

> Das Übungsziel ist erreicht, wenn Sie nicht mehr auf die PAUSE-Taste drücken müssen, wenn Sie also den Text auch ohne die De-Kodierung verstehen können, weil Sie zu den Worten jetzt klare Bilder haben!

Wie einfach sollen Texte für Einsteiger sein?
Ich halte es für eines jener "Ammenmärchen" über das Sprachenlernen, daß Texte für Einsteiger besonders einfach sein sollen. Schließlich ist der Anfänger in einer Sprache ja deshalb noch lange kein ungebildeter Halbidiot! Begriffe mit abstrakten Inhalten sind nämlich *nicht* schwerer als Texte mit konkreten *Szenen*. Zwar glauben viele meiner Teilnehmer, daß ein Lektionstext, in dem der Gast im Restaurant *Getränke bestellt,* leichter vor dem geistigen Auge zu "sehen" sei als abstrakte Begriffe (*Liebe, Hoffnung, Treue*). Aber wenn Sie das letzte Beispiel noch einmal Wort für Wort durchdenken, sehen Sie ganz klar, daß Sie *jeden Text* genauso gut/schlecht begreifen werden, wie Sie diesem Text in Ihrer Muttersprache folgen können:

> Sprecher A: *Sprechen Sie italienisch?*
> Sprecher B: *Noch nicht, es ist dies meine erste Lektion.*
> Sprecher A: *Aber Sie werden es bald sprechen!*
> Sprecher B: *Das hoffe ich doch...*

Sie sehen, der *Wunsch* (abstrakt!), das *Italienische* (abstrakt) zu sprechen, und die *Hoffnung* (abstrakt), dies schon bald zu können, sind doch keine besonders schwierigen Gedankengänge! In anderen Worten:

> Ob ein Text schwer oder leicht verständlich und damit auch "vorstellbar" ist, hängt *nur* davon ab, ob Sie *diesen* Text in Ihrer Muttersprache mühelos begreifen *können* oder nicht!

Lassen Sie sich also von niemandem einreden, alle Lektions-Texte müßten wie Kinderbücher sein – mit vielen Bildern und einfachen Situationen, die konkrete Personen und Dinge beinhalten, welche leicht vorstellbare Tätigkeiten ausführen. Im Gegenteil: Angenommen, ein Lernwilliger befaßt sich regelmäßig mit *Fach-Texten* irgendeiner Art, sei das nun Physik oder Philosophie: Er wird Aussagen aus seinem Wissensgebiet in der Zielsprache wesentlich *leichter* verstehen als eine "leicht vorstellbare Situation", die mit seinem täglichen Leben nichts zu tun hat bzw. die ihn nicht interessiert!

So sind die meisten Inhalte üblicher Sprachkurse darauf ausgerichtet, Ihnen "das Überleben" im Zielland, vor allem in einer Urlaubs-Situation, zu ermöglichen. Was tun die Lektions-Personen demzufolge? Sie planen eine Reise, sie kaufen Fahrkarten, sie kommen durch den Zoll, sie nehmen ein Hotelzimmer, sie bestellen im Restaurant, sie kaufen ein, sie telefonieren etc. *Das ist für jemanden, der die Sprache lernt, um im Zielland Urlaub zu machen, sicher optimal.* Was aber bedeuten diese Inhalte für Menschen, die im Zielland geschäftliche Transaktionen durchführen werden (ohne sich um Details wie Hotelzimmer selber kümmern zu müssen)? Was sollen Menschen tun, die zufrieden sind, sich mit Englisch- oder Deutsch-Kenntnissen durchs tägliche Leben zu "schlagen", die aber mit ähnlich interessierten Spaniern oder Franzosen *fachsimpeln* oder *anspruchsvolle Diskussionen* führen möchten? Hier lohnt es sich, darüber nachzudenken, ob Sie nicht mit selbstgewähltem Material arbeiten wollen. Wir kommen später noch einmal darauf zurück.

Schrift-Vorbereitungen bei Hören/Aktiv:
Wer später auf alle Fälle auch Lesen und Schreiben üben möchte, kann beim De-Kodieren für *die Phase des Hörens/Aktiv* bereits "vorbauen". So wird das Arabische, wie Sie wissen, von rechts nach links geschrieben. Dies berücksichtige ich bereits bei der *Vorbereitung zu Hören/Aktiv*. Ich fertige die deutsche De-Kodierung gleich mit dem Macintosh-Computer an (mit dem übrigens dieses gesamte Buch geschrieben, gezeichnet und gesetzt wurde!). Dann kann ich den Text *einmal* normal ausdrucken, ihn aber ohne viel Mühe ein zweites Mal bearbeiten, indem ich diesmal Leerzeilen einschiebe, in welche ich *später* hineinschreiben kann. Da aber das Schreiben von rechts nach links verläuft, wäre es doch günstig, wenn ich mich beim *Lesen des De-Kodierten* bereits daran gewöhnen würde, oder? Also sieht die de-kodierte Version (einer Szene aus einem tunesischen Kinderfilm) wie folgt aus:

<u>Zuerst den ganzen Satz auf deutsch:</u>
Die Luftfahrt war durch die Tatsache, daß wir zunächst, bis zum zwanzigsten Jahrhundert, keinen Erfolg hatten, in früheren Zeiten lediglich ein Traum für uns Menschen.

Es folgt die De-Kodierung:

Szene: Stehend am Felsabhang spricht er:

VON RECHTS NACH LINKS ZU LESEN!

anfänglichen Zeiten/Epochen in   die-Luftfahrt   Es-war
         für-uns   für-bezogen-auf   ein-Traum   lediglich
                              einer Erfolg-habend   nicht
                    des-Glücks   für-(das)Schlechte   denn
dem-Zwanzigsten. (dem)Jahrhundert vor dem-Fliegen mit

Wenn es Sie interessiert, wie die Schreib-Version aussieht, dann finden Sie diese auf der gegenüberliegenden Seite.

Variationen von Hören/Aktiv

Bitte betrachten Sie folgende Gedankengänge als Anregung für Ihr eigenes Vorgehen. Sie werden nicht so sehr zum Nachvollziehen angeboten, sondern hauptsächlich, um Ihnen *Ideen für Variationen* zu zeigen. Denn jeder Mensch hat seine Eigenarten und Präferenzen; deshalb kann es kein perfektes System geben, welches alle Lerner zwingt, an der gleichen Stelle im Ablauf ganz genau das gleiche zu tun!

• Wenn Sie einen fremdsprachlichen Text *aktiv hören* wollen, den Sie bereits hundertprozentig verstehen, können Sie statt einer De-Kodierung selbstverständlich den Text gleich in der Zielsprache mitlesen!

• Wenn die Zielsprache eine für Sie noch sehr schwer verständliche Schrift benutzt, können Sie nach den ersten Durchgängen (bei welchen Sie nur das De-Kodierte mitlesen) später statt dieser Schrift auch einige Male die *Lautschrift* mitlesen, bis Sie dann auch die Buchstaben (Silben, Wortzeichen etc.) lesen können.

• Falls Sie ein Grammatik-Fan sind, können Sie auch Texte, die nur isolierte Sätze anbieten, im Lernschritt *Hören/Aktiv* durchgehen. Dies bringt auf alle Fälle mehr, als wenn Sie diese Sätze nur lesen würden.

• Wenn Sie mit Farben arbeiten (s. Kap.7), dann kann Hören/Aktiv noch weit effizienter werden, d.h. noch weniger Zeit beanspruchen!

Achtung vor Sprachmischungen

Es gibt Sprachkurse, bei denen einzelne Sätze mit Übersetzung angeboten werden, insbesondere "Schnellkurse" für Menschen, die sich auf einen Urlaub vorbereiten müssen/wollen. Zwar spricht nichts dagegen, daß Sie sich solche Kassetten *auch* anhören, aber bitte bedenken Sie: Viele unserer Teilnehmer, die mit solchen Bändern Hören/Aktiv durchführten, haben berichtet, daß sie vergeblich auf die "ganz besondere Synthese" gewartet haben. Kein Wunder, diese besteht ja eben darin, daß Sie den *muttersprachlichen Text lesen, während Sie gleichzeitig die Zielsprach*e hören. Wenn aber die beiden Redewendungen immer *nacheinander* folgen, ergibt sich dasselbe Problem wie beim normalen Vokabellernen. Bitte bedenken Sie dies, wenn Sie einen solchen Kurs verwenden wollen. Hören Sie diese Kassetten ruhig *nebenbei* ab, z.B. während Sie manuell arbeiten, spazierengehen, reisen etc. Aber denken Sie *nicht*, daß das bewußte Hören *ohne* gleichzeitiges Mitlesen der De-Kodierung dem Lernschritt des Hören/Aktiv entspreche.

Fortsetzung des Fallbeispiels "Kinderfilm"

Kapitel 5
Schritt 3: Hören/Passiv

Jetzt folgt diejenige Phase, bei welcher wir das Lernen ans Unbewußte (oder an die rechte Hirnhälfte) delegieren werden. Denn unser Gehirn kann sehr wohl *mehrere Dinge gleichzeitig* tun, wiewohl die meisten Seminar-Teilnehmer dies im ersten Ansatz ernsthaft bezweifeln! Bitte denken Sie mit:

Stellen Sie sich einen Autofahrer vor, der (mit einem Mitfahrer) auf dem Weg zu einer Adresse ist, die er das erste Mal sucht. Er hat sich im Stadtplan den Weg herausgesucht, kennt die Gegend einigermaßen gut und hat eine ziemlich klare Vorstellung davon, wo er hin muß. Nun stellen Sie sich vor, wie er den Wagen steuert, sich jedoch *nebenbei* unterhält oder zwischendurch *nachdenkt*, während vielleicht auch noch das Radio (Kassettengerät) läuft: Das Fahren macht er weitgehend "mit rechts", denn die rechte Hirnhälfte läßt ihn "automatisch" schalten, bei Überholmanövern die Entfernung abschätzen, lenken, bei Rot halten, wieder anfahren, Gas geben etc. *Gleichzeitig* denkt er auf zwei Ebenen (mindestens) nach: einerseits über den *Weg*, den er heute nehmen muß, andererseits über das, was sein Mitfahrer sagt.

Und jetzt passiert etwas, was möglicherweise *gefährlich* werden könnte. Was geschieht? Nun, in Momenten "höchster Konzentration", wenn er blitzschnell auf Unvorhergesehenes reagieren muß, wird er alle Energien auf diesen einen "Punkt" zusammenziehen (d.h. *konzentrieren*!). Einen Moment später wird er feststellen, daß er seinen Mitreisenden *nicht mehr gehört* hat. Oder, daß seine Gedankenkette "abgerissen" ist. Oder, daß er die falsche Abzweigung genommen hat. Mit anderen Worten:

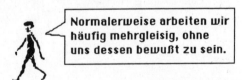

Normalerweise arbeiten wir häufig mehrgleisig, ohne uns dessen bewußt zu sein.

Nur in Momenten *höchster Konzentration*, wenn wir unsere gesamte Aufmerksamkeit auf einen bestimmten Aspekt *konzentrieren* müssen, wird unser Bewußtsein auf diesen "gebündelt", bis die Situation "gelöst" erscheint. Dies kann eine Gefahr sein oder etwas, was uns (noch) anstrengt. Wenn wir zum Beispiel jemandem zuhören müssen, dessen Aussprache undeutlich ist (oder dessen Stimme sehr leise ist), dann werden wir gezwungen, diesem Zuhören *mehr Energie* zu opfern, als wir dieser Tätigkeit normalerweise "geben" würden. Deshalb reagieren manche Menschen verärgert auf solche Mitmenschen. Andererseits hängt der Grad unserer Aufmerksamkeit, die wir einem Sprecher zuwenden müssen, auch sehr vom *Inhalt* seiner Rede ab. Je mehr *Redundanz* jemand sendet, desto weniger Energien "kostet" uns seine Botschaft. Mit Redundanz ist sprachlicher "Ballast" gemeint; unnötige Wörter, mit denen man dasselbe mehrmals ausdrückt (weißer Schimmel, schwarzer Rappe). Zur Redundanz rechnet man auch Bemerkungen, die feststellen, was jeder schon weiß. Wenn jemand im Sommer zum Fenster hinausblickt und bemerkt, daß das Wetter doch sehr schön sei, dann ist die Bemerkung redundant. Wohlgemerkt, dies ist *kein Werturteil*; es kann sehr schön sein, redundante Bemerkungen zu machen, nicht nur für Verliebte. Aber solche Aussagen kosten den Hörer eben nur einen Bruchteil der Energien, die er für *nicht-redundante* Botschaften aufbringen muß. So gibt es Menschen (oder Fernsehsendungen), die man leicht neben einer anderen Tätigkeit anhören kann, denn sie sagen immer nur dasselbe. Erzählt Ihnen hingegen jemand etwas, was Ihnen neu ist, und tut er das möglicherweise mit einem absoluten Minimum an Redundanz, dann müssen Sie sich ihm "voll zuwenden". Sehen Sie, *dieser Absatz enthält eine ziemlich hohe Redundanz!*

So ein Text liest sich natürlich schneller als eine Passage, die nur Neues bietet. Nun können wir schlußfolgern: Was für Sprache im allgemeinen gilt, muß natürlich auch für Texte in unserer Zielsprache gelten!

> **Ein "älterer" Text, den Sie bereits bearbeitet haben, ist *jetzt* relativ redundant, im Gegensatz zu der neuen Lektion, die Sie gerade erst beginnen. Also können Sie sich dem bekannten Text mit weit weniger Energie "widmen" als dem neuen!**

Denn als dieser Text Ihnen noch neu war, haben Sie ihn de-kodiert (bzw. dekodieren lassen). Danach haben Sie ihn in Phase *Hören/Aktiv* bewußt "bearbeitet". Aber *jetzt* geht es um "tonale" Aspekte, wie das Einspeichern des Klangbildes, der Sprachmelodie, des Tonfalls (der Aussprache). Und diese Aspekte müssen vom *rechten* Hirn gelernt werden. Dazu ist es überhaupt nicht nötig, daß Sie vollkonzentriert sind; d.h. daß Ihre linke Hirnhälfte sich einmischt. Im Gegenteil: Beim herkömmlichen Sprachenlernen sehen wir, daß gerade das bewußte Erarbeiten der Aussprache-Regeln meist nichts bringt, denn in der Regel klingen die Lernenden in jeder Sprache, die sie lernen, fast "gleich". Sie mühen sich zwar furchtbar ab, ein englisches "th" halbwegs richtig auszusprechen oder den französischen Nasal-Laut; aber letztlich klingen sie trotzdem fast so, als sprächen sie ihre Muttersprache.

Deswegen gehen wir jetzt einen anderen Weg. Sie haben während der ersten beiden Lernschritte *noch nichts gesagt*; Sie haben *nicht zu früh* krampfhaft versucht, die Ihnen noch neuen, unbekannten Laute auszusprechen. Sie sollen bitte *auch jetzt noch nicht* versuchen, den Text laut zu lesen oder andere Sprachversuche zu unternehmen. Erst *nach* dem *Hören/Passiv* werden Sie selber sprechen (wenn Sie wollen). Jetzt müssen Sie lediglich die *Lernmöglichkeit schaffen*, indem Sie Ihrer rechten Hirnhälfte die Chance geben, die "Tonalität" selbständig zu erlernen. Ohne Einmischung Ihres bewußten Denkens. Deshalb soll der Gehirn-Besitzer diese Aufgabe quasi delegieren! Denn die rechte Hirnhälfte kann dieses Lernpensum weit besser bewältigen, wenn die linke nicht mitmischt. Diese Tatsache nützen wir bei *Hören/Passiv* aus, und deshalb wird die Angelegenheit für uns jetzt sehr bequem.

Technische Details zum Kopieren der Kassette
Was Sie jetzt benötigen, ist eine Möglichkeit, den Text (der die ersten beiden Lernschritte bereits erfolgreich durchlaufen hat) nebenher zu hören. Dieses Abspielen im Hintergrund muß über längere Zeiträume (Minimum 30 Minuten) möglich sein. Über das *Vorgehen* sprechen wir anschließend, zuerst möchte ich jedoch die technischen Möglichkeiten andeuten. Wir nennen im folgenden den Text immer "Lektion", auch wenn es sich um einen anderen Text handelt, z.B. einen Teil einer Kurzgeschichte, eines Interviews etc. Denn zumindest anfangs wird es sich wohl oft um eine typische Lektion handeln.

• ENDLOS-KASSETTEN: Sie können die Lektion auf ein Endlos-Band kopieren (diese gibt es in Längen von 90 Sek. bis 12 Minuten zu kaufen). Zwar sind die Bänder relativ teuer, aber Sie sparen Zeit (s. nächster Punkt).

• NORMAL-KASSETTEN: Sie können die Lektion auch *mehrmals hintereinander auf ein normales Band kopieren*; Denn: Wenn Sie das Originalband benutzen und alle paar Minuten ans Gerät springen müssen, um zurückzuspulen, dann kann das Hören ja *nicht passiv* verlaufen. Außerdem leiden die Kassetten, wenn sie zu oft rückgespult werden; schon deshalb ist eine Kopie immer sicherer. Dann bleibt Ihr "Master-Band" jahrelang störungsfrei, weil es selten eingesetzt wird.

Das Problem hier ist natürlich die Tatsache, daß das Kopieren eines 60-Minuten-Bandes mehr Zeit in Anspruch nimmt, vor allem weil Sie für den Kopiergang ja wie ein Luchs aufpassen müssen, daß Sie *nur diesen Ausschnitt* mitschneiden, dann rückspulen, dann wieder den Ausschnitt dieser Lektion kopieren etc. Sie können sich die Arbeit allerdings wesentlich erleichtern, wenn Sie über ein Zwei-Kassetten-Gerät mit sogenanntem "High-Speed-Dubbing" verfügen, weil Sie jetzt mit doppelter Geschwindigkeit kopieren. Da beide Laufwerke im selben Gerät sind, ist das Überspielen natürlich höchst komfortabel. Bedenken Sie bitte auch: Sie können den *Überspielvorgang* ja zum *bewußten Hinhören* nutzen. Also eine ausgezeichnete Übung, wenn Sie den Text bereits so gut verstehen, daß Sie jedes Wort sofort begreifen können.

Technische Details zum Hören selbst

Das Hören selbst kann auf verschiedene Weise erfolgen; deshalb hier einige Ideen, insbesondere für Leser, die in der Vergangenheit noch nicht (viel) mit Kassettengeräten gearbeitet haben.

• ENDLOS-KASSETTEN: Wie der Name schon sagt, laufen diese Bänder endlos vom "Ende" wieder in den "Anfang" hinein; daher können Sie so lange gespielt werden, wie Sie wollen, ohne daß Sie das Gerät bedienen müssen. Zum Sprachenlernen optimal!

• AUTO-REVERSE-GERÄTE: Normale Bänder voller Wiederholungen eines Textes können mit einem Auto-Reverse-Gerät ebenfalls ohne Ihr Zutun so lange "vollautomatisch" wieder abgespielt werden, wie Sie wollen. Mit einem Auto-Reverse-Gerät können Sie auch sehr kurze Bänder benutzen, z.B. normale 30-Minuten-Bänder (= 15 Minuten pro Seite)!

• NORMALES HÖREN ÜBER LAUTSPRECHER: Das würde bedeuten, daß das Gerät z.B. "läuft", während Sie irgend etwas tun. In dem Fall hören Sie den Ton über den eingebauten (angeschlossenen) Lautsprecher. Dies entspricht dem normalen Zuhören, aber jetzt wollen Sie das Hören ja in den Hintergrund verlegen. Solange Sie allein im Raum (in der Wohnung) sind, stört es ja niemanden, wenn Ihre Lektion ertönt. Falls Sie jedoch Rücksicht auf andere nehmen müssen, denen Ihre Lektion "auf den Geist" gehen würde, können Sie mit anderen Möglichkeiten arbeiten:

• HÖREN MIT KOPFHÖRERN: Es gibt heute so federleichte Kopfhörer, die weder drücken noch Schweiß auslösen, daß wohl jeder einen finden kann, der ihn nicht behindert. Kopfhörer können sowohl an große Geräte als auch an die Kleingeräte (Walkman, Diktiergeräte) angeschlossen werden, so daß sie insbesondere dann interessant werden, wenn Sie auch außerhalb von Wohnung oder Büro *Hören/Passiv* betreiben wollen.

Noch zu beachten ist, ob der Kopfhörer offen oder geschlossen ist. Beim geschlossenen Typ (der vor einigen Jahren Mode war) hören Sie nichts von den normalen Geräuschen um sie herum. Einige sind sogar so hervorragend isoliert, daß nicht einmal die Telefonklingel durchdringt. Dies gilt im besonderen Maß, wenn der Träger laute Musik hört!

Heutzutage sind die meisten Kopfhörer offen; das bedeutet nicht nur, daß man am Ohr nicht schwitzen muß, sondern auch, daß die Umweltgeräusche ungehindert zu Ihnen durchdringen. Deshalb könnte man sie theoretisch auch im Straßenverkehr (z.B. beim Radeln) tragen. Die Polizei hat sie verboten; nicht, weil man die Umwelt nicht hören würde, sondern weil gerade junge Menschen ihre Musik so laut einstellen, daß auch der offenste Kopfhörer ein Gefahrenmoment darstellt!

- **HÖREN MIT MINI-HÖRERN:** Der letzte Schrei sind Miniatur-Hörer, die man ins Ohr steckt. Sie sind fast unsichtbar und federleicht. Sollten Sie den Druck im Ohr nicht mögen: Ein Stirnband mit aufgenähten Mini-Taschen (außen, über den Ohren liegend) löst auch dieses Problem. Und wenn Sie das Kabel hinten (im Nacken) in die Oberbekleidung leiten, wird kaum jemand etwas merken.

- **HÖREN MIT HINTEROHR-LAUTSPRECHER:** Fast genau so unauffällig wie die Mini-Hörer ist der Hinterohr-Lautsprecher. Es ist dies ein Miniatur-Lautsprecher, wie er auch in kleinen Kopfhörern Verwendung findet. Er ist in einen Plastikbügel eingebettet, den man über das Ohr "hängt", so daß der Bügel hinter dem Ohr ist, während der kleine Sprecher genau vor das Ohr zu "liegen" kommt. So ein Mini-Sprecher kann recht elegant unter einer Mütze, einem Stirnband oder einem Tuch versteckt werden, ist also für Auftritte in der Öffentlichkeit geeignet, wenn Sie sich nicht mit Kopfhörern zeigen wollen. Damit sitze ich manchmal im Café und übe ein arabisches Diktat...

- **HÖREN MIT KNOPF IM OHR:** Sicher kennen Sie die Miniatur-Sprecher, welche bei transportablen Kleingeräten meist automatisch dazugeliefert werden. Auch sie können für Hören/Passiv verwendet werden; allerdings klagen manche Menschen über den Druck im Ohr. In diesem Fall wäre der Hinterohr-Lautsprecher (s. oben) sicher besser geeignet.

- **HÖREN MIT KISSEN-LAUTSPRECHER:** Hierbei handelt es sich um einen kleinen, extrem flachen Lautsprecher, den man, wie der Name andeutet, unter das Kopfkissen legen kann. Aber man kann ihn natürlich auch an anderen Orten benutzen, z.B. auf Reisen, im Sommer, beim Baden etc.

Vorgehen

Der Lernschritt *Hören/Passiv* besteht im *Nichthören* der Lektion; d.h. darin, daß Sie *absolut nicht* bewußt zuhören. Das ist sehr wichtig! Natürlich können Sie manchmal die Lektion laufen lassen, während Sie nebenher aufräumen oder basteln und dabei dem Text lauschen. Das ist jedoch *bewußtes Zuhören* und gehört in die *Phase 4* (Selber tun).

> **Bei *Hören/Passiv* gibt es nur eine einzige Grundvoraussetzung, und das ist die, daß Sie *wirklich nicht zuhören*! Deshalb sollen Sie *Hören/Passiv* durchführen, während Sie mit etwas anderem beschäftigt sind!**

Je konzentrierter diese andere Tätigkeit ausgeführt werden muß, desto *besser* ist es! Deshalb sollte die Lektion ziemlich leise laufen. Bei *Hören/Passiv* verbinden wir zwei Vorteile: Erstens durchlaufen wir einen Lernschritt mit diesem speziellen Text, und zweitens nützen wir die Tatsache aus, daß ja jedes

Hören der Zielsprache (bewußt oder passiv) immer einem *Mini-Aufenthalt* im Lande Ihrer Zielsprache gleicht...

Bei welchen Situationen kann man nun passiv hören? Eigentlich sind Ihrer Phantasie hier keine Grenzen gesetzt; trotzdem möchten die Teilnehmer im Seminar zunächst immer einige konkrete Vorschläge hören. Also, bitte, hier sind einige, wobei Sie diese bitte nach dem Motto "Mix and Match" aufnehmen sollten; d.h. wenn auf der *Terrasse* vom *Lesen* gesprochen wird, hätte dies natürlich auch im *Wohnzimmer* geschehen können! Dies sollen ja nur einige erste Anregungen sein, um Ihre Phantasie zu beflügeln...

• IN DER WOHNUNG: Ob man nun einem Hobby nachgeht, zuhause am Schreibtisch arbeitet oder fernsieht (s. Parellel-Lernen, unten): Solange diese Tätigkeit Ihre Konzentration in Anspruch nimmt, können Sie *Hören/Passiv* durchführen.

• IM GARTEN, AUF DER TERRASSE: Warum nicht einmal in Ruhe auf der Terrasse sitzen und Fachzeitschriften lesen, während Sie *passiv hören*?

• BEIM GASSI-GEHEN: Wer dazu neigt, Spaziergänge mit dem Hund zum konzentrierten Nachdenken zu nutzen, kann auch dabei *Hören/Passiv* durchführen. Wer hingegen weniger konzentriert spazierengeht, kann solche Gänge für *aktives Hören* (Phase 4) nutzen, sollte dies aber nicht mit *Hören/Passiv* verwechseln.

• AUF NAHFAHRTEN: Wer bei der Fahrt zur Arbeit in S-Bahn oder Bus normalerweise konzentriert Zeitung (Bücher) liest, könnte diese Fahrten auch gut *zusätzlich* für *Hören/Passiv* nutzen.

• AUF FERNREISEN: Wer häufig Fernreisen macht, sollte bedenken, daß gerade Wartezeiten gut genutzt werden können. Sowohl für *aktives Hören* (Phase 4), aber auch für *Hören/Passiv*, wenn Sie dort normalerweise lesen, d.h. sich auf etwas konzentrieren, z.B. am Flughafen am Gate (= Warteraum direkt vor dem Einsteigen) oder im Flugzeug selbst.

• AM ARBEITSPLATZ: Das geht nicht immer, aber manchmal ist es möglich, insbesondere, wenn Sie einen der unauffälligeren "Lautsprecher" verwenden (s.oben).

• FAST ÜBERALL: Eigentlich müßten Ihnen jetzt einige Situationen eingefallen sein, die für Sie persönlich in Frage kommen...

Übrigens, falls Sie sich wundern, warum das **Auto** in der Aufstellung fehlt, so ist des Rätsels Lösung ganz einfach: Vor einiger Zeit verursachte ein Autofahrer einen Unfall. Er begründete seine momentane Gedankenabwesenheit mit der Behauptung, er habe einer Sprachkassette gelauscht und sei daher abgelenkt gewesen. Tatsächlich bestimmte der Richter, daß Hersteller solcher Kurse dem Käufer *nicht mehr raten dürfen*, die Kassetten beim Fahren zu hören! Das ist die Rechtslage. Zwar könnte man bedenken, daß *Hören/Passiv* Ihre Aufmerksamkeit ja *eben nicht* beansprucht, aber die Rechtslage ist trotzdem so, daß ich Ihnen *nicht raten darf,* im Auto Sprachkassetten zu hören, es sei denn, Sie sind der Beifahrer und benutzen einen Walkman, um den Fahrer nicht zu stören.

Parallel-Lernen?
Für Menschen, die ja auch andere Lern-Vorgänge bewältigen müssen (Schüler, Studenten), bietet es sich natürlich an, die Phase *Hören/Passiv* zu absolvieren, *während* man Mathematik oder Geschichte lernt. In diesem Fall können wir von *Parallel-Lernen* sprechen!

Übrigens könnten auch Sie eine Art von Parallel-Lernen durchführen, wenn Sie z.B. während einer Fernsehsendung *passiv hören* würden. Ob es sich dabei um eine lehrende Sendung (Tele-Kolleg) oder um eine informative bzw. sogar um einen Krimi handelt, ist völlig egal, *solange diese Sendung Ihre Konzentration in Anspruch nimmt!* Das *Hören/Passiv* ist mit offenen Kopf- bzw. Mini-Hörern sehr leicht möglich. Es bietet sich insbesondere dann an, wenn Sie für *Hören/Passiv* nicht viel Zeit erübrigen können, weil Sie täglich viele Stunden mit anderen Menschen sprechen oder verhandeln müssen. Denn selbst Menschen, die "nie" Zeit haben, sehen doch meist einige Stunden pro Woche fern. Falls Sie dies ausprobieren wollen, lassen Sie den Sprachtext so leise laufen, daß Sie ihn fast nicht mehr wahrnehmen können. Es funktioniert, garantiert! (Mehr Details über Parallel-Lernen finden Sie in Kap. 7 in: *Stroh im Kopf?*)

Wie wollen Sie anfangen?
Hier kann Ihnen niemand raten, denn hier scheiden sich die Geister enorm. Bei diesem Lernschritt sind 1001 Variationen möglich. Was dem einen gefällt, findet der nächste absolut unmöglich! Ich hoffe, daß die Anregungen ausreichen, um Ihnen erste Ideen zu geben. Hauptsache, Sie beginnen erst einmal. Bald finden Sie automatisch "Ihre" Lieblings-Situationen...

Die Zeitfrage
Nehmen wir einmal an, Sie beginnen mit Lektion 1 am Montag mit der Phase *Hören/Passiv*. Zwar *sollen* Sie nicht bewußt hinhören, aber ab und zu wird es doch passieren, daß Sie die Hintergrund-Kassette doch bewußt registrieren. In solchen Momenten merken Sie, wie vertraut der Text inzwischen geworden ist. Denn wer später hauptsächlich lesen möchte, kann leicht entscheiden, daß er jede Lektion ca. drei Stunden lang passiv "durchlaufen" läßt. Wer sich aber später hauptsächlich unterhalten will, fragt sich ja, wann er selbst den Punkt erreicht hat, an dem er beginnen kann, Sprechübungen mit diesem Text zu

machen, d.h. zum Lernschritt 4 (Aktiv tun) überzuwechseln. Bitte bedenken Sie: Die Erfahrung hat gezeigt, daß die meisten Lerner sehr wohl genau wissen, wann der richtige Zeitpunkt für Sprech-Übungen erreicht ist. So kann es sein, daß Sie am Donnerstag zum ersten Mal das Gefühl haben: "Jetzt könnte ich einmal versuchen, den Text laut zu lesen."

Trauen Sie Ihrem Gefühl! Das heißt aber auch: Beginnen Sie *keinesfalls* mit Sprechübungen, ehe Sie diesen Punkt erreicht haben.

Denn eine der Gefahren des herkömmlichen Lernens ist ja gerade, daß man zu früh mit dem Sprechen beginnt! Vertrauen Sie hier bitte Ihrer Intuition (die ebenfalls in der rechten Hirnhälfte beheimatet ist)! Denn der wesentliche Vorteil des dritten Lernschrittes besteht ja gerade darin, daß Sie Ihre rechte Hirnhälfte *für Sie arbeiten lassen.* Wenn Sie diesen Schritt zu früh abbrechen, bringen Sie sich aber um diesen Vorteil! Vielleicht kennen Sie die Story von Till EULENSPIEGEL:

> Er saß am Wegesrand, als eine Kutsche mit vier Pferden aus der Entfernung anraste und dann vor ihm hielt. Der Kutscher schrie: "Wie weit ist es noch zur Stadt?" EULENSPIEGEL antwortete: "Zehn Minuten, *wenn Sie langsam fahren.*" Darauf der Kutscher: "Idiot!" Er drosch auf die Pferde ein und raste weiter. EULENSPIEGEL begann langsam, selbst in Richtung Stadt zu wandern. Als er eine halbe Stunde gegangen war, begegnete er dem Kutscher, dessen Fahrzeug im Graben lag.
> "Was ist passiert?"
> "Achsenbruch."
> "Sehen Sie", (sagte der Schelm) "ich hatte Ihnen doch gesagt:
> zehn Minuten, *wenn Sie langsam fahren!*"

So ähnlich ist es bei der Phase Hören/Aktiv auch: Merke:

Versuchen Sie nicht am falschen Fleck, Zeit zu sparen, denn die "bezahlen" Sie garantiert später. Damit aber würden Sie einen derjenigen Aspekte zerstören, der meine Methode so erfolgreich macht. Und Sie würden letztendlich doch weit mehr Zeit brauchen!

Lassen Sie mich an dieser Stelle darauf verweisen, daß einige Teilnehmer zunächst meinten, mein System "funktioniere" nicht. Wenn wir aber dann nachforschten, ergab sich immer, daß ein wichtiger Aspekt nicht berücksichtigt worden war. So hatte der Betroffene vielleicht bei *Hören/Passiv* doch immer "zugehört" oder bei Schritt 2 nicht den de-kodierten Text, sondern die Zielsprache mitgelesen (was nur Fortgeschrittene tun sollten, weil ihnen ja nur *Teile* des Textes neu sind). Bitte bedenken Sie, daß Sie es erst einmal gemäß der Anweisung versuchen sollten, ehe Sie Ihre endgültige Meinung bilden! Probieren Sie, die wichtigen Aspekte zunächst *ganz exakt* einzuhalten. Wenn Sie dann schnell Fortschritte machen und Erfolgserlebnisse haben, machen Sie automatisch so weiter! Je weiter Sie aber kommen, desto überzeugter sind Sie auch. Dann aber ist es leicht, richtig weiterzumachen.

Wie lange braucht man nun für einen Lektionstext, bis man *Hören/Passiv* mit diesem Text beenden kann? Es ist klar, je mehr Sie *passiv hören*, desto eher erreichen Sie den Punkt, an dem der Text so vertraut wird, daß Sie zu Phase 4 gehen können. Aber es spielen eine Menge anderer Faktoren mit, so daß man keine Pauschalantwort geben kann. Hier einige Hinweise:

• <u>Vorkenntnisse</u>: Wer vor vielen Jahren einmal mit einer Sprache angefangen hatte (z.B. gezwungenermaßen in der Schule), dann aber abbrach und Jahre oder jahrzehntelang nichts mehr getan hat, hat dennoch Vorkenntnisse. Diese machen sich natürlich bemerkbar.

• <u>Vertrautheit</u>: Wer die Klänge seiner Zielsprache schon oft gehört hat (z.B. im Urlaub oder in der Firma oder Nachbarschaft), wird unbewußte Vorkenntnisse aktivieren können. Also hat auch er einen Vorteil.

• <u>Sprachfamilien</u>: Wer die Sprachfamilie bereits kennt, weil er z.B. Französisch kann und jetzt Spanisch lernen will, wird sich ebenfalls leichter tun als jemand, der bisher nur skandinavische oder slawische Sprachen gehört hatte.

Übrigens: Wer irgendeine romanische Sprache (z. B. Latein, Italienisch) kennt, wird sich bei *Englisch* sehr leicht tun, und umgekehrt. Viele englische Wörter (ca. 50 %) haben nämlich *romanische* Wurzeln.

Sie sehen, es kann sein, daß Ihr Zeitbedarf ein anderer ist; aber der statistische Durchschnittswert liegt bei ca. 90 - 180 Minuten *Hören/Passiv* pro Lektion, wenn keine (oder nur wenige) Vorkenntnisse vorhanden sind.

Kapitel 6
Schritt 4: Selber-Tun

Dieses Kapitel wird zu jeder der vier Grundfertigkeiten (Hören, Lesen, Sprechen, Schreiben) konkrete Hilfestellungen geben. Die folgenden Kapitel enthalten zahlreiche Hinweise, die mit den Ideen dieses Kapitels natürlich verbunden werden können (sollten). Lassen Sie mich den bisherigen "Weg" *des Textes, mit dem Sie jetzt in den letzten Lernschritt "eintreten"*, noch einmal kurz zusammenfassen:

1. <u>De-kodieren</u> (wobei es relativ gleichgültig ist, ob Sie selber de-kodieren oder de-kodieren lassen.)

2. <u>Hören/Aktiv</u>; diese Phase gilt als abgeschlossen, wenn Sie den Text vollkommen verstehen, ohne die De-Kodierung mitzulesen. Jetzt haben Sie zu jedem Wort eine klare Vorstellung, ob diese nun bildhaft ist (wie eine Szene im Café) oder aber "nur so" gut verstanden wird (wie der Satz aus dem tunesischen Kinderfilm, welcher besagt, daß das Fliegen bis zum zwanzigsten Jahrhundert nur ein Traum für uns Menschen war).

3. <u>Hören/Passiv</u>; die Phase des Lernen-*Lassens*, durch welche Ihre rechte Hirnhälfte die Tonalität (Aussprache, Tonfall, Sprachmelodie etc.) lernt.

Jetzt überlegen Sie, was Sie im vierten Lernschritt *mit diesem Text* anfangen wollen. Und ab hier trennen sich die Wege der Lernenden. Denn nun kommt es nur noch darauf an, was *Sie* erreichen wollen. Ab jetzt gibt es *nichts* mehr, was Sie "so und nicht anders" tun sollten. Das Buch wird also nur noch Ideen unterbreiten, von denen einige Sie mehr ansprechen werden als andere. Erinnern Sie sich an den eingangs gemachten Vorschlag; er ist ab jetzt besonders sinnvoll: Lesen Sie mit einem farbigen Leuchtmarker, und <u>markieren</u> Sie alle Ideen, die Ihnen persönlich gefallen! Betrachten Sie die Anregungen als eine Art *geistigen Bazar*, auf dem Sie auswählen werden, was Ihnen gefällt...

1. Hören

Wie schon im letzten Kapitel angedeutet wurde, bedeutet die Forderung, daß Sie in Lernschritt 3, *Hören/Passiv* absolut *nicht* zuhören sollen, ja keinesfalls, daß Sie die Texte *nie* bewußt hören dürfen! Nur, wenn Sie *bewußt zuhören*, dann gehört dieses Hören eben zum *vierten* Lernschritt, weil Sie ja aktiv etwas tun! Theoretisch können Sie einen bestimmten Text natürlich auch schon vorher einmal hören, aber sinnvollerweise sollte es der vierte Schritt mit *diesem* Text sein. Denn jetzt haben Sie ja etwas davon! Jetzt erleben Sie positive Gefühle, weil Sie alles verstehen. Jetzt gehen Ihnen immer mehr "Lichter auf", weil Sie immer mehr Nuancen wahrnehmen und bewußt registrieren!

Nebenbei bewußt hören
Es gibt viele Möglichkeiten, aktiv zu hören, wobei einige davon "nebenbei" durchgeführt werden können. Diese zeitsparende Methode eignet sich für alle, die gerne mehrere Dinge gleichzeitig tun können/wollen. Testen Sie sich:

Mini-Quiz

1. Wenn Sie ein Verkehrsmittel lenken (Auto, Fahrrad), können Sie sich dann gleichzeitig unterhalten bzw. könnten Sie dabei einen Radiobericht hören (z.B. Nachrichten, Kommentar, ein Interview)?
   [] **JA, das tue ich regelmäßig**   [] **Jein, nur bedingt**   [] **NEIN**

2. Wenn Sie zuhause etwas tun, können Sie dann eine anspruchsvolle Sendung nebenbei hören (z.B. beim Aufräumen, in der Küche, im Badezimmer, etc.)
   [] **JA, das tue ich regelmäßig**   [] **Jein, nur bedingt**   [] **NEIN**

3. Können Sie neben dem Fernsehen etwas anderes tun (z.B. in einer Zeitung blättern und dort stellenweise lesen oder basteln oder eine Patience legen etc.)?   [] **JA, das tue ich regelmäßig**   [] **Jein, nur bedingt**   [] **NEIN**

4. Gibt es weitere Situationen, die Ihnen einfallen, bei denen Sie zwei oder mehr Dinge gleichzeitig tun (könnten)?
   [] **JA, sicher**   [] **Jein, nicht unbedingt**   [] **NEIN**

Nun, Sie sehen es selbst! *Wenn* Sie der Typ sind, der parallel arbeiten kann (will), dann können Sie eine Menge Sprachkassetten nebenbei hören. Dabei hören Sie weitgehend bewußt zu, aber immer wenn die andere Tätigkeit Ihre Aufmerksamkeit (vorübergehend) ganz in Anspruch nimmt, vergessen Sie zeitweise die Kassette. Das macht gar nichts, denn im Gegensatz zu einer Life-Sendung im Radio oder Fernsehen versäumen Sie ja hier nichts, was später nicht erneut abgespielt werden könnte!

Aber denken Sie bitte nicht nur an Lektionstexte. Wenn Sie eine Radiosendung oder den Ton einer Videoaufzeichnung mitgeschnitten haben (vgl. Kap.7), dann sollten Sie diese ebenfalls immer wieder abspielen. Das ist besonders dann günstig, wenn Sie relativ wenig zuhören werden. Damit simulieren Sie wieder einen kleinen "Aufenthalt" im Ausland, und Sie bieten Ihrem Gehirn bereits "ganz normale" Klänge an, während die Lektionen in der Regel überdeutlich und relativ langsam gesprochen werden.

Ganz bewußt hören
Es ist interessant, daß Sie zu diesem Zeitpunkt in der Regel den Lektionstext (fast) auswendig hersagen könnten, wiewohl Sie das ja nicht speziell angestrebt hatten. Dies ist quasi ein Nebeneffekt der ersten drei Lernschritte. Eine gute *aktive Hör-Übung* besteht darin, bewußt sicherzustellen, daß Sie wirklich jeden Satz "voraussagen" können. Ob Sie dies innerlich tun oder tatsächlich sprechen, ist egal. Hören Sie also den Text, Satz für Satz, wobei Sie testen, ob Sie den nächsten Satz(teil) bereits können, ehe Sie ihn hören. Wenn das der Fall ist, ist diese Lektion, was das *Hören* angeht, abgeschlossen.

2. Lesen

Wenn Ihr Ziel überwiegend das Lesen ist, dann werden Sie zwar zunächst Ihre Lektionstexte lesen wollen, aber Sie möchten doch sicher so bald wie möglich zu anderen Texten übergehen. Daher folgen Bemerkungen zu beiden Zielstellungen.

Lektionstexte lesen
Sie werden erstaunt sein, wie flüssig Sie bereits erarbeitete Lektionen nun lesen können. Wenn Sie hingegen vergleichen, wie schwer die meisten Schüler sich mit Lektion 12 tun, selbst wenn sie in der Schule bereits bei Lektion 15 angekommen sind, dann wissen Sie, was ich meine. Dasselbe gilt für Besucher von Kursen: Kaum jemand hat die vergangenen Lektionen wirklich im Griff. Deshalb ist das Weiterschreiten ja auch so furchtbar anstrengend. Nicht so bei unserer Methode! Sie werden im Eiltempo durch "alte" Texte hindurchlesen; auch Monate später, falls Sie eine Zwangspause eingelegt haben. Beispiel: Ich hatte ursprünglich mit Arabisch nach meiner Methode angefangen, dann aber über sechs Jahre lang nichts getan (weil ich erstens einige Bücher schrieb und zweitens in der Zeit mit Japanisch, Chinesisch und Hindustani begann). Aber als ich nach all den Jahren einen zweiten Arabisch-Start wagte, da merkte ich, daß ich inzwischen maximal 10% des damals Gelernten *vergessen* hatte, während Seminar-Teilnehmer mir immer berichten, sie hätten in vergleichbaren Situationen nur ca. 10% des alten Lernstoffes *behalten*...

Andere Texte lesen
Der in Kap. 2 erwähnte Dr. TEICHMANN mit seiner "praktischen Methode" schlug vor 100 Jahren nicht nur das wörtliche Übersetzen vor, sondern er

hatte noch einen interessanten Denk-Ansatz bezüglich des Lesens, den ich Ihnen vorstellen möchte. Ich könnte mir nämlich sehr gut vorstellen, daß sein Vorschlag (mit gewissen *Abweichungen*, auf die wir eingehen werden) durchaus Erfolg haben kann! Nachdem der Kurs von Dr. TEICHMANN Französisch lehrt, setzen Sie bitte für "Französisch" in seinen Aussagen die Sprache ein, die Sie gerade lernen wollen.

Jetzt gehe ich wie folgt vor: Sie lesen gleich, was Dr. TEICHMANN vor 100 Jahren gesagt hat (*in diesem Schrifttyp*), während meine Kommentare dazwischen in dieser (normalen, aber etwas kleineren) Schrift eingestreut werden. Stellen Sie sich bitte vor, Dr. TEICHMANN und ich würden je ein Seminar geben; *er vor 100 Jahren* und ich *heute*. Und Sie säßen in einer Zeitreisemaschine und könnten blitzschnell zwischen diesen beiden Ereignissen umschalten...

Nachdem der Lernende ... (ca. 10 Lektionen eines Kurses) schriftlich ... gehörig durchgearbeitet hat, verschaffe sich derselbe mit Hilfe eines erfahrenen Buchhändlers einige ihm dem Inhalte nach bereits bekannte Werke seines Lieblings-Schriftstellers in französischer Übersetzung oder in französischen Original-Ausgaben.

Ich möchte zu bedenken geben, daß **Übersetzungen in die Zielsprache** anfänglich besser sind, weil sie stilistisch leichter aufgebaut sind als ein Text, der in dieser Sprache gedacht und gefühlt worden war. Also, wer englische Romane lesen möchte, könnte z.B. einen George Simeon auf englisch lesen, während ein anderer z.B. einen Perry-Mason-Roman auf französisch beginnt.

Romane, welche viele Gespräche enthalten, sind anfänglich vorzuziehen.

Besonders geeignet zum Einstieg sind m.E. **Kriminalromane** nicht nur, weil sie in der Regel viele Dialoge enthalten, sondern auch, weil fast jeder Autor seine Kriminalromane nach einem bewährten "Strickmuster" bastelt. Die Fans von Miss Marple, Hercule Poirot, Nero Wolfe oder Perry Mason wissen, dies zu bestätigen! Anfangen könnte man z.B. mit Perry Mason-Romanen (von Earle Stanley GARDNER) in *jeder* Sprache (hier ist selbst das englische Original leicht verständlich), danach könnte man zu Rex STOUTs Nero Wolfe "aufsteigen" und als letztes Agatha CHRISTIEs Bücher in Angriff nehmen, denn sie hat von den dreien durch ihren etwas altertümlichen Satzbau mit Abstand den komplexesten Stil; daher sollte man schon einigermaßen gut lesen können, ehe man ihre Texte in einer neuen Sprache angeht. Für mich ist Agatha Christie (in der Übersetzung in meine derzeitige Zielsprache) immer der *letzte* Test, ehe ich auf Original-Bücher dieser Sprache übergehe.

Nun lese er, ohne ein Wörterbuch aufzuschlagen und ohne Rücksicht auf volles Verständnis, täglich mindestens eine Stunde, und zwar:

im 1. Monat	*ungefähr*	*5 Seiten*	*stündlich*
im 2. Monat	*ungefähr*	*10 Seiten*	*stündlich*
im 3. Monat	*ungefähr*	*15 Seiten*	*stündlich*
im 4. Monat	*ungefähr*	*20 Seiten*	*stündlich*
im 5. Monat	*ungefähr*	*30 Seiten*	*stündlich*
im 6. Monat	*ungefähr*	*40 Seiten*	*stündlich*

von der Größe dieses Buches.

Nun, vor hundert Jahren konnte man davon ausgehen, daß ein Erwachsener, der eine Fremdsprache lernen wollte, jede Menge Zeit dazu hatte. Heute jedoch, im Zeitalter der Elektronik, können wir eine Menge Lernarbeit via Kassetten an unser Unbewußtes delegieren; aber ich meine, man sollte den Versuch einmal wagen, indem man jeden Tag 10 Minuten lang liest, ob man nun versteht oder nicht. Allerdings möchte ich Ihnen vorschlagen, nach Beendigung des Buches kein neues zu nehmen (wenn Sie weniger als 30-40% des Inhaltes begriffen haben), sondern dasselbe Exemplar wieder von vorne anzufangen! Ich stelle es mir weit motivierender vor, im **selben** Text, beim zweiten Durchgang schon **weit mehr** und beim dritten Durchgang schon **fast alles zu verstehen!** (Was mit Sicherheit geschieht, wenn Sie zwischenzeitlich mit unserer Methode weitermachen).

Die erste Lektüre ohne Wörterbuch stößt bei fast allen auf scheinbar unüberwindliche Hindernisse; jeder Lernende sträubt sich dagegen, indem er sagt: 'Wozu soll ich denn etwas lesen, was ich doch nicht verstehe? Mir fehlen ja noch viel zu viel Vokabeln!'

Sie sollten die Einwände einmal hören, welche manche Teilnehmer zunächst gegen das gehirn-gerechte Lernen vorbringen! Erstens "frißt" der Bauer nicht gerne, "was er nicht kennt!" Das ist ein Problem für jeden, der Neues vorstellt, ob das nun Dr. TEICHMANN vor hundert Jahren war oder ich meine. Und zweitens haben die meisten Menschen relativ wenig Phantasie, wenn sie durch Schul- und Ausbildung zum Gehirnmuffel gemacht worden sind. Dann glauben sie zwar einerseits, Lernen müsse so ablaufen, wie sie es kennen, während sie andererseits glauben, sie selbst seien dafür ungeeignet, sie hätten ein schlechtes Gedächtnis, sie wären nicht sprachbegabt etc. Aber Sie, die Sie mir bis hier gefolgt sind, wissen es inzwischen besser, gell?

Wenn jedoch der Lernende den obigen Vorschriften folgt und g e e i g - n e t e Bücher liest, so sagt er in der Regel nach Beendigung des ersten Bandes: 'Ich habe aber fast gar nichts verstanden.'... nach Beendigung des zweiten Bandes: 'Ich habe aber nur sehr wenig verstanden.' ... nach Beendigung des dritten Bandes: 'Ich habe den Inhalt teilweise erraten'. ... nach Beendigung des vierten Bandes: 'Ich habe so ziemlich verstanden, um was es sich handelt.' ... nach Beendigung des 5. Bandes: 'Ich verstehe den Inhalt ganz gut, manche Seiten verstehe ich vollständig.' ... nach Beendigung des sechsten Bandes: 'Es ist gar nicht so schwer, wie ich dachte; ich verstehe den Inhalt vollständig, ohne jedoch jedes einzelne Wort zu verstehen. Ich habe durch Erraten sehr viele neue Wörter gelernt

> und mich durch Nachschlagen im Wörterbuch von Zeit zu Zeit überzeugt, daß ich richtig geraten habe. Die Lektüre macht mir jetzt viel Vergnügen; ich hätte nicht gedacht, daß ich eine fremde Sprache so schnell erlernen würde."

Wie oben angedeutet, müssen es ja nicht *mehrere* Bücher sein; wenn Sie also ein Buch mehrmals so durcharbeiten würden, dann gälten die Aussagen Dr. TEICHMANNS für die jeweiligen *Durchgänge*. Ich bin überzeugt davon, daß jemand, der mit unserer Methode arbeitet, mit weit weniger Lesezeit ähnlich spektakuläre Ergebnisse erzielen wird. Aber erst *Ihre* Versuche werden zeigen, ob diese Vermutung stimmt. Bitte schreiben Sie an die GABAL oder an mein Institut, wie es Ihnen ergangen ist, damit wir für eine spätere Auflage möglichst viele Ergebnisse haben.

> *Die Lektüre ohne Wörterbuch bezweckt die Ausbildung des Sprachgefühls; es ist ganz erstaunlich, welche Fertigkeit man in dem Erraten der Bedeutung vollständig unbekannter Wörter erlangen kann, so daß man nach einigen Monaten durch tägliche Übung mit Leichtigkeit französische Werke versteht. Die Lektüre muß vor allen Dingen den Lesenden anregen und so interessant sein, daß derselbe ganz vergißt, daß er nicht seine Muttersprache liest...*

Sie haben also nun zwei Möglichkeiten: Einmal, daß Sie sich nur an Texte heranwagen, die Sie bereits einigermaßen verstehen können – so wie man ja auch "normalerweise" vorgeht. Darüber hinaus könnten Sie aber doch den Versuch wagen, *10 Minuten pro Tag* mit Materialien zu arbeiten, die weit über Ihr derzeitiges Auffassungsniveau in dieser Sprache hinausgehen. Ich garantiere Ihnen, daß Dr. TEICHMANNs Plan "funktioniert"!!

Lesematerial

Was das Lesematerial angeht, das Sie auswählen sollten, wenn Sie über die ersten Hürden hinweggesprungen sind, möchte ich andeuten, daß heutzutage zu jedem Thema (von Astrophysik bis zum Liebesleben der Fische) Bücher erhältlich sind, so daß auch Lerner, die kein Interesse an Kriminalromanen haben, insbesondere solche, die lieber Sachthemen lesen, jede Menge finden können. Bedenken Sie bitte auch, daß die Krimis mit ihren vielen Dialogen gerade für Menschen geeignet sind, die später selbst aktiv sprechen wollen. Auch geeignet sind natürlich Theaterstücke und Hörspiele, die man bekannterweise ja auch in Buchform "konsumieren" kann. Falls Sie dies wollen, wäre der Dialog-Farb-Trick in Kap. 7 für Sie bestimmt von Interesse.

Wer aber später hauptsächlich informative Texte lesen will, hat an Dialogen ja wenig Bedarf. Deshalb sind Sach-Texte für ihn geeigneter. Wenn Ihr Fachgebiet feststeht, werden Sie sowieso zahlreiche Bücher aus Ihrer Zielsprache auf Ihrer "Leseliste" haben (weil diese in anderen Werken bereits zitiert wurden). Wenn Sie aber informative Texte zu unterschiedlichen Themenbereichen suchen, dann gilt es zu bedenken: Zwar hat man nicht immer einen international sortierten Buchladen um die Ecke, aber wenn Sie eine gute Bibliothek in Ihrer Nähe haben, die auch ausländische Bücher führt, könnten Sie in Ruhe wählen, um ein Buch, das Ihnen gefällt, bei Ihrem Buchhändler zu bestellen. Und vergessen Sie Bahnhofs- und Flughafen-Buchläden nicht. Hier finden Sie nämlich nicht nur Bücher in verschiedenen Sprachen (vom Krimi bis zum Sachbuch), sondern darüber hinaus Zeitungen und Zeitschriften.

Mit Übersetzungen parallel lesen
Das ist eine prima Art und Weise, sich einen fremden Text zu "er-lesen": Nehmen wir an, Sie besitzen ein Werk in zwei (oder mehr) Sprachen. Denken Sie z.B. an berühmte Romane, die in verschiedene Sprachen übersetzt wurden. Ich schlage Ihnen jetzt zwei Vorgehensweisen vor; probieren Sie aus, welche Ihnen besser gefällt. Und bedenken Sie bitte, wer den zweiten Vorschlag annimmt, kann zusätzlich 10 Minuten am Tag im Sinne von Dr. TEICHMANN mit schwierigen Texten arbeiten. Der zweite Vorschlag ist kein Ersatz, sondern etwas, was man *auch* tun kann! Denn diese Empfehlung zum Thema Lesen wendet sich ja vor allem an diejenigen unter Ihnen, die besonders gerne (oder viel) lesen wollen!

1. Satz für Satz: Sie lesen abwechselnd in beiden Büchern, wobei Sie sich wie in Zeitlupe Satz für Satz vortasten. Diese Methode ist vor allem dann sinnvoll, wenn Sie beim Lesen des Vorschlages von Dr. TEICHMANN oben "das große Grausen" empfanden, wenn Sie also dachten, daß *Sie* das auf keinen Fall jemals ausprobieren würden! Denn es gibt Menschen, die die innere Unsicherheit nicht gut vertragen, die zwangsläufig auftaucht, wenn einzelne Wörter oder gar halbe Sätze nicht begriffen werden können. Wenn Sie also Satz für Satz vergleichen, notfalls Passagen im Zielsprache-Text ins Deutsche dekodieren, dann können Sie so *wesentlich schneller* in der Fremdsprache lesen, als wenn Sie nur mit Lektionstexten "den Punkt" erreichen wollten, an dem dies möglich ist.

2. Szene für Szene: Sie sind anders "gelagert" als der eben erwähnte Leser. Sie denken sich absolut nichts dabei, wenn Ihnen nicht jedes einzelne Wort klar ist, solange Sie die "große Linie" verstehen. Also gehen Sie wie folgt vor: Sie lesen im deutschen Text, bis Sie einen Absatz oder eine Szene (die über mehrere Absätze gehen kann) "eingefangen" haben. Zum Beispiel beginnt Mario PUZOs *Der Pate* mit einer Szene im Gericht, in der die beiden Burschen, welche die Tochter eines italienischen Einwanderers zu vergewaltigen versucht hatten, freigesprochen werden. Der Vater, der immer an die Gerechtigkeit des amerikanischen Systems geglaubt hatte, ist erschüttert. Er wird zum Paten gehen und dafür sorgen lassen, daß diese Gerechtigkeit noch kommen muß! *Das wäre so eine Szene* (von ca. anderthalb Seiten). Sie lesen den deutschen Text, indem Sie sich alle Details vorstellen (vgl. die Hör-Übung für

muttersprachliche Texte, Kap. 2), also z.B., wie der Richter seine Ärmel hochrollt, als wolle er physisch gegen die Beklagten vorgehen, etc. Lesen Sie den deutschen Text ruhig zwei- oder dreimal, bis Sie die Szene glasklar vor Ihrem geistigen Auge sehen. (Wenn es sich um einen Fachtext handelt, können Sie auch Skizzen machen, z.B. ein Balken-Diagramm für Zahlenwerte o.ä.) Nun, mit dieser klaren Vorstellung beginnen Sie den Zielsprache-Text zu lesen, und zwar:

• *Das erste Mal schnell*, also im selben Tempo, wie Sie ihn deutsch gelesen hätten. Dabei erkennen Sie einzelne Wörter und beginnen in der rechten Hirnhälfte ein "Netz" für diese Szene in der Zielsprache zu flechten.

• *Das zweite Mal langsam*, wobei Sie alle Stellen, die Sie gut verstehen, *mit Filzstift anmalen*. (Wir kommen in Kap.7 noch einmal auf Farbe als Lern-Unterstützung zurück.) Wohlgemerkt, *wenn* Sie begreifen, *daß* die beiden Burschen *einerseits* in Demutshaltung vor dem Richter stehen, daß aber *andererseits* auch etwas Verschlagenes in ihrer Haltung steckt, *dann* gilt dieser Satzteil als begriffen, auch wenn er einzelne Wörter enthält, die Sie eher aus dem Kontext erahnen, als daß Sie sie wirklich verstehen!

Nun gehen Sie zurück und lesen den deutschen Text noch einmal, wobei Sie sich wiederum jedes Detail bewußt vorstellen. Dann zurück zum fremdsprachlichen Text, bis Sie diese Szene zu ca. 70% verstehen können! Danach beginnen Sie mit dem nächsten Absatz (oder der nächsten Szene) und lesen weiter.

Diese Lese-Technik ist seit Jahren von meinen Teilnehmern erprobt worden. Sie funktioniert hervorragend, vorausgesetzt, der Lernende empfindet das Lesen an sich als lustbringende Tätigkeit. Wem es nicht so geht, der würde sich nur quälen; Sie sehen, Sie sollen ja jetzt nur noch das auswählen, was Sie anspricht, weil es Ihren Zielen und Ihrer Wesensart entspricht!

Lange oder kurze Texte?
Sie erinnern sich, daß Dr. TEICHMANN von Romanen und nicht von Kurzgeschichten gesprochen hatte. Das deckt sich auch mit einer Aussage, die ich seit Jahren im Seminar mache. Bitte bedenken Sie:

Ein Autor (das gilt auch für den Übersetzer eines Werkes) benötigt ungefähr 30 gedruckte Textseiten, um sein Grundvokabular vorzustellen. So sage ich z.B. "wiewohl", wiewohl die meisten Menschen "obwohl", einige hingegen "obschon" sagen. Das ist eines der Wörter, die meinem persönlichen Wortschatz entsprechen. Ebenso haben Sie oder der Autor (Übersetzer), den Sie lesen wollen, einige Lieblingsworte, die immer wieder auftauchen. Wenn man nun, wie es in der Schule üblich ist, nur Kurzgeschichten liest, dann taucht folgendes Problem auf:

Zu dem Zeitpunkt, da Sie endlich den schwersten Teil des Textes überwunden haben, ist er beendet. Sie beginnen beim nächsten Stück also wieder mit dem Schwersten!

Wie schon erwähnt, habe ich ab und zu das Gefühl, daß manche Lehrer bevorzugt eine Strategie fahren (sicher unbewußt), welche es ihren Schülern ganz besonders schwermacht. Dadurch wirken solche Lehrer irgendwie sicherer und sehr souverän... Aber Sie, die Sie diese Anleitung zum Sprachenlernen lesen, müssen diesen Fehler ja nicht auch machen! Deshalb rate ich Ihnen zu Romanen:

1. Wenn Sie endlich das *bevorzugte Grundvokabular kennen,* wird das Lesen viel leichter! Das macht Spaß und bringt jede Menge Erfolgs-Gefühle ein.

2. Manche Lehrer sagten im Seminar, daß im Roman ab diesem Punkt ja sehr viele Wörter wieder und wieder auftauchten, daß somit das *Vokabular* nicht in dem Maße vergrößert wird wie in einer zweiten Kurzgeschichte. Ich widerspreche auf das energischste! Ich bin überzeugt davon, daß die Menge der neuen Wörter im Verlauf des Romans mindestens drei weiteren Kurzgeschichten entspricht, aber diese erscheinen "eingebettet" in viel Vertrautes, werden also im Sinn-Zusammenhang leicht "erkannt" oder "erraten", was das Lernen weit leichtermacht!

3. Jetzt kennen Sie ja den Rahmen, in dem der Roman spielt (Zeitalter, Ort, Hauptpersonen, Haupt-Konflikte). Je mehr Sie wissen, desto leichter lernen Sie neue Details, weil sie in Ihr Wissens-Netz (vgl. Kap.1) sofort "eingehängt" werden können.

4. Last not least gibt es ein *psychologisches Element* von elementarer Bedeutung: Wenn jemand in seiner Muttersprache gerne Romane liest, dann liebt er es doch, sich für die Zeit des Lesens in eine "andere Welt" entführen zu lassen. Ob das nun die Krimi-Atmosphäre ist oder der Hintergrund eines Westerns oder historischen Romans; ob er durch Science Fiction ins Weltall oder in die Zukunft "entschwebt" oder was auch immer! Dieser Tatbestand führt doch überhaupt dazu, daß Leute Romane lesen! Warum soll Ihnen das vorenthalten werden, wenn Sie in der Zielsprache lesen? Das ist doch absurd! Dieser Faktor ist ein phänomenaler Motivator, insbesondere, wenn man die ersten ca. 30 Seiten endlich einmal hinter sich gebracht hat. Ab jetzt wird das Lesen doch erst so richtig "schön", das gilt doch für muttersprachliche Romane ebenfalls!!

3. Sprechen

Zuerst möchte ich Ihnen Informationen zum Sprechen der Lektionstexte geben (also z.B. zum lauten Lesen oder auswendigen Aufsagen derselben), dann folgen Tips für *andere Sprech-Übungen*, die das freie Sprechen fördern.

Zur Aussprache ganz allgemein

Es gilt, Ihre Vorbilder auf den Kassetten wie ein Papagei zu *imitieren* - auch das Kind hat durch Imitation die Muttersprache gelernt! Da Sie ja keine Vokabeln lernen, hören Sie immer komplette Sätze (die darüber hinaus in einem sinnvollen Zusammenhang stehen). Diese gilt es, so gut wie möglich nachzusprechen. Aber, was heißt *so gut wie möglich*? Ist es wirklich katastrophal, wenn Sie das englische **TH** oder den japanischen Zwitter zwischen **L** und **R** nicht richtig imitieren können? Werden sie immer "deutsch" (bzw. muttersprachlich) klingen, wenn Sie das uns völlig fremde semitisch/hamitische **'ain^{un}** nicht richtig "herausbringen", aber trotzdem Hebräisch oder Arabisch lernen möchten? Nein, nein und nochmals nein!

Es wird Sie erleichtern, festzustellen, daß es *überhaupt nicht nötig* ist, jeden Buchstaben (bzw. Diphtong) korrekt sprechen zu können, wiewohl Sie trotzdem in der Zielsprache so "einheimisch" klingen werden, daß man Ihnen Ihr Herkunftsland nicht mehr leicht anmerken wird! Das klingt unwahrscheinlich, aber es ist wahr. Was die Aussprache angeht, so gibt es nämlich *zwei* Aspekte, die imitiert werden können, wobei Sie nur *einen* der beiden "gut treffen" müssen, um "echt" zu klingen. Interessiert? Dann lesen Sie hier weiter:

- <u>das Phonem</u>, d.h. der Einzelklang eines Buchstabens bzw. einer Buchstaben-Kombination. Zum Beispiel:

    Das englische **knife**, Phonem: **KN**, wird {**N**aife} gesprochen.

- <u>das Klangbild insgesamt</u>, d.h. das Klang-Bild eines Wortes, Satzes, oder Satzteils (s. unten).

Diese beiden Aspekte sind in gedruckter Form (wie der vorliegenden) fast nicht zu erklären, aber ich will Ihnen doch ein Beispiel an einem Wort, das aus vier Phonemen besteht, geben:

Die Gruppe von Wörtern, die im Deutschen auf *-ologie* (bzw. *-sophie*) enden, werden im Englischen völlig anders ausgesprochen. Bitte überlegen Sie einmal kurz, wie *wir* diese Worte sprechen. Klopfen Sie den Rhythmus auf den Tisch oder sagen Sie im Rhythmus Pa-Pa-Pa-Pam. Wo betonen wir solche Wörter besonders?

Antwort: Wir sagen
>pa pa pa *pam!*   (Betonung letzte Silbe):

>>Psy - cho - lo - *gie*
>>Ge - o - lo - *gie*
>>The - o - lo - *gie*
>> Phi - lo - so - *phie*
>>usw.

Der Angelsachse hingegen betont die zweite Silbe, die er etwas lauter und höher spricht:
>pa *paa!* pa pam:

>>Psy - *cho* - lo - gy
>>Ge - *o* - lo - gy
>>The - *o* - lo - gy
>> Phi - *lo* - so - phy
>>usw.

Nun wissen viele Deutsche nicht, daß im Englischen ein "p" vor einem "s" stumm bleibt. Solche Details lernen "sich" bei meiner Methode quasi vollautomatisch. Aber wer nach herkömmlichen Methoden gelernt hat, weiß es eben oft nicht.

Man darf also nicht *P*sychology sagen, sondern muß das "p" weglassen (es folgt die Lautschrift):
>{*Sei* - *ko* -lo - dschi}

Und nun gilt folgende Regel:

> **Wenn man einzelne Phoneme richtig, das Klangbild insgesamt jedoch falsch ausspricht, dann klingt man falsch!**

Oder umgekehrt:

> **Wenn man das gesamte Klangbild richtig imitiert, dann klingt man richtig, selbst wenn ein Phonem falsch war!**

Auf unser Beispiel bezogen, heißt das:

Falls Sie   {*P*sei - *ko* - lo - dschi} (Betonung englisch) sagen würden, dann würde der Engländer (Amerikaner) das falsche "p" vor dem "s" buchstäblich *überhören!* Das sollten Sie unbedingt einmal testen, falls Ihnen das unglaublich erscheint!!

Aber auch das Gegenteil stimmt: Sprechen Sie alle einzelnen Phoneme richtig aus, lassen also das "p" vor dem "s" korrekterweise wegfallen, während Ihre Sprachmelodie deutsch bleibt, dann "klingen" Sie sehr falsch:

{Sei - ko - lo - *dschi!*}

Das heißt aber auch:

Sie brauchen keine Angst mehr vor einzelnen Buchstaben(kombinationen) wie dem englischen "th" zu haben!

Wenn Sie, was mit meiner Methode sehr leicht wird, den Gesamt-Klang einer Wortgruppe richtig imitieren, *sind einzelne Phoneme überhaupt nicht mehr wichtig*! So kann ich z.B. zwei typisch arabische Buchstaben *nicht* richtig aussprechen, trotzdem bescheinigt man mir eine "hervorragende" Aussprache, wenn ich ein Zitat aus dem Koran vortrage.

Denken Sie auch an Ausländer, die deutsch sprechen: Wenn sie die einzelnen Phoneme extrem sauber sprechen, aber ihr Tonfall und ihre Sprachmelodie bleiben indisch oder chinesisch, dann sind sie für uns *fast nicht* zu verstehen. (Typische Beispiele sind: ein Pakistani, der Englisch spricht; ein Amerikaner, der Französisch sprechen will; oder ein Deutscher, der mit der alten Methode Englisch gelernt hat!)

Deswegen ist es wichtig, daß Sie die Phase *Hören/Passiv* unbedingt *vor* das eigentliche Sprechen setzen! Auf diese Weise beginnen Sie *nicht verfrüht* mit eigenen Aussprache-Versuchen; somit können Sie die natürliche Sprachmelodie weit leichter imitieren. Mit diesem Ansatz werden Sie in Zukunft *kaum noch Aussprache-Probleme* haben, denn Ihre rechte Hemisphäre hat die Hauptarbeit für Sie geleistet!

Im folgenden möchte ich Ihnen verschiedene Arten von Sprech-Übungen vorstellen. Bitte lesen Sie diese wieder mit Ihrem Stift durch, und wählen Sie sich diejenigen aus, die Sie "irgendwie besonders ansprechen"; damit können Sie dann beginnen. Des weiteren können Sie natürlich variieren. Aber gerade bei Sprech-Übungen gibt es so viele Möglichkeiten, daß ich eine Sammlung erstellen möchte. Wer also ein paar gute Ideen beizusteuern hat, auch für Gruppen-Übungen, der schreibe uns (an den Verlag). Diese können dann in einer späteren Ausgabe berücksichtigt werden.

Abgesehen von lautem Lesen, was ja, genaugenommen, bereits eine Sprech-Übung darstellt, gibt es andere Möglichkeiten. Bitte vergessen Sie nicht: Wenn Sie sich mit einem bestimmten Text durch die ersten drei Lernschritte vorgetastet haben, dann können Sie den Text ja bereits (fast) auswendig. Sollte das nicht der Fall sein, dann ist es vielleicht noch zu früh für Übungen, die das freie Sprechen fördern. Das merken Sie spätestens dann, wenn solche Übungen schwerfallen, während andere Übungen durchaus schon möglich sein mögen. Daher gilt, ganz allgemein, die folgende Regel:

> **Falls Ihnen eine Übung schwerfällt, kämpfen Sie ja nicht, indem Sie sich krampfhaft zwingen, weiterzumachen! (Das kennen Sie sicher von der Schule her.) Sondern gehen Sie zu anderen Übungen über, oder wiederholen Sie die Schritte 2 und 3, denn anscheinend sind Sie doch etwas zu früh zum vierten Schritt "gewandert".**

Diese Gefahr, zu früh weitermachen zu wollen, wird insbesondere denen anfangs zum Verhängnis, die jahrelanges Schul-Sprachenlernen genossen haben. Denn die herkömmliche Methode liefert eben nicht die nötige Basis zum Aufbauen; daher kostet sie ja auch so viel unnötige Zeit und Energie. Jemand, der so "trainiert" ist, wird anfangs ein wenig Geduld aufbringen müssen. Ich erinnere nochmal an die EULENSPIEGEL-Story: Nur wenn Sie sich die Zeit nehmen, langsam durch die einzelnen Schritte zu gehen, werden Sie, langfristig, ca. dreiviertel der "normal veranschlagten" Zeit einsparen können!

 Übung: Freies Sprechen

Sie erinnern sich an die Aussage (gegen Ende des 2. Kapitels), daß Sie jetzt alles, was die Personen in den Lektions-Texten sagen (denken), ebenfalls sagen (denken) können. Dieser Vorteil ist ausgesprochen phänomenal (und unerhört motivierend!), wenn man erst einmal beginnt, ihn aktiv anzuwenden! Das ist das Ziel dieser Übung:

Vorgehen: Denken Sie sich in die Lektions-Situation hinein, und probieren Sie einmal, welche Aussagen über die Situation Sie jetzt schon machen können. Angenommen, im Text war jemand im Taxi vom Bahnhof zum Hotel gefahren und hat vom Taxifahrer erfahren, daß die Sowieso-Kirche die älteste in der gesamten Gegend ist; wie lautete der Satz? Sprechen Sie ihn aus.

Ähnlich verfahren Sie mit anderen Phrasen, die in der Lektion vorkamen. Hierbei wandeln Sie automatisch die Original-*Reihenfolge* ab, so daß Sie merken: Der Kirchen-Satz gelingt nicht nur, wenn er an seinem "normalen Platz" im Text auftaucht, sondern er gelingt *immer*, wenn Sie ihn sprechen wollen. Denn: Der Satz "hängt" nämlich jetzt eindeutig an dem Kirchen-

Gedanken, nicht an den "umliegenden" Sätzen in der Lektion. Dies ist ein wichtiger Unterschied zum normalen Lernen: Da fällt einem eine Redewendung oft nur ein, wenn man die vorherigen Wörter wieder liest oder hört!

Fill-in-Sprechübungen:

In Kap.7 (Seite 109) werden Sie noch sehen, wie leicht es ist, sich Übungen mit eingebauter Selbstauflösung zu "basteln". Lassen Sie mich hier nur eine Übungsart ansprechen (die in manchen Lehrbüchern sowieso mitangeboten wird), um zu zeigen, daß solche Übungen sowohl schriftlich als auch mündlich durchgeführt werden können. Angenommen, Sie haben eine Fill-in-Übung erstellt, d.h. eine Übung, welche den Lektionstext enthält, in dem jedoch einige Wörter fehlen.

Vorgehen: Lesen Sie den Text laut, und "füllen" Sie die Leerstellen aus. Diese Übung ähnelt dem lauten Lesen, nur mit dem Unterschied, daß Sie Teile ersetzen. Das aber stärkt das Erfolgsgefühl und ist weniger langweilig als das normale Lesen, vor allem, wenn Sie diesen Text schon (beinahe) auswendig können, aber noch Hilfestellungen brauchen. Lassen Sie von Übung zu Übung mehr Worte weg (z.B. durch Übermalen mit Tipp-Ex), so daß am Ende nur noch einige wenige Schlüsselwörter auf dem Papier stehen. (Wenn Sie mit Fotokopien arbeiten, haben Sie ja in Wirklichkeit keinen Text "verloren".)

Dialoge nachspielen (für eine Person):

Dies ist eine phänomenale Übung für jemanden, der die Dialoge im Text auch aktiv können will, der aber niemanden hat, der mit ihm üben kann wie beim Rollenspiel (s. unten). Sie werden trotzdem eine Art Rollenspiel machen können! Dazu werden Sie die betreffenden Dialoge auf eine andere Kassette neu überspielen, und zwar wie folgt: Es gilt, eine Aufnahme zu produzieren, in welcher je ein Sprecher "pausiert", damit Sie diesen später üben können. Da Ihnen der Text ja jetzt bereits sehr vertraut ist, ist dies kein Problem. Am besten machen Sie die Aufnahme "über die Luft" (also nicht mit Laufwerken, die per Kabel verbunden sind), z.B. könnten Sie vom normalen Kassetten-Recorder auf den Walkman (per Mikrophon) überspielen. Leichte Qualitätseinbußen sind unwichtig, da Sie mit dem Material inzwischen sehr vertraut sind und weil die Praxis ja auch selten so einen guten Ton bietet wie übliche Lektions-Kassetten. Und diese Übung soll Sie ja auf die Praxis vorbereiten.

Achtung: Ich sage im folgenden immer nur *Sprecher* statt *Sprecher bzw. Sprecherin*, erstens, weil die längere Formulierung ziemlich umständlich wäre, und zweitens, weil es beim Üben *vorläufig* egal ist! Wenn die Zielsprache grammatikalisch zwischen den Geschlechtern unterscheidet, müssen sie halt vorläufig eine "Gästin" spielen, auch wenn Sie ein Mann sind, oder einen Rezeptionisten, wiewohl Sie weiblich sind! Später, wenn Sie den Dialog total im Griff haben, wird es sinnvoll, einzelne Ausdrücke auszutauschen. So ist die direkte Anrede im Arabischen z.B. anta, wenn wir einen Mann anreden, und anti für eine Frau! Halten Sie sich aber *zunächst* an das Vorbild in der Lektion. Nehmen wir einmal an, es handelt sich um eine Szene, in welcher ein Gast im Hotel ankommt und nach seinem reservierten Zimmer fragt. Er unterhält sich dabei mit einem Rezeptionisten, welcher seinen Paß sehen will und ihm schließlich die Schlüssel überreicht. Wie gehen Sie jetzt vor?

<u>Vorgehen bei der Aufnahme</u>: Sie wollen zwei Aufnahmen "produzieren", eine, in welcher der Gast geübt werden soll, und eine zweite, in welcher die Stimme des Rezeptionisten "fehlt". Also stellen Sie ein Gerät auf Aufnahme und lassen das Band vom anderen Gerät laufen: Immer, wenn derjenige Sprecher aktiv ist, den Sie "ausblenden" wollen, drehen Sie die Lautstärke des *abspielenden* Gerätes so leise, daß Sie gerade noch erkennen können, wann dieser Sprecher seine Aussage beendet. Ich wiederhole: Da Ihnen dieser Dialog inzwischen sehr vertraut ist, haben Sie die Sprechzeiten quasi bereits "im Blut"! Es fällt daher sehr leicht, diese Lücken-Aufnahme zu produzieren. Bei der zweiten Aufnahme gehen Sie genauso vor, nur mit dem Unterschied, daß jetzt der andere Sprecher ausgeblendet wird!

Noch ein technischer Hinweis: Wenn wir die Sprecher A und B nennen und wenn A das Gespräch eröffnet, ist alles bisher Gesagte zur Aufnahme klar. Wenn Sie aber den Sprecher A "pausierend" aufnehmen wollen, sollten Sie doch sein allererstes Wort leicht hörbar aufnehmen, damit Sie später, wenn Sie den A spielen werden, wissen, *wann* Sie *beginnen* müssen, damit Ihr erster "Einsatz" als A auch stimmt!

<u>Vorgehen beim Sprechen</u>: Na ja, das dürfte klar sein. Aber lassen Sie Ihre Phantasie spielen; machen Sie ruhig ein wenig Rollenspiel daraus. Wenn Sie also an der Rezeption stehen, dann stehen Sie auch für die Übung! Wenn Sie im Dialog eine Restaurant-Szene trainieren, dann sitzen Sie in der Gast-Rolle am Tisch, während Sie als Ober/Bedienung natürlich stehen. Wird etwas mit einer Redewendung serviert (Hier ist Ihr Kaffee, bitte sehr!), dann stellen Sie zumindest eine leere Tasse vor den imaginären Gast bzw. dann akzeptieren Sie in Ihrer Phantasie das Getränk, wenn Sie den Gast spielen. Solche Feinheiten sind nicht nur "interessanter" als ein Herunterleiern der Aussagen; sie prägen die Phrasen situationsbedingt in Ihr Hirn ein. Dieser Aspekt ähnelt wieder dem Lernen der Muttersprache! Daher ist das absolute *Minimum*, daß Sie sich die Szene *aus der Sicht des jeweiligen Sprechers vorstellen*, selbst wenn Sie dabei gemütlich im Sessel liegen!

 Rollenspiele (zu mehreren):
Das Rollenspiel ist ein "Spiel", in dem bestimmte Aspekte des Lebens spielerisch erprobt werden. Es gleicht dem Spielen von Kindern, wenn diese sich *spielend* in die Welt *hineinlernen*. Rollenspiele werden z.B. in Management-Seminaren eingesetzt, um bestimmte Aspekte der Kommunikation (oder der Verhandlungs- bzw. Fragetechnik, des Lobens und Kritisierens, des Delegierens, Motivierens etc.) durchzuspielen. So ähnlich können auch Sie vorgehen.

Sie können Szenen, die in der Zukunft voraussichtlich auf Sie zukommen werden, im Rollenspiel erproben.

Vorgehen: Im Grunde genau wie oben (Dialoge nachspielen), nur mit dem Unterschied, daß die andere(n) Stimme(n) von (einem) Mitspieler(n) gesprochen werden. Es ist klar, daß alle Beteiligten die Vorarbeiten zu diesem vierten Lernschritt mit der Szene, die Sie jetzt spielen wollen, bereits absolviert haben müssen (falls es keine "einheimischen" Mitspieler sind, deren Muttersprache Ihre Zielsprache ist, was optimal wäre!).

Wichtig ist auch, daß Sie beim Rollenspiel eine Riesengaudi haben *können*. Ich habe mit STAVROULA, einer cypriotischen Dame in London, einmal in der Küche gesessen und eine Szene aus einem BBC-Griechisch-Kurs im Rollenspiel geübt. Dabei sagt der Ober auf der Kassette etwas "eilfertig" *amesos* (gleich, sofort). Sie hätten einmal hören sollen, wie derjenige, der gerade diese Rolle hatte, das *amesos* rief; wir konnten stellenweise vor Lachen kaum weitermachen. Oder in einer anderen Szene entschuldigt sich eine Dame, weil sie jemanden angerempelt hat (*signomi*). Wir haben diese Phrase dermaßen überzogen "gebracht", daß ich mein Leben lang nie mehr vergesssen werde, in vergleichbaren Situationen automatisch mit *signomi* zu reagieren!

Pattern-Drills

Pattern-Drills sind Übungen einer bestimmten Art, für die es kein deutsches Wort gibt. Ein PATTERN (Englisch, sprich: pättern) ist ein *Muster*, aber das Wort deckt auch die *Informationsmuster* ab, die Ihre rechte Hirnhälfte entwickelt, wenn sie die "Netze" in Ihrem Kopf aufbaut (s. Kap.1), so daß PATTERN für jede Art von geordneter Struktur steht. Nun sind *Drills* einfach Übungen mit wiederholten Elementen, vom Kasernenhof bis zum Sprachlabor. Also soll ein *Pattern-Drill* bestimmte Strukturen einüben helfen. Da für Strukturen aller Art die rechte Hirnhälfte zuständig ist, gilt: Je krampfhafter Sie mit Ihrer konzentriert und detailliert arbeitenden linken Hemisphäre unbedingt "mitdenken" wollen, desto mehr behindern Sie die Arbeit. Daher gilt:

Wenn Ihnen Pattern-Drills keinen Spaß machen, lassen Sie es sein! Sie müssen ja keine durchführen! Nur wer sie gerne macht, kann von ihnen profitieren.

Es wäre schön, wenn Lehrer, welche "auf Pattern-Drills stehen", das akzeptieren würden. Meine Erfahrungen haben gezeigt, daß maximal 50% aller Lernenden solche Übungen *gerne* durchführen. Das heißt, wenn man sich in die Übung "hineinfallen" lassen kann, dann macht sie auch Spaß.

Das ist ähnlich wie mit einem Kreuzworträtsel: Wenn wir jemanden dazu zwingen wollen, dem es keinen Spaß macht, wird die Aufgabe zur Qual! Das ist gerade bei *Pattern-Drills* sehr stark der Fall: Das kann erstens nicht jeder, und zweitens muß das auch nicht jeder können! Was das Roh-Material für die

Übungen angeht, so gilt: Entweder Ihr Kurs bietet sowieso welche an, oder aber Sie basteln sich selber welche (s. auch Kap. 7). Wenn Ihr Kurs welche anbietet, dann kann es sein, daß diese sogar auf Kassette vorhanden sind. Das heißt: Der Lehrer (vom Band) spricht den Grundsatz vor und nennt dann das auszutauschende Element. Sie wiederholen den Grundsatz unter Verwendung des neuen Elementes. Anschließend erfolgt die Kontrolle durch den Sprecher auf Band.

• <u>Vorgehen</u>: Sie gehen von einer Redewendung aus, die jeweils in einem Detail abgewandelt werden soll. Angenommen, die Grundaussage lautet: *Dort ist ein Hotel*. Dann gilt es, einzelne Elemente zu ersetzen. Beispiele:

<u>Dort ist ein **Hotel**</u>.
Dort ist ein **Baum**.
Dort ist ein **Café**.
Dort ist ein **Auto**.

<u>**Dort** ist ein Hotel</u>.
Hier ist ein Hotel.
Da drüben ist ein Hotel.
Links ist ein Hotel.

<u>Dort ist **ein Hotel**</u>.
Dort ist **eine Wiese**.
Dort ist **ein Café**.
Dort ist **eine Straßenbahn**.

<u>Dort ist **ein** Hotel</u>.
Dort ist **das** Hotel.
Dort ist **mein** Hotel.
Dort ist **dein** Hotel.

<u>Dort **ist** ein Hotel</u>.
Dort **war** ein Hotel.
Dort **wird** ein Hotel **sein**.
Dort **könnte** ein Hotel **sein**.

Sie sehen also, daß jeder Aspekt einer (Teil-)Aussage durch Ersetzen geübt werden kann.

4. Schreiben

Auch hier sind viele Variationen möglich; lassen Sie mich nur einige wenige andeuten, denn: Wer diesen Abschnitt liest, hat sicher in der Vergangenheit bereits Erfahrungen gesammelt; er weiß ja bereits, *daß* er gerne schreibt...

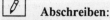 **Abschreiben:**
Vielleicht neigen Sie dazu, etwas, was Sie interessiert, handschriftlich zu kopieren? Dafür gibt es mindestens drei gute Gründe:

1. Sie schreiben *gerne* ab (für Zweifler: das gibt es wirklich!), wenn das für Sie zutrifft, brauchen Sie keine weitere Begründung!
2. Sie lernen eine Ihnen *neue Schreibweise* wie z.B. Russisch, Griechisch, Japanisch, Hindu, Urdu etc. (Hilfestellungen siehe unten).
3. Sie empfinden Abschreiben als künstlerische Leistung, als *Kalligraphie* (das ist bei jeder Art von Schrift denkbar).

Aber neben reinem Abschreiben gibt's natürlich noch weitere Schreibideen:

⬜ Diktat:

Auch fürs Diktat spricht einiges. Nachdem Ihre Lehrer ja quasi auf Kassette "existieren", können Sie die Texte jederzeit auch auf diese Weise "schreiben". Wer viele Diktate durchführen möchte, sollte vielleicht eine spezielle Kassette zum Diktatschreiben aufnehmen, auf welcher nach jedem Satzteil eine *Pause* folgt. Dann brauchen Sie nicht andauernd auf die Pause-Taste zu drücken.

⬜ Rück-De-Kodieren:

So absurd dies klingt, aber wenn Sie einen deutschen Text, der *sauber de-kodiert* worden war, wort-wörtlich in die Zielsprache zurückübersetzen, dann üben Sie einerseits die Zielsprache schreibend und merken zweitens, wie gut Sie die Texte bereits können (es geht nämlich sehr leicht), weil Sie dies ja im vierten Lernschritt mit diesem Text angehen! Eine Übung, die so manchem meiner Teilnehmer viel Spaß macht!

⬜ Fill-in-Übungen:

Ich habe bei den Sprech-Übungen bereits die Fill-in-Übungsart erwähnt. Dasselbe kann man natürlich beim Abschreiben ebenfalls machen (Details siehe oben, Seite 92)!

Variante: Für Menschen, die zwar ein *wenig* schreiben wollen, bietet sich als ideale Abweichung an, nur die Stellen zu notieren, die "eingefüllt" werden müssen.

Wollen Sie eine Ihnen neue Schriftart erlernen?

Die Form der Buchstaben wird in Ihrer rechten Hirnhälfte verarbeitet. Wenn Sie gehirn-gerecht vorgehen wollen, dann sollten Sie wieder beide Hirnhälften aktivieren. Es folgt ein mehrstufiges Vorgehen, wobei es sein kann, daß Schritte 1 und 2 bei manchen Sprachen nicht möglich sind!

Schritt 1: Es gilt herauszufinden, ob zumindest einige der Zeichen Ihnen bekannt sind. So sind einige Buchstaben des kyrillischen Alphabetes mit unseren identisch, so daß Sie quasi sofort einige russische oder griechische Buchstaben kennen, z.B. das **A**, das **E**, das **K**, das **M**, das **O** und das **T**. Diese Buchstaben schreiben Sie sich heraus, oder, falls Sie wenig schreiben wollen, kleben Sie die Zeichen (aus einer fotokopierten Vorlage ausgeschnitten) als Gruppe zusammen. Dies ist Ihre Basis in der fremden Schrift!

Schritt 2: Es gilt, diejenigen Zeichen zu finden, die Ihnen "irgendwie" bereits ein wenig bekannt sind. So gibt es z.B. einige Buchstaben im kyrillischen Alphabet, die genau wie bei uns aussehen, jedoch einen anderen "Wert" besitzen. Diese werden zur zweiten Gruppe zusammengezogen; wie z.B.: Das **B** (= v), das **N** (= i), das **H** (= n), das **P** (= r), das **C** (= s), das **Y** (= u) und das **X**, dessen Wert (ch) übrigens in vielen Sprachen dem (ch) entspricht. Durch diesen Trennungsakt des ersten und zweiten Schrittes werden Sie später nicht dauernd überlegen: "War jetzt das **C** einer der Buchstaben, die denselben Wert haben wie bei uns, oder nicht?" Denn die beiden Gruppen wurden von Anfang an fein säuberlich getrennt.

Schritt 3: Jetzt werden diejenigen Buchstaben (Zeichen) identifiziert, die in den beiden ersten Gruppen *noch nicht* enthalten sind. Bei manchen Sprachen ist dies freilich noch die gesamte Schrift! Das Ziel besteht jetzt darin, zu jedem Buchstaben eine Eselsbrücke zu bauen, damit die Form vom rechten Hirn in Verbindung mit der Assoziation, welche beide Hirnhälften anspricht, leicht gemerkt werden kann. Zum Beispiel: Im Arabischen ist Alif der erste Buchstabe des Alphabets, es erinnert an eine *Eins*. Das **M** ist fast kreisförmig, meine Assoziation war ein **M**onokel, während das **N** mich an einen Bauch-**N**abel erinnerte:

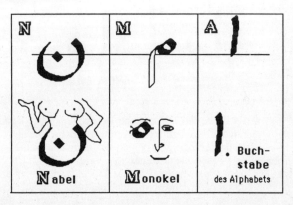

So basteln Sie sich Eselsbrücken zu einigen wenigen Buchstaben, mit denen Sie dann zu Schritt 4 weitergehen. Erst wenn sie "sitzen", holen Sie wieder eine Gruppe von Zeichen und durchlaufen die Schritte 3 und 4, bis Sie alle Zeichen geschafft haben. Schritt 4 ist der "Kasus Knaxus" dieser Methode, eine fremde Schrift zu lernen!

Schritt 4: Normalerweise versucht man ja, die fremde Schrift mit Worten in der Zielsprache zu verwenden. Da nun aber anfangs die Worte selbst noch fremdartig sind, ist dies schwer. Zwar gilt dieses Problem nicht im üblichen

Maße, wenn Sie mit diesem Text bereits durch drei Lernphasen gekommen sind, aber je mehr Sie bis jetzt nur den de-kodierten Text bzw. die Lautschrift mitgelesen haben, desto mehr tritt die Schwierigkeit auf. Deshalb schlage ich vor:

Schreiben Sie anfangs entweder Worte aus Sprachen, die Sie kennen, oder notfalls Pseudo-Wörter in der Ihnen jetzt noch fremden Schrift!

Hier sehen Sie ein Beispiel mit unseren drei arabischen Buchstaben. Das rechte Wort MAMA ist international; das linke MAN könnte sowohl das englische Wort für *Mann* sein oder unser deutsches *man*; jedenfalls können Sie die schon vertrauten Buchstaben auch in Pseudowörtern testen, die Sie sich ausdenken, statt jetzt bereits Wörter aus der Lektion zu schreiben.

So habe ich z.B. festgestellt, daß mir manche Buchstaben (oder japanische Silben-Zeichen) irgendwie "sympathischer" sind als andere. Mit diesem System können Sie diese auch *bevorzugt* üben und sich *dann erst* an die anderen "heranschleichen". Somit gehen Sie nicht nur vom Vertrauten zum Unbekannteren, sondern auch vom Angenehmeren zu den Aspekten, die Ihnen anfangs irgendwie "ungut" vorkommen! Und wenn alle Buchstaben (Zeichen) durch Schritte 3 und 4 "gewandert" sind, können Sie leicht auch Wörter aus der Zielsprache schreiben. Jetzt sind die Buchstaben bereits vertraut. Aber ehe Sie zu Schritt 5 gehen, beachten Sie bitte noch:

Nehmen wir an, Sie wollen einen deutschen Satz mit arabischen Buchstaben schreiben. Dabei stellen Sie zwangsläufig fest, daß es einige deutsche Laute im Arabischen nicht gibt, z.B. das "g" in "gibt". Dabei bemerken Sie eine wesentliche Tatsache! Aber Sie stellen ebenfalls das Gegenteil fest, daß Sie nämlich manche der fremden Zeichen in Ihren (Pseudo-)Wörtern überhaupt noch nicht verwenden konnten. Diese Zeichen stehen nämlich für diejenigen Laute, welche es im Deutschen wiederum nicht gibt. Diese Buchstaben werden Sie im fünften Schritt erst richtig kennenlernen. Aber Sie haben einen wesentlichen Bewußtmachungs-Prozeß durchlaufen, der Ihnen später viel Zeit einsparen wird!

Schritt 5: Jetzt schreiben Sie "echt arabisch" oder "echt russisch" etc.:

Wir haben übrigens in der Volksschule das Schreiben auch mit kleinen Figuren geübt, z.B. nach dem Motto "Punkt, Punkt, Komma, Strich – fertig ist das Mondgesicht!" Ähnlich lernen japanische Kinder die ersten vier Silben, indem sie sagen: he, he – no, no – he, shi, mo (= ein Samurai):

Kapitel 7
Tips & Tricks

Dieses Kapitel bietet Tips und Hilfestellungen verschiedenster Art an. Wieder gilt: Lesen Sie die Überschriften, und entscheiden Sie dann, ob dieser Tip für Sie von Interesse ist. Auf diese Weise wird jeder garantiert diejenigen Ideen finden, welche für ihn persönlich hilfreich sind.

Arbeiten Sie mit Farben!

Farben unterstützen die rechte Hirnhälfte! Das wissen alle Kinder, bis man ihnen verbietet, in die Schulbücher hineinzumalen. (Falls Sie Kinder haben: ziehen Sie in Erwägung, ihnen die Schulbücher zu *kaufen,* damit sie hineinmalen *dürfen*!) Es folgen einige *erste Anregungen* zum "Malen", wobei ich in der Regel von (Filz-)Leuchtstiften ausgehe, die man zum Hervorheben von Texten (in verschiedenen Farben) bekommt.

🖌 Dialoge farblich kodieren

Wenn Sie einen Dialog intensiv bearbeiten wollen (z.B. für *Hören/aktiv* vorbereiten), dann könnten Sie *jedem Sprecher seine eigene Farbe* geben. Damit assoziieren Sie beim Hören später die *Stimme mit der Farbe* und *mit dem Inhalt*! Außerdem ist diese Technik immens hilfreich, wenn Sie mit selbstgewählten Texten arbeiten wollen (s. Kap. 9, Stichwort Materialien), weil Sie dann vielleicht einen Dialog von einem "Einheimischen" (dessen Muttersprache Ihre Zielsprache ist) auf Kassette lesen lassen. Das aber heißt, daß eine einzige Stimme mehrere Sprecher lesen muß. Hier helfen die Farben in sehr starkem Maße, die "Orientierung" zu behalten, d.h. mitzuverfolgen, wer diese Worte gerade sagt.

🖌 Sinn-Zusammenhänge "bemalen"

Diesen Trick empfehle ich auch Teilnehmern meiner allgemeinen Gehirn-Seminare: Angenommen, Sie wollen ein Sachbuch lesen. Und angenommen, dort ist eine Abbildung, z.B. verschiedene Säulenformen (wenn Sie architektonische Interessen haben). Nun werden diese Formen im Text besprochen: Malen Sie jede Säulenform im Bild mit einem Leuchtmarker an (z.B. DORISCH = gelb), und dann markieren Sie den Text, der zu dieser Säulenform etwas sagt, ebenfalls in Gelb! Und zwar im ganzen Kapitel (oder Buch)! Damit haftet die Information wesentlich besser, denn Sie müssen einen bewußten

Selektionsprozeß durchlaufen, ehe Sie "malen" können; der aber fördert die
Gedächtnisleistung vollautomatisch. Später erkennen Sie an der Farbe immer
gleich, in welche Kategorie dieses Detail gehört, so daß Sie Ihre rechte
Hirnhälfte beim Aufbau des Informations-Netzes (vgl. Kap. 1) unterstützen!

Ähnlich können Sie auch mit fremdsprachlichen Texten umgehen! Wenn z.B.
in einer Lektion irgendwelche "sachlichen" Informationen "eingebaut" sind,
können Sie diese genauso "behandeln". Sollten Abbildungen (das gilt auch für
Schwarz-weiß-Fotos) vorhanden sein, können diese ebenfalls sinnvoll bemalt
werden.

Der Farbwörter-Trick

Wenn Sie Farbwörter lernen wollen, besorgen Sie sich ein einfaches Malbuch
für Kinder. Wählen Sie nun bewußt eine Farbe, tragen Sie deren Namen (in
eine Blase mit Pfeil auf die zu bemalende Stelle) ein, und malen Sie mit dieser
Farbe die bezeichnete Stelle aus. Ab und zu schielen Sie auf den *Namen der
Farbe*. So gehen Sie mit allen für Sie wichtigen Farben um!

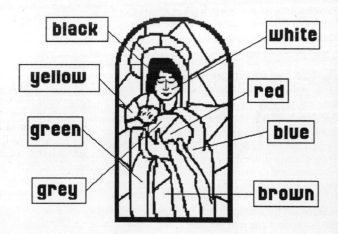

Der Wörterbuch-Trick

Dies ist ebenfalls eine Farb-Idee. Wie Sie bereits gemerkt haben, bin ich
gegen Vokabel-Pauken; aber ich bin sehr wohl dafür, daß Sie Wörter durch
Nachschlagen kennenlernen. So wird z.B. in einer Lektion nur Alkoholisches
bestellt. Nun bin ich jedoch Kaffeeholiker, also möchte ich wissen, wie man
einen "normalen" Kaffee oder Tee bekommt (auch im Tee ist bekanntlich
Koffein). Oder: Wenn Sie beginnen, andere Texte als die Lektionen zu lesen,
werden Sie ebenfalls öfter zum Wörterbuch greifen. Nun haben wir in der
Schule gelernt, daß solche nachgeschlagenen Wörter sofort gelernt werden

sollten. Wer mit Lernkartei arbeitet, wird angewiesen, sofort ein Kärtchen anzulegen! Ich bin dagegen. Mein Vorschlag:

Wenn Sie ein Wort zum erstenmal nachschlagen, malen Sie es *gelb* an. Sollten Sie später dieses Wort wieder einmal nachschlagen, dann erkennen Sie an der gelben Farbe, daß dies Ihr zweiter Versuch ist. Also geben Sie dem Wort einen kleinen *grünen* Punkt. Sollten Sie später ein Wort nachschlagen, welches sowohl gelb angemalt ist als auch einen grünen Punkt hat, dann geben Sie ihm einen kleinen *roten* Punkt und *notieren* das Wort! Sehen Sie, *dieses Wort scheint wichtig*; nun wird es weniger aufwendig, es zu lernen, als es ein viertes und fünftes Mal nachschlagen zu müssen! Aber viele Wörter werden mit einer einzigen (gelben) Markierung verbleiben. Das sind Wörter, die Sie sich entweder ohne besonderen bewußten Lernvorgang (quasi trotzdem) eingeprägt haben, oder aber Begriffe, die Sie nur ein einziges Mal brauchten. Kann irgendwer mir erklären, warum Sie *dieses* Wort hätten lernen sollen, wenn es danach nie wieder benutzt wurde?!

Der Etiketten-Trick

In der Sprachforschung spricht man vom "Etikettieren" (*labelling*), wenn wir Dinge mit Namen versehen, um über sie reden (nachdenken) zu können. Diese Tatsache gab mir die folgende Idee. Sie ist einfach und effektiv: Wenn Sie die Dinge in Ihrem Haus (Ihrer Wohnung, Ihrem Büro, Ihrem Auto etc.) gerne bei dem in der zu lernenden Fremdsprache richtigen Namen nennen möchten, brauchen Sie deshalb noch lange keine Vokabeln zu pauken! Suchen Sie die Wörter aus dem Wörterbuch (mit Farben, s. oben). Dann nehmen Sie hübsche Selbstklebe-Etiketten und "beschriften" alles, was Sie interessiert. Von *Wand* über *Fenster* bis hin zu *Sessel* und *Lampe*... Es macht erstens Spaß, die Wörter zu suchen und die Etiketten zu gestalten; es macht wieder Spaß, sie überall draufzukleben, und es macht Spaß, wenn Sie die nächsten Wochen immer wieder sehen, wie ein Gegenstand heißt, auf den Ihr Blick gerade gefallen ist!

Mit Kindern kann man den Trick (auch mit Fingerfarbe) auf *Köperteile* ausdehnen, zumindest ein paar Stunden lang... Das gibt eine Mordsgaudi, und gelernt wird auch dabei!

"Isolierte Wörter" lernen

<u>Fallbeispiel 1</u> – <u>Substantiva (Hauptwörter)</u>: Fertigen Sie eine Skizze an, (oder "klauen" Sie ein Bild aus einer Illustrierten) und beschriften Sie diese(s). *Der Prozeß des Beschriftens ist dabei der halbe* Lernprozeß*;* also selbst wenn ähnliche Vorbilder im Lehrbuch sind, machen Sie sich selbst noch eigene

dazu, wobei Sie denjenigen Wörtern den Vorrang geben, die Sie persönlich am meisten interessieren!

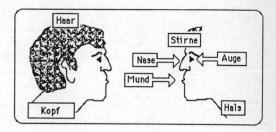

Sie können auch eine *sehr blasse Fotokopie* einer Vorlage (z.B. eines Fotos aus einer Zeitschrift oder einem Buch) anfertigen und dann farbig (zumindest schwarz) die Stellen hervorheben, zu denen Sie Wörter lernen wollen:

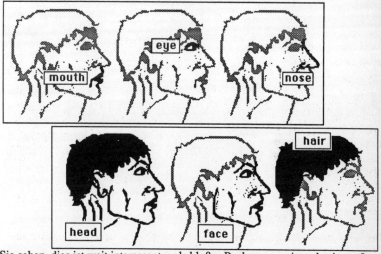

Sie sehen, dies ist weit interessanter als bloßes Pauken, wenn's mal sein muß...

Fallbeispiel 2 – Partikeln: Wie aus dem Zitat von BODMER (S. 15) bereits hervorging, sind dies Wörter (wie *in*, *auf*, *über*, *neben*, *mittels*, *links*,) die in modernen Sprachen ungeheuer wichtig sind, aber von den Grammatikern sträflich vernachlässigt werden. Nun behaupten die Lehrer ja gerne, man müsse Partikeln stur auswendig lernen. Aber es gibt intelligentere und kreativere Wege: Machen (oder "klauen") Sie wieder eine Zeichnung, in welche Sie die Partikeln eintragen können, *die in diesem Bilde sinnvoll sind*. Nehmen wir an, Sie hätten die Zeichnung auf der nächsten Seite angefertigt (gefunden): Welche Partikeln "passen" hier?

Wie wäre es mit: *vor, hinter, auf?* Möglich sind z.B. Sprechblasen, in welche die betreffenden Partikeln später *farbig* eingetragen werden können. Dadurch benutzen Sie Farbe wieder als *Verstärker*. Und weil Sie bewußt überlegen und entscheiden, welche Partikeln wo "passen", wird das Merken fast schon vollautomatisch. Wenn Sie eine Fotokopie der Abbildung machen, können Sie die Übung sogar in Abständen mit wachsendem Erfolgserlebnis wiederholen!

Dieses Beispiel war absichtlich sehr einfach; es ist klar, daß in komplexere Bilder weit mehr Partikeln untergebracht werden *könnten*, aber ich rate Ihnen davon ab! *Lieber arbeiten Sie mit mehreren Bildern, die jeweils 3-5 Partikeln lehren*, weil sich dann jede Partikel-Gruppe in Ihrer *rechten* Hirnhälfte automatisch mit demjenigen Bild verbindet, in welchem sie auftauchte. Also wird das Lernen noch leichter! Dasselbe System können Sie natürlich für *alle* Arten von kleinen Wörtern verwenden: Personalpronomina (ich, du, er, wir) oder Wörter, die bestimmte Qualitäten beschreiben (rund, eckig, lang, kurz...) etc.! Alles, worauf man deuten könnte, kann in einer Abbildung auftauchen!

Mit Stift und Papier oder Schere und Klebstoff...

Mit Papier und einem Stift (oder mit Schere und Klebstoff) bewaffnet, kann man überhaupt viel besser lernen; dies gilt auch für muttersprachliche Informationen. Leider haben wir meist in der Schule auch nicht gelernt, wie wir Notizen effizient machen können.

Aber es gibt eine Idee von Tony BUZAN, die er Mind-Map (quasi eine Landkarte für den Geist) nennt: Sie besteht darin, daß man abstrakte Informationen, die ja nicht direkt ab-BILD-bar sind, über das ganze Blatt verteilt und die Struktur dieser Informationen durch Verbindungslinien und unterschiedliche Buchstabengrößen etc. sichtbar machen kann:

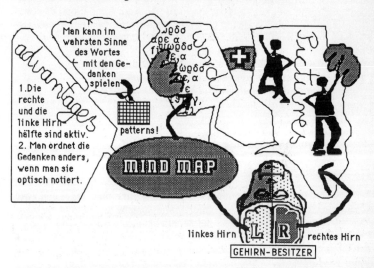

Ähnlich können Sie natürlich auch beim Fremdsprachenlernen vorgehen: Machen (oder zweckentfremden) Sie Bilder von beMERKenswerten Details, schreiben Sie wichtige abstrakte Begriffe im Sinne eines Mind-Map auf ,und schon haben Sie wieder einen aktiven Schritt auf diese Information zu gemacht, statt zu versuchen, sie "stur" auswendigzulernen.

Sie könnten auch einen Trick ausprobieren, welcher die Idee des *Bilder-Briefes* aufgreift.

Warum durchsuchen Sie Ihre Texte nicht einmal daraufhin? Sie brauchen nur Stift und Papier (einfache Strich-Zeichnungen genügen vollkommen!). Oder aber Sie suchen sich ein wenig Bildmaterial zusammen und kleben! Sie lernen eine Menge beim Erstellen des Bild-Textes, und Sie haben hinterher Freude daran!

Video-Training

Alles, was ich im folgenden sagen werde, könnte genausogut mit Film statt Video durchgeführt werden, falls Sie ein Film-Fan sind. Aber Video ist etwas bequemer und für mehr Menschen ohne großen Aufwand technisch realisierbar (außerdem fällt das Geräusch des Filmvorführgerätes weg!).

Dieses Training ist so einfach, daß es insbesonders geeignet ist, wenn man in einem *absoluten Minimum an Zeit* (für aktives Tun) *in wenigen Wochen* einen *enormen Wortschatz* erwerben möchte.

Je mehr die "Spreche" und die "Schreibe" sich ähneln, desto leichter kann man mit diesem Training gleichzeitig den Wortschatz für Lesen erwerben; bei starken Abweichungen zwischen (Schrift)-Bild und Ton (wie bei Französisch oder Englisch) hingegen verhilft dieses Training zum Hör-Verständnis.

Sie benötigen ein Video-Gerät (zumindest leihweise für einige Tage) und zwei Ausgaben desselben Filmes, eine in Ihrer Muttersprache und eine in der Zielsprache. Denken Sie dabei auch an die Möglichkeit, im Fernsehen Filme im Zweikanalton-Verfahren mitzuschneiden. Wiewohl diese Technik seit einigen Jahren *möglich* ist, wurden lange Zeit nur extrem wenige Filme in diesem Stil gesendet (und die ausgewählten waren fast alle von drittklassiger Qualität). Aber langsam ändert sich das! Außerdem können Sie mittels Kabel oder Parabolantenne immer mehr ausländische Sender "life" bekommen und aufzeichnen. Wenn Sie das Fernsehprogramm nach "großen" oder berühmten Filmen durchstöbern, finden Sie garantiert einen, den Sie in einer Videothek auch auf deutsch bekommen können. Wenn ich eine Sprache lerne, die in beiden genannten Varianten so gut wie nicht zu "bekommen" ist (z.B. Arabisch), dann lasse ich mir von jemandem im Zielland einen "großen" Film dort im Fernsehen mitschneiden, den man hier ebenfalls auf deutsch ausleihen kann. Dazu muß ich lediglich einen "Einheimischen" (im Fallbeispiel einen Araber) hier in Deutschland kennen, dessen Familienangehörige oder Freunde "drüben" (also in seiner Heimat) für mich aufzeichnen... Wenn Sie dann also die beiden Video-Bänder (bzw. Versionen) haben, dann geht's los:

<u>1. Sehen Sie sich den deutschen Film mehrmals an</u>, bis Sie bei jeder Szene ganz genau wissen, *wer was sagt* (und tut). Dabei lernen Sie unbewußt nebenbei, gewisse Geräusche mit bestimmten Szenen zu assoziieren. Zum Beispiel die Stelle, an der jemand Kaffee eingießt, oder die Musik in einer Szene etc.

<u>2. Ziehen Sie eine Kopie des Tons auf eine normale Audio-Kassette</u>. Falls Ihr Fernseher keine Buchse für den Direkt-Anschluß des Kassettengerätes hat, können Sie den Ton "über die Luft", d.h. mit dem Mikrophon des Kassettenrecorders, aufnehmen. Optimal ist es, wenn der Fernseher relativ laut läuft und der Recorder ziemlich nahe am Gerät steht. Übrigens sollen Sie den deutschen

Ton *erst dann* mitschneiden, wenn Sie den Film bereits sehr gut kennen. So können Sie bestimmte Stellen, die Ihnen *mißfallen*, jetzt weglassen; Sie editieren die Aufnahme also. Kampf- oder Kriegsgeräusche oder laute Schreie, gehen Ihnen später, bei mehrmaligem Hören auf die Nerven; deshalb ist es besser, den Ton nicht gleich zu Anfang des Projektes aufzunehmen. Später wissen Sie sehr gut, was Sie weglassen wollen. Das kann eine ganze Szene sein, die Ihnen inhaltlich nicht gefällt - spielen Sie ruhig ein wenig *Regisseur*!

3. Nun lassen Sie die Audio-Kassette mit dem deutschen Ton einmal durchlaufen, um zu überprüfen, ob Sie zu jeder Szene eine klare Vorstellung haben. Sollte Ihnen irgendeine Stelle unklar sein, dann müßten Sie auf dem Video noch einmal nachsehen.

4. Jetzt können Sie die deutsche Version beiseite legen und die Zielsprachen-Kassette das erste Mal sehen (bzw. bei Zweikanalton auf die Originalsprache umschalten). Ihre erste Aufgabe besteht nun darin, den *Ton dieser Version* auf Audio-Kassette aufzunehmen, wobei Sie lediglich darauf achten müssen, daß Sie etwaige Weglassungen auf der deutschen Ton-Kassette jetzt ebenfalls herausschneiden. Diese Aufgabe bewältigen Sie spielend, denn Sie haben ja bereits ein hervorragendes Zeitgefühl für den Film entwickelt.

5. Nun beginnen Sie abwechselnd mit der Audio- und der Videokassette in der Zielsprache zu arbeiten, und zwar wie folgt: Wenn Sie Zeit haben, sich vor den Fernseher zu setzen und *bewußt* hinzuschauen, dann sehen Sie das Video in der Zielsprache. Haben Sie hingegen keine Zeit dafür, dann lassen Sie das Audioband *so oft wie möglich im Hintergrund* laufen!

(Variation: Wer gut mit Parallel-Lernen zurechtkommt (s. Kap. 5), kann natürlich auch das Video "nebenher" laufen lassen, insbesondere wenn er damit niemanden stört.) *Jetzt "passiert" folgendes:*

1. Nach kürzester Zeit "verstehen" Sie jede Szene, auch wenn es noch viele Wörter gibt, die Sie nicht im einzelnen begreifen! (Die Lesetechnik des Dr. TEICHMANN (s. Kap. 6), die ja vorschlägt, ohne Wort-Verständnis zu lesen, bewirkt ähnliches).

2. Sie schaffen sich hiermit ein enormes passives Vokabular, denn so ein Spielfim "enthält" mindestens 1800 verschiedene Wörter. Wenn Sie nun nach einer Weile bereits ca. zwei Drittel verstehen, dann ist das eine große Menge für die kurze Zeit! Es dürfte klar sein, daß ich von Spielfilmen ausgehe, in denen viel geredet wird.

3. Wenn Sie den Film noch weiter hören und ab und zu sehen, werden Sie auch das restliche Drittel fast vollkommen erschließen können. Sie können aber auch schon mit dem nächsten Film beginnen.

4. Falls Sie dieses enorme passive Vokabular später **aktivieren** wollen, gilt: Sie brauchen den Ton nur einige weitere Wochen überwiegend passiv zu hören (das entspricht Lernschritt 3). Dann passiert nämlich folgendes: Gewisse Redewendungen, die häufig auftauchen (weil sie im täglichen Leben ebenfalls geläufig sind), prägen sich Ihnen dermaßen gut ein, daß Sie in einer vergleichbaren Situation quasi *vollautomatisch mit diesen Formulierungen "herausplatzen"* werden. Als mir das zum ersten Mal passierte, war ich so erstaunt, daß ich ausrief: "Habe *ich* das gesagt?" Ich konnte es gar nicht glauben. Das heißt: mit dieser Technik werden gerade die *Idioms*, also diejenigen Redewendungen, die in jeder Sprache etwas "anders funktionieren", für Sie so vertraut, daß Sie diese "wie ein Einheimischer" anwenden. Außerdem registrieren Sie unbewußt viele Details, die normalerweise besonders viel Schwierigkeiten machen können. Wir haben in Kap. 2 und 3 schon einmal darüber gesprochen. Zum Beispiel:

- das grammatikalische Geschlecht häufig benutzter Wörter (*der* oder *die* Sonne?)
- die Partikeln (*auf* oder *in* der Straße?)
- unregelmäßige Formen von Verben (*schwimmte* oder *schwamm*?)
- Partikeln, die es in Ihrer Muttersprache nicht gibt (wie im Japanischen: Mensch) **WA** Japan Sprache **OO** sprechen-tun) und vieles mehr!

Übungen selber "basteln"

Grundsätzlich: Übungen können schriftlich oder mündlich absolviert werden (s. Kap. 6). Wenn Sie nach meiner Methode lernen, *müssen* Sie überhaupt *keine* Übungen durchführen! Aber viele Menschen *würden* gerne üben, wenn... ja wenn die folgenden Hinderungsgründe nicht wären:

• Übungen ohne Auflösungen motivieren nicht! Denn jede richtige Antwort macht Freude! Wenn es aber keinen Schlüssel zu den Übungen gibt, dann fehlt eben dieser lustauslösende Faktor!

• Manche Lehrbücher bieten zwar einen Schlüssel an, aber der ist hinten im Buch, meist in entsetzlich kleinen Buchstaben abgedruckt. Hinzu kommt, daß sie die Auflösungen oder nur das fehlende Element abdrucken, so daß die Erfolgskontrolle ziemlich mühselig wird, z.B.: Ü.23:

a) do
b) don't
c) does
d) do

• Die meisten Lehrbücher bieten keine oder zu wenige Übungen an. Ob dann aber die *Art* von Übung dabei ist, die *Ihnen* Spaß machen würde, ist fraglich. Denn wer gerne übt, möchte oft mehr "Material"!

Deshalb plädiere ich dafür, sich die Übungen selber zu "basteln". Das ist heute weit einfacher als früher, da wir uns der modernen Technik bedienen können, wobei ich Ihnen zwei Versionen vorschlagen werde: In diesem Kapitel geht es zunächst um die einfache Version. Falls Sie jedoch bereits "elektronisiert" sind, dann interessieren Sie sicher die phänomenalen Möglichkeiten, Ihre Übungen mit dem Computer zu erarbeiten (s. Kap. 10). Bitte sehen Sie die folgenden Ideen nur als erste Anregungen an. Die Erfahrung hat ganz klar gezeigt, daß Menschen, die gerne üben, sehr schnell eigene Variationen erfinden!

Grundsätzlich gilt, daß unsere Übungen erstens nur *die* Aspekte trainieren sollen, die besonders interessieren! Sie sind der Boß! Sie bestimmen selbst! Dadurch macht das Üben noch mehr Spaß, zum einen, weil Sie die Übungen selber kreiert haben, und zum anderen, weil Sie bei schwierigen Aufgaben aufgrund der "eingebauten" Lösung zwangsläufig sehr schnell von einem Erfolgserlebnis zum nächsten schreiten. Und das macht nun mal so ziemlich jedem Menschen Freude, denn:

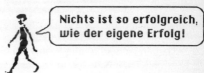

Fill-in-Übungen

Es gibt, wie schon in Kap. 6 angedeutet, sogenannte *Fill-in-Übungen*, bei denen *etwas fehlt*, was mündlich oder schriftlich *eingesetzt* werden soll. Diese Art von Übungen ist kinderleicht zu erstellen: Fotokopieren Sie den Text mehrmals (falls er ziemlich klein ist, gleich in Vergrößerung). Und nun bemalen Sie einige Wörter mit einem *Filzstift* (Leuchtmarker), und zwar dem dunkelsten, den Sie finden können (z.B. das sogenannte "hellblau"). Wenn Sie nun den Text mit einer *farbigen Folie* abdecken, dann *verschwinden die bemalten Stellen optisch*. Aber Sie können die Folie Zeile für Zeile herunterrutschen lassen, haben also nach jeder Zeile sofort die Kontrolle über Ihre Antworten! Daher mein Vorschlag: Schneiden Sie sich die Folie so zu, daß sie so breit wie Ihre Vorlage und nur ca. 5 cm lang ist. Dann können Sie dieses Folienstück leicht zum Abdecken verwenden.

Nun können Sie entweder den Text (laut) lesen und die fehlenden Stellen mündlich (denkend) ergänzen. Oder Sie notieren die fehlenden Wörter bzw. schreiben den ganzen Text inkl. der fehlenden Wörter ab.

Noch etwas: Da Sie den Text *aufmerksam* lesen, um zu entscheiden, welche Wörter Sie "streichen" wollen, ist das *Erstellen der Übung selbst ebenfalls ein gutes Training*! Hier sind einige der Kriterien, nach denen man die Auslassungen planen könnte:

1. **Willkürlich:** Hier planen Sie gar nicht. Sie nehmen einfach einige Wörter heraus.
2. **Alle besonders leichten Wörter:** Diese Übung ist anfangs gut, wenn Sie sich schnell ein schönes Erfolgserlebnis verschaffen wollen.
3. **Begriffe, die noch ein wenig schwerfallen:** Ist auch klar oder?
4. **Grammatik:** Diesmal wählen Sie gezielt Begriffe bestimmter grammatikalischer Kategorien, z.B. alle *Substantive*, *Verben*, *Adjektive* etc., um sie zu"löschen" bzw. zu übermalen.

Fragen selbstgemacht!

Diese Übung ist besonders hilfreich, wenn Sie Ihren Schwerpunkt auf Konversation legen wollen; hierbei üben Sie nicht nur selber zu fragen, sondern Sie erwerben auch die Grundlage dafür, daß Sie später Fragen Ihrer Gesprächspartner verstehen werden. Merke: Es sind vor allem die Deutschen, die sich mit dem Fragen schwertun. (Vgl. meine Bücher *Psycho-logisch richtig verhandeln* und *Fragetechnik, schnell trainiert*.). So hilft diese Übung vielleicht auch die psychologische Barriere abbauen; denn die Menschen, deren Sprache Sie gerade lernen, werden möglicherweise später viel fragen und dasselbe von Ihnen erwarten! Die Übung ist in manchen Lehrbüchern enthalten; wenn nicht, dann können Sie sie selber "basteln", *falls* Sie schon ein wenig fortgeschritten sind. Also können Sie Übungen zu Lektion 3 erstellen, wenn Sie bereits bei Lektion 8 "angekommen" sind, weil Sie dann, bezogen auf Lektion 3, ziemlich "fortgeschritten" sind!

Nehmen Sie eine Fotokopie des Textes, und bemalen Sie mit einem Leuchtschreiber alle Sätze, zu denen eine Frage (deren Antwort der Satz ist) sinnvoll erscheint. Nehmen wir an, der Lektionstext erzählt von Mary, die einkaufen ging. Dann könnten zu dem Satz *Tuesday Mary went shopping* verschiedene Fragen formuliert werden, z.B.

- *Who went shopping?* (Wer ging einkaufen?)
- *Where did Mary go?* (Wohin ging Mary?) oder
- *When did Mary go shopping?* (Wann ging Mary einkaufen?).

Diese wenigen Anregungen sollten nur drei Dinge zeigen:

1. **Man ist keinesfalls "hilflos"** darauf angewiesen, ob das Lehrbuch auch Übungen anbietet; man kann selbst tätig werden.
2. **Die intellektuelle Stimulierung** des "Bastelns" einer Übung ist dem Rätsel-Raten ähnlich. Wer also geistig aktiv lernen will, hat hieran Freude.
3. **Wenn man Übungen selber macht, lernt man zweimal:** Einmal beim Erstellen der Übung und zum zweiten Mal, wenn man sie ausführt! Und zwar lernt man jedesmal unterschiedliche Aspekte; schon deshalb ist das Selbermachen von Vorteil, selbst wenn das Lehrbuch einige Übungen enthält.

Grammatik - wenn ja, dann wann?
Es folgen einige Hinweise, die natürlich für Grammatik-*Fans nicht* gelten:

• <u>Lesen Sie die Grammatik immer erst hinterher!</u> Das heißt: Beginnen Sie die grammatikalischen Erklärungen zu Lektion 1 erst zu lesen, wenn Sie diese (nach Durchlaufen aller vier Lernschritte) wirklich voll "im Griff" haben. Denn nun sind Sie ja schon ein ganzes Stück weiter (z.B. beim De-kodieren bei Lektion 7 und beim *Hören/Passiv* bei Lektion 4), so daß jede Erklärung zu einem inzwischen sehr vertrauten Text immens leicht zu begreifen ist.

• <u>Hängen Sie die Grammatik an vertrauten Sätzen auf.</u> Häufig bieten die Autoren zur Erklärung einer Grammatik-Regel *neue* Sätze und Wendungen an. Hier wird oft neues Vokabular eingeführt, so daß Form *und* Inhalt des Satzes gleichzeitig neu sind! Dadurch wirkt die Grammatik "schwierig", während es eigentlich eher die Form der Darstellung ist, nicht aber die "Grammatik" selbst! Da Sie den Lektionstext inzwischen sehr gut kennen, können Sie im Text selbst Beispiele finden. An denen "hängen" Sie die Regel dann auf. Außerdem werden Sie jetzt, da Sie die Grammatik "im nachhinein" lesen, wahrscheinlich sogar die zusätzlichen Beispiele auf Anhieb verstehen können! Wenn nicht, dann sind Sie einem Autor zum Opfer gefallen, der laufend neue Vokabeln einmal kurz vorstellt, diese aber nicht häufig genug wieder benutzt (sonst hätten Sie sie ja in den vorhergehenden Lektionen bereits in den Haupttexten kennenlernen müssen). Diese Art von Sprachkurs ist ausgezeichnet für jemanden, der alte Vorkenntnisse wieder auffrischen will, nicht aber für einen absoluten Einsteiger, insbesondere für einen Selbst-Lerner. So ein Buch gehört aufs Bücherregal, *bis Sie weiter sind*. Nehmen Sie es in einem halben Jahr wieder zur Hand, dann wird es Ihnen (wahrscheinlich) Spaß machen!

• <u>Finden Sie weitere Beispiele!</u> So banal dies klingen mag, so oft wird diese immense Hilfe von Autodidakten "vergessen", während Lehrer ihre Schüler im Unterricht in der Regel dazu anhalten. Also, *wenn* Ihnen eine Regel wichtig oder interessant erscheint, dann notieren Sie einige eigene Beispiele. Diese können Sie aus den Lektions-Texten herausfiltern (insbesondere, wenn Ihre Zielstellung vor allem das Verstehen-Können ist). Aber Sie können natürlich auch selbst welche bilden. Letzteres bietet sich natürlich an, wenn Sie *aktiv* sprechen (schreiben) lernen wollen! Dies gehört technisch bereits in den Bereich der Sprech-Übungen (s. auch Kapitel 6).

Das sogenannte Sprachgefühl kreativ erwerben!

Da die Seitenzahl dieses Büchleins begrenzt ist, will ich Ihnen nur drei erste Anregungen geben, in der Hoffnung, daß diese viele Assoziationen bei Ihnen auslösen werden!

1. <u>Ganzhirniges dreidimensionales Vorgehen!</u> Denken Sie an Papier- und Stift-Techniken, wie sie weiter oben bereits vorgeschlagen wurden. Zum Beispiel: Besorgen Sie sich MINIATUR-KARTEIKÄRTCHEN in verschiedenen Farben (wenn Ihr Schreibwarenladen keine hat, reden Sie mit einem Drukker!). Nun könnten Sie z.B. Hauptwörter auf gelbe Karten schreiben, Tätigkeitswörter auf rote, Eigenschaftswörter auf blaue, Umstandsbestimmungen auf grüne und "alles andere" auf weiße Kärtchen.

Nun LEGEN SIE SÄTZE auf dem Tisch, indem Sie die Kärtchen hin- und herschieben. So simpel dies klingt, es hilft auf phantastische Weise, weil der Tastsinn (rechtes Hirn) sowie das Gefühl für die Stellung innerhalb der Satz-Struktur (auch rechts) mit aktiviert werden. Außerdem *tun* Sie etwas dabei; das ist automatisch ganzhirnig! In dem folgenden Beispiel aus dem Esperanto sehen Sie, daß es kein Geschlecht gibt, (*la* steht dann für unser der/die/das). Außerdem sehen Sie, daß die Wortstellung der unseren entspricht:

Wenn Sie hingegen den folgenden arabischen Satz legen würden, und zwar in Lautschrift, dann sähen Sie ganz klar, daß es kein Wort für "ist" gibt, sowie, daß *al* für *der* oder *die* stehen kann, denn es gibt nur zwei Geschlechter im Arabischen (im Gegensatz zu drei im Deutschen):

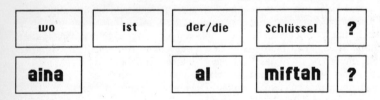

Aber genausogut können Sie mit der fremden Schrift arbeiten:

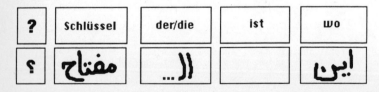

Sie sehen, daß *al* nicht alleine steht, sondern mit dem folgenden Wort verbunden wird. Wenn Sie hingegen ohne deutsche Kärtchen arbeiten, fällt die Lücke für *ist* weg:

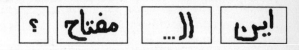

2. <u>Machen Sie sich doch ein Bild!</u> Erinnern Sie sich an die Idee des Mind-Map weiter oben? Wenn man die Struktur von abstrakten Gedanken durch die Art des Schreibens *sichtbar* machen kann, warum dann nicht auch sprachliche Strukturen?

Das folgende Beispiel sah ich in einem Arabischkurs (der leider nur isolierte Sätze anbietet), aber diese Idee des Autors ist phantastisch: er zeigt rechts auf, daß bei den sogenannten "Sonnenbuchstaben" der erste Konsonant verdoppelt werden muß (darum ist der Name des früheren ägyptischen Präsidenten nicht *al-Sadat*, sondern *aS-Sadat*). Und, indem er den Artikel (Bildmitte) "ausgehöhlt" geschrieben hat, zeigt er bildlich auf, daß bei einer Liaison dieser Art das "l" des Artikels in der Aussprache "verschwindet"! Das ist gehirn-gerecht und macht diese Aspekte für jemanden, der Arabisch lernen will, sehr leicht!

Quelle : ARABISCH: <u>BASIS für MANAGER und TOURISTEN</u>, von Sami Tabbara, 1978

3. <u>Von der Hand zum Ohr!</u> Sie erinnern sich vielleicht (s. Kap. 6) an die Aussprache von Wörtern, die im Deutschen auf *-ologie* oder *-osophie* enden. Der Rhythmus dieser Wortgruppe im Englischen ist nicht PA PA PA PAM!, sondern: PA PAA! PA PAM. Sie können sich einen für Sie zunächst eigenartigen Wort- oder Satzrhythmus leicht durch Klopfen oder Klatschen erschließen.

Als ich in den USA das erste Mal das Wort *Katastrophe* verwendete, sprach ich es so "deutsch" aus, daß kein Mensch begriff, was ich meinte; ich mußte es buchstabieren. Dann rief einer: "Ah, *ca-TAS-troph-y*". Ich klatschte den Rhythmus und begriff, daß er dem oben erwähnten entsprach. Damit war "das Problem" ein für alle Male behoben!

Kapitel 8
Die häufigsten Fragen...

Wenn man gewisse Informationen Tausenden von Seminar-Teilnehmern angeboten hat, dann kristallisieren sich mit der Zeit bestimmte Fragen heraus, die häufig auftauchen. Die meisten dieser Fragen habe ich beim Schreiben des Haupttextes bereits berücksichtigt. (Sie hätten die ellenlange Checkliste sehen sollen, aus der laufend Stichwörter gestrichen wurden!) Aber einige sind doch "übrig geblieben". Dreien davon ist das neunte Kapitel gewidmet: Es geht dabei um den *fortgeschrittenen Lerner*, der auf (teilweise jahrzehntelang) verschütteten Kenntnissen aufbauen will, sowie um die spezielle Problematik von *Schülern* und letztlich um die *Materialien*, mit denen man arbeiten kann. Aber es gibt noch einige Punkte; sie sind Thema *dieses* Kapitels. Springen Sie von Frage zu Frage, und lesen Sie nur diejenigen Antworten, welche *Sie* interessieren...

❓ Kann man im Schlaf lernen?

Diese Frage wird in *jedem* Seminar gestellt. Die Antwort ist ein eindeutiges Jein! Warum? Nun, das sogenannte Schlaflernen ist dann am effektivsten, wenn Ihr Gehirn die sogenannten Alpha-Wellen produziert. (Das ist der Bereich: 7-13 Hz.) Dies ist bei *einer* der vier Schlaf-Phasen der Fall, die Sie jede Nacht mehrmals "durchlaufen". Aber nach dieser ersten Schlaf-Phase folgen andere, die mit anderen Hirnwellen einhergehen. Versuche haben eindeutig ergeben, daß die Schläfer am nächsten Tag unruhig, nervös, gereizt sind, wenn während der anderen Schlaf-Phasen ebenfalls Lerninformationen zu vernehmen waren. Deshalb hat sich das Schlaflernen ja nie durchgesetzt, wiewohl man vor Jahrzehnten bereits damit zu experimentieren begann. Man könnte natürlich mit Elektroden am Kopf einschlafen und das Kassetten-Gerät mit einem EEG (Elektro-Encephalographen, dem Hirnwellen-Meßgerät) in einer Weise koppeln, daß das Gerät *nur während der Alpha-Phasen* läuft. Aber wer will das schon?

Aber Sie können die Tatsache, daß die *erste* Schlafphase ja immer eine Alpha-Phase ist, nutzen! Lassen Sie die Kassette *bis zum Einschlafen* laufen. Es macht nichts, wenn Sie vor Bandende einschlafen; falls Sie aber noch wach sein sollten, könnten Sie das Band ja einmal wenden, so daß Sie dann spätestens während des Ablaufs der Rückseite einschlafen. Sollten Sie an Schlaflosigkeit leiden, dann könnten Sie die Zeit zum *Hören/Aktiv* nutzen, statt nur herumzuliegen und auf den Schlaf zu warten... Wenn Ihr Gerät "leise" abschaltet, dann können Sie also doch *bedingt* schlaflernen. Sollte Ihr Gerät jedoch mit einem lauten Klick abschalten, dann können Sie auch dieses Problem lösen, ohne ein neues Gerät zu kaufen: Nehmen Sie ein 90-Minuten-Band und schalten Sie eine Zeituhr zwischen Gerät und Steckdose, welche Sie auf 40 Minuten programmieren. Dann geht dem Gerät der "Saft" aus, ehe es nach Ende der ersten Seite (45 Minuten) offiziell ausgeschaltet hätte! Und wenn Sie mit einem Partner im selben Raum schlafen, dann könnten Sie mit einem Kissen-Lautsprecher (vgl. Kap. 3) arbeiten, ohne ihn (sie) zu stören. (Kopfhörer sind zum Einschlafen natürlich wenig geeignet.)

❓ Soll man Latein lernen?

Die Antwort lautet Jein; das hängt nämlich von Ihrer ganz speziellen Situation ab: Angenommen, Sie sind ein eher analytischer Lese-Typ, dann könnte Latein Ihnen Freude machen, und es würde gleichzeitig die Basis für alle romanischen Sprachen (plus: Englisch!) legen! Sie können Latein ebenfalls nach meiner Methode lernen, wenn Sie sich jemanden suchen (z.B. einen Seminaristen der katholischen Kirche), der Texte für Sie auf Band liest.
Übrigens gibt es schon Lateinbücher mit kleinen Stories statt üblicher Lektionstexte, außerdem kann man mit Asterix und Wilhelm BUSCH, dem Struwwelpeter u.v.a. quasi lateinischen Spaß haben. Und dann gibt's natürlich die alten Texte, die alle in Übersetzungen vorliegen.

Aber die Antwort oben lautet "jein", es spricht nämlich für den Nicht-Analytiker einiges dagegen. Falls Sie Latein beruflich (später) benötigen, dann lernen Sie *zuerst* Englisch (oder Italienisch); damit erwerben Sie bereits eine "solide Basis" für Latein, ehe Sie damit beginnen. Und wer lediglich Latein lernen wollte, um Fremdwörter besser erkennen zu können, der wird durch *jede romanische Sprache* (bzw. Englisch) dazu befähigt.

❓ Soll man ausländische Zeitungen lesen?

Wenn Sie auch im Deutschen (relativ) viel Zeitung lesen, also mit dem typischen Zeitungsstil vertraut sind, dann ist es sinnvoll. Denn erstens weicht diese "Schreibe" vom normalen Sprachgebrauch stark ab; das beginnt schon bei den Satzfetzen in den Überschriften! Wem diese Art, Sprache zu verstümmeln, nicht vertraut ist, der findet sich in einer fremden Sprache vor einer (zunächst) unüberwindlich scheinenden Barriere. Zweitens: Je vertrauter Ihnen einige wichtige Nachrichten *aus deutschen Presseberichten* sind, desto eher begreifen Sie Informationen darüber in einer fremden Sprache. Das beginnt bei *Namen*, die in Sprachen ohne Großbuchstaben (arabisch, hebräisch, persisch, urdu, hindustani, japanisch, chinesisch etc.) zunächst gar nicht als solche erkennbar sind, sofern sie einem nicht als solche *vertraut sind,* und das hört bei Spezialbegriffen (Minus-Wachstum, Krieg der Sterne) noch lange nicht auf. Nur wer *in seiner Muttersprache* mit Zeitunglesen vertraut ist, kann relativ schnell fremdsprachliche Zeitungen lesen; er wird auch Nachrichtensendungen in Radio und Fernsehen sehr bald verstehen können.

Sind Video-Sprachkurse für Autodidakten geeignet?

Auch hier muß ich "jein" sagen: Diese Kurse sind zunächst einmal unglaublich teuer. Zum zweiten wurden sie in der Regel fürs Fernsehen erstellt, d.h. für Menschen, die einmal pro Woche einen Abschnitt einmal sehen. Daher enthalten Sie viele *Wiederholungen,* die dem Heimbenutzer, der ja jederzeit zurückspulen kann, um eine Stelle mehrmals zu sehen, bald auf die Nerven gehen. Wenn Sie bedenken, daß Sie einen hohen Preis für zweieinhalb Stunden Spielzeit bezahlen müssen, dann bezahlen Sie diesen Preis für ca. *eine* Stunde Neu-Material. Davon geht wieder einiges ab für die schriftliche Darstellung grammatikalischer Strukturen (die im Begleitbuch ebenfalls enthalten sind!). Daher rate ich Ihnen, wenn Sie den Kurs selbst finanzieren müssen, gilt: Drum prüfe, wer sich ewig bindet! Wenn Sie hingegen zu mehreren sind und sich den Preis teilen (bzw. wenn Geld keine Rolle spielt) oder wenn Sie solche Kurse in der Firma benutzen oder ausleihen können, dann haben Sie sicher "etwas" davon. Aber ich meine, daß Sie weit mehr erreichen, wenn Sie das Video-Training (Kap.7) durchführen. Da haben Sie sehr viel mehr Material; und sehen noch dabei Ihre Lieblings-Schauspieler.

❓ Wie kann man im Zielland üben, wenn jeder dort automatisch gleich deutsch oder englisch mit uns spricht?

Hinter dieser Frage steckt eine traurige Erfahrung vieler meiner Seminar-Teilnehmer, nämlich die, daß sie im Zielland sofort als "Touristen" eingestuft wurden. Das hat zur Folge, daß die Einheimischen glauben, besonders nett zu sein, wenn Sie versuchen, den Lernwilligen in dessen Muttersprache anzusprechen. Also können Sie weder üben, Ihr Hotelzimmer auf spanisch zu buchen, noch Ihren Kaffee auf italienisch bestellen, noch auf französisch einkaufen etc. Was nutzt es dann, wenn Sie alles, was die Personen in den Lektionen können, auch können, wenn man Ihnen von Anfang an gar keine Chance gibt?! Das kann unheimlich frustrieren, wenn man hofft, endlich ein wenig "echt üben" zu können, insbesondere, wenn man noch nicht flüssig genug sprechen kann, um sich *in der Zielsprache zur Wehr zu setzen.* Mein Vorschlag:

<u>Bereiten Sie sich zuhause darauf vor!</u> Lassen Sie sich notfalls von einem Bekannten aus dem Zielland (oder einem Dolmetscher) helfen, drei Sätze in die Zielsprache zu übersetzen, die Sie möglichst auswendig lernen. Aber im Notfall können Sie den Zettel mit je einem dieser Sätze dem potentiellen Gesprächspartner im Zielland auch zu lesen geben, wenn es nicht gerade ein Analphabet ist; deren gibt es in manchen Ländern ja bis zu 90%! Der erste Satz könnte so lauten:

BITTE HELFEN SIE MIR: ICH MÖCHTE IHRE SPRACHE LERNEN – DAS GEHT ABER NICHT, WENN SIE DEUTSCH (ENGLISCH) MIT MIR SPRECHEN.

Erfahrungsgemäß *stutzt* der andere, *lächelt* Sie an, und jetzt ergießt sich ein Fluß von Wörtern, schnell, mundartlich, *jedenfalls für Sie weitgehend unverständlich* über Sie. Nun, Sie sind auch hierauf vorbereitet. Also sagen Sie Ihr nächstes, zuhause ebenfalls vorbereitetes Sprüchlein auf, wobei Sie überdeutlich und sehr langsam sprechen (oder zücken Zettel Nr.2):

BITTE SPRECHEN SIE SEHR, SEHR LANGSAM.

Nun gibt es zwei Möglichkeiten. Entweder der andere schaut Sie an, als ob Sie nicht mehr alle Tassen im Schrank hätten – belassen Sie ein "Gespräch" mit ihm bei einigen wenigen Sätzen und verabschieden Sie sich. Oder aber Ihr Partner wird (wie die meisten Menschen) positiv reagieren. *Sowie der andere seinen ersten langsamen Satz von sich gegeben hat*, verstärken Sie sein Verhalten positiv mit Ihrem dritten und letzten zuhause vorbereiteten Zettel:

**ICH DANKE IHNEN FÜR IHRE GEDULD,
SIE HELFEN MIR SEHR.**

Mit diesem Patent-Rezept haben meine Teilnehmer es immer wieder geschafft, einige "gute" Gesprächspartner zu finden, mit denen sie sich dann natürlich länger bzw. öfter unterhalten. Das bringt uns zur zweiten Frage, die in diesem Zusammenhang immer gestellt wird:

❓ Wo kann man (im Zielland) am besten üben?
Natürlich da, wo Menschen sind, die erstens Zeit haben und die zweitens bereit sind, sich zu unterhalten! Ein Ober, der sowieso schon am "Rotieren" ist, wird nicht viel Geduld aufbringen, um mit Ihnen langsam zu sprechen oder zu warten, bis Sie einen Begriff endlich im Wörterbuch gefunden haben! Also, wo finden wir die richtigen Leute? Hier einige erste Ideen, die Sie im Hinblick auf Ihre *Wesensart* prüfen sollten!

1. Natürlich finden Sie potentielle Gesprächspartner auch im **Café**, aber *an den anderen Tischen*, wenn Sie der Typ sind, der es wagt, Fremde anzusprechen. Bitte bedenken Sie, daß in südlichen Ländern die Leute nicht so "steif" und distanziert sind wie wir. Und daß die meisten Menschen recht hilfsbereit sind, wenn wir ihre Hilfe erbitten. So könnten Sie z.B. in Ihrem Wörterbuch blättern und dabei immer wieder etwas "verzweifelt" umherblicken, ehe Sie jemandem endlich die erste Frage stellen. Wenn Sie die drei Sätze (s. oben) griffbereit haben, kann nicht mehr viel schiefgehen.

2. Am **Strand**, aber *weiter hinten*! Je näher jemand sich ans Wasser legt, desto eher will er regelmäßig schwimmen; das sind selten Partner, die uns die nötige Geduld entgegenbringen werden. Aber weiter hinten, da sitzen die *Eltern* von halbwüchsigen Kindern, die man noch nicht ganz alleine gehen läßt, die aber stundenlang in der Nähe herumlaufen (oder schwimmen) dürfen. Diese Personen sind meist gerne zu einem Gespräch bereit. Beobachten Sie genau, daß Sie

keine deutschen Touristen erwischen; aber die erkennt man ja schnell...
Schlendern Sie *langsam* herum, und suchen Sie ein potentielles "Opfer"; vielleicht lassen Sie etwas im Vorbeigehen fallen, dann heben Sie es auf und entschuldigen sich mit Augenkontakt, und schon merken Sie, ob der Mensch auch irgend etwas sagt. Merke: Antworten auf rituelle Redewendungen (Grüße, Entschuldigungen und deren Beantwortung) werden meist unbewußt, schnell gegeben! Dann aber hat der andere bereits etwas gesagt; die erste Hürde ist genommen.

3. Gehen Sie zum **Bahnhof** und "hängen" Sie da herum, wo *Einheimische* auf *Vorortszüge* warten. Wenn der Zug noch 15 Minuten auf sich warten läßt, können Sie garantiert ein kleines Gespräch mit jemandem führen. Sie können aber auch einen Schritt weitergehen:

4. Reisen Sie **in dem Vorortszug** ca. 25 km mit (und kehren anschließend wieder zurück). Sie können einen netten Kontakt vom *Bahnsteig* weiterführen oder einen weniger netten, durch Einsteigen in einen anderen Wagen, "verlieren". Im Zug redet es sich besonders leicht mit Fremden!

5. Gehen Sie zu **Behörden**, vor allem im **Hinterland**, wo nicht zu erwarten ist, daß der Beamte versuchen wird, auf deutsch oder englisch auszuweichen. Merke: Diese Leute sind dazu da, Ihre Fragen zu beantworten. Wenn er Probleme hat, Ihre Fragen zu verstehen, dann ergibt sich zwangsläufig ein Gespräch, in dessen Verlauf Sie beiläufig erwähnen können, daß Sie seine Sprache lernen wollen. Das schafft automatisch mehr Sympathie, als wenn er glaubt, Sie "kämpften" nur aus der Not mit seiner Sprache. Wenn Sie nicht gerade in einer Schlange von Wartenden stehen (was im Hinterland in der Regel nicht der Fall ist), wird man sich Zeit für Sie nehmen!

6. Achtung: Der letzte Hinweis ist definitiv **auch für Nicht-Camper** relevant: Auf **Campingplätzen**, vor allem auf *Inlandsplätzen* (ohne Strand) müssen Sie es unbedingt versuchen! Die Leute hier sind oft Dauercamper und froh um jede Abwechslung. Parken Sie den Wagen außerhalb, und fragen Sie an der Rezeption, ob Sie durchlaufen dürfen, um sich den Platz zu besehen. (Im Notfall auch deutsch oder englisch, aber bereits das Personal an der Rezeption könnte einem Gespräch nicht abgeneigt sein, wenn gerade nicht viel zu tun ist.) Genehmigung wird meistens erteilt (es kostet manchmal einen kleinen Obulus). Nun *schlendern* Sie herum und beobachten: Je offener ein Stell-Platz ist, desto offener für Gespräche sind die Bewohner in der Regel. Sitzen Sie direkt am Wagen oder zwei Meter entfernt (also näher an Vorbeigehenden)? Schauen sie "nur so" herum oder sind sie beschäftigt? Wenn *Sie* langsam genug gehen, ein wenig freundlich dreinblicken und vor einem potentiellen Partner stehenbleiben, *werden Sie selbst in der Regel sogar angesprochen*. Dann ist das Eis schnell gebrochen. Die ersten Themen hier sind immer: Wo kommt man her? Wo will man hin? Wie lange will man bleiben? Urlaub oder beruflich? Familie? etc.

Wann ist man zu alt, um mit dem Sprachenlernen zu beginnen?

Im Prinzip nie! Selbst wenn Sie mit nur einer einzigen Sprache schon "ziemlich" alt geworden sind, gilt: Wenn Sie im Eingangsquiz die vier Fragen (überwiegend) bejahen konnten, dann steht Ihrem Wunsch (so Sie den haben!) nichts entgegen. Einige meiner Seminar-Teilnehmer waren in den Siebzigern und haben inzwischen erfolgreich eine (z.T. sogar mehrere) Sprachen gelernt!

Soll man Radiosendungen in der Zielsprache hören?

Ja und Nein. Ja, wenn Sie schon ca. 70% beim ersten Hören verstehen, dann ist jede Sendung auch interessant. Nein, wenn Sie noch am Anfang stehen. Mein Vorschlag: Schneiden Sie eine (einige) Radiosendung(en) auf Kassette mit; dann können Sie diese so oft hören, wie Sie wollen. *Aktiv* oder *passiv*, ganz wie Sie gerade Lust und Laune haben. Aber wenn Sie eine bestimmte Sendung mehrmals in beiden Hör-Varianten "hinter sich" haben, werden Sie auf alle Fälle weit mehr verstehen als beim ersten Durchgang!

Kann es sein, daß man eine der vier Grundfertigkeiten (Hören, Sprechen, Lesen, Schreiben) in der Zielsprache besser beherrschen lernt als in der Muttersprache?

Ja, allerdings müssen bestimmte Voraussetzungen gegeben sein. Entweder man kommt als junger Mensch ins Ausland, oder aber man befaßt sich besonders intensiv mit einer dieser Fertigkeiten, so daß man langsam tatsächlich besser wird. Aber das ist rar. Was schon eher passiert, ist, daß man in einer anderen Sprache ein größeres Vokabular erwirbt, als man es in der Muttersprache hatte. Das bedeutet dann, daß für diese Dinge die Fremdsprache quasi zur *Muttersprache* wird, denn man kennt ja nur *einen* Begriff, aber eben nicht den deutschen. So lernte ich in den sieben Jahren in USA sehr viele Wörter, zu denen mir im Deutschen buchstäblich die Worte fehlten. Ich brauchte Monate, um hier wieder "gleichziehen" zu können, insbesondere bei Fachbegriffen, aber auch Wörtern, welche Ideen beschrieben, mit denen ich mich vorher im Deutschen noch nicht befaßt hatte. Sie erinnern sich an den Hinweis (in Kap.1), daß der Erwachsene *in der Regel* die Konzepte kennt, zu denen er jetzt nur das Wort lernen muß. Wenn aber die Konzepte selbst noch unbekannt waren, dann wird die Vokabel aus der anderen Sprache die *einzige* sein, die man für diese Idee kennengelernt hat.

Wie lernt man eigentlich, in der Zielsprache zu denken?

Einfach, indem man es tut! Üben Sie täglich, einige Minuten in der Zielsprache zu denken (oder Selbstgespräche zu führen), wobei dies anfänglich durchaus in "Zeitlupe" (mit langen Denkpausen) ablaufen kann. Denken Sie ursprünglich nur, was Sie derzeit schon denken *können,* erst später werden Sie denken, was Sie denken *wollen!* Wenn Sie anfangs 10 Minuten schaffen (die

Ihnen in den ersten zwei Wochen schwerfallen werden) und später, wenn es leichter geht, auf 15 oder 20 Minuten verlängern, werden Sie zwangsläufig bald in der Zielsprache denken können. Es geht gar nicht anders! Übrigens habe ich dieses Programm, als ich in zwei Monaten holländisch lernte, stur durchgehalten; sonst hätte ich nicht sofort mit Seminaren beginnen können! Inzwischen haben mir auch Seminar-Teilnehmer, vor allem Manager, die im Zielland verhandeln müssen, bestätigt, daß es ihnen ähnlich ergangen ist. Seit sie mit den Denk-Übungen begonnen haben, hat sich ihre Fähigkeit, sich in der Zielsprache auszudrücken, innerhalb der ersten drei Wochen bereits drastisch erhöht! Bitte bedenken Sie auch: Wenn Sie Auto fahren, zum Einkaufen gehen, auf einen Bus warten – das sind doch immer Zeiten, in denen Sie solche Übungen absolvieren könnten, ohne "Extra-Zeit" zu investieren, oder?

Ist die Vier-Schritt-Methode auch für angehende Dolmetscher geeignet?

Ja, aber: Will jemand später *schriftliche Übersetzungen* anfertigen, wobei es darum geht, Satzteil für Satzteil sinngemäß *ohne besonderen Zeitdruck* zu übertragen, dann ist nichts gegen meine Methode einzuwenden, *wenn* er alle Lektionstexte nicht nur de-kodiert, sondern sie (ca. fünf Wochen später) auch in "gutes Deutsch" übertragen lernt. Wieder zwei Wochen später kann dann die "gute Übersetzung" in die Zielsprache rückübersetzt werden. Somit wird das Übersetzen von Anfang an gleich mitgeübt! Diese Übersetzungen können als Teil der vierten Phase gesehen werden.

Will die Person jedoch *Simultandolmetscher* werden, sollte sie eine Zusatzübung (quasi einen fünften Lern-Schritt) mit jeder Lektion machen, wobei ich voraussetze, daß auch der angehende Simultan-Dolmetscher die Übersetzungs-Übungen (oben) gemacht hat. Jetzt kommt der fünfte Lernschritt: Man erstelle eine Kopie der Kassette, auf welcher nach jeweils drei bis vier Sätzen eine kleine Pause ist; denn Sprecher, die simultan übersetzt werden müssen, machen später auch solche Mini-Pausen, sei es, weil sie nachdenken, sei es, um dem Dolmetscher eine Chance zum Übersetzen zu geben. Während diese Version der Kassette läuft, übt man jetzt, die Übersetzung laut zu sprechen. Da man diese ja schriftlich (mehrmals) geübt hat, trainiert man jetzt hauptsächlich die *Vorgehensweise*, damit diese Art zu sprechen (trotz Weiterlaufens der Originalstimme), geübt wird!

Normalerweise arbeiten Übersetzer beider Gruppen nur von der Ziel- in ihre Muttersprache; sollte die Person jedoch beide "Richtungen" lernen wollen, so kann sie natürlich die "gute deutsche Übersetzung" ebenfalls auf Band lesen und dann "rückwärts" dasselbe Training absolvieren!

Warum soll man eigentlich Sprachen lernen?

Nun, abgesehen davon, daß man vielleicht in anderen Sprachen lesen oder sich unterhalten möchte, gibt es *Gründe*, die sich auf die *Muttersprache* beziehen.

Wie schon einmal angedeutet (Kap.2), kann die Auseinandersetzung mit anderen Sprachen völlig neue Einsichten liefern, also unser Sprachgefühl allgemein verbessern. Wer z.B. erfährt, daß *alle* Wörter im Japanischen sowohl Einzahl als auch Mehrzahl sind (so daß HON *Buch* oder *Bücher* heißen kann), dem fällt vielleicht ein, wie sehr wir oft auf unserem *einen* Weltbild beharren. Aber auch das *Weltbild* oder die *Wirklichkeit*, ja sogar die *Wahrheit* sind im Japanischen Konzepte, die niemals so EIN-deutig ausgelegt werden können wie in indo-europäischen Sprachen. Sind die Japaner deshalb weit flexibler im Denken? Können sie daher Einflüsse von überall (China oder dem Westen) integrieren, ohne sich klar für den einen oder anderen Weg zu entscheiden, wie wir das eher versuchen? Solche und ähnliche Fragen haben sich mir durch das Fremdsprachenstudium zuerst aufgetan...

<u>Wollen wir uns einem letzten Frage-Komplex zuwenden, der *immer* auftaucht und dessen Beantwortung einige kleine (erste?) Einsichten in verschiedene Sprachen und Sprach-Systeme erlaubt. Es geht um Fragen wie die folgenden:</u>

- **Sind Sprachen wirklich "verwandt" miteinander?**
- **Kann auch ein Laie solche Zusammenhänge begreifen?**
- **Gibt es leichte Sprachen?**

Je weiter "entfernt" eine Sprache von der (den) Sprache(n), die Sie bereits kennen, ist, desto schwerer ist sie (zunächst) *für Sie*. Dies bezieht sich sowohl auf die Grammatik als auch auf das Vokabular. Die grammatikalischen Strukturen von Chinesisch und Japanisch sind einerseits beide "total anders" als unsere indogermanischen Sprachen. Andererseits sind sie sich trotzdem so unähnlich, daß die Japaner das Chinesische als "genau so schwierig" empfinden wie wir. Falls Sie sich von der Schrift irreführen lassen und daher meinen, die beiden Sprachen *müßten* eigentlich viel gemein haben, dann bedenken Sie:

Seit der großen Reform des Kemal ATATÜRK (1928) wurde in der Türkei die arabische Schrift durch die lateinische ersetzt. Aber Türkisch ist weder eine semitisch-hamitische Sprache (deren Schrift es zuerst benützte) noch eine indogermanische und daher für uns ebenfalls "ziemlich schwer". Genauso hat das Japanische die Schrift der Chinesen teilweise übernommen. Dabei erfolgte die erste "Übernahme" vor mehr als tausend Jahren. Sie brachte die sogenannten KANJI-Zeichen (komplette Wort-Zeichen) ins Japanische ein. Die zweite "Übernahme" vor ca. sechshundert Jahren führte zur Entwicklung der beiden Silbenschriften HIRAGANA und KATAKANA, wobei eine ursprünglich eine "Frauenschrift" war, denn im alten Japan waren einige der größten Dichter und Denker nämlich Frauen gewesen! Trotzdem haben die Japaner nur wenig echte Wörter übernommen, somit blieb ihre Sprache "ganz anders" als die chinesische! Übrigens sind die übernommenen Wörter auch nicht leicht, denn genauso, wie wir die Ziffern im Englischen "schreiben" können, müssen wir die Zahlwörter selbst erst lernen. So ist das chinesische Zeichen für *Mensch* in beiden Schrift-Systemen sehr ähnlich geblieben, aber der Chinese sagt (ungefähr) REN, während der Japaner es entweder H^{i}TO oder JIN ausspricht.

Anders sieht es bei Sprachen aus, die wirklich miteinander verwandt sind. So gibt es z.B. "verwandtschaftliche Beziehungen" zwischen Ungarisch und Finnisch. Man nimmt an, daß eine Gruppe von Ur-Ungarn auf der Flucht vor Attila dem Hunnen bis zu dem heutigen Finnland ausgewandert ist. Demnach können Ungarn leicht Finnisch lernen, und umgekehrt. Aber diese Sprachfamilie ist nur klein, wiewohl manche Sprachforscher die Türk-Sprachen noch hinzurechnen! (Es gibt sogar eine schwer umkämpfte Theorie, derzufolge es zumindest einige Elemente geben soll, welche das Ungarische mit dem Japanischen verbinden, sowohl sprachlich als auch in der Musik!) Will man gleich mehrere "leichte" Sprachen lernen, so sollte man eine *große Sprach-Familie* wählen, z.B. die romanische (inkl. Englisch), weil diese Sprachen Teil der indo-europäischen Obergruppe sind.

Alle romanischen Sprachen sind also leicht, wenn man einmal den Einstieg gefunden hat. (Vgl. auch das BODMER-Zitat, unten). Wenn man sich einmal etwas bewußter mit Sprachen befaßt, lernt man hochinteressante Dinge, so z.B., daß das Englische dermaßen viele romanische Ausdrücke übernahm, daß Englisch sogar eine Brücke zu *Latein* schlagen kann! Zum Beispiel: Alle Wörter, die auf --ion enden, sind fast unverändert geblieben. Ja, wir kennen sie (als Fremdworte) im Deutschen auch: Information, Kommunikation, Integration, Nation, Prävention etc. Ebenso alle Worte auf --*ologie* oder --*osophie* (die bereits erwähnt wurden). Noch ein kleiner Vergleich:

Italienisch	**Englisch**	**Deutsch**
poeta	poet	Poet
persona	person	Person
regione	region	Region
problema	problem	Problem
periodo	period	Periode
forma	form	Form
concerto	concert	Konzert
classe	class	Klasse
lista	list	Liste
moderno	modern	modern
monumento	monument	Monument
etc.		

Quelle: Italian Made Simple

Wenn Sie jetzt ein wenig Appetit bekommen haben, dann sollten Sie einen Autor lesen, der davon viel mehr versteht als ich. Die Gelegenheit sollen Sie sofort bekommen! Hinweis: Da das bereits erwähnte hervorragende Buch *Die Sprachen der Welt* (BODMER) derzeit vergriffen ist, erlaubte mir der Verlag (KIEPENHEUER & WITSCH) freundlicherweise, Ihnen einen mehrseitigen Textauszug anzubieten. BODMERs Buch soll als *Taschenbuch* wieder aufgelegt werden. Diese Ausgabe soll die *Wartezeit* überbrücken, bis in einigen Jahren eine völlig überarbeitete Neuauflage erscheinen soll. Ich freue mich über die Entscheidung, das Taschenbuch zu publizieren, denn das Werk empfehle ich *jedem*, der über Sprache(n) nachdenken will. Das Wort *empfehlen* ist zu schwach; ich möchte es Ihnen *wärmstens* ans Herz legen!! Fragen Sie also bitte bei Ihrem Buchhändler nach.

Der ausgewählte Text gibt Hinweise zu den romanischen Sprachen. Immer, wenn BODMER "jetzt" oder "heutzutage" sagt, bezieht sich diese Aussage auf die *frühen sechziger Jahre*, so daß genannte Zahlenangaben darüber, wie viele Menschen eine bestimmte Sprache "heute" sprechen u.ä., nicht mehr ganz *up to date* sind; heute sind diese Zahlen in der Regel eher höher anzusetzen – mit einigen Ausnahmen. Das sind Aspekte, die in der späteren, völlig überarbeiteten Auflage korrigiert sein werden. Trotzdem hoffe ich, daß das Taschenbuch bald da ist, denn abgesehen von solchen Details, ist das Buch auch in der mir vorliegenden (vergriffenen) Version außerordentlich aufschlußreich und faszinierend, wie Sie gleich sehen werden!

Die Sprachen der Welt - Auszüge
Frederic BODMER

Zitat, Seite 362 ff:

LATEIN

Wenn wir vom Latein als dem gemeinsamen Vorfahren der modernen romanischen Sprachen reden, so meinen wir die lebende Umgangssprache, die im römischen Gallien, im römischen Spanien und in Italien zur Zeit des Imperiums gebraucht wurde. Während fünf Jahrhunderten gab es zwei Sprachen im römischen Reich, beide Latein genannt. Während die Umgangssprache ständig im Fluß war, blieb die Literatursprache über eine Zeitspanne statisch, die so lang ist wie die, die Hartmann von Aue und Wolfram von Eschenbach von Leibniz und Lessing trennt. Natürlich gab es auch innerhalb des sermo urbanus, der verfeinerten Kultursprache, Abstufungen, genauso, wie es Abstufungen gab innerhalb des sermo rusticus, sermo usualis oder sermo pedestris, wie die Umgangssprache abwechselnd genannt wurde. Die eine klassische Prosa war gekünstelter als die andere, der eine klassische Stil volkstümlicher als die andere.

Leider besitzen wir nur wenig Material, das uns erlauben würde, uns ein zufriedenstellendes Bild der lebenden lateinischen Sprache zu machen. Einige technische Abhandlungen, wie die Mechanik des Vitruvius, liefern uns Wörter und Wendungen, die in den Schriften der Dichter und Rhetoriker fehlen. Auch Inschriften, die von einfachen Leuten verfaßt wurden, geben einigen Aufschluß, sowie die Proteste der Grammatiker, die damals wie heute die Hüter seltener Altertümlichkeiten waren. In den Komödien von Plautus (264 - 194 v. Chr.) kommen oft umgangssprachliche Wendungen vor; klassische Autoren machten gelegentlich Fehler, die aufschlußreich sind. Gemeinsame Merkmale mehrerer romanischer Sprachen von heute geben ebenfalls nützliche Hinweise.

Aus allen diesen Quellen können wir mit Sicherheit schließen, daß das Vulgärlatein, das sich nach der Annahme des Christentums allmählich in der Literatur durchsetzte, schon vor der christlichen Ära die Umgangssprache der Bürger des römischen Reiches war. Das Christentum half, den Bruch zwischen der lebenden und der geschriebenen Sprache zu heilen, und gab damit dem Latein neue Lebenskraft. Die lateinische Bibel, die Vulgata, ... die am Ende des 4. Jahrhunderts von Hieronymus zusammengestellt wurde, ermöglichte es dem Latein, die Anstürme der Barbaren zu überleben.

Natürlich entwickelte das Latein, als es sich über Nordafrika, Spanien und Gallien ausbreitete, örtliche Unterschiede. Diese gingen zum Teil auf die Sprachgewohnheiten der Urbevölkerung zurück, die das Latein übernahm; zum Teil kann man sie aber auch den Dialektunterschieden der römischen Ansiedler zuschreiben ...

Die romanischen Sprachen weisen zahllose gemeinsame Züge auf. Sie stimmen in ihren grammatischen Merkmalen auffallend überein und gebrauchen die gleichen, nur verhältnismäßig wenig voneinander abweichenden Wörter für die alltäglichen Dinge und Tätigkeiten. Deshalb ist es verhältnismäßig leicht, eine weitere romanische Sprache zu lernen, wenn man schon eine beherrscht; und ein Erwachsener lernt leicht mehr als eine gleichzeitig. Französich hat sich am weitesten vom Latein entfernt. Was Französich hauptsächlich von Italienisch und Spanisch unterscheidet, ist der weitgehende Zerfall der Flexionen in der gesprochenen Sprache. Von beiden trennt es sodann die radikale phonetische Veränderung, die es oft unmöglich macht, ein französisches Wort als ein lateinisches zu erkennen, ohne daß man seine Geschichte kennt. Als geschriebene Sprache hat Spanisch die lateinischen Flexionen am treusten bewahrt, aber es ist von Italienisch und Französich durch lautliche Sonderheiten und einen stark veränderten Wortschatz weit getrennt. Während der acht Jahrhunderte dauernden maurischen Besatzung drangen sehr viele arabische Wörter in den spanischen Wortschatz ein. Im großen und ganzen hat sich das Italienische am wenigsten geändert. Es stand zur Zeit, als Dante die Divina Commedia schrieb, dem Latein noch verhältnismäßig nah; und die späteren Veränderungen in Schreibweise, Aussprache, Struktur und Wortschatz sind verschwindend gering, verglichen mit den Veränderungen, die das Englische von Chaucer bis Shaw durchgemacht hat.

Seite 396 ff:

DIE IBERISCHEN DIALEKTE

Auf der Iberischen Halbinsel währte die römische Herrschaft mehr als 600 Jahre. Schon Jahrhunderte vor dem Zusammenbruch hatte die Sprache des Eroberers die des Eroberten verdrängt. Die letzte Erwähnung einer vorrömischen Sprache findet sich in Tacitus' Annalen. Nach ihm soll ein tarragonischer Bauer unter der Folter in der Sprache seiner Vorväter geschrien haben. Sonst aber war um jene Zeit Spanien vollständig romanisiert. Berühmte Römer wie Seneca, Quintilian und Martial stammten aus Spanien.

Ein Überrest der Ursprache ist das Baskische, das noch auf französischem und spanischem Boden beiderseits der westlichen Pyrenäen gesprochen wird. Bevor die Flugzeuge Hitlers und Mussolinis dem Baskenvolk Unheil brachten, wurde Baskisch von ungefähr einer halben Million Menschen gesprochen. Das spanische Latein hat alle Eroberungen der Vergangenheit überdauert. Zuerst wurde Spanien von germanischen Stämmen überrannt. Im 5. Jahrhundert brausten die Vandalen durch Spanien. Sie gaben der südlichen Provinz Andalusien ihren Namen. Dann herrschten während mehr als zwei Jahrhunderten die Westgoten mit Toledo als ihrer Hauptstadt. Auf sie folgten die Araber und Mauren aus Afrika. Die Mohammedaner, die das ganze Land mit Ausnahme des asturischen Berggebietes unterwarfen, mischten sich nicht in Sprache und Religion der Einwohner ein. Mischehen waren häufig unter ihrem gnädigen Regime. Der spanische Nationalheld Rodrigo Diez de Bivar, gewöhnlich Cid genannt, kämpfte sowohl für die Ungläubigen als auch für die Christen. Grausamkeit und Intoleranz folgten erst der reconquista durch die katholischen Fürsten des nicht unterworfenen Nordens.

Die katholische Eroberung des verlorenen Gebietes breitete sich langsam fächerartig gegen Süden aus, bis sie im Jahre 1492 mit dem Erwerb von Granada durch Ferdinand und Isabella ihren Abschluß fand. Während der maurischen Herrschaft war die Sprache der Halbinsel noch eine Mischung von Dialekten, die alle auf das Vulgärlatein zurückgingen. Im Osten wurde Katalanisch gesprochen, das dem Provenzalischen Südfrankreichs besonders nahe verwandt war; im Norden Leonesisch, Aragonessich und Aturisch; im Zentrum Kastilisch und im Westen, das heutige Portugal eingeschlossen, Galicisch. Portugal war schon im 11. Jahrhundert eine halb selbständige Provinz, die später unter Heinrich dem Seefahrer zu einer Seemacht aufstieg. Von Portugal aus wurde der ursprünglich galicische Dialekt nach Madeira und den Azoren und später nach Brasilien getragen. Heute wird Portugiesisch von ungefähr 54 Millionen Menschen gesprochen, wovon 44 Millionen Einwohner Brasiliens sind, das im Jahre 1822 ein selbständiger Staat wurde.

In Spanien selbst entwickelte sich schon früh eine Hochsprache. Auf Vorschlag Alfons' X. erklärten die Cortes im Jahre 1253 den Dialekt von Toledo als das korrekte Spanisch. Wie Madrid und Burgos liegt Toledo in Kastilien. Kastilisch, das ursprünglich die Mundart einer kleinen Gemeinschaft in den kantabrischen Bergen an der baskischen Grenze war, wurde schließlich zur Amts- und Hochsprache von rund 110 Millionen Menschen. Davon leben 25 Millionen in Spanien, 20 Millionen in Mexiko, 13 Millionen in Argentinien, 52 Millionen in den übrigen süd- und zentralamerikanischen Staaten, Westindien, den Philippinen und Nordafrika. Das amerikanische Spanisch weist einige andalusische Züge auf, teilweise, weil die Einwanderer hauptsächlich aus dem Süden stammten, und teilweise, weil Càdiz das Handelszentrum für die Kolonien war.

Der Wortschatz eines Landes, das so oft von fremden Eroberern überflutet wurde, muß unvermeidlich fremde Bestandteile aufweisen. Die germanischen Stämme hinterließen weniger Spuren als im Französischen. Die wenigen germanischen Wörter stammen aus der Terminologie des Krieges und der feudalen Einrichtungen. Hunderte von arabischen Wörtern aber legen Zeugnis ab für das, was Spanien der maurischen Zivilisation verdankt, die der ihr folgenden katholischen unendlich überlegen war...

Doch geht der spanische Wortschatz in der Hauptsache auf das Vulgärlatein zurück, dem noch eine Schicht klassisch-lateinischer Wörter aufgepfropft ist. Dies gilt auch für das Portugiesische, das weniger baskische, dafür aber mehr französische Lehnwörter aufweist. Sonst ist der Wortschatz der beiden iberischen Dialekte fast gleich. Es braucht nicht besonders hervorgehoben zu werden, daß gerade einige sehr gebräuchliche Dinge andere Namen haben. Wir kennen dies ja auch vom Deutschen her, wo gewisse häufige Wörter auf einzelne Gebiete beschränkt sind, vgl. Pferd/Roß; Wiese/Matte usw.

Hier folgen einige spanische und portugiesische Beispiele:

deutsch	SPANISCH	PORTUGIESISCH
Kind	niño	criança, menino(a)
Hund	perro	cão
Knie	rodilla	joelho
Fenster	ventana	janela
Straße	calle	rua
Hut	sombrero	chapéu
Messer	cuchillo	faca

Wer eine der iberischen Sprachen gelernt hat und weiß, wie verwandte, obgleich auf den ersten Blick unähnlich scheinende Wörter identifiziert werden können, wird es nicht schwer finden, eine in der anderen Sprache geschriebene Zeitung zu lesen. Dies gilt jedoch nicht für ein Gespräch. Die lautlichen Unterschiede zwischen Spanisch und Portugiesisch sind beträchtlich...

Die grammatischen Unterschiede zwischen den beiden Sprachen sind geringfügig. Das Portugiesische schaltete haver (spanisch haber) schon früh als Hilfsverb aus. Höchstens noch in stehenden Ausdrücken kommt es vor. Die moderne Entsprechung ist ter (spanisch tener), z.B. tenho amado (ich habe geliebt), tenho chegado (ich bin angekommen) für das Spanische he amado und he llegado. Beide Sprachen haben eine große Vorliebe für Verkleinerungsformen. Die wichtigste spanische Form ist -ito, die wichtigste portugiesische -inho. In einer Hinsicht steht das Portugiesische noch hinter dem Spanischen, Französischen und Italienischen zurück, nämlich in der Verschmelzung des Infinitivs mit habere zur Bildung des Futurums und Konditionals. In einer bejahenden Aussage kann das Personalpronomen zwischen den Infinitiven und das Hilfsverb treten, z.B. dir-me-as (wörtlich: zu sagen mir hast du = du wirst mir sagen), dar-vos-emos (wörtlich: zu geben euch haben wir = wir werden euch geben).

FRANZÖSISCH

Die erste romanische Sprache, die eine bemerkenswerte Literatur entwickelte, war der Dialekt des Midi, d.h. des Südens von Frankreich. Das Provenzalische, wie diese Sprache genannt wird, besaß eine blühende Poesie, die stark von der maurischen Kultur beeinflußt war. Die modernen südfranzösischen Dialekte sind Nachkommen des Provenzalischen. Ihnen am nächsten verwandt ist der Dialekt der spanischen Provinz Katalonien mit der Hauptstadt Barcelona.

Das heutige Französisch nahm seinen Ausgang als Mundart des Pariser Bürgertums. Dank der politischen, kulturellen und wirtschaftlichen Vormachtstellung der Hauptstadt breitete sich der Pariser Dialekt über das ganze Königreich aus, überflutete die örtlichen Mundarten und drängte das Bretonische (eine keltische Sprache) und das Flämische (eine germanische Sprache) zurück. Französisch ist heute die tägliche Umgangssprache von halb Belgien und einem beträchtlichen Teil der Schweiz und Kanadas. Im Jahre 1926 sprachen 41 Millionen Menschen in Europa Französisch als Muttersprache, davon 37 Millionen in Frankreich selbst, wobei die zweisprachigen Bretonen, Elsässer und Korsen *nicht* mitgezählt sind, drei Millionen in Belgien und nahezu eine Million in der Schweiz. Außerhalb Europas ist Französisch die Verwaltungssprache des französischen Kolonialreiches und die tägliche Umgangssprache der drei Millionen zählenden Kanadier von Quebec. Das kanadische Französisch hat archaische und mundartliche Eigenheiten, die auf lange sprachliche Isolierung und den Einfluß der zahlreichen Einwanderer aus der Normandie zurückgehen.

Das Französische hat sich zweimal eines außerordentlichen Ansehens erfreut. Zum erstenmal im 12. und 13 Jahrhundert, als die siegreichen Kreuzfahrer es nach Jerusalem, Antiochien, Zypern, Konstantinopel, Ägypten und Tunis trugen. Das zweitemal im 17. und 18. Jahrhundert. Fünf Jahre vor der Französichen Revolution stellte die Kgl. Akademie in Berlin die folgenden Themen als Preisfrage: "Was ist es, das die Französische Sprache zu einer Universal-Sprache in Europa gemacht hat? Wodurch verdient sie diesen Vorzug? Ist zu vermuten, daß sie ihn beibehalten werde?" Der Preisträger war ein geistreicher chauvinistischer Franzose namens Rivarol. Seine Antwort auf die ersten beiden Fragen ging dahin, daß Französisch das Ansehen seinen charakteristischen Vorteilen verdanke, nämlich der Klarheit und dem Satzbau ("Was nicht klar ist, ist nicht Französisch. Was nicht klar ist, ist immer noch Englisch, Italienisch, Griechisch oder Latein").

Dies ist Unsinn, genauso wie die Forderung gewisser Befürworter einer internationalen Hilfssprache, darunter Havelock, Ellis, Französisch wieder zur Weltsprache zu machen. Als Mittel der Diplomatie kam es z.T. deshalb in Mode, weil es eine schon weitgehend vereinheitlichte Sprache war, aber noch weit mehr dank einer Reihe von äußeren Umständen. Vom Westfälischen Frieden (1648) bis zum Zusammenbruch des napoleonischen Kaiserreiches war Frankreich gewöhnlich in der Lage, die Friedensbedingungen zu diktieren. Vor der Aufklärung, die der Französischen Revolution unmittelbar voranging, war der Hof von Versailles die kulturelle Hochburg des Absolutismus. Die französischen Enzyklopädisten verbreiteten den englischen Rationalismus auf dem Kontinent; die Revolutionskriege trugen den Ruhm der französischen Kultur in neue Schichten der europäischen Gesellschaft und verliehen ihr neuen Glanz. Das Kaiserreich führte zu einem neuen Höhepunkt, aber rief gleichzeitig in ganz Europa eine nationalistische Gegenströmung hervor. Nach der Niederlage Bonapartes ging der Einfluß des Französischen in den skandinavischen Ländern, in Rußland, das die offizielle Auslandskorrespondenz bis etwa 1840 auf französisch führte, und in Ägypten wegen des wachsenden britischen Imperialismus stark zurück. Obschon es heute noch seinen gesellschaftlichen Wert hat, gilt derjenige, der nicht Französisch spricht, keineswegs mehr als von vornherein ungebildet. ...

ITALIENISCH UND RUMÄNISCH

Die drei bisher behandelten romanischen Sprachen haben sich über ihre ursprünglichen nationalen Grenzen hinaus verbreitet. Italienisch und Rumänisch dagegen sind sozusagen ausschließlich Nationalsprachen...

Lautlich steht Italienisch dem Latein näher als Spanisch und Französisch, sein Wortschatz enthält weniger fremde Bestandteile. ... (Italienisch) hat sich seit Dantes Zeit bemerkenswert wenig verändert. Im Jahre 1950 sprachen 45 Millionen Menschen Italienisch, wovon fast alle in Italien (Halbinsel, Sizilien, Sardinien) lebten. Weniger als eine viertel Million entfällt auf Italienisch sprechende Minderheiten in Korsika und in der Südschweiz.

Rumänien deckt sich ungefähr mit der römischen Provinz Dacia zur Zeit des Kaisers Trajan. Von einem Gesichtspunkt aus kann Rumänisch als das Englisch oder Persisch (...) der romanischen Sprachfamilie angesehen werden. Sein Wortschatz ist nämlich sehr stark mit fremden Bestandteilen vermischt. Seltsam anmutende Wörter vulgärlateinischer Herkunft sind vermengt mit bulgarischen, albanischen, ungarischen, türkischen und griechischen Wörtern. Die slawischen Lehnwörter überwiegen. Aber abgesehen von diesem Mischcharakter des Wortschatzes, läßt es sich nicht mit dem Englischen oder Persischen vergleichen. Seine Grammatik hat keine große Vereinfachung erfahren. Im östlichen Römerreich bevorzugte das Vulgärlatein die Nachstellung des Artikels, z.B. homo ille anstatt des westlichen ille homo. Aus diesem Grunde ist heute der Artikel bei vielen Wörtern hinten agglutiniert, z.B. omul = homo ille (der Mann), lupul = lupu ille (der Wolf), câinele = cane ille (der Hund)... Heute wird Rumänisch von 16 Millionen Menschen gesprochen.

Kapitel 9
Fortgeschrittene, Schüler und Materialien

In diesem Kapitel wird auf drei Themenbereiche eingegangen: Erstens, *Tips für Fortgeschrittene*; sei es, daß Sie mit Grundkenntnissen "einsteigen" wollen, sei es, daß Sie diese Kenntnisse bereits mit meiner Methode erworben haben... Zweitens, *Hilfestellungen für Schüler*, die, wenn schon nicht *wegen*, dann doch zumindest *trotz* Schulunterricht eine (oder mehrere) Fremdsprachen erlernen wollen (müssen). Es geht dabei hauptsächlich um die Frage: Unter welchen Voraussetzungen können Schüler *mit dem Schulbuch* meine Methode anwenden, wobei sie natürlich die an vielen Schulen üblichen Vokabel- und Grammatikprüfungen bestehen können müssen. Drittens: Einige wenige Gedanken zu den *Materialien*, d.h. zu den *Lehrbüchern* oder *Kursen*, mittels derer Sie die Sprache lernen wollen.

Der fortgeschrittene Lerner

Es gibt zwei Möglichkeiten: Entweder Sie wollen irgendein "normales" Lehrbuch (mit Kassetten!) durcharbeiten, was bei (noch) geringen Vorkenntnissen durchaus sinnvoll ist; oder aber Sie wollen *ganz neue* Wege gehen (s. bitte: Materialien, unten). Zunächst zur ersten Möglichkeit:

<u>Fortgeschrittenen-Kurse</u>: Wenn Sie einen Fortgeschrittenen-Kurs durcharbeiten wollen, vielleicht, weil Sie in der Volkshochschule oder in Ihrer Firma an einem Lehrgang teilnehmen möchten, dann können Sie die Vier-Schritt-Methode natürlich ebenfalls anwenden, allerdings wird für Sie alles leichter: Beim *De-Kodieren* sind es für Sie ja weit weniger (zunächst) unverständliche Textstellen, welche de-kodiert werden müssen. Die Phasen *Hören/Aktiv* und *Hören/Passiv* beanspruchen ebenfalls weniger Zeit u.s.w. Sie sollten allerdings überlegen, auf welchem Niveau Sie einsteigen wollen: Bei ziemlich verschütteten Kenntnissen kann es nämlich durchaus interessant sein, erst einmal im Alleingang einen Anfänger-Kurs durchzuarbeiten. Dabei gewöhnen Sie sich zum einen an das Vorgehen des gehirn-gerechten Lernens, zum anderen frischen Sie Ihr Wissen ausgesprochen schnell auf. Vieles wird Ihnen vage

vertraut erscheinen, denn *Wieder-Lernen* (exakter: *Weiter-Lernen*) *ist immer leichter als Neu-Lernen*! Dabei ergeben sich zwangsläufig viele Erfolgs-Erlebnisse, was Sie für den Aufbau-Kurs positiv motiviert! Denn, wenn man *weiß*, daß man (trotz früherer Vorurteile, (s. Kap. 1) doch relativ "schmerzlos" eine neue Sprache erlernen kann, dann geht man natürlich wesentlich selbstsicherer in den neuen Lernabschnitt hinein.

Neue Wege für Fortgeschrittene: Sie haben die Phase 3 (*Hören/Passiv*) als einen Lernschritt kennengelernt, der nach dem Motto "Ich lasse lernen" vorgeht. Wir hatten gesagt, daß die rechte Hirnhälfte bestimmte Aspekte "alleine" weit besser bewältigt, als wenn der Gehirn-Besitzer mit seinem bewußten Denken (und der linken Hirnhälfte) dabei "mitmischen" wollte! Wenn nun Vorkenntnisse vorhanden sind, kann man weit mehr Lernarbeit (bis zu ca. 80% nämlich) ans Unbewußte delegieren! Diese Art ist vielen Menschen, die *gerne fernsehen*, die liebste. Sie wurde in Kap. 7 (Stichwort Video) beschrieben. Falls Sie sie dort noch nicht gelesen haben sollten, tun Sie es bitte (Seite 106). Auch wenn Sie (noch) kein Video-Gerät besitzen: Sie benötigen es nur kurzfristig. Dann fahren Sie mit normalen Ton-Kassetten fort.

Speziell für Schüler

Ich war versucht, diesen Abschnitt "Für Schüler und andere Unterdrückte" zu nennen, denn was in unseren Schulen passiert, ist in vielen Fällen dermaßen hinderlich, daß Lernen nicht nur *nicht gefördert*, sondern teilweise sogar systematisch *verhindert* wird. Dies gilt natürlich nicht nur für das Sprachenlernen, sondern ganz allgemein, insbesondere für Volksschulen. (Wer sich dafür interessiert: In meinem Buch *Stichwort: Schule* bin ich darauf eingegangen, mit Hilfestellungen für Eltern jüngerer Kinder.)

Jedenfalls sind viele Schüler ganz "arme Würstchen", weil die Schule nicht nur das Lernen erschwert, sondern dabei auch gleichzeitig das Selbstwertgefühl enorm angreift! Ich kann mich bei *manchen* (Sprach-)Lehrern des Gefühles nicht erwehren, daß sie aufgrund eigener innerer Unsicherheit ihre Schüler besonders gerne "hilflos" machen, (sicher meist unbewußt, versteht sich). Das äußert sich dann so: Bei jedem kleinsten Fehlerchen wird sofort eingehakt, und/oder der *Schwerpunkt* liegt auf dem sturen Pauken isolierter Details (Vokabeln, Grammatik). Solche Lehrer gibt es natürlich auf allen Gebieten (wie es solche Menschen in allen Berufen gibt), aber da so viele Kinder bezüglich des Sprachenlernens zu falschen Vorurteilen gelangen, welche ihr gesamtes späteres Leben maßgeblich hindern können (s. Kap.1), wirkt sich dieses selbstherrliche Vorgehen hier besonders drastisch aus!

Wenn man nämlich in Hauptfächern (und das sind Fremdsprachen ja meist) versagt, dann erlebt man dies zwangsläufig als eigene Unfähigkeit, welche bedrückt. Aber das gilt für andere Fächer natürlich auch. (Wie hoch ist der Prozentsatz an Menschen, die Mathematik, Algebra oder Logik "beherrschen"?) Das heißt, wir "erziehen" hier eine Generation von Kindern, die noch weniger als frühere Generationen lernen, sich Informationen selbständig zu erarbeiten. Denn: Je angegriffener das Selbst-Bild, desto weniger Energie hat man "für sowas"; das äußert sich dann in "Langeweile" oder "Unlust" bei geistigen Tätigkeiten verschiedenster Art. Und wenn wir überlegen, wie viele unserer jungen Leute nach acht oder zehn Jahren Schule kaum wirklich flüssig sprechen, lesen, schreiben und/oder rechnen können, dann könnte man schon Angst bekommen. (Übrigens bin ich in *Stroh im Kopf?* auf gehirn-gerechtes Lernen im allgemeinen eingegangen.) Daher lautet mein Motto, daß wir den Schülern (die betroffen sind, das sind ja nicht alle!) helfen müssen, wenn schon nicht *wegen*, dann doch zumindest *trotz* der Schule zu lernen; zum Beispiel eine Fremdsprache! Übrigens werde ich im folgenden davon ausgehen, daß die geneigte Leserin (der geneigte Leser) ein Elternteil ist; sollten Sie selbst ein Schüler sein, dann können Sie Ihre Entscheidung zwar selber treffen, aber es *könnte* auch hilfreich sein, den Eltern die eine oder andere Textstelle zum Lesen zu geben. Zum Beispiel, weil ich für den Kauf von Kassetten plädiere, die Sie ja wahrscheinlich nicht unbedingt vom Taschengeld finanzieren wollen... Außerdem: Wenn ich im folgenden immer nur "der Schüler" sage, dann nicht, weil ich die *Schülerinnen* vergesse, sondern weil es zu umständlich ist, immer "der Schüler bzw. die Schülerin" zu schreiben bzw. zu lesen. Ich bitte um Ihr Verständnis.

<u>Nicht wegen - sondern trotz Schulunterricht</u>! Die meisten Sprachlehrbücher werden heutzutage *mit Kassetten* angeboten; das gilt auch für Kurse, die im Schulunterricht verwendet werden (z.B. vom Klett-Verlag). Das verschweigen allerdings manche Lehrer, die wegen ihrer schlechten Aussprache gar kein Interesse daran haben, daß die Kinder diese Kassetten besitzen. Dort sprechen nämlich Engländer englisch, Franzosen französisch etc. Wie schon (in Kap. 1) erwähnt, halte ich Sprachlehrer, die nicht ihre Muttersprache unterrichten, heute im Zeitalter des "vereinigten Europa" für einen unglaublichen Anachronismus, insbesondere wenn man einmal hört, wie "dick" der deutsche Akzent mancher Lehrer ist! Daher ist es *unbedingt notwendig*, daß Sie Ihren Kindern die Kassetten zum Lehrbuch kaufen. Sollte es zum Kurs Ihres Kindes doch keine Kassette geben, dann können Sie ja dafür sorgen, daß die Lektionstexte korrekt auf Band gelesen werden. Gottseidank gibt es ja überall genügend Ausländer, wobei wir die Bewohner der EG ja nicht ganz so "ausländisch" finden wie andere, welche wegen der ausgeprägten Ausländerfeindlichkeit in Deutschland kaum Kontakt zu uns aufnehmen können. Sie finden also bestimmt jemanden. Und falls Sie andere Eltern von Kindern derselben Klasse kennen, könnten Sie die Kosten sogar umlegen...

Des weiteren ist festzuhalten, daß es zu den Übungen der Lehrbücher in der Regel eine Hilfestellung gibt. Manche Verlage bieten nämlich ein sogenanntes "Lehrerheft" mit den Lösungen an, das jedoch nicht an "Schüler" verkauft werden soll/darf! Es wäre ja entsetzlich, wenn Schüler etwas autonomer würden! Wenn sie sogar Erfolgs-Erlebnisse haben könnten, weil sie jetzt sofort feststellen können, ob sie die Aufgabe korrekt gelöst haben! (Vgl. auch, was in Kap. 6 und 9 zum Stichwort "Übungen" steht.) Vielleicht können Sie das Thema einmal im Elternbeirat aufgreifen? Falls Sie jetzt Angst haben, die Schüler würden dann nur noch abschreiben, so möchte ich hierauf entgegnen:

- *Selbst das Abschreiben der korrekten Lösung* bringt mehr als das Abschreiben von Klassenkameraden, deren Lösungen vielleicht nicht alle korrekt sind; wer unbedingt abschreiben *will*, der findet in der Regel einen Weg!

- *Wenn man automatisch davon ausgeht, daß Kinder sowieso nur schauen, wo sie betrügen können*, dann *macht* man sie langsam, aber sicher "genau so", das ist die selbsterfüllende Prophezeiung! Wenn Sie dieser Aspekt interessiert, dann vergleichen Sie bitte auch das 7. Kap. in meinem Buch *Erfolgs-Training* (mvg-Taschenbuch).

- *Wenn ein Schüler in Zukunft die Vier-Schritt-Methode anwendet und gehirn-gerecht vorgeht*, läßt eine eventuell vorhandene Tendenz zu kneifen sowieso nach, denn jetzt wird Sprachenlernen ja leicht und ist mit *Erfolgs-Erlebnissen* verbunden. Das ist nicht nur gut für den Notendurchschnitt, das ist auch gut fürs Selbstwertgefühl. Hier bekommt man doch endlich eine Möglichkeit zu beweisen, daß man gar nicht so "doof" oder "unbegabt" ist!

<u>Die Vier-Schritt-Methode trotz Schule</u>: Sie "funktioniert" genauso, wie sie bereits beschrieben wurde (Kap. 2 - 7), allerdings gilt es, *eine einzige Regel* zu beachten. Das wird aufgrund der Tatsache, daß die Methode für Selbstlerner konzipiert wurde, nicht schwierig sein. Notfalls könnte ein Nachhilfelehrer hier *sinnvoll* helfen, wenn sowieso einer vorhanden ist. Denn die Regel lautet:

**Der Schüler muß der Schule immer
um drei Lektionen v o r a u s sein!**

Das klingt schlimmer, als es ist, wie die Eltern zahlreicher Schüler mir inzwischen bestätigt haben. Der Erfolg ist garantiert, wenn mindestens vier der folgenden fünf Voraussetzungen erfüllt sind:

1. Der Schüler ist gewillt, einen neuen Weg zu gehen, welcher es ihm ermöglicht, mit weit weniger Zeitaufwand für *aktives Lernen* in Zukunft doch wesentlich effizienter zu lernen!

2. Der Schüler hat nichts gegen Erfolgs-Erlebnisse einzuwenden; das heißt, er kann sich noch freuen, wenn ihm etwas gelingt!

3. Der Schüler hat Interesse daran, seine Noten zu verbessern.

4. Der Schüler ist bereit, einen Teil seiner Zeit dem *Hören/Passiv* zu widmen, wobei er dies im Sinne des *Parallel-Lernens* (vgl. Kap. 5) teilweise sogar neben anderen Hausaufgaben tun kann (statt Radiohören zum Beispiel).

5. Der Schüler ist grundsätzlich daran interessiert, die Zielsprache(n) später zu beherrschen! Das heißt, daß ihm die Idee, sich später auf Englisch (oder Französisch) unterhalten zu können, Spaß macht. Diese Voraussetzung ist zwar bei Latein fast nicht und bei Altgriechisch nur bedingt gegeben, aber diese beiden Sprachen liefern den *Schlüssel* zu zahlreichen "deutschen" Fremdwörtern, so daß man sicherer im Gebrauch des sogenannten "gebildeten" Deutsch wird, was ebenfalls von Vorteil ist. (Denn wir haben diese Sprachen als Hauptfach ja vor allem an Gymnasien und "weiterführenden" Oberschulzweigen, wo auch die Anforderungen in Deutsch Jahr für Jahr steigen.)

Weitere Vorteile sind, daß junge Leute in der Regel sowieso zu Parallel-Lernen neigen (das berühmt-berüchtigte Radiohören während der Hausaufgaben), so daß das *Hören/Passiv* für sie quasi eine "normale" Tätigkeit ist. Außerdem darf man nicht vergessen, daß jedes Kind zunächst gehirn-gerecht vorgeht, bis ihm diese Arbeitsweise verboten wird. Daher finden Schüler weit leichter zu einer gehirn-gerechten Methode, als der Erwachsene (der ja viel mehr Jahre halbhirnigen Vorgehens hinter sich hat) sich im ersten Ansatz vorstellen kann. Last not least bewirkt diese Technik, daß der Schüler für Prüfungen "alles" weiß, was möglicherweise gefragt werden kann:

• Er kann die Vokabeln, denn er hat sie im Sinnverband und ganzhirnig gelernt. Also besteht er jedes Vokabel-Quiz zu Lektionen, bei denen er bereits den Schritt 3 durchlaufen hat.

• Er kann die Grammatik (vgl. auch Grammatik-Tips, Kap.7) anwenden, aber er kann auch Grammatik-Übungen korrekt lösen, und zwar mit *wenig* intelligentem Üben. Er wird eine sehr hohe Sicherheit erreichen, wenn die Schritte 1-3 durchlaufen worden sind! Dies klingt für viele Eltern zunächst unglaublich, aber bitte bedenken Sie: Wenn Sie von der Vergangenheit auf die Zukunft schließen, dann ist dieser Schluß unzulässig. Denn mit "alten" Methoden ist der Zeitaufwand zwangsläufig *bis zu drei Viertel höher,* bei *unsicheren* Resultaten. Das liegt im herkömmlichen System, nicht an der (Un-)Fähigkeit des Schülers!

• Er kann Diktate mit sehr wenig Aufwand schreiben. Erstens kann er bei *Hören/Aktiv* nach dem Mitlesen des De-Kodierten (also wenn er bereits jedes

Wort versteht) noch einige Male *aktiv* hören, diesmal aber den englischen (oder französischen) Text *bewußt* mitlesen. Zweitens kann er, da er ja auf alle Fälle Kassetten besitzt, auch das Diktat zuhause üben!

• <u>Er kann eigene Sätze bilden</u>, nämlich solche, die in ihrer Struktur den Sätzen der Lektionen ähneln (Parallel-Sätze). Außerdem habe ich bereits darauf hingewiesen: Alles, was die Personen in den Lektionen sagen oder denken können, kann der Lernende durch meine Methode auch. Und zwar mit Sicherheit! Damit ist die Basis für Aufsätze gelegt; der Rest ist Phantasie und Wissen, was man schreiben will, also kein Fremdsprachen-Problem.

Wie gesagt: Es ist möglich, *wenn* Kassettenmaterial zu den Lektionstexten vorhanden ist! Das gilt auch für Latein und Altgriechisch! Und im übrigen – vielleicht lernen Sie gleich mit? Statt irgendeinen anderen Kurs (oder erst eine andere Sprache) zu beginnen, könnten Sie ja vielleicht als echter Lernpartner mitmachen. Falls Sie noch irgendwelche Reste von Vorkenntnissen "hervorkramen" können, schaffen Sie in der Regel den Anschluß auch, wenn Ihr Kind schon im 2. oder 3. Jahr ist. Na, ist das nicht ein faszinierender Gedanke?

Materialien

Sie benötigen entweder einen **Kurs**, so daß Sie einen *Text* (oder ein Textbuch) mit sogenanntem Tonträger (Kassetten, Schallplatten, Tonbänder etc.) dazu besitzen. Oder Sie arbeiten mit selbstgewählten Materialien. Ich wiederhole: Die meisten der Lehrbücher, auch für den Schulbetrieb, bieten heutzutage Kassetten mit den Lektions-Texten an.

Falls Sie jedoch mit selbstgewählten Texten arbeiten wollen, dann suchen Sie sich bitte eine Person, deren Muttersprache Ihre Zielsprache darstellt, und lassen sich die Texte auf Kassette vorlesen! Und zwar am besten einmal langsam und überdeutlich (auf die A-Seite der Kassette) und ein zweites Mal im Normaltempo (auf die B-Seite der Kassette). Das kostet oft gar nichts, insbesondere, wenn Sie ein Programm auf Gegenseitigkeit ausarbeiten: Sie helfen dieser Person, ihr Deutsch zu verbessern, während die Person Ihnen mit Bandlesungen und später, falls Sie *Konversation* erlernen wollen, auch mit Gesprächen entgegenkommt... Wenn Sie jedoch kein Geschäft auf Gegenseitigkeit machen können oder wollen, suchen Sie eine(n) Studenten (Studentin), und zahlen Sie ein kleines Honorar. Wenn Sie bedenken, daß Sie bei selbstgewählten Texten keinen Lehrgang kaufen, dann ist das Honorar allemal "drin".

Des weiteren gehe ich von der Annahme aus, daß Ihr Textbuch (bzw. der selbstgewählte Text) *ganze Zusammenhänge* anbietet, also kleine *Geschichten*,

Szenen, lebendige Dialoge, fachlich interessante Informationen etc. Ein Buch, das nur isolierte Sätze enthält, ist *völlig ungeeignet!* Falls Sie mit so einem Buch arbeiten *müssen*, besorgen Sie sich bitte unbedingt Zusatztexte (als "flankierende Maßnahme"), welche den Sinn-Zusammenhang bieten!

Zwar sind die meisten modernen Sprachkurse bereits auf komplette kleine Geschichten, Dialoge etc. "umgestiegen", aber selbst Neuerscheinungen können heute noch im Stile der Einzelsatz-Methode angelegt sein. Diese Methode war ursprünglich zur grammatikalischen Analyse entwickelt worden, nämlich in einer Zeit, als man nur mit einer Grammatik und einem Wörterbuch "bewaffnet" arbeiten mußte. Diese Methode war oft die einzige, um eine *neu entdeckte* Sprache zu lernen (wurde also überwiegend von kirchlichen Instituten verwendet, ehe man die Missionare in entlegene Gebiete, deren Sprache noch nicht offiziell erforscht war, schickte). Zu diesem Zweck war die Methode auch "geeignet", denn der Missionar hatte erstens einige Wochen oder Monate lang sehr viel Zeit zum "hauptamtlichen" Lernen; er war zweitens ganz anders motiviert als ein Normalmensch heute, der *nebenbei* lernen will; und er hatte ja bald genug sehr viel Gelegenheit zu üben! Wenn aber auch heute noch Kurse im Einzelsatz-Stil auf dem Markt erscheinen, und zwar für Sprachen, die keinesfalls "neu entdeckt und unerschlossen" sind, dann finde ich das schon sehr traurig.

Außerdem nehme ich an, daß es eine Übersetzung der Texte oder zumindest eine Vokabel-Liste und ein Wörterbuch gibt, damit Sie de-kodieren können. Auch hier gilt natürlich: Im Notfall einen Einheimischen als "Dolmetscher" zu Hilfe nehmen! Seien Sie vorsichtig, falls Sie sich einem "normalen" Sprachlehrer anvertrauen wollen, denn zu viele dieser Menschen werden entsetzt die Hände über dem Kopf zusammenschlagen, wenn sie merken, daß Sie "anders" lernen wollen, als man normalerweise vorgeht! Ich habe Hunderte von Lehrern, davon viele Sprachlehrer, geschult und weiß, daß viele außer *Ja, aber...!* nicht viel zu sagen haben!

Was die *Auswahl* der "freien" Texte angeht, so finden Sie in Kap. 6 unter dem Stichwort "Lesen" einige Hinweise. Was hingegen "offizielle Kurse" betrifft, die auf dem Markt erhältlich sind, so wenden wir uns diesen jetzt zu.

<u>Mit welchem Kurs soll man lernen?</u> Wenn Sie mit Null Vorkenntnissen beginnen, dann wählen Sie einen Kurs, der das De-Kodieren so leicht wie möglich macht. Im folgenden werde ich einige Bemerkungen zu einigen auf dem deutschen Markt befindlichen Systemen sagen. Fassen Sie dies bitte so auf, daß diese Bemerkungen Ihnen helfen sollen, Ihre spätere Entscheidung zu erleichtern...

Linguaphone und Assimil: Diese Kurse bieten Ihnen auf alle Fälle für *jeden Satz eine Übersetzung an*, bis zur letzten Lektion! Außerdem finden Sie in diesen Kursen immer eine *Lautschrift*, was umso wichtiger ist, je fremdartiger die Schriftzeichen für Sie anfangs sind (z.B. bei Russisch, Chinesisch, Arabisch u.s.w.). Dabei ist die Lautschrift dieser beiden Systeme nur eine leichte Abwandlung der normalen lateinischen Buchstaben, so daß Sie das doch recht schwierige international gültige Phonetische Lautsystem *nicht* beherrschen müssen.

Allerdings sollten Sie, wenn Sie auch die *Schrift* lernen wollen, *vorher* feststellen, ob der Kurs, den Sie kaufen wollen, diese mit anbietet. Bei "exotischen" Sprachen verzichten nämlich einige Verlage darauf, so daß der gesamte Kurs in einer Art Lautschrift präsentiert wird. Zwar finde ich eine *ergänzende* Lautschrift hervorragend für den Einstieg, und ich finde es auch akzeptabel, wenn der eine oder andere Lernende die Schrift selbst nicht lernen will. Aber ich ärgere mich unglaublich, wenn ein Kurs für Hunderte von Mark (z.B. Linguaphone, *Japanisch*) die Lektionen *nur* in dieser Lautschrift anbietet, so daß *keiner* der Käufer die japanischen Wörter richtig schreiben lernen kann! Hinzu kommt, daß es im Japanischen drei Schrift-Systeme gibt (Hiragana, Katakana und Kanji), so daß man als Einsteiger *nicht* in der Lage ist, die Umschrift-Texte selbständig ins Japanische zu übertragen! Aber trotzdem kann man im allgemeinen davon ausgehen, daß diese beiden Systeme für Einsteiger sehr geeignet sind, insbesondere, weil sie ja *speziell für Selbstlerner* entwickelt wurden.

Andere Systeme: Wenn Sie sich einmal in einem gut sortierten Buchladen umsehen, finden Sie *zahlreiche* Angebote, insbesondere für die vier Hauptsprachen Europas (Englisch, Französisch, Italienisch und Spanisch). In der Regel gilt: Kurse, die auf Volkshochschulen benutzt werden, sind meist didaktisch und inhaltlich recht gut aufgebaut, bieten aber meist keine Übersetzungen der Lektionstexte an, so daß man gezwungen ist, Wort für Wort selbst zu erarbeiten. Natürlich gehen die Autoren davon aus, daß Sie einen Abendkurs (mit Lehrer) besuchen, aber mit etwas gutem Willen und der Hilfestellung eines "Einheimischen" (unserer Zielsprache) kann man diese Bücher meist auch zum Selbststudium verwenden. Selbst übersetzen müssen sie auch bei den meisten Langenscheidt-Lehrbüchern, inklusive derer, bei denen ausdrücklich vermerkt ist, daß sie *auch* zum Selbststudium benutzt werden können!

Zwar fehlt solchen Büchern die Übersetzung, aber dafür bieten sie *immer* ein ausführliches Vokabelverzeichnis *zu den einzelnen Lektionen* an. Natürlich meinten die Autoren, daß Sie diese Vokabeln einzeln pauken würden; aber das tun Sie eben nicht! Sie benutzen diese Listen nämlich nur zum *Nachschlagen*, damit Sie den Text de-kodieren können!

Noch zu erwähnen ist, daß manche Systeme zu Übungen auch die Auflösungen (meist im Anhang oder in einem separaten Arbeitsbuch oder Schlüssel) anbieten, andere hingegen offerieren entweder keinen Schlüssel oder überhaupt keine Übungen. Sie müssen selbst entscheiden, welche Art von Kurs für Sie wichtig ist. Wenn Sie gerne *üben* möchten, dann sind Systeme mit Auflösung für den, der sich selbst unterrichtet, natürlich geeigneter. Manche Verlage bieten auch ein sogenanntes "Lehrerheft" mit den Lösungen an, das jedoch nicht an "Schüler" verkauft werden soll! Vielleicht können Sie trotzdem eins ergattern? Außerdem finden Sie in den Kap. 6 und 10 Anleitungen zum Selbermachen von Übungen, so daß Sie ein ansonsten ansprechendes Lehrbuch nicht deswegen ablehnen sollten.

Linguaphone und Assimil sind zwar keine deutschen Systeme, doch sind sie weltweit vertreten. Anders ist es bei kleineren (z.T. sogar recht preiswerten) Kursen im Ausland. Bei einem gut sortierten Buchladen, der eine gute (Fremd-)Sprach-Abteilung hat, kann man auch solche Kurse finden. Erwähnenswert sind zum Beispiel aus dem Englischen die (ursprünglich in den USA entwickelte) hervorragende MADE SIMPLE Serie, in der es außer Sprachkursen noch jede Menge anderer Themen für Selbstlerner gibt! Hier erhalten Sie erstens wieder *eine Übersetzung jeden Satzes*; zweitens sind die Lektionen so aufgebaut, daß Sie bereits im dritten Kapitel einen Menschen kennenlernen, der *auch Ihre Zielsprache lernt*. Er (in manchen Kursen ist es eine Dame) hat einen Lehrer, der einmal pro Woche zu ihm (ihr) ins Haus kommt. Sie verfolgen jetzt die *Dialoge zwischen Lehrer und Schüler(in)*, welche zunehmend komplexer werden. Dabei werden alle möglichen Themen (bis zu Kunst, Theater, Filme) abgehandelt. Außerdem gibt es Übungen (mit Auflösung im Anhang), so daß dieser preiswerte Kurs einen ausgezeichneten Einstieg für Selbstlerner (die des Englischen bereits mächtig sind) darstellt. (Es gibt derzeit FRENCH, SPANISH, LATIN und ITALIAN zu kaufen und natürlich GERMAN, d.h. deutsch!)

Einige meiner Seminar-Teilnehmer in englischsprachigen Ländern arbeiten auch gerne mit Kursen, die von der BBC entwickelt worden waren. Allerdings gilt hier: während die Lektionen didaktisch gut aufbereitet und die Kassetten absolut professional besprochen sind (wie ausgezeichnete Hörspiele!), bieten diese Kurse oft große Schwierigkeiten im Entschlüsseln der Texte. Da werden die Vokabeln teilweise im Plauderton (d.h. im laufenden kommentierenden Text!) vorgestellt. Das bewirkt natürlich, daß das Suchen eines Begriffes extrem erschwert wird. Solche Kurse sind für Fortgeschrittene, die nicht jedes Wort analysieren müssen, sicher hervorragend geeignet; aber einem Einsteiger, der alleine lernt, würde ich zur Vorsicht raten, denn auch diese Autoren meinen, Sie würden alle Vokabeln sofort bei Auftauchen derselben unverzüglich auswendig lernen. Da Sie bei unserer Methode jedoch die Vokabeln erst in den Lernschritten 2 und 3, also nach dem De-Kodieren, "lernen" wollen, benötigen Sie klare Vokabel-Listen, wenn keine Übersetzungen der Sätze mitangeboten werden!

Auch bei den sogenannten BREAKTHROUGH-Kursen (die im Deutschen von Hueber verlegt werden) ist Vorsicht geboten. Dort (wie auch bei den Mini-Kursen der BBC-Serie) gibt es eine Art von *Fremdenführer*, der Sie durch den Kurs führt. Wenn Sie z.B. die deutsche Version dieses Englisch-Kurses benutzen, dann hören Sie *laufend deutsche Kommentare* zwischen den extrem kurzen englischen Szenen. Ich habe den BREAKTHROUGH-Griechisch-Kurs mit der Stoppuhr überprüft und dabei festgestellt, daß die Redezeit des sogenannten Führers insgesamt *fast genauso lang* ist wie die der griechischen Sprecher! Außerdem wird *immer wieder* erzählt, was Sie jetzt *tun* sollten (z.B. "Lernen Sie die Vokabeln!"), was Sie spätestens beim dritten Durchgang anöden wird! Man müßte sich also die Mühe machen, so einen Kurs beim Überspielen zu "redigieren", d.h., alle Kommentare des Führers herauszuschneiden; da dieser aber laufend dazwischenspricht, ist dies eine schier unmögliche Aufgabe, ehe man den Kurs gut genug kennt, um aus dem Gedächtnis zu wissen, wann man das Band wieder stoppen muß! Allerdings gilt: Man kann hierüber natürlich geteilter Meinung sein! Wenn Sie meinen, daß es Ihnen Freude macht, andauernd etwas in Ihrer Muttersprache zu hören, wenn Sie Spanisch oder Griechisch lernen wollen, dann ist das Ihr gutes Recht. Ich persönlich glaube, daß es dem Denken in der Zielsprache (s. auch Kap.8) hinderlich ist, wenn Sie laufend Deutsch dazwischen hören; aber vielleicht machen Sie da andere Erfahrungen...?

Ich hoffe, daß diese teilweise auch recht subjektiven *ersten Hinweise* Ihnen ein wenig zeigen, worauf Sie bei der Auswahl Ihres Kurses achten wollen. Falls die obige Diskussion in Ihnen den Gedanken ausgelöst hat, daß man vielleicht gleich mehrere Kurse kaufen sollte, dann ist diese Idee überhaupt nicht schlecht.

<u>Mehr als einen Kurs kaufen?</u> Ich meine, es lohnt sich durchaus, mehr als einen Kurs zu kaufen, insbesondere wenn man *ohne Vorkenntnisse* und *allein* einsteigen will bzw. wenn man Kurse kauft, die "eigentlich" für den Unterricht mit Lehrer geschrieben worden waren. Wenn man im ersten Kurs nicht weiterkommt (oder sich aufgrund der Inhalte "tödlich zu langweilen beginnt"), geht man zum zweiten über. Wenn auch hier der Punkt erreicht ist, an dem Sie sich hilflos zu fühlen beginnen, starten Sie mit dem dritten Kurs (oder gehen zum ersten zurück). Denn:

> **Kein Autor kann alle Details "am besten" erklären; immer wird ein Kurs Stärken und Schwächen aufweisen. Wenn Sie also mit unterschiedlichen Materialien arbeiten, bekommen Sie quasi " automatisch das Beste aus allen Sprachlern-Welten".**

Außerdem haben Sie insgesamt *mehr Lektionstexte* (und Dialoge) sowie *mehr Sprecher*, so daß Sie eine größere Vielfalt an Tonfall, Sprachmelodie, regionaler Färbung, Sprechtempo etc. angeboten bekommen. Da manche Verlage aus Kostengründen nur zwei oder drei Sprecher pro Kurs nehmen, ist dieser letzte Punkt durchaus wichtig. Merke:

> **Je vielfältiger das Material ist, mit dem Sie arbeiten können, desto eher finden Sie einige *Passagen, die Ihnen besonders gefallen*. Vielleicht wird über ein Thema gesprochen, das Ihnen am Herzen liegt? Oder es wird in einem Text ein Hotelzimmer bestellt, was Sie weniger interessiert, weil Sie Camper sind, während ein anderer Abschnitt Ihnen Interessanteres bietet. Wenn Sie dann einige Texte gefunden haben, die Ihnen besonders zusagen, kopieren Sie diese auf eine Lieblings-Kassette. Dieses Band werden Sie lieber (und weit öfter) hören als die normalen Lektionen, in denen sich auch Textstellen befinden, die Sie weniger interessieren oder sogar ärgern. Ärgern? Ja, lesen Sie weiter!**

<u>Intelligente Inhalte?</u> Es ist sehr zu bedauern, daß viele Kurse rein inhaltlich so "langweilig" sind, daß man kaum Lust hat, diesen Text wirklich zu begreifen, geschweige denn, ihn immer wieder von der Kassette zu hören. Da wird einem intelligenten Lerner oft eine Menge zugemutet. Aber selbst Kurse, deren Texte im großen und ganzen interessant aufgebaut sind (d.h. so, daß Sie *Ihnen* interessant erscheinen, denn das ist ja eine subjektive Wertung), werden immer wieder Schwachstellen aufweisen. Das sind Momente, in denen man merkt, wie verkrampft die Autoren ein bestimmtes Wort unbedingt einbauen wollen, ohne Rücksicht auf Verluste! Da wird z.B. ein Deutscher einem Japaner vorgestellt. Was glauben Sie, fragt er *den ihm Unbekannten sogleich*? Er fragt: "Sind Sie **Lehrer**?" Ähnlich ist die Frage eines Reisenden an seinen *ihm unbekannten* Sitznachbarn im Flugzeug: "Sind Sie **Arzt**?" Solche Sätze werden angeblich aus "lernpädagogischen Erwägungen" heraus in die Lektion "hineinkomponiert", auch wenn es dem Autor nicht gelingt, eine halbwegs intelligente Verbindung im restlichen Text dieser Lektion herzustellen. Ich meine: Wenn es so schwer ist, dieses Wort "sinnvoll" einzubauen, muß man es denn dem Lernenden unbedingt (zu diesem Zeitpunkt) aufzwingen??

Noch ein Beispiel aus einem Arabisch-Kurs. Dort erleben wir, wie eine Frau ein Café betritt und ausdrücklich nach *kalten* Getränken fragt, weil es heute sehr heiß ist. Der Ober zählt jetzt bereitwillig sieben solche Getränke auf (das ist natürlich verstecktes Vokabel-Training, ha ha). Nun, jetzt könnte sie ja bestellen, aber was sagt sie: "Nein, ich will kein kühles Getränk, haben Sie auch heiße Getränke?" Und jetzt werden natürlich diverse heiße Getränke aufgezählt! Diese Masche, heimliches Vokabelpauken in sogenannten Lektionstexten zu verbergen, ist heute gottseidank nicht mehr weit verbreitet.

Allerdings könnte im letzten Beispiel neben dem "didaktischen" Hintergrund auch ein kultureller (psychologischer) eine Rolle spielen. Vielleicht kann oder will der arabische (männliche!) Autor (möglicherweise auch *unbewußt*) eine Frau im Café (welches in den arabischen Ländern traditionell den Männern vorbehalten ist) gar nicht *intelligent handeln lassen* ?!

Zusammenfassung:
1. Die Texte sollten möglichst viel *Hilfestellung zum De-Kodieren* bieten, und zwar umso mehr, je...

- weniger Vorkenntnisse Sie besitzen oder je
- weniger Lust zum Entschlüsseln (als geistiges Abenteuer) Sie haben!

2. Die Kurse, die mehr Geld kosten, liefern oft auch mehr "Ware" für den Preis! Wenn Sie es sich leisten können, sollten Sie das in Betracht ziehen.

3. *Mehrere Texte* helfen Ihnen weiter, wenn Sie in einem Kurs gerade nicht vorwärtskommen können oder wollen. Man könnte z.B. einen teureren und einen oder zwei preiswerte Kurse sinnvoll ergänzend "bearbeiten".

4. Stellen Sie *Lieblings-Kassetten* her. Hierbei können Sie auch Wiederholungen von Textstellen, die Ihnen ganz besonders gut gefallen, programmieren. So habe ich z.B. eine Lieblings-Kassette für Arabisch, die einige Lektions-Ausschnitte sowie einen kleinen Teil einer Radiosendung enthält, und zwar habe ich diesen Radio-Ausschnitt zwischen die einzelnen Lektionen geschnitten; er wird also wiederholt, während die Lektionen nur einmal zu hören sind. Da in dem Radio-Ausschnitt auch ein Lied enthalten ist, ist diese Kassette besonders gut zum (halb-)bewußten Hören geeignet, z.B. auf Spaziergängen (die ich grundsätzlich zum Sprachen-Hören nutze!). Ich freue mich dann jedesmal, wenn das Lied auftaucht.

5. Beschaffen Sie sich, sobald wie möglich, auch *Extra-Texte* (als flankierende Maßnahmen), welche sich ganz speziell mit Themen, die Sie faszinieren, befassen (vgl. Abschnitt *Lesen* in Kap. 6).

Wir halten fest: Die Kurse sind für Sie nur eine *Basis*, von welcher aus Sie *starten* werden. Aber sowie Sie die ersten Schritte gehen können, werden Sie diese parallel zu oder ganz *außerhalb* der Kurse machen.

Kapitel 10
Sprachenlernen mit Computer?

In diesem Kapitel soll es um drei Aspekte gehen: Erstens möchte ich Ihnen einige Gedanken zu kommerziellen Sprachlern-Programmen, die bereits auf dem Markt sind, anbieten. Zweitens möchte die GABAL alle Programmierer herausfordern; es gibt eine Prämie von DM 3000.- zu verdienen! Und drittens erhalten Sie Vorschläge, wie Sie mit dem Computer als Denk-Werkzeug Ihr Sprachenstudium (genaugenommen jedes Studium) optimieren können.

Lernprogramme auf Diskette?

Ich finde es maßlos traurig, daß sämtliche bisher erschienenen Sprachlern-Programme in der Regel nur extrem einfache *Programme zum Pauken von Vokabeln oder Grammatik-Aspekten sind*! Das stört mich nicht nur, weil diese halbhirnige Art und Weise vorzugehen den Erfolg besonders *teuer* macht (wie Kap. 1 und 2 aufgezeigt haben), da der Einsatz an Zeit und Energien unverhältnismäßig hoch ist. Es stört mich vor allem auch, weil der Computer dermaßen *phänomenale Möglichkeiten* bietet, daß ich absolut nicht begreife, warum man noch nicht begonnen hat, diese auszuschöpfen. Dabei gäbe es sehr wohl einen Markt für gehirn-gerechte Sprachprogramme per Computer! Deshalb möchte die GABAL allen Programmierern einen Vorschlag machen (s. nächster Abschnitt):

Programmierer - meldet Euch!

Ich glaube, daß die bisher erschienenen Lernprogramme deshalb so schlecht sind, weil der typische Programmierer mit Lernen und Lehren von *Nicht-Computer-Themen* normalerweise nicht befaßt ist, während didaktisch interessierte Menschen selten professionell (in Assembler, C oder einer ähnlich Bit-effektiven Sprache) programmieren. Natürlich muß es Ausnahmen geben, deshalb wird das Problem in der Zunkuft gelöst werden! Wenn *Sie* möglicherweise darüber nachdenken wollen, dann wird die GABAL Ihnen gewisse Unterstützungen bieten:

Erstens wäre sie bereit, Ihren Kurs (*wenn er gehirn-gerecht ist*) zu vermarkten. Zweitens würde Sie Ihnen einen *Bonus* von DM 3000.- bezahlen, falls Sie vertraglich/moralisch an ein bestimmtes Softwarehaus gebunden sind und Ihr Programm dort anbieten müssen/wollen. Aber die GABAL würde trotzdem auf Ihr Produkt *hinweisen* und es *empfehlen*, wenn es auf einer der beiden verbreitetsten Maschinen läuft: Entweder für den *Heimcomputerbereich* auf dem Commodore 64 (bzw. C128) oder im Bereich der *PC-Welt* auf einem IBM (bzw. IMB-Compatiblen). Später sollten aber auch Versionen für andere Computer (Atari, Amiga, Macintosh) erscheinen!

Aber gerade der Heimcomputer-Bereich ist interessant; nicht nur für Schüler. Denn wenn es wirklich gute gehirn-gerechte Sprachkurse für den C64 geben würde, dann könnte man diesen im Notfall ja sogar wegen des Kurses anschaffen; das wäre bei ca. DM 300.- (für ein neues Gerät!) wirklich zu überlegen... Wenn Sie also Interesse haben, dann nehmen Sie bitte Kontakt auf, und zwar nachdem Sie den nächsten Abschnitt gelesen haben, aber noch ehe Sie die erste Zeile Code schreiben!

Die Übungswerkstatt: Der Computer

<u>Vorbemerkung:</u> Im folgenden gehe ich davon aus, daß Sie bereits einen Computer besitzen bzw. einen zur Verfügung haben, mit dem Sie umgehen und arbeiten können. So daß Begriffe wie "Textfile" oder ähnlich als bekannt vorausgesetzt werden können. Falls Sie jedoch an einer gehirn-gerechten Einführung in die Computerei interessiert sind, können Sie in jeder Buchhandlung meine gehirn-gerechte Hinführung (Kassette plus Text, DM 29.80) bestellen: *Von Null Ahnung zu etwas EDV* (VBU-Verlag).

Es gibt grundsätzlich zwei Möglichkeiten, die Lernarbeit per Computer zu optimieren: einerseits können Sie mittels Textverarbeitung das "Basteln" von Übungen (vgl. Kap.6) wesentlich effizienter gestalten. Das heißt, Sie tippen den Lektions-Text nur *einmal* ein, um anschließend mit diesem Textfile Hunderte von Übungen fast ohne weiteren Aufwand zu erstellen! Aber es gibt noch eine weitere Möglichkeit, den Computer einzusetzen, nämlich als Denk-Werkzeug; darum soll es anschließend gehen.

Kinderleicht: Die Übungs-Schneiderei
Nehmen wir an, Sie haben den Text einmal eingetippt, wobei diese Tipparbeit für jemanden, der regelmäßig mit Textverarbeitung arbeitet, ja schnell von der Hand geht. (Natürlich könnte man diese Aufgabe auch delegieren und dann mit dem Grundtext weiterarbeiten.) Lassen Sie mich die unzähligen Möglichkeiten andeuten, damit Sie (hoffentlich) auf den Geschmack kommen! Der Text des folgenden Beispiels (Latein) ist dem Kurs *Latin made simple* (s.

HENDRICKS, Lit.Verz. S. 149) entnommen; es handelt sich um die ersten fünf Verse aus dem Evangelium des Johannes, erstes Kapitel:

1. In principio erat Verbum et Verbum erat apud Deum, et Deus erat Verbum.
2. Hoc erat in principio aput Deum.
3. Omnia per ipsum facta sunt, et sine ipso factum est nihil quod factum est:
4. In ipso vita erat, et vita erat lux hominum;
5. et lux in tenebris lucet, et tenebrae eam non comprehenderunt.

Angenommen, Sie wollten de-kodieren, dann drucken Sie den Text einfach mit Leerzeilen aus, damit Sie handschriftlich arbeiten können, oder aber Sie tippen die De-Kodierung auch am Computer ein, was Ihnen bei den neueren Systemen mit WYSIWYG (What-You-See-Is-What-You-Get) wie Atari, Amiga, Mac bzw. GEM auf IBM (+ Compatiblen), GEOS auf Commodore etc. besonders leicht gemacht wird. Das könnte dann in etwa so aussehen wie das Fallbeispiel (italienisch) im dritten Kapitel (Seite 56).

• Fill-in-Formulare: Übungen, bei denen später fehlende Worte eingetragen (oder mündlich geübt werden können), hatten wir ebenfalls schon in Kap. 6 vorgestellt. Nur: Mit dem Computer ist es weit leichter, solche Texte zu produzieren. Wir hatten erwähnt, daß man die Auslassungen nach verschiedensten Kriterien planen kann; hier nur zwei Beispiele, wobei Sie mit dem Befehl: Replace (Ersetzen) den Strich gegen das Wort mit einem Tastendruck austauschen können. Außerdem stellen Sie den Ausdruck auf *doppelzeilig*, damit der Abstand zwischen den Zeilen groß genug wird, wenn Sie später schriftlich üben wollen.

1. Fill-in für alle Hauptwörter

In _____ erat _____ et _____ erat

apud _____, et _____ erat _____.

2. Fill-in für alle Verben (inkl. Hilfszeitverben):

Hoc _____ in principio apud Deum.

Omnia per ipsum _____ _____,

et sine ipso factum _____ nihil quod _____

_____ etc.

Ebenso könnten Endungen, Partikeln, Bindewörter etc. durch den Leerstrich ausgetauscht und später handschriftlich eingetragen werden.

• Hervorhebungen optisch anzeigen: Durch **Fettdruck** können Sie Textstellen hervorheben, zum Beispiel Wörter, die Ihnen vom Deutschen (inkl. Fremdwörter) her bereits bekannt/vertraut sind:

1. **In principio** erat **Verbum** et **Verbum** erat apud **Deum**, et **Deus** erat **Verbum**. 2. Hoc erat **in principio** apud **Deum**. 3. Omnia **per** ipsum **facta** sunt, et **sine ipso factum** est **nihil** quod **factum** est: 4. **In ipso vita** erat, et **vita** erat **lux hominum**...

Na, ahnen Sie, was man mit Textverarbeitung alles machen kann? Aber es gibt ja noch andere Programme, die man "zweckentfremden" kann:

Der Computer als Sprach-Trainer

Es gibt heutzutage hervorragende Programme, die uns helfen, unsere Gedanken zu organisieren, Gliederungen zu erstellen, Übersichten anzulegen etc. (z.B. THINK TANK, MORE etc.). Das folgende Beispiel wurde mit THINK TANK erstellt; Sie sehen die *Screen-Prints*, denn mit der folgenden Idee können Sie *am Bildschirm selbst* lernen. (Natürlich könnten Sie auch einen Ausdruck machen, aber das dynamische Lernen am Bildschirm ist ja hier der große Vorteil)! Der "Witz" an der folgenden Idee ist folgender: Sie erstellen quasi Überschriften, unter welchen Sie dann Eintragungen machen können. Wenn Sie den Befehl "collapse" geben, verschwinden die Unter-Kategorien und die "Überschrift" (hier: jeweils eine Zeile Latein) bleibt sichtbar.

```
+ LATIN    c o l l a p s e d :
   + Evangelium Secundum Iohannem I, i-x
      + IN PRINCIPIO ERAT VERBUM
      + ET VERBUM ERAT APUD DEUM
      + ET DEUS ERAT VERBUM
```

Nun stellen Sie sich vor, Sie sitzen am Bildschirm und drücken eine Taste (oder klicken mittels Mausknopf), und schon *öffnet* sich eine jede Zeile und zeigt an, was sich darunter verbarg; denn daß sich etwas verbarg, zeigt das Plus-Zeichen vor einer Zeile an. Der Befehl, den Sie jetzt verwenden, heißt "expand", weil Sie ja "expandieren" (ausweiten) wollen:

```
+ LATIN   e x p a n d e d:
  + Evangelium Secundum Iohannem I, i-x
    + IN PRINCIPIO ERAT VERBUM
    - In the beginning (there) was The Word
    + ET VERBUM ERAT APUD DEUM
    - and The Word was with God
    + ET DEUS ERAT VERBUM
    - and God was The Word.
```

Somit können Sie Ihr Wissen testen und haben sofort die Erfolgskontrolle, ohne ein Blatt oder eine Folie zeilenweise herunterschieben zu müssen wie bei unserer Idee in Kap. 6! Falls Sie anderen Lernstoff bewältigen wollen, bei dem Sie eine Zeichnung unter der "Überschrift" unterbringen wollen, so geht dies mit einem grafikfähigen Computer ebenfalls. Das folgende Beispiel zeigt die arabische Schrift, aber genauso könnte *jede Zeichnung* unter der Überschrift auftauchen:

+ WILLKOMMEN

Aber, Sie müssen gar nicht zeichnen! Mit einem graphikfähigen Computer kann man ganz anders vorgehen. Im Grafik-Modus kann man z.B. *einzelne Worte besonders gut hervorheben*! Angenommen, Sie wollen diesen kleinen Dialog nach diversen Gesichtspunkten analysieren:

```
G.  Scusi, signore, come si chiama?
S.  Mi chiamo Marco Bragadin.
G.  E' di Milano?
S.  No, sono di Venezia.
G.  E' qui in vacanza o per lavoro?
S.  No, sono qui in vacanza.
G.  Grazie.
S.  Prego
```

Nehmen wir weiter an, es ginge Ihnen darum, die *Hauptwörter* zu erkennen: Dann verstecken Sie diese in eine "Unterzeile", welche auf Knopfdruck später sichtbar wird.

Oder wollen Sie lieber die *Tätigkeitswörter* trainieren? Dann könnten Sie sich ebenfalls testen und sofort Ihre gehirn-gerechte Erfolgskontrolle erhalten:

Es gibt unzählige Möglichkeiten:

Oder wollen Sie lieber eine Hilfestellung zur Aussprache vermerken? Nach meinem System brauchen Sie das zwar selten, aber wer z.B. in der Schule eine ziemlich falsche Aussprache gelernt hat, könnte sich einmal exakt vor Augen führen wollen, welche Buchstaben nun wirklich betont werden müssen:

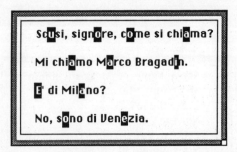

Sie sehen, *the sky is the limit* (der Himmel ist die Grenze), in anderen Worten: es gibt *keine Grenzen* für Ihre Kreativität. Wenn mir jetzt jemand erklären würde, daß kommerzielle Computer-Sprachlern-Programme nur Vokabelpaukerei *bleiben* müssen, dann kann ich nur laut lachen!

Der Computer als kreativer Helfer!

Die folgende Idee setzt ebenfalls einen grafikfähigen Computer voraus; Sie wissen ja, daß das Zeichnen am Bildschirm sehr einfach ist. Nicht nur, weil jeder Fehler mit UNDO so gelöscht werden kann, daß der Rest der Zeichnung unversehrt bleibt, sondern auch, weil der Computer in Bruchteilen einer Sekunde verschiedenste Operationen durchführen kann, welche mit Papier sehr aufwendig wären: Das FLIPPEN (seitlich oder vertikal wenden), das Kopieren, das Vergößern und Verkleinern, das Füllen von Flächen etc.

Das folgende Beispiel gibt Ihnen eine Ahnung, wie man z. B. Redewendungen aus der Zielsprache (hier Englisch) so verbildlichen kann, daß das rechte Hirn in seiner Arbeit des "Bildermachens" unterstützt wird. Aber die folgende Idee könnte auch von innovativen *Lehrern* aufgegriffen werden, welche interessante Unterrichtsmaterialien erstellen wollen! Dabei muß vor Beginn Ihrer Ausführungen noch gar nicht feststehen, was Sie genau zeichnen wollen. Beginnen Sie "irgendwo". Hier ist der Grundkopf, mit dem ich einmal begann:

Nun wollte ich verschiedene Idioms gehirn-gerecht aufschlüsseln. Dabei wählte ich je eins aus und begann, mit dem Kopf zu spielen: Ich "fing" ihn mit dem "Lasso" ein, rotierte ihn, kopierte, flippte etc., bis sich plötzlich die zündende Idee *beim Zeichnen selbst* ergab! Das ist das Wesentliche, und deshalb nenne ich den Computer ein Denk-Werkzeug, das dem menschlichen kreativen *und* analytischen Denken in etwa zu einem ähnlichen *Quantensprung* verhelfen kann, wie die *Schrift* dies einst tat!

Die ersten beiden Redewendungen umseitig sind: *Looking down one's nose (at somebody)* = jemanden von oben herab behandeln, und SELF-AWARENESS, ein Begriff, der Deutschen oft Probleme bereitet: wörtlich de-kodiert, hieße er zwar SELBST-BEWUSSTSEIN, aber wir meinen mit Selbstbewußtsein eher ein starkes Selbstwertgefühl, also ausgeprägte innere Sicherheit, während der englische Ausdruck lediglich das Bewußt-Sein (sich seiner selbst bewußt sein) beschreibt, was die Zeichnung ver-BILD-licht!

Im nächsten Beispiel zeigt die linke Seite die Redewendung *sharing a viewpoint*, wörtlich TEILHABEN [an] EIN[em] STANDPUNKT, aber man kann ja nie *genau denselben* Standpunkt einnehmen, wie ein anderer Mensch; selbst wenn man sich "sehr nahe" kommt, wird man immer ein wenig "daneben" stehen; das zeigt die Zeichnung sehr klar. – Und der rechte Ausdruck *to be of one mind*, wörtlich ZU SEIN VON EIN[em] GEIST ist ebenfalls problematisch für uns. Erstens ist MIND ein phänomenales *catch-all* (Universalwort), das von *Gehirn* über *Geist* bis zur *Seele* alles bedeuten kann. Zweitens ist auch hier eine vollkommene Übereinstimmung mit einem anderen Menschen, wie die Redewendung sie herbeiwünscht, letztlich unmöglich. Deshalb zeigt das Bild die *partielle* Übereinstimmung wieder gehirn-gerecht auf:

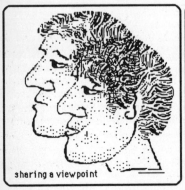

Sie sehen, es gibt eine Menge zu tun! Wann packen Sie es an?

Schlüsselsätze zur Birkenbihl-Methode!
Anläßlich der 3. Auflage dieses Buches

Dieses Kapitel wird jetzt zur 3. Auflage *neu* in das Buch aufgenommen. Es bietet Ihnen einige wesentliche Aussagen (noch einmal) an — je nachdem, ob Sie dieses Kapitel vielleicht bereits vorab lesen oder ob Sie es als Zusammenfassung der Kernpunkte betrachten.

Die folgenden Schlüsselsätze sind weitgehend identisch mit jenen auf der dritten Kassette des (gleichzeitig erscheinenden) Kassetten-Kurses (Ton-Kassetten — ideal für unterwegs!), in welchem meine Methode anhand eines **didaktischen Hörspiels** vorgestellt wird. Dem Kassetten-Kurs (*Anleitung zum Sprachenlernen nach der Birkenbihl-Methode*) liegt dieses Buch selbstverständlich bei! Das Hörspiel wurde als Ersatz meines gleichnamigen Seminares geschaffen, denn die Erfahrung hat immer wieder gezeigt, daß insbesondere diejenigen Menschen, die in anderen Sprachen vorrangig *sprechen/verstehen* wollen, oft wenig Lust verspüren, die Beschreibung der Lern-Methode zu *lesen*! Selbstverständlich werden in dem Kassetten-Kurs auch wesentliche Hintergrund-Informationen gegeben (z.B. über den Prozeß des Zuhörens) sowie Vorurteile "aufgebrochen", ehe die Methode selbst - Schritt für Schritt - erläutert wird.

Das Hörspiel läßt Sie Zeuge eines Beratungs-Gespräches werden (auf den Kassetten 1 und 2), wobei die Person, die beraten wird, zunächst *äußerst skeptisch* an die Sache herangeht. Somit ist dieser Kurs auch für jene Menschen besonders geeignet, die zunächst überhaupt nicht "glauben wollen", daß Sprachenlernen einfach und mit Freude verbunden sein könnte! Die dritte Kassette enthält sowohl einige Schlüssel-Aussagen als auch ein konkretes "Durchgehen" der vier Lernschritte, so daß diese Kassette im Optimalfall beim ersten Mal zuhause (im Büro) gehört wird (wobei auch dieses Buch griffbereit sein muß). Später kann man die dritte Kassette auch unterwegs "mal wieder laufen lassen", während die ersten beiden Kassetten gleich unterwegs gehört werden können.

Es folgen die Schlüsselsätze:

Es muß Millionen von Menschen geben, die in der Schule mehrere Jahre Fremdsprachen-Unterricht hatten. Und wie wenige können diese Sprache(n) später tatsächlich sprechen, wenn es darauf ankommt? *Ein paar Prozent* — mehr sind das doch nicht, was angesichts eines sich immer mehr zusammenschließenden Europas besonders schlimm ist...

Was die meisten Menschen nie bewußt registriert haben, ist die Tatsache, daß Lernen per Imitation mit Abstand der wichtigste Lernprozeß im Leben jedes Menschen ist. Deshalb sollten Eltern z.B. nicht verlangen, das Kind solle lesen und schreiben üben, weil das doch so wichtig sei, wenn in diesem Haus außer dem Fernsehprogramm nichts gelesen und außer dem Einkaufszettel nicht viel geschrieben wird. ... Oder denken Sie an Chefs, die von ihren Mitarbeitern *mehr Initiative fordern, während sie Management by Champignon*[1] betreiben! Wenn uns also klar wird, daß es ein natürlicher Impuls ist, per Imitation zu lernen, dann können wir diverse Lernprozesse, z.B. das Sprachenlernen, von einer neuen Warte aus betrachten.

So ist z.B. Vokabel-Pauken extrem kontra-produktiv, wie alle wissen, die dies jahrelang mit wenig Erfolg praktiziert haben und die dann auch noch fälschlicherweise glauben, sie hätten halt kein Talent zum Sprachenlernen, was ganz besonders bedauerlich ist. Aber **diesen Abermillionen könnte geholfen werden,** wenn sie es lernten, **gehirn-gerecht** vorzugehen. Wenn nämlich der Gehirn-Besitzer ein wenig über die Arbeitsweise dieses phänomenalen Instrumentes in seinem Schädel weiß, dann kann er **gehirn-gerecht** vorgehen, d.h., **dann** kann er auch ein effizienter **Gehirn-Benutzer** werden! Wobei das Sprachenlernen nur **einer** der Aspekte ist, bei dem dieses gehirn-gerechte Vorgehen enorme Vorteile bringt!

Übrigens: Alles Lernen ist letztlich Selber-Beibringen! Je besser man das begreift, desto weniger Zeit und Energien muß man (für Lernprozesse aller Art!) aufwenden.

---

[1] Alle Mitarbeiter im Dunkeln halten, regelmäßig Mist auf sie abladen und, sobald einer den Kopf herausreckt, sofort abschneiden!

Lernen durch Imitation ist der wichtigste Lernprozeß für jeden Menschen — auch für Erwachsene! Deshalb prägt uns das, was uns täglich umgibt: (stupide?) Fernsehprogramme, schlampige (Aus-)Sprache sowie läppisches Minimal-Vokabular vieler Mitmenschen usw... Was wir ständig hören/sehen, das werden wir ebenfalls sagen/tun... Deshalb motivieren ja diejenigen Führungskräfte am besten, die "mit gutem Beispiel" vorangehen, denen folgt man auch gerne!

Wenn ich an den Sprachen-Unterricht in der Schule denke ... da wird doch nur *sehr wenig imitiert*. Im Gegenteil, man geht mit dem Stoff in der Regel viel zu schnell voran, so daß die Hauptlast des Lernens beim *Schüler* liegt, der ständig repetieren soll; aber *wiederholen* ist doch, genaugenommen, nicht dasselbe wie Imitieren, oder?

Und welche Modelle oder Vorbilder hat man in der Schule oder in einem Sprachkurs für Erwachsene? Richtig!! *Einen* Lehrer (bzw. *eine* Lehrerin) und (viele) Schüler, so daß die *meisten* Vorbilder eigentlich recht schlechte Modelle zum Imitieren darstellen. Dies ist vor allem dann der Fall, wenn die Schüler selbst möglichst viel sprechen sollen, und zwar in der Regel, noch *ehe* sie dazu fähig sind, so daß die *Mitschüler als schlechte Vorbilder* dienen, ohne das zu wollen.

Etwas begreifen heißt automatisch, daß wir zu diesem Begriff (be-*greifen* und Be-*griff*, dieselbe Wortwurzel!) bereits eine Vorstellung besitzen müssen, sonst können wir uns eben kein Bild davon machen. Das ist der Grundgedanke, der hinter der Technik des intensiven **Hören/Aktiv**, im Gegensatz zum normalen Hören, steht, wobei noch hinzuzufügen ist, daß wir uns die Bilder normalerweise unbewußt machen. (Vgl. bitte auch mein Buch: *Stroh im Kopf? - Gebrauchsanleitung für's Gehirn*, 6. Aufl., 1988.) Erst durch das Beispiel (Denken Sie jetzt bitte keinesfalls an eine weiße Maus auf rotem Fahrrad!) wird den meisten Menschen klar, *daß* sie diese Vorstellung haben!

Leider wird den Kindern das intensive, mitdenkende Zuhören ausgetrieben, bei welchem sich automatisch bewußte Vorstellungen mit dem Gehörten verbinden bzw. bei welchem man sich aktiv vorstellt, worüber man nachdenkt... Erst wenn wir diese Fähigkeit wieder aktivieren, die — ich kann das nicht ausdrücklich genug betonen — jedes Kind zunächst entwickelt hatte, dann können wir wieder wirklich gut zuhören und während des Zuhörens erstens sehr viel mehr von dem Gehörten *merken* und zweitens *aktiv mitdenken, während* wir zuhören.

Sowohl auf der Hörspiel-Kassette als auch im Buch (S. 40ff) wird das *Mini-Training zum Zuhören/Aktiv* beschrieben, das Sie unbedingt durchlaufen sollten. Zumindest könnten Sie einmal ausprobieren, wie leicht oder schwer es Ihnen fällt... Darauf bezieht sich der nun folgende kurze Dialog-Ausschnitt:

Berater	Was aber, wenn der Minister nach **Khartoum** oder nach **Sierra Leone** geflogen wäre?
Willi	Jetzt haben Sie mich!
Berater	Aber was denken Sie denn normalerweise über Ihr sogenanntes schlechtes Gedächtnis, sagen wir mal, am nächsten Tag?
Willi	Daß ich gestern die Nachrichten gehört, heute aber **vergessen** habe, wohin der Minister geflogen war.
Berater	Und das ist falsch! Denn Sie hatten diesen Teil der Botschaft, genaugenommen, überhaupt noch **nicht begriffen**.
Willi:	Und Nicht-Begriffenes kann auch nicht ge-MERKT werden!
Berater	Eben. ... **Ein** Nutzen dieses Trainings ist das bewußte Bildermachen. Der **zweite** Nutzen ist das bewußte Registrieren aller Begriffe, zu denen Sie noch keine oder nur eine wischi-waschi Vorstellung besitzen.
Willi	Wenn ich also dieses Training durchlaufe, dann habe ich als Minimal-Nutzen einmal die Tatsache, daß ich ganz allgemein besser zuhören lerne und zweitens, daß ich mir, als *Nebeneffekt* sozusagen, weit mehr von dem Gehörten auch gleich merken kann. Richtig?
Berater	Richtig. **Drittens** werden Sie selbst sich besser ausdrücken, egal, in welcher Sprache Sie sprechen möchten.
Willi	Wieso denn *das*?
Berater	Weil jemand, der klare Vorstellungen vor seinem geistigen Auge hat, sich fast nie wischi-waschi ausdrücken kann, auch nicht aus Versehen. Und weil jemand, der gehirn-gerecht vorgeht, weit seltener als andere Menschen einen Teil seiner Botschaft vergessen wird bzw. einen unpassenden Begriff wählt usw.

Willi	Aah ja. Das leuchtet ein!
Berater	Und der **vierte** Vorteil ist natürlich, daß Sie nach Beherrschen dieser Technik die Birkenbihl-Methode zum mühelosen Erlernen von Fremdsprachen anwenden können!
Willi	(grinst) Das ist dann sozusagen ein Nebeneffekt der anderen Vorteile in der täglichen Praxis!

Der folgende Ausschnitt aus dem Hörspiel zeigt einige der Grundgedanken auf, die *hinter* meinem methodischen Ansatz stehen. Da ich in dem Hörspiel "meine Rolle" einem Profi-Trainer "gab", spricht er von "der Autorin", wenn er mich meint...

Willi	Und diese Methode ist sozusagen ein neuer Ansatz zur *Didaktik* des Sprachenlernens?
Berater	Genau. Die Autorin analysierte nämlich die Probleme des herkömmlichen Lernens (z.B. mit dem Vokabel-Pauken bzw. die Schwierigkeiten, die der Umweg über die Grammatik für die meisten Lerner bedeutet usw.). In Verbindung mit dem Denk-Modell der beiden Hirnhälften ergaben diese Schwierigkeiten plötzlich *einen ganz anderen Sinn*. Wenn nämlich die alte Vorgehensweise bestimmte Fähigkeiten des Gehirns nicht ausnutzt bzw. sogar gegen die Arbeitsweise des Gehirns gerichtet ist, *dann muß das Resultat zwangsläufig eine Menge Frust, vergeudete Mühe, Zeit und Energie bei nur mäßigem Erfolg sein!*
Willi	Deshalb ist der neue Ansatz gehirn-gerecht.
Berater	Genau. Halten wir fest: Die traditionelle Rolle des Lehrers ist, um ein mildes Wort zu wählen: äußerst *ungünstig*. Denn: Wenn man mit einem Lehrer arbeitet, dann sollte dieser *erstens* ein *native speaker* sein, d.h., er sollte in seine Muttersprache (hinein) arbeiten. *Zweitens* könnte der Lehrer z.B. bereits Gelerntes mit Rollenspielen verfestigen helfen. ... Würde der Lehrer nämlich Vorbild, also ein Modell zum Imitieren sein bzw. zum Freund und Spielpartner werden, dann würde der Lehrer eine ähnliche Funktion bekleiden wie diejenigen Menschen, von denen wir einst die Muttersprache gelernt haben.
Willi	Der Lehrer als Katalysator statt als großer Meister!
Berater	Genau. *Drittens*: Die Muttersprache lernt man in konkreten Situationen, also in einem sinnvollen Zusammenhang. Der jedoch fehlt im Klassenzimmer meist, außer man übt gerade Sätze wie "Hier ist eine Tafel, dies ist das Klassenzimmer" usw.
Willi	Da kann ich mir aber interessantere Themen zum Üben vorstellen. Zum Beispiel, wie ich in einem Bistro was bestelle, oder so was.
Berater	Genau. Solche Zusammenhänge könnten von Lehrer und Schüler im Rollenspiel gespielt werden. ... Das Spiel vermittelt ein Pseudo-Erlebnis, das für unser Unbewußtes genauso hilfreich ist wie tatsächlich Erlebtes. ...

Viertens muß der Lernende unbedingt Ton-Kassetten besitzen, damit er möglichst oft gute Modelle hört (und zwar weit mehr als nur die eine Lehrer-Stimme)... Dann erst kann Lernen durch Imitation — also *die leichteste Art des Lernens* — stattfinden. Wenn man ganz ohne Lehrer arbeitet, dann sind diese Stimmen auf Band die Modelle zum Imitieren, während man selbst sein eigener Lehrer wird. Und das ist, wie Sie noch sehen werden, weit leichter, als man zunächst meinen könnte. ... Das ist ja der Clou der Birkenbihl-Methode: Jeder lernt genau, was er lernen will, wenn er sein eigener Lehrer ist. *Da müssen ja keine Mitlernenden über denselben Kamm geschoren werden!* Also: Wer schreiben will, darf natürlich. Aber wer nicht will, braucht nicht! Wer Grammatik liebt, darf natürlich mittels Grammatik-Regeln lernen. Aber wer das nicht will, der braucht sich mit Grammatik überhaupt nicht zu befassen. Wer sprechen will, darf sprechen üben, aber wer überwiegend lesen oder verstehen lernen will, der braucht überhaupt nichts zu sprechen!

Willi — Das klingt ja immer **unglaublicher**.

Berater — Muß es ja, solange man die alten Vorurteile noch **glaubt**. Aber die können Sie ja bald *ad acta* legen, nicht wahr?

Ein Aspekt, der im Hörspiel sogar noch stärker herausgearbeitet wurde als im Buch (Seite 58/59) ist der des Sprachgefühls. Dabei geht es z.B. über die Konzepte, die "hinter den Worten stehen" und die uns beim De-Kodieren (= Lernschritt 1) besonders bewußt werden. (Fallbeispiel: Bis vor kurzem war *Frieden* für uns doch hauptsächlich die *Zeit zwischen den Kriegen*, nicht wahr? Die Idee, daß *Frieden* etwas ist, was man genauso zielstrebig planen kann wie einen Krieg, ist noch sehr neu.) Bezogen auf das sture Pauken von Vokabeln, heißt dies: Abgesehen davon, daß es der Art, wie unser Gehirn am effizientesten lernt, widerspricht, **kann Vokabel-Pauken kein wirkliches Sprachgefühl schaffen**. Weder für die Zielsprache noch für die eigene! Damit kann man nie in die Mentalität der Menschen, deren Sprache man lernt, eintauchen. Man kann nie *wirklich* in dieser Sprache denken, empfinden, reagieren. Man fühlt sich geistig sozusagen in der anderen Sprache nie zuhause! (Wobei man boshaft sagen könnte, daß so mancher sich in seiner Muttersprache auch kaum mehr auskennt als ein Tourist.)

Jetzt werden die vier Schritte noch einmal kurz angedeutet:

Berater	**Erstens**: Durch das De-Kodieren eines Textes, dessen sogenannte gute Übersetzung vorliegt, begreifen Sie die Lektion weit vollständiger als durch mühseliges Selbst-Übersetzen! Angenommen, Sie stellen fest, daß der Araber nicht sagt: *ein Buch*, sondern: *Buch-ein* (weil das "ein" durch eine Endung zum Ausdruck gebracht wird). Wenn Sie dies durch die De-Kodierung des Textes bereits gemerkt haben, dann werden Sie später nie dastehen und verzweifelt das nicht-existierende Wort für "ein" suchen, wenn Sie sich aktiv ausdrücken (also sprechen oder schreiben) wollen! **Zweitens**: Je absurder die wort-wörtliche "Übersetzung" ist, desto leichter erkennen Sie die Art und Weise, wie man in Ihrer Zielsprache Dinge anders ausdrückt, als dies bei uns der Fall ist. Mit dieser Methode fällt die Angst vor den sog. Idioms (das sind unübersetzbare Wortfolgen) weg! Beispiel: Im Deutschen können wir uns *einen Ast lachen*; diese Redewendung ergibt jedoch im Englischen überhaupt keinen Sinn. Haben Sie jedoch einmal de-kodiert: *Er lachte sich albern* (*he laughed himself silly*), dann werden Sie niemals sagen: *He laughed himself a twig*, was nämlich kein Angelsachse verstünde. **Drittens**: Das De-Kodieren bringt Ihnen nicht nur Freude und Faszination beim Lernen, sondern Sie werden sehr bald bereits aktiv eigene Sätze analog zu gelernten bilden können, wobei Sie von Anfang an fast fehlerlos arbeiten werden! ... **Schritt 1 ist beendet,** wenn Sie den fertig de-kodierten Text vor sich liegen haben, so daß Ihnen die Bedeutung jedes einzelnen Wortes sichtbar vor Augen geführt wird.
Willi	Ab jetzt müßte es doch darum gehen, diese Bedeutung wirklich in mein Hirn hinein zu bekommen?
Berater	Genau. Das geschieht durch **Schritt 2**: Hören/Aktiv!
Willi	Aha!
Berater	Ich darf allerdings darauf hinweisen, daß Schritt 2 umso besser gelingen wird, je besser Sie ihn in Ihrer Muttersprache bereits beherrschen. Hierbei handelt es sich um die Technik des intensiven Zuhörens, über die wir vorhin sprachen. (Vgl. im Buch: *Hörtraining*, S. 40ff) Also angenommen, die erste Lektion spielt an der Rezeption eines Hotels. Ein Gast kommt herein und sagt: "Guten Tag, ich habe eine Reservierung." PAUSETASTE.

Willi	Klar. Dann stelle ich mir den Gast vor.
Berater	Genau. Und die Person an der Rezeption, wenn diese jetzt den zweiten Satz spricht: "GUTEN TAG, IHR NAME BITTE?" oder so ähnlich.
Willi	Alles klar. Aber könnte ich das nicht auch mit der deutschen Übersetzung machen statt mit der De-Kodierung?
Berater	Bitte nicht! Die De-Kodierung zeigt Ihnen ja die Struktur der Zielsprache. Immer wenn diese vom Deutschen abweicht, merken Sie dies beim Mitlesen des de-kodierten Textes sehr bewußt!
	...
Berater	Lernschritt 2, also Hören/Aktiv eines Textes, bewirkt folgendes: Wenn Sie jedes Wort verstehen, im Sinne des gehirn-gerechten Hörens, dann ist es für Ihr Gehirn bereits völlig egal, ob Sie *diesen* Text auf deutsch oder in der Zielsprache hören, denn...
Willi	... denn ich sehe in beiden Fällen dieselben Bilder vor meinem geistigen Auge! Also zeigt Herr Rechts mir dasselbe Bild eines *Tisches,* wenn er *table* hört! Nicht wahr?
Berater	Ganz genau. Das heißt, am Ende des zweiten Lernschrittes verstehen Sie jedes Wort der Lektion, wenn Sie es hören, genauso gut, wie Sie denselben Text auf deutsch verstanden hätten.
Willi	Das ist ja phantastisch! Denn einerseits kann ich jede solcher Übungen als weiteres Training für gutes Zuhören im allgemeinen auffassen, ich tue also etwas für meine Weiterentwicklung, und zweitens macht es doch sicher Spaß, wenn ich von Mal zu Mal merke, wieviel besser ich begreife, bis ich den ganzen Text verstehe.
Berater	Damit haben Sie ein ganz wesentliches Element der Birkenbihl-Methode erfaßt: **Die Freude**, die bei **ständig wachsenden Erfolgserlebnissen** automatisch auftaucht!

Schritt 3 ist jetzt die andere Art des Zuhörens, also das Hören/Passiv. Nach dem Motto: **Wo lassen Sie lernen?** Antwort: **In meinem Unbewußten!**

Willi	Ich könnte also z.B. einen Krimi im Fernsehen ansehen und gleichzeitig die Lektionstexte passiv reinziehen?
Berater	Genau. Wobei Sie die Sprachkassette so leise einstellen, daß Sie diese kaum noch hören können. Sie konzentrieren sich also total auf den Film, Sie hören den Dialogen dort sehr intensiv zu...
Willi	... während ich der Sprachlektion eigentlich gar nicht zuhöre, richtig?
Berater	Genau. Das ist die Idee. Ihre rechte Hemisphäre speichert das für Sie Wesentliche ganz allein - ohne Ihr bewußtes Zutun! In dieser Phase Hören/Passiv gewöhnt sich Ihr Unterbewußtsein an Aspekte, die Sie später sowohl beim aktiven Sprechen als auch beim Verstehen erkennen und können müssen! Da Sie jedoch bewußt "nichts" dazu tun, nennen wir dies **Hören/Passiv!**
Willi	Also ist das eine Lernphase, die überhaupt keine Extrazeit kostet!

Berater	Genau. Das ist der springende Punkt. Sie "lassen" wirklich lernen, Herr Willi! Im Gegensatz zu Schritt 1, De-kodieren, wenn Sie dies selber machen. Und im Gegensatz zu Hören/Aktiv, was Sie immer selbst tun müssen! Und zwar konzentriert, mit dem ganzen Hirn!
Willi	Dieses passive Hören — was passiert da genau?
Berater	Erstens lernt Herr Rechts die Tonalität, zweitens hören Sie laufend Ihre Vorbilder — unbewußt — was jedesmal in etwa einem *Mini-Aufenthalt im Land Ihrer Zielsprache* entspricht...
Willi	Ja natürlich!! Man umgibt sich mit der Sprache und mit den richtigen Modellen! Man hört also immer wieder die richtige Aussprache, ohne daß man selbst aktiv laufend wiederholen müßte. Das ist großartig! Ich bin begeistert!
Berater	Sie sind nicht der erste, Herr Willi!
Willi	Also spricht man gar nicht von Anfang an selbst...?
Berater	Eben. Das ist ein sehr wichtiger Aspekt der Birkenbihl-Methode! Je eher Sie sprechen — vor allem, wenn Ihnen die Tonalität noch gar nicht vertraut ist —, desto mehr deutschen Akzent werden Sie später haben! Hier haben wir noch einen weiteren Grund, der gegen das Vokabel-Pauken spricht. Denn wenn Sie die Vokabeln, die Sie pauken sollen, brav halblaut vor sich hin murmeln, dann sprechen Sie jede Vokabel viel zu früh aus — zu einem Zeitpunkt, an dem die fremde Tonalität noch nicht vertraut ist. Und diese schlechte Aussprache wirkt gleichzeitig als Modell für Ihren Herrn Rechts. Deshalb, eben weil Sie sich selbst ja zugehört haben, verstärken Sie die falsche Aussprache.
Willi	Auch das leuchtet ein. Aber mein Gott, wenn ich jetzt an den Schulunterricht denke... Dann kommen dann noch die Mitschüler hinzu, die aus demselben Grund ähnlich falsch sprechen. Und dann die Lektionstexte selbst! Wir mußten immer *sofort* versuchen, einen neuen Text laut zu lesen. ... Also, jetzt habe ich mit meinem Lektionstext den Schritt 1 (De-Kodieren) sowie Schritt 2: Hören/Aktiv absolviert und mit Schritt 3 begonnen. Wie geht es jetzt weiter?
Berater	Jetzt kommt es auf Ihre Ziele an, also ob Sie überwiegend **sprechen** und/oder **verstehen** bzw. ob Sie mehr oder auch **lesen** und/oder **schreiben** können wollen!
Willi	Nun, ich will ja vor allem sprechen und verstehen können. Was könnte ich im vierten Lernschritt tun?
Berater	Also, der vierte Lernschritt ist: **Aktivität**! Hier beginnen wir, aktiv mit der Sprache zu arbeiten! Wenn Sie also sprechen wollen, dann sprechen Sie Ihre Lektionstexte zunächst mit den Sprechern auf der Kassette gleichzeitig, also quasi im **Chor**!
Willi	Moment mal! Früher hat man doch Latein und Griechisch dadurch gelernt, daß man die Texte im Chor rezitiert hat!
Berater	Genau. Das war außerordentlich gut, also gehirn-gerecht, wurde aber leider abgeschafft!

Willi	Kann man, wenn der Kurs **Nachsprechpausen** hat, nicht auch hinterher sprechen?
Berater	Das müssen Sie ausprobieren. Einige Leute finden das Nachsprechen, also eine Art Echo-Effekt, wesentlich angenehmer, andere ziehen den Chor-Effekt vor. Wichtig ist vor allem, *daß man erst mit Schritt 4 beginnt, wenn einem der Klang bereits sehr vertraut ist.*
Willi	Während man früher immer viel zu früh sprechen mußte. Klar. Aber: Wie weiß ich, wann dieser Punkt erreicht ist?
Berater	(lacht) Oh, das *wissen* Sie. Das spüren Sie! Glauben Sie mir, es ist, als ob eine kleine innere Stimme sagen würde: *So, jetzt bin ich so weit, daß ich diesen Text einmal mit- oder nachsprechen möchte!*
Willi	Eigentlich einleuchtend, denn früher wußte ich ja auch, daß es zu früh war, wenn ich eine Lektion laut vorlesen oder Fragen dazu beantworten mußte!

Tja, jetzt müssen Sie nur noch eine Entscheidung treffen, liebe Leser: Ob Sie sich von liebgewonnenen "Einsichten" (wie: Ich bin halt unbegabt oder: es geht nur über Vokabel-Pauken etc.) trennen wollen! Wenn ja, dann probieren Sie meine Methode. Wichtig: Sie müssen überhaupt nicht daran glauben — wenn Sie es einfach einmal testen, dann wird Ihr Gehirn Ihnen zeigen, wozu es fähig ist. Und wenn Sie als Gehirn-Benutzer ein guter "Chef" Ihrer "Mitarbeiter im Kopf" sind, dann lassen Sie zu, daß "es" plötzlich ganz leicht wird...

Schließlich leben wir in einer Zeit, in der Europa immer mehr "zusammenrückt"; daher werden immer mehr Menschen gebraucht, die nicht nur Fachmann/frau sind, sondern die ihre Belange selbst vertreten können, wenn es gilt, andere Europäer zu informieren oder mit ihnen zu verhandeln.

Der Dolmetscherberuf wird zwar ebenfalls weiter Konjunktur haben, denn z.B. bei juristischen Situationen wird man sicherheitshalber auch in der Zukunft gerne Fach-Übersetzer dabeihaben; aber die "alltägliche" Unterhaltung in Europa wird in wachsendem Maße von *Europäern* getätigt, von *Polyglotten*! Oder glauben Sie wirklich ernsthaft, daß die sprachenbegabten Menschen alle rein zufällig in den Benelux-Ländern geboren wurden? Na also!

Viel Freude und Erfolg wünsche ich Ihnen.

P.S. zur dritten Auflage

Liebe Leser,

seit Erscheinen des Buches sind natürlich zahlreiche Reaktionen eingegangen. Da schreiben uns Menschen, daß sie durch diesen Text **neuen Mut** zum Sprachenlernen gefunden haben, daß sie jetzt damit **Erfolg** haben (und viel **Freude** dabei erleben), usw. Diese Briefe decken sich im Tenor mit der Reaktion von Seminarteilnehmern. Ganz besonders freue ich mich natürlich, wenn **Lehrer** sich "bekehren" lassen. Deshalb möchte ich Ihnen — *stellvertretend für viele* — *eine* solche Reaktion anbieten.

Allerdings fing alles "ganz anders" an: In seinem ersten Brief teilte Herr Koll mir einen groben Fehler im Buch (2. Auflage) mit, den er sehr wissenschaftlich (fast pedantisch) erläuterte, und den wir in der dritten Auflage selbstverständlich korrigiert haben. Nun lesen Sie, was er *jetzt* schreibt:

(Bezüglich des von ihm verfaßten Arabisch-Kurses, den er bisher in seinen Kursen eingesetzt hat):

```
Nachdem ich mich in den letzten Monaten intensiver
mit dem Thema "Sprachenlernen" befaßt habe, mußte ich
erkennen, daß ich sowohl im Unterricht als auch in
meinem Lehrmaterial nicht eine einzige Möglichkeit,
etwas falsch zu machen, ausgelassen habe. Ich werde
dieses Material ... nicht mehr einsetzen. Das kann
ich einfach nicht länger verantworten. Also werde ich
so bald wie möglich daran gehen, etwas völlig Neues
zu basteln.

Dabei will ich dann so vorgehen:
Auf jeden Fall möchte ich dabei bleiben, die Buchsta-
ben (die übrigens alle meine Kursteilnehmer mitlernen
wollen) teelöffelweise zu servieren. Versuche, hier
nach der "Ganzheitsmethode" vorzugehen, sind bisher
stets arg mißlungen. Die Teilnehmer verlieren dabei
sehr schnell die Lust. Deshalb sollen pro Lektion nur
wenige Buchstaben kennengelernt werden. ...
Von Anfang an sollen zusammenhängende Sätze als klei-
ne Szenen oder bestimmte Themen die Texte darstellen.
```

Die Gegenbeispiele finden sich zur Genüge in meinem (alten) "Werk". <u>Der König ist schön</u> und <u>die schöne Königin</u> gehen mir selbst längst auf den Geist.

... Selbstverständlich sollen die Lektionen mit dekodierten Texten beginnen, die mindestens in den ersten beiden Semestern zusätzlich auch die Lautschrift zeigen. ... Bisher habe ich immer sehr großen Wert auf die Grammatik gelegt. Nicht zuletzt durch die Lektüre Ihrer Bücher habe ich mich aber überzeugen lassen, daß es sehr wohl sinnvoll ist, die Regeln und Gesetze ein bißchen mehr auf Sparflamme zu kochen. Vielleicht kann man an strategisch wichtigen Punkten im de-kodierten Text mit Minihinweisen zunächst viel mehr erreichen als durch linguistische Klimmzüge. ... Ich (werde) radikal darauf verzichten müssen, stets zu versuchen, der staunenden Leserschaft mein profundes Wissen an Regeln und deren Ausnahmen zu demonstrieren. ...

Die allermeisten meiner VHS-Hörer wollen sprechen, verstehen und gelegentlich mal einen Brief schreiben. Das trifft in besonderem Maße zu auf diejenigen von ihnen, die einen arabischen Ehepartner besitzen. Daneben allerdings gibt es auch solche, die als frischgebackene Moslems religiöse Texte lesen wollen. Ich bin heute davon überzeugt, daß man auch diesen mit Ihrer Methode ganz ausgezeichnet die Grundbegriffe der arabischen Sprache vermitteln kann.

Bei dieser Gelegenheit will ich Ihnen nicht verhehlen, daß ich nach der Lektüre Ihrer Bücher zunächst der Meinung war, diese Methode (insbesondere das Dekodieren) ließe sich möglicherweise für eine Menge von Sprachen anwenden aber eben nicht für das Arabische. Dennoch habe ich Versuche gemacht, und heute bin ich überzeugt, daß dieser Weg ... zum Ziel führen wird. Allerdings wird man Ihre Methode ein winziges Bißchen der Materie anpassen müssen. Das aber ist wohl eine Selbstverständlichkeit.

Zurück zur Grammatik. Ich war bisher der Ansicht, vernünftige Texte könnten erst dann geboten werden,

```
wenn das exakte System der Konjugation mit allen ih-
ren Formen bereits abgehandelt worden ist. Ich ging
sogar so weit, Verben der abgeleiteten Stämme erst
dann in die Texte aufzunehmen, wenn der betreffende
Stamm vorher schon dargestellt wurde. Heute begreife
ich, daß diese Art der Sprachenvermittlung, schlicht
und ergreifend gesagt, falsch ist. Ich werde in Zu-
kunft von Anfang an auch (neue) Verben verwenden...
Der de-kodierte Text macht's möglich. ...
```

tja, Herr Koll ist nicht nur bereit, sein arabisches Lehrmaterial vollständig neu zu schreiben, er will sogar einen weiteren Schritt gehen, den ich unglaublich ermutigend finde. Wie gesagt, sein Brief steht stellvertretend für andere, sie inzwischen von Saulus zu Paulus wurden...

```
Natürlich muß ich auch meinen Unterricht ändern. ...
Ich hoffe, daß ... auch genügend Zeit bleibt für Sze-
nenspiele. Schließlich kann ich mich dann im "norma-
len Unterricht" darauf beschränken, Fragen zu beant-
worten....

Bleibt mir noch zu sagen, daß es mich sehr freuen
würde, von Ihnen etwas zu hören.

Mit    freundlichen    Grüßen
gez. Heinz-Peter Koll
```

Ich habe ihn sofort angerufen. Bei diesem Gespräch ergab sich, daß wir jetzt planen, ein **gehirn-gerechtes arabisches Lehrbuch** (sein Detailwissen, meine Methode) herauszugeben[1].

Abschließend möchte ich allen danken, die geschrieben haben! Viele von Ihnen haben mir von "kleinen Abweichungen" berichtet. Das entspricht vollkommen meiner Vorstellung, deswegen schlage ich Ihnen ja (auf S. 24) vor, daß Sie Ihre eigenen "Variationen" entwickeln. So wird meine Methode zur Basis, von der aus Sie "losmarschieren" können, weiter, und weiter und immer weiter... *Auf diesem Weg wünsche ich Ihnen, daß auch Sie die großartigen Hoch-Gefühle erleben, die mit einem intelligenten Einsatz des ganzen Gehirns zwangsläufig einhergehen.*

---

[1] Wenn alles "glatt" verläuft, wird es 1991 erscheinen...

Literaturverzeichnis

ABEND, Bernhard:
Grundlagen einer Methodologie der Sprachbeschreibung, Würzburg, 1985
BIRKENBIHL, Vera F.:
- Freude durch Streß, 6. Auflage, Landsberg, 1987
- Gehirn und Gedächtnis, in: Enzyklopädie Naturwissenschaft und Technik, Jahresband 1983, Landsberg
- Der persönliche Erfolg, 6. Auflage, Landsberg, 1989
- MacThink – Increasing Intelligence and Creativity with the Macintosh Computer, London, 1985
- Erfolgs-Training, Landsberg, 1987
- Sprache als Instrument des Denkens, Kassette, Landsberg, 1987
- Stroh im Kopf? Oder: Gebrauchsanleitung für's Gehirn, 6., erheblich erw. Auflage, Speyer, 1988

BLAKEMORE, C.:
Mechanics of the Mind, Cambridge, 1977
BLAKESLEE, T.R.:
Das rechte Gehirn, Freiburg, 1982 (derzeit leider vergriffen)
BOCHOW, Peter/WAGNER, Hardy:
Suggestopädie/Superlearning - Grundlagen/Anwendungsberichte, Speyer, 1986
BODMER, Frederick:
Die Sprachen der Welt, Kiepenheuer & Witsch, 5. Auflage, Köln/Berlin, 1965 (derzeit vergriffen; wird demnächst wieder verlegt!)
BUZAN, T.:
- Use Both Sides of Your Brain, New York, 1976
- Kopftraining - Anleitungen zum kreativen Denken, München, 1984

CALDER, N.:
The Mind of Man, New York, 1970
CASTANEDA, Carlos:
Reise nach Ixtlan, 14. Auflage, Stuttgart, 1987
CHÉREI, A.:
RUSSISCH OHNE MÜHE, ASSIMIL-Sprachkurs
DELGADO, J.M.R.
Gehirnschrittmacher, Frankfurt, 1971
EDWARDS, B.:
Garantiert zeichnen lernen, Reinbek, 1982
FELIXBERGER, Josef/BERSCHIN, Helmut:
Einführung in die Sprachenwissenschaft für Romanisten, München, 1974
GAZZANIGA, M.:
The Split Brain in Man, in: Perception, Mechanisms and Models (Hrsg. HELD), San Francisco, 1972
HENDRICKS, R.A.:
LATIN MADE SIMPLE (Sprachkurs), London, 1982
HOLT, J.:
- How Children Fail, New York, 1967
- The Underachieving School, New York, 1969

JACKSON, Eugene/RUBIO, Antonio:
FRENCH MADE SIMPLE (Sprachkurs), London, 1984
JACOBS, Noah Jonathan:
Amerika im Spiegel der Sprache, Bern, 1968
JAYNES, J.:
The Orign of Consciousness in the Breakdown of the Bicameral Mind, Boston, 1976

KANTOR, Philippe:
LE CHINOIS SANS PEINE, ASSIMIL-Sprachkurs
LEVY, J.:
Psychobiological Implications of Bilateral Asymmetry, in: Hemisphere Function in the Human Brain, (Hrsg.: DIMOND/BEAUMONT), New York, 1974
LOZANOV, G.:
Suggestology and Outlines of Suggestopedy, New York, 1977
MALERBA, Luigi:
Storiette Tascabili, Torino, 1984
MARFELD, A.F.:
Kybernetik des Gehirns, Reinbek, 1973
MECACCI, Luciano:
Das einzigartige Gehirn, New York, 1986
MILLER, A.:
Am Anfang war Erziehung, Frankfurt, 1981
OSTRANDER/SCHROEDER:
Leichter lernen ohne Streß (Superlearning), 3. Auflage, München, 1980
PENFIELD, W.:
- *Memory Mechanisms* in: A.M.A.-Archives of Neurology and Psychiatry, USA, Vol. 67, 1952
- The Mystery of the Mind: A critical study of consciousness and the human brain, Princeton Univ. Press 1975
POPPER, K.R./ECCLES, J.:
Das Ich und sein Gehirn, Frankfurt, 1982
RESTAK, R.M.:
The Brain, Geheimnisse des menschlichen Gehirns, Landsberg, 1985
SCHMIDT, J.J.:
L'ARABE SANS PEINE, ASSIMIL-Sprachkurs
SCHMIDT, Dr., Paul:
Sprachen lernen - warum und wie?, Bonn, 1954
SPERRY, R.W./GAZZANIGA, M.S./BOGEN, J.E.:
Interhemisphere Relationship, the Neocortical Commissures, Syndromes of Hemisphere Disconnection, in: Handbook of Clinical Neurology, Amsterdam, 1969
TAYLOR, G.R.:
Die Geburt des Geistes, Fischer, 1979
TEICHMANN, Bernhard:
Teichmanns Praktische Methode - Französisch, Eine sichere Anleitung zum wirklichen Sprechen der französischen Sprache, Erfurt, 1892
VOSS, Bernd:
Slips of the Ear, Tübingen, 1984
WAGNER, Hardy:
- Persönliche Arbeitstechniken, Speyer, 1983
- Struktogramm-Analyse, Speyer, 1985
WOOLRIDGE, D.:
- The Machinery of the Brain, New York, 1963

Stichwortverzeichnis

A
Abenteuer, geistiges - 25
abschreiben - 95, 132
Achsenbruch - 77
Advertizing - 31
Akzent - 14, 22
Alif - 97
Alpha-Phase - 115
Alpha-Wellen - 115
Amiga - 142
Araber - 126
arabisch - 34, 88, 99, 112
Arbeitsplatz - 76
Arzt - 139
aS-Sadat - 113
Assimil - 136
Assoziationen - 19
Asterix - 116
Atari - 142
ATATÜRK - 122
Attila, der Hunne - 123
Aussprache - 88, 90, 146
Aussprache-Regeln - 71
Auto - 95
Auto-Reverse-Geräte - 73
Autodidakt - 117
Autofahrer - 70

B
Bahnhof - 119
baskisch - 125
Baum - 95
BBC - 137
be-*greifen* - 151
Be-*griff* - 151
Behörde - 119
Beschreibung der Welt - 31
bilateral - 40
Bilder-Brief - 105
Bildschirm - 144
BLAKESLEY - 65
Blumento Pferde - 23
BOCHOW - 51
BODMER - 15, 36, 103, 123ff
Bonjour - 58
Breakthrough - 138
BROCA - 17f, 63
Buch - 34
BUSCH - 116
BUZAN - 104

C
C128 - 142
ca-TAS-troph-y - 114
Café - 95, 118, 139
Campingplätze - 119
CASTANEDA - 31
Casus - 14
Champignon/Management by - 150
CHAUCER - 125
China - 122
Chor - 157
CHRISTIE, Agatha - 82
Cinque mosche - 54
Commodore 64 - 142
Computer - 141f

D
Dekodieren - 29, 32, 35, 36, 37, 42,
  43, 53, 56, 57, 60, 61, 66, 67, 79,
  96, 129, 135, 140
De-Kodier-Übung/Italienisch - 53
Deklination - 14
Denk-Modell(e) - 63f
Dialekte, iberische - 125
Dialoge farblich kodieren - 100
Dialoge nachspielen - 92
Diekuranntebissifiel - 23
Diktat - 96
Diskette - 141
Dolmetscher - 121, 158

E
EBBINGHAUS - 21
EEG - 115
Effizienz - 43
EG - 131
einschlafen - 115
Einsilbigkeit - 9
Einsteiger - 66
Endlos-Kassetten - 72
Englisch - 116
Erfolg - 109
Erfolgs-Erlebnisse - 132
Erfolgsplan - 24
Erraten - 83
Eselsbrücke - 97
Esperanto - 112
Etiketten-Trick - 102
EULENSPIEGEL - 77
Europa - 150
Evangelium (des Johannes) - 143
eye - 103

F
face - 103
Farben - 68, 100
Farbwörter-Trick - 101
Fernreisen - 75
fernsehen - 130
Fettdruck - 144
Fill-in-Formulare - 143
Fill-in-(Sprech)übungen - 92, 96, 109
Film - 107
Filzstift - 109
finnisch - 123

Flexionen - 125
Fliegen - 55
Folie, farbige - 109
Fortgeschrittene - 129
Fortgeschrittenen-Kurse - 129
Fotokopie - 103, 110
Frage - 115
Fragen selbstgemacht - 110
Französisch - 127
Frau - 59
Frau-Kind - 58
Freude - 24, 34
Frieden - 59

G
Ganzhirn-Synthese - 62
GARDNER, Earle Stanley - 82
Garten - 75
Gassi-gehen - 75
Gazellerich, der - 37
Gehirn-Benutzer - 150
Gehirn-Besitzer - 105
gehirn-gerecht - 17, 25, 150
GEM - 143
GENSCHER - 40
GEOS - 143
Gerücht - 59
Geschlecht - 37
Grammatik - 10, 111, 130, 135
Grammatik -Aspekte - 141
Grammatik-Fan - 111
Grüß Gott - 58
Grundfertigkeiten - 5, 120
Grundvokabular - 86f
gut - 59

H
Haar - 103
Haatha kitaab - 34
häh?! - 8
hair - 103
Hauptwörter - 102
head - 103
hebräisch - 88
Hemisphäre - 17
Hemisphäre, linke - 63
HENDRICKS - 143
Hintergrund - 107
Hinterland - 119
Hinterohr-Lautsprecher - 74
Hiragana - 122
Hiragana - 60
Hirn, rechtes - 71
Hirnhälfte linke - 71
Hirnhälfte, rechte - 64
Hören/Aktiv - 42, 43, 49, 62, 63, 65, 67, 68, 71, 77, 79, 115, 129, 133, 151, 156f

Hören/Passiv - 44, 45, 49, 70, 72, 74, 75, 76, 77, 78, 79, 90, 129, 130, 133, 156f
Hör-Training - 40
Hören - 79
Holland - 23
hon - 122
Hotel - 95
HUEBER - 138

I
IBM - 142
IBM-Compatible - 142
Ich lasse lernen - 45
Idiom(s) - 29, 38, 108
Idioms, gehirn-gerecht - 147
Imitation - 5
Imitation/Lernen - 150
Imitation/Modell - 153
in principio - 144
Info-Bündel - 19, 64
Info-Netze - 20
Information - 20
Informationsbündel - 64
intransitiv 15
Italienisch - 38, 65, 116, 128

J
Japaner - 60
japanisch - 60, 122

K
Kaffeeholiker - 101
Kanji(Zeichen) - 60, 122
Kassette - 26, 28, 42, 64f, 72, 83, 106f, 131,
Kassetten-Kurs - 149
kastilisch - 126
Katakana - 122
Katastrophe - 114
Kinderfilm - 69
Kissen-Lautsprecher - 74
Klangbild - 88f
Klebstoff - 104
knife - 88
Knopf im Ohr - 74
Kodieren - 49
Konjugation - 14
Konversation - 134
Konzentration - 70
Konzept - 12
Kopf - 103
Kopfhörer, geschlossen - 73
Kopfhörer, offen - 73
Kortex - 17
Kreuzworträtsel - 94
Kriminalrätsel - 35
Kriminalromane - 82
Kurzgeschichten - 86f
Kyoto - 16

L

Latein - 16, 116, 123f, 128
Lautschrift - 57
Lautsprecher - 73
Lehrer - 139, 147
Lehrerheft - 132
Lektion - 65
lernen isolierte Wörter - 102
Lernen-Neu - 130
Lernen per Imitation - 150f
Lernen-(wieder) - 130
Lernprogramme - 141
Lerntexte - 81
Lese-Technik - 41, 86
Lese-Training - 41
Lesematerial - 84
Lesen - 81
Lesen/Schreiben - 49
Lieblings-Kassette - 139f
Lieblings-Schriftsteller - 82
Linguaphone - 136
Lösung zur De-Kodierungs-Aufgabe - 55
Luftfahrt - 67, 69

M

MAC(intosh) - 142, 144
Made Simple - 137
MALERBA - 53
Mama - 98
man - 98
Management by Champignon - 150
Mary - 110
MARPLE, Miss - 82
MASON, Perry - 82
Materialien - 129, 134
Maus - 62
MECACCI - 65
mehrgleisig - 70
Methode Dr. LOZANOV - 51f
Methode, natürliche - 13
Mikrophon - 106
Mind - 148
Mind-Map - 104f, 113
Mini-Training z.Zuhören/Aktiv - 152
Mini-Quiz - 5, 80
Miniatur-Karteikärtchen - 112
Missionar - 135
Modell zum Imitieren - 153
MÖLLRING - 50
Monokel - 97
MONTESSORI, Maria - 8
mouth - 103
MS-Dos - 144
Muster - 29
Muttersprache - 9, 43, 66, 71, 116, 120f, 131
muttersprachlich - 69

N

Nabel - 97
Nahfahrten - 75
native speaker - 153
Neuer Wein - 50
ni hao - 58
Nicht-Camper - 119
Nichthören - 74
Normal-Kassetten - 72
nose - 103

O

obschon - 87
obwohl - 86
OO - 61

P

Pa Raa! Pa Pam - 114
Pa-Pa-Pa-Pam - 88
Pakistani - 90
Papier - 104
Parallel-Lernen - 76, 107, 133
Parallel-Sätze - 134
Parla italiano - 65
Partikeln - 15, 36, 60, 103, 104
Pattern Drill - 94
Pause-Taste - 40, 44, 65f
PC-Welt - 142
Phonem - 88ff
PLAUTUS - 124
POIROT, Hercule - 82
polyglott - 158
portugiesisch - 127
Prädikat - 11
Präposition - 14
Programmierer - 141
Pseudo-Erlebnis - 153
Pseudo-Wörter - 98
Psy-cho-lo-gie - 89
Punkt, Punkt, Komma, Strich - 99

R

Radio - 140
Radiosendungen - 120
Readers' Digest - 85
Redundanz - 71
RESTAK - 65
Rhythmus - 114
Rollenspiele (zu mehreren) - 93
Romane - 82, 86f
Rumänisch - 128

S

Samuraigesicht - 99
Schere - 104
Schlaf-Lernen - 115
Schlaf-Phase - 115
Schlüssel - 137
Schreiben - 95
Schrift - 98, 136
Schriftart - 96
Schritte, vier - 154
Schüler - 129f
Schüssel - 112
Science Fiction - 87
Schulbuch - 129

Screen-Print - 144
sein - 35
Selber-Tun - 79
Selbst-Bewußtsein - 147
Selbst-Bild - 131
Selbstwertgefühl - 9, 25
Self-Awareness - 147
SHAW - 125
shopping - 110
signore - 145
Simultandolmetscher - 121
Sinn-Zusammenhänge bemalen - 100
Skizze - 102
Sonne - 37
Sonnenbuchstaben - 113
Spanien - 23, 125
Spiel - 153
Spielregel - 14f
Sprache, leichte - 122
Sprachen, romanische - 123
Sprachen-Talent - 13
Sprachfamilie(n) - 78, 123
Sprachgefühl - 111, 154
Sprachlehre - 14
Sprach-Trainer - 144
Sprachmischungen - 69
Sprechen - 49, 88
sprechen-tun - 61
Sprechen/Schreiben/Üben - 47
Sprechübungen - 77
Standard-Fehler - 46
Stavroula - 94
Stift - 104
Stimulus - 32
Stottern - 9
STOUT, Rex - 82
Strand - 118
Streit - 59
Struwwelpeter - 116
Substantiva - 102
Suggestopädie - 51
Superlearning - 51
Synthese - 32
Synthese, ganz besondere - 30, 62, 65

T
TABBARA - 113
TEICHMANN - 50f, 81ff, 107
Terrasse - 75
Texte - 81, 86
Textfile - 142
Textverarbeitung - 142
TH - 71, 88, 90
THINK TANK - 144
Toledo - 126
Touristen - 117, 119
transitiv - 15
Türkei - 122

U
Überblick - 28

Übersetzungen - 82, 85
Übung - 39, 41, 91
Übung, Freies Sprechen - 91
Übungen selber basteln - 108
Übungs-Schneiderei - 142
Unbewußte, das - 45
ungarisch - 123
USA - 120

V
Variationen - 68
Verbum - 143
Verhandlung(en) - 16
Vertrautheit - 78
Video-Gerät - 106
Video-Sprachkurs - 117
Video-Training - 106, 117
Videoverleih - 106
vier Schritte - 154
Vokabel(n) - 11, 35, 83, 130, 138, 141,
Vokabel-Lernen - 21
Vokabel-Pauken - 19, 22, 35, 101, 153, 158
Vokabel-Training, verstecktes - 139
Vokabular - 54, 87, 107f
Volksschulen - 130
Vorbild(er) - 7ff, 14, 151
Vorkenntnisse - 15, 78
Vorortszug - 119
Vorstellung(en) - 18, 31
Vorurteil(e) - 7ff, 32, 130
Vulgärlatein - 126
Vulgata - 125

W
WA - 60
WAGNER - 51
Wahrheit - 122
Was-ist-Das? - 41
Weltbild - 122
Werbung - 31
WERNICKE - 17f, 63
wiewohl - 86
Willkommen - 145
Wirklichkeit - 122
Wörterbuch - 82f, 84, 135
Wörterbuch-Trick - 101
Wohnung - 75
WOLFE, Nero - 82
WYSIWYG - 143

Z
Zeit - 11, 77
Zeituhr - 116
Zeitungen, ausländische - 116
Zielland, üben - 117
Zielland-Atmosphäre - 27
Zielsprache - denken - 120
Zielstellung - 15
zu alt? - 120
Zuhören/Aktiv - Mini-Training - 152
Zweikanalton-Verfahren - 106

GABAL
Die Reihe für Ihre erfolgreiche Zukunft: Erfolg und Methodik

Persönliche Arbeitstechniken (Band 8), Hardy Wagner
Grundlagen und Methoden erfolgreichen Selbstmanagements. Nur die Verknüpfung von Strategie und Methodik führt zum gewünschten Erfolg.
ISBN 3-923984-08-1
96 Seiten, br., **12,80 DM** *

Das 1 x 1 des Zeitmanagement (Band 10), Lothar J. Seiwert
Das bekannteste Buch über Zeitplanung. In mehrere Sprachen übersetzt. Verkaufte Auflage über 400.000 Exemplare
ISBN 3-923984-13-8
64 Seiten, br., **12,80 DM** *

STRUKTOGRAMM-Analyse (Band 11), Hardy Wagner
Vorteile des Struktogramms und sein Einsatz in der Praxis. Sonderdruck
24 Seiten, br., **7,80 DM** *

Lebensfreude (Band 15), Rudolf Straube
Regeln für den Lebenserfolg. Durch positives Denken und geistiges Training seelische Verkrampfungen lösen, mit praktischen Lösungen.
ISBN 3-923984-15-4
86 Seiten, br., **19,80 DM** *

Management mit Zeitplanbuch plus PC (Band 22), Lothar J. Seiwert/Hardy Wagner
Eine aktuelle Marktübersicht mit 67 Zeitplanbüchern und 14 Zeitmanagement-Softwareprogrammen.
ISBN 3-923984-62-6
216 Seiten, br., **29,80 DM***

Selbstmanagement (Band 25), Lothar J. Seiwert
Bedeutung und Funktion des Selbstmanagements – Zielsetzung – Planung – Entstehung – Realisation – Kontrolle – Information und Kommunikation.
ISBN 3-923984-25-1
60 Seiten, br., **12,80 DM** *

Das ABC der Arbeitsfreude (Band 30), Graichen / Seiwert
Techniken, Tips und Tricks für Vielbeschäftigte. Die 25 wichtigsten Arbeitstechniken von A – Z mit Checklisten zur erfolgreichen praktischen Umsetzung.
ISBN 3-923984-30-8
80 Seiten, br., **12,80 DM** *

Richtig Telefonieren (Band 17) Hans Schmitz
Persönlichkeit und Techniken am Telefon erfolgreich nutzen. Mit Checklisten, praktischen Tips und Anregungen für schwierige Gesprächssituationen.
ISBN 3-923984-57-X
99 Seiten, br., **19,80 DM** *

Visualisieren – Präsentieren – Moderieren
Josef Seifert / Silyia Pattay
Bewährte Methoden für eine verständliche Vermittlung von Informationen.
ISBN 3-923984-36-7
144 Seiten, br., **19,80 DM** *

„Irre – soviel Brauchbares auf 144 Seiten" (WVV-Info 12/89)

Pädagogische Psychologie für Ausbilder
Egon R. Sawizki
Ein Leitfaden für Ausbilder, wie Jugendliche denken. Informationen aufnehmen und verarbeiten.
ISBN 3-923984-31-6
296 Seiten, br., **98,– DM** *

Unternehmensplanspiel ALPHATAU (Band 9), G. Gies
Übungen am Kompaß der Unternehmens-Steuerung.
ISBN 3-923984-59-6
40 Seiten, br., **7,80 DM**

Projektmanagement heute (Band 12), Oyen / Schlegel
Eine Führungsalternative unserer Zeit.
ISBN 3-923984-12-?
154 Seiten, br., **29,80 DM**

Das interne Rechnungswesen mittelständischer Industrieunternehmen (Band 14), Helmut Kind. Kostenrechnung und betriebliche Planung sind wichtige Führungsinstrumente und wesentliche Bestandteile des Controlling.
ISBN 3-923984-14-
120 Seiten, br., **29,80 DM**

* unverbindliche Preisempfehlung ab 01. 01. 1990. Preisänderungen vorbehalten.

PLS-Verlag + GABAL · An der Weide 27 · 28195 Bremen · Telefon 04 21 / 36 08 20

Lehren und Lernen · Gehirn und Lernen · Anwendungsorientierte Betriebswirtschaft

Stroh im Kopf? (Band 6),
Vera F. Birkenbihl
Gebrauchsanleitung für's Gehirn. Bedeutung der beiden Gehirnhälften, für das Lernen und Arbeiten. Tips für gehirngerechtes Vorgehen in der beruflichen Praxis.
ISBN 3-923984-56-1
188 Seiten, br., **19,80 DM** *

Suggestopädie (Superlearning) (Band 13), Bochow/Wagner
Was ist „Superlearning", was vermag Superlearning, welche Erfahrungen haben Pädagogen und Didaktiker in der Praxis mit ihr gemacht?
ISBN 3-923984-11-1
ca. 180 Seiten, br., **19,80 DM** *

Die Birkenbihl-Methode – Fremdsprachen zu lernen, (Band 21), Vera F. Birkenbihl
Eine verblüffend einfache Methode, mit geringem Zeitaufwand, ohne Vokabeln pauken, Fremdsprachen zu lernen.
ISBN 3-923984-21-9
162 Seiten, br., **19,80 DM** *

Vom Gehirn-Besitzer zum Gehirn-Benutzer!

Kurzseminar „Stroh im Kopf?"
Vera F. Birkenbihl
(Buch und drei Tonkassetten)
ISBN 3-923984-66-9 **65,– DM***

Auch einzeln erhältlich!

Gedächtnis allgemein: Gedächtnis-Mechanismen erfolgreich nutzen!
ISBN 3-923984-53-7 **19,80 DM** *

Stichwort Schule, (Band 23),
Vera F. Birkenbihl
Trotz Schule lernen! Lernen ist nur dann trocken, langweilig und schwierig, wenn die Arbeitsweise des Gehirns nicht berücksichtigt wird.
ISBN 3-923984-23-5
152 Seiten, br., **19,80 DM** *

NLP – Einstieg in die Neuro-Linguistische Programmierung (Band 24), Birkenbihl/Blickhan/Ulsamer
Die Entwicklung von NLP mit den wichtigsten Schlüsselbegriffen und ihre Anwendung in der Praxis.
ISBN 3-923984-24-3
72 Seiten, br., **12,80 DM** *

Das Hirn-Dominanz-Instrument (HDI), (Band 26), Roland Spinola/Frank D. Peschanel
Das HDI des Amerikaners Ned Herrmann unterscheidet vier getrennte Denk- und Verhaltensstile. Ein neuartiges Instrument für die Selbsterkenntnis.
ISBN 3-923984-26-X
108 Seiten, br., **19,80 DM** *

Mechanismen des Unbewußten bewußt nutzen: Es ist leicht das Gehirn optimal zu nutzen, wenn man weiß wie!
ISBN 3-923984-54-5 **19,80 DM** *

Namensgedächtnis: Eine Namen-Merk-Methode in drei Schritten.
ISBN 3-923984-55-3 **19,80 DM** *

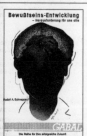

Bewußtseins-Entwicklung – Herausforderung für uns alle (Band 34)
Rudolf A. Schnappauf
ISBN 3-923984-34-0
80 Seiten, br., **12,80 DM** *

„Stehen wir vor einem neuen Evolutionssprung?"

Große Evolutionssprünge hat es in der Vergangenheit bereits gegeben:
Leere - Energie - Materie - Leben - selbstreflexives Bewußtsein.
Seit den 70er Jahren sind die Voraussetzungen für solche Sprünge gründlich erforscht:
1. Die „Komplexität" und
2. die Unordnung oder
   - wie die Physiker sagen –
   die „Entropie" nehmen stark zu.

Rudolf A. Schnappauf begründet plausibel in seinem Buch „Bewußtseins-Entwicklung", daß ein weiterer Evolutionssprung unmittelbar bevorstehen könnte - noch in dieser Generation. Kollektives, holistisches Bewußtsein kann entstehen. Es fragt sich nur, ob mit oder ohne die Menschheit und durch sie oder ohne sie.

Lernvergnügen (Band 29),
Egon R. Sawizki
Lernen ohne Druck und Streß ist auch für weniger „Begabte" nicht in die Tat umzusetzen. Mit Lernstrategien und Konzentrationsübungen. ISBN 3-923984-29-4
128 Seiten, br., **19,80 DM** *

Exzellente Kommunikation mit NLP (Band 37)
Bertold Ulsamer
Erfolgsfaktoren des Neuro-Linguistischen Programmierens für Führungskräfte.
ISBN 3-923984-37-5
ca. 150 Seiten, br., **19,80 DM***

GABAL-Bücher erhalten Sie in jeder Buchhandlung!

Sprachen lernen mit der Birkenbihl-Methode

Gehirn-gerechtes Sprachenlernen ist ANDERS!
Die Wort-für-Wort-Übersetzung macht die Bedeutung vom ersten Wort an „transparent"!
Haben Sie geringe „verschüttete" Vorkenntnisse?
Glauben Sie, Sie hätten kein „Sprachtalent"?
Beweisen Sie sich jetzt das Gegenteil: Sie **können** Sprachen lernen, wenn Sie gehirn-gerecht vorgehen!

Kompakt-Seminare mit jeweils 3 Tonkassetten und Begleitbroschüren

Hier erfahren Sie, wie Sie gehirn-gerecht denken!

Video VHS, ca. 90 Min. Laufzeit, Begleitbroschüre
ISBN 3-478-83202-X

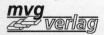

Postfach 45 04 41 · 80904 München

Peter Deubl

www.planet-outdoor.de
Das große Outdoor-Portal von Bruckmann.
Jetzt reinklicken!

Engadin und Mittelbünden

50 Gipfeltouren und Höhenwege

Inhalt

9	Piz Chalchagn, 3154 m		53
10	Fuorcla Pischa, 2848 m (Muot da la Pischa, 3026 m)		55
11	Piz Languard, 3262 m		59
12	Las Sours, 2979 m, und Steinbockweg		62
13	Piz da l'Ova Cotschna, 2716 m, und Piz Mezdi, 2992 m		65
14	Piz Blaisun, 3200 m		68
15	Piz Ot, 3246 m		70
16	Piz Julier, 3380 m		73
17	Piz Grevasalvas, 2932 m		76
18	Piz Lunghin, 2780 m		79

Mittelbünden/Grischun Central — 82

19	Von Bivio nach Savognin		85
20	Piz Turba, 3018 m		89

Weltbekannt: Piz Bernina und Biancograt

Einleitung

21	Gletscherhorn, 3107 m		92
22	Piz Platta, 3392 m		94
23	Tschima da Flix, 3301 m, und Piz d'Agnel, 3205 m		97
24	Piz Surgonda, 3196 m		101
25	Piz Traunter Ovas, 3152 m		104
26	Fuorcla da Tschitta, 2831 m		106
27	Piz Darlux, 2642 m, und Tschimas da Tisch, 2872 m		109
28	Piz Kesch, 3418 m		113
29	Igl Compass, 3016 m		116

Münstertal/Val Müstair und Schweizer Nationalpark — 118

30	Murter, 2545 m		121
31	Munt la Schera, 2587 m		124
32	Cima del Serraglio, 2685 m		127
33	Piz Daint, 2968 m		130
34	Piz Dora, 2951 m		133
35	Piz Praveder, 2768 m		135
36	Piz Terza, 2909 m		137

Unterengadin/Engiadina Bassa — 140

37	Munt Baselgia, 2945 m		143
38	Piz Giarsinom, 2631 m		147
39	Piz Chastè, 2850 m		149
40	Schwarzhorn, 3146 m		151

Einleitung

41	Piz Clünas, 2793 m		154	Vogelschau: Oberengadin vom Munt Baselgia (T. 37)
42	Piz Minschun, 3068 m		157	
43	Von Ardez nach Ftan		159	
44	Piz Davo Lais, 3027 m		163	
45	Crap Putèr, 2363 m		167	
46	Sur il Foss, 2317 m		170	
47	Piz Rims, 3067 m, und Piz Cristanas, 3092 m		173	
48	Piz Lischana, 3105 m		177	
49	Lais da Rims und Val d'Uina		181	
50	Piz Arina, 2828 m		184	
	Register		189	
	Impressum		192	

Weitere Titel aus der Reihe
BRUCKMANNS TOURENFÜHRER

ISBN 978-3-7654-4628-3

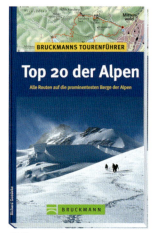

ISBN 978-3-7654-4851-5

ISBN 978-3-7654-4569-9

Allgäu
ISBN 978-3-7654-4194-3

Berchtesgadener Alpen
ISBN 978-3-7654-4320-6

Karwendel und Rofan
ISBN 978-3-7654-4570-5

Hüslers Klettersteigführer Gardasee
ISBN 978-3-7654-5021-1

Kaisergebirge und Kitzbüheler Alpen
ISBN 978-3-7654-4382-4

3000er in den Westalpen
ISBN 978-3-7654-4149-3

4000er
ISBN 978-3-7654-5020-4

Das komplette Programm unter www.bruckmann.de

Bündnerland: Piz Calderas von der Cima da Flix (T. 23)

Allegra!

Im Unterengadin wird man oft mit »Allegra« begrüßt, was so viel bedeutet wie »Freue dich«. Und tatsächlich darf man sich freuen, wenn man in einer der schönsten und vielseitigsten Ecken der Alpen unterwegs ist. So möchte ich Sie, liebe Leserin und lieber Leser, ebenso recht herzlich mit einem fröhlichen Allegra grüßen und Sie einladen, mit mir einen Streifzug durch die schöne Bergwelt des Engadins und seiner Nachbartäler zu unternehmen!

Wenn man vom Engadin spricht, meint man zumeist das Oberengadin mit dem mondänen St. Moritz, seinen Seen und den Gletschergipfeln der Bernina. Aber das Engadin hat noch viel mehr zu bieten, man denke nur an den Schweizer Nationalpark, die Bernina-Bahn oder an wunderschöne Ortsbilder wie z. B. Guarda im Unterengadin. Oder auch an unbekannte und ruhige Gipfel, wie sie in diesem Tourenführer beschrieben werden. Einige davon erscheinen zum ersten Mal in einem deutschsprachigen Auswahlführer. Selbstverständlich sind auch die bekannten Klassiker wie Piz Palü, Piz Kesch, Piz Lischana und viele mehr vertreten. Damit ist auch der Schwerpunkt des Führers kurz umrissen: Gipfeltouren in Höhen zwischen 2700 und 3400 Metern. Hinzu kommen ein paar anspruchsvollere Hochtouren sowie Passübergänge und Höhenwege. Dieser Tourenführer soll auch dazu verführen, mal einen Seitensprung in die benachbarten Täler Mittel-

Vorwort

bündens oder in die Val Müstair zu riskieren. Den Tourengänger erwarten dort ebenso großartige Landschaften. Es lohnt sich!

Ich habe versucht, eine möglichst breite Auswahl zu treffen, sodass jeder Tourengänger seine Route findet. Wobei allerdings klar sein muss, dass im Engadin viele Gipfel die Dreitausendmetermarke übersteigen und es sich in der Regel nicht mehr um Wanderungen wie in voralpinen Regionen handelt, sondern um echtes Hochgebirge – mit allem, was dazu gehört.

Seit mehr als 20 Jahren bin ich in den Bergen unterwegs. Oft führten mich meine Touren in die Berge des Engadins und in andere Regionen Graubündens. Die Bündner Berge sind eben meine ganz spezielle Liebe, und das habe ich versucht, in diesem Tourenführer zum Ausdruck zu bringen. Vielleicht gibt es wildere Regionen in den Alpen oder auch majestätischere Gipfel, aber die Bündner Berge sind einfach unvergleichlich. Warum, das kann ich nicht einmal genau erklären, aber mit dem Bündnerland und seinen Bergen wird mich immer etwas ganz Besonders verbinden.

Eingeschneit: Marmorera im Spätherbst (T. 19)

Bedanken möchte ich mich bei allen Tourenbegleitern und Freunden, die mit mir unterwegs waren oder meine Tourenbeschreibungen kritisch gelesen haben. Mein Dank geht außerdem an Paul Züllig, Bergführer aus Thusis in Graubünden, der die Routenbeschreibungen einiger Touren überprüft hat; an den Schweizer Alpenclub, der mir freundlicherweise gestattet hat, seine neue Berg- und Alpinwanderskala zu verwenden; an Heinz Enz, Hüttenwirt der Lischana-Hütte, der mir ein Foto von seiner Hütte zur Verfügung gestellt hat; an Annelise Albertin von Turissem Val Müstair und an Cornelia Lenhardt von der Buchhandlung Fiederer in Friedrichshafen, die mich mit Auskünften und Infomaterial versorgt haben. Mein besonderer Dank geht an meinen langjährigen Freund Thomas Burgert, Redakteur in München, für seine Unterstützung bei der Entstehung des Führers. Den beteiligten Mitarbeiterinnen und Mitarbeitern des Bruckmann-Verlags danke ich für die unkomplizierte und engagierte Zusammenarbeit.

Über konstruktive Kritik und Hinweise freue ich mich genauso wie über positives Feedback.

Den Benützern des Führers wünsche ich schöne Tage in den Bündner Bergen und nach einer gesunden Rückkehr dieselben Sehnsüchte, die diese Berge seit vielen Jahren in mir wecken!

Langenargen am Bodensee
im Spätherbst 2007
Peter Deuble

Einführung

Neugierig: Hinten die Bergeller Berge (T. 17)

Engadin, Mittelbünden und Val Müstair

Zu Beginn möchte ich die Leser mit ein paar Besonderheiten in Graubünden bzw. in der Rätoromanischen Schweiz, zu der die hier beschriebenen Gebiete gehören, vertraut machen. Sie liegen im Südosten der Schweiz, in Graubünden, dem flächenmäßig größten Kanton. In der Schweiz spricht man nicht von »Graubündenern« und es gibt auch keine »Graubündener Alpen« – man sagt Bündner und Bündner Alpen. Wie viele andere Talschaften in Graubünden gehören das Engadin, die Val Müstair und die Täler Mittelbündens (mit Ausnahme des Avers) zur Rätoromanischen Schweiz. Graubünden wirkt nach außen fast wie eine kleine Schweiz in der Schweiz. Das Rätoromanische entstand aus der Vermischung des Lateinischen der Römer mit den Sprachen der alteingesessenen Urbevölkerung der Räter und ihrer einzelnen rätischen Dialekte. Es entwickelten sich jedoch von Tal zu Tal unterschiedliche Strukturen und Dialekte. So gibt es fünf verschiedene Dialekte: Gesprochen werden Puter im Oberengadin (und teilweise in der oberen Val d'Alvra), Vallader im Unterengadin und in der Val Müstair sowie Surmiran im Surses und in der Val d'Alvra. Allerdings ist die Zukunft der Sprache regional sehr unter-

Einführung

schiedlich. In manchen Regionen Graubündens haben sich die einzelnen Dialekte recht gut erhalten; dazu zählen auch das Unterengadin und die Val Müstair. Weniger gut sind die Aussichten in den Ferienorten im Oberengadin. Seit 1938 ist das Rätoromanische offiziell als vierte Landessprache in der Schweizer Bundesverfassung verankert. In Graubünden wird viel zum Erhalt der rätoromanischen Sprache getan. Seit den 1980er Jahren gibt es die einheitliche Schriftsprache Rumantsch Grischun. Wer sich für Kultur und Sprache der Rätoromanen näher interes-

Ansiedeln

siert, erhält Infos bei der Dachvereinigung der Rätoromanen (Lia Rumantscha, Obere Plessurstr. 47, Postfach, CH-7001 Chur, Tel. +41/81/2 58 32 22, www.liarumantscha.ch). Im Übrigen muss man keine Verständigungsprobleme befürchten, denn die romanischsprachigen Bündner sprechen in der Regel auch Deutsch. Sie sagen, Rätoromanisch sei die Sprache des Herzens und Deutsch die Sprache des Brotes. Noch eine kurze Bemerkung zum Gebrauch des weiblichen Artikels für die Begriffe Val und Valle (dt. Tal): In diesem Führer ist die Rede von der Val oder der Valle und nicht das Val bzw. das Valle. Im romanischen Sprachgebrauch sind Val und Valle weiblich. Dem folge ich hier, so wie es zum Teil auch Schweizer Führerautoren tun. Ich habe mich außerdem dazu entschieden,

Blühen

jeweils die romanischen Namen zu nennen, so wie sie auf den Karten angeben sind, z. B. Lägh dal Lunghin und nicht Lunghinsee. Ausnahmen bilden Namen, die überwiegend in der deutschen Form gebräuchlich sind, wie z. B. St. Moritz statt San Murezzan. Aus Platzgründen kann ich hier nicht auf die Geschichte von Graubünden und der

Anreise, Reisen vor Ort

Das Engadin ist für viele Besucher ein wenig umständlich erreichbar, und in der Regel werden die meisten Besucher mit dem Auto anreisen. Die hier beschriebenen Regionen sind aber wie die gesamte Schweiz bestens mit öffentlichen Verkehrsmitteln erschlossen. Durch das Haupttal verkehrt eine Bahnlinie von Scuol bis Pontresina (Linie 960), und eine weitere Linie führt von St. Moritz über Pontresina nach Poschiavo (Linie 950). Anschluss an das weitere Netz der RhB und der SBB bilden die Linien zwischen Chur und St. Moritz (Linie 940) sowie zwischen Landquart und Scuol (Linie 910). Fast alle der hier vorgestellten Touren lassen sich gut mit den Zügen der RhB und den gelben Postautos (Bussen) der PTT durchführen. Mit Fahrplänen und einer guten Karte erschließt man sich unzählige Möglichkeiten, und dadurch lassen sich viele lohnende Kombinationen und Überschreitungen überhaupt erst durchführen. Zudem ist eine Fahrt mit der Berninabahn unglaublich beeindruckend und gleichzeitig eine lohnende Alternative, wenn man einmal einen Ruhetag einlegen möchte. Im Übrigen haben die Schweizer beim öffentlichen Verkehr einen sehr hohen Standard, von dem man in anderen Ländern nur träumen kann. Ich selbst bin mittlerweile seit über zehn Jahren im Besitz des Halbtax-Abos der SBB. Es geht hier nicht darum, das Auto abzuschaffen, sondern um eine sinnvolle Kombination von Auto und öffentlichen Verkehrsmitteln. Das schafft nicht nur Entspannung, sondern auch kleine Freiheiten im Urlaub. Die Anschaffung des jährlich aktuellen Graubünden-Fahrplans lohnt sich in jedem Fall; er ist an allen Bahnschaltern erhältlich. Infos, Fahrpläne, Preise, Angebote usw. gibt es unter www.rhb.ch, www.sbb.ch und www.postauto.ch. Einige der hier vorgestellten Touren lassen sich mit Hilfe von Bergbahnen verkürzen. Es ist ratsam, sich jeweils über die Betriebszeiten, vor allem in der Vor- und Nachsaison, zu informieren!

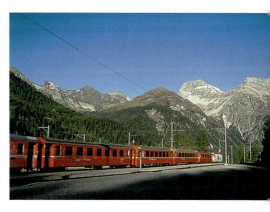

Abfahren: Rhätische Bahn, die »Kleine Rote«

Einführung

Wetter und Klima

Im Engadin und in der Val Müstair herrscht in der Regel das Wetter der Alpensüdseite vor, und im Schnitt gibt es mehr Sonnentage im Jahr als am Alpennordrand. Das Unterengadin zählt neben dem Rhônetal im Wallis und dem Südtiroler Vinschgau zu den alpinen Trockentälern (alpines Längstal). Die Täler Mittelbündens haben ein inneralpines Klima und oft schon Sonnenschein, wenn es im Churer Rheintal noch regnet. Bei Südstaulagen ist es allerdings umgekehrt – dann bläst im Rheintal der Föhn und treibt dort die Temperaturen in die Höhe, während es im Tourenbereich dieses Führers eher schlecht oder zumindest stark bewölkt ist. Das Engadin wird zudem durch besondere Windsysteme beeinflusst. Bekanntestes Beispiel ist der so genannte »Malojawind«, der aus südwestlicher Richtung bläst und den Surfern auf den Engadiner Seen beste Windverhältnisse beschert. Zudem gibt es manchmal bei Westwindlagen vor allem im Oberengadin eine Art Föhneffekt, bei dem die Fronten aus Westen noch einige Zeit zurückgehalten werden.

Lärchenträume: In der Val Laver (T. 44)

Der Wetterbericht in der Schweiz ist regional differenziert, sehr genau und aktuell. Engadin und Val Müstair laufen normalerweise unter dem Begriff »Alpensüdseite und Engadin«, Albulatal, Avers und Oberhalbstein unter »Nord- und Mittelbünden«. Wobei es oft so ist, dass Orte weit im Süden, wie z. B. Bivio oder Avers-Juf schon vom Wetter der Alpensüdseite profitieren. Aktuelle Wetterinfos und Prognosen gibt es unter www.sf.tv/sfmeteo oder unter www.sma.ch. Dieser Tourenführer ist für die Sommermonate Juli bis September bestimmt, wobei viele Touren schon im Juni oder noch bis in den Oktober, in manchen Jahren sogar bis in den November hinein möglich sind. Wer allerdings das Engadin nie im Herbst besuchte hat, hat es nicht wirklich gesehen: Wenn die Lärchen gelb, golden und orange gefärbt und die Gipfel mit Neuschnee überzuckert sind, der Himmel sich stahlblau zeigt und die Sonne tief steht, dann weiß man, warum manche das Engadin als Paradies bezeichnen. Gleiches gilt übrigens in ähnlicher Weise für die anderen hier beschriebenen Regionen. Wer es sich also zeitlich einrichten kann, der sollte die Bündner Alpen auch einmal im goldenen Oktober (oder November) besuchen.

Orientierung:
Bei der Alp
Laret (T. 41)

Praktische Hinweise

Ausrüstung

Eine vernünftige Ausrüstung ist eine Voraussetzung dafür, dass die Bergtour auch Freude macht. Das beginnt bei den Schuhen und hört bei der Kopfbedeckung auf. Bei den Bergstiefeln darf auf gar keinen Fall gespart werden – wer zu Billigmodellen greift, wird in der Regel dafür büßen. Wichtig ist, dass der Stiefel über die Knöchel reicht; das gibt Halt und Stabilität. Steigeisenfeste Bergstiefel sind nur bei Gletscherbegehungen erforderlich, aber für die vielen Touren im weglosen Geröll braucht es auf jeden Fall feste Bergstiefel, keine »reinen Wanderschuhe«! Ob man beim Material nun Gore-Tex oder Vollleder bevorzugt, muss jeder selbst entscheiden. In jedem Fall gehören dazu auch moderne Socken aus Mischgewebe. Die Entwicklung der Bergbekleidung ist in den letzten Jahren enorm vorangeschritten. Kaum mehr vorstellbar sind die Zeiten, als man noch mit schweren Wollpullis unterwegs war. Heute gibt es Fleecepullover und Windstopperjacken in verschiedenen Ausführungen. Auch bei T-Shirts gibt es Funktionswäsche, die den Schweiß nach außen transportiert und die sehr schnell wieder trocknet. Trotzdem ist es empfehlenswert, ein oder zwei T-Shirts als Reserve mitzuführen;

Einführung

Talwärts:
In der Val
Plavna (T. 46)

eine Rast im verschwitzten T-Shirt bei Wind macht wenig Spaß. Auf vielen Touren kann man im Sommer gut in kurzen Hosen unterwegs sein. Trotzdem sollte man auch immer eine lange Hose dabei haben, und sei es nur, um auch bei Kälte am Gipfel ein wenig verweilen zu können. Die meisten Anbieter von Outdoor-Bekleidung haben heutzutage Hosen mit ein oder zwei Zippern am Bein im Programm. So lässt sich schnell mal aus einer langen Hose ein kurze machen und umgekehrt. Für den Rucksack gelten im Prinzip dieselben Empfehlungen wie für die Bekleidung – wer hier spart, der spart am falschen Fleck! Ein unbequemer Rucksack kann die schönste Bergtour gründlich verderben. Unterschätzt wird oft die Kraft der Sonne, vor allem an bewölkten oder kühleren Tagen. Deshalb ist neben einer Sonnencreme mit hohem Lichtschutzfaktor und Sonnenschutz für die Lippen eine Kopfbedeckung in der Regel unverzichtbar. Wer schon einmal einen Sonnenstich hatte, der wird dies gern bestätigen. Teleskopstöcke sind heute schon fast Standard beim Bergwandern. Sie schonen nicht nur die Gelenke beim Abstieg, sie geben beim Aufstieg auch Power (Armarbeit!) und auf Schnee- und Blockfeldern zusätzliche Sicherheit. Zur Ausrüstung für Hochtouren gehören zusätzlich Seil, Anseilgurt, Eispickel, Steigeisen und Gamaschen – und natürlich das Wissen um den richtigen Umgang damit! Mütze und Handschuhe sind selbst bei leichten Dreitausendern sinnvoll; hier oben ist es auch im Sommer mitunter recht frisch. Viele Tourengänger führen heute ein Mobiltelefon mit sich. Dagegen ist nichts einzuwenden, solange man sich nicht blind darauf verlässt. Denn es kann auch vorkommen, dass man keinen Empfang hat. Das Risiko-Management sollte deshalb schon vorher bei der Tourenplanung beginnen und nicht erst dann, wenn man bereits in Schwierigkeiten steckt! Bei der Wahl von Verpflegung und Getränken muss jeder selbst entscheiden, was er bevorzugt.

Gehzeiten, Höhenmeter, Richtungsangaben

Grundsätzlich sind die Gehzeiten immer abhängig von der Kondition der Tourengänger und vor allem von der jeweiligen Tagesform des Einzelnen. Das Tempo richtet sich immer nach dem schwächsten Teil-

Einführung

nehmer! In älteren Führerwerken wurde in der Regel von 300 Höhenmetern pro Stunde ausgegangen; für Trainierte ist das überhaupt kein Problem, sie schaffen auch 400 oder mehr Höhenmeter pro Stunde. Weniger Trainierte dürfen ruhig die 300 als Richtwert nehmen. Für den Abstieg kann man als Faustregel mit zwei Drittel des Zeitbedarfs des Aufstiegs rechnen. Steile und direkte Auf- und Abstiege sind in der Regel schneller als solche Anstiege, die eine große Horizontaldistanz aufweisen. Die hier angegebenen Zeiten verstehen sich übrigens als reine Gehzeiten ohne Pausen. Viele der Touren verlangen eine gute Kondition, allerdings gibt es meistens lohnende Zwischenziele, auf die im Text jeweils hingewiesen wird. Für einen Führerautor ist es zudem nicht einfach, bei den Zeitangaben allen Benützern gerecht zu werden.

Bei den Höhenangaben sind Gegensteigungen bereits eingerechnet; auf größere Zwischenan- und abstiege wird im Text hingewiesen. Richtungsangaben verstehen sich normalerweise in Gehrichtung und nur in Ausnahmefällen im orografischen Sinn, also z. B. in Fließrichtung von Bächen, Flüssen oder Gletschern.

Einheitlich: Die gelben Wegweiser der SAW

Markierungen

Markierungen für (Berg-)Wanderwege sind in der Schweiz einheitlich geregelt:
- gelb für Spazier- und einfache Wanderwege, meist in den Talregionen
- weiß-rot-weiß für Bergwanderrouten
- weiß-blau-weiß für alpine Routen

Gelb-rote Markierungen sind keine Wanderwege, sondern zeigen Grenzen der Wildschutzgebiete an.

Schwierigkeiten

Die Einteilung in »leicht – mittel – schwierig« erscheint mir zu wenig fein, deshalb lege ich diesem Buch die seit einigen Jahren in den Führerwerken des Schweizer Alpenclubs (SAC) angewendete neue sechsstufige Skala für Berg- und Alpinwanderrouten zugrunde:

Info

TOURENBEWERTUNG NACH DAV

Leichte Bergwege sind überwiegend schmal, können steil angelegt sein und weisen keine absturzgefährdeten Passagen auf.

Mittelschwere Bergwege sind überwiegend schmal, oft steil angelegt und können absturzgefährdete Passagen aufweisen. Es können zudem kurze versicherte Gehpassagen und/oder kurze Stellen vorkommen, die den Gebrauch der Hände erfordern.

Schwerer Bergwege sind schmal, oft steil angelegt und absturzgefährlich. Es kommen zudem gehäuft versicherte Gehpassagen und/oder einfache Kletterstellen vor, die den Gebrauch der Hände erfordern. Gletscherpassagen etc.

Einführung

Neue Berg- und Alpinwanderskala des SAC

Grad	Weg/Gelände	Anforderungen	Referenztouren
T1 Wandern	Weg gebahnt, falls nach SAW-Normen markiert: gelb. Gelände flach oder leicht geneigt, keine Absturzgefahr.	Keine, auch mit Turnschuhen geeignet. Orientierung problemlos, in der Regel auch ohne Karte möglich.	Veia Surmirana (T1)
T2 Bergwandern	Weg mit durchgehendem Trassee und ausgeglichenen Steigungen, falls nach SAW-Normen markiert: weiß-rot-weiß. Gelände teilweise steil, Absturzgefahr nicht ausgeschlossen.	Etwas Trittsicherheit. Trekkingschuhe sind empfehlenswert. Elementares Orientierungsvermögen.	Via Engiadina (T2−) Piz Lagalb (T2) Munt Pers (T2+)
T3 Anspruchsvolles Bergwandern	Weg am Boden nicht unbedingt durchgehend sichtbar. Ausgesetzte Stellen können mit Seilen und Ketten gesichert sein. Evtl. braucht man die Hände fürs Gleichgewicht. Falls markiert: weiß-rot-weiß. Zum Teil exponierte Stellen mit Absturzgefahr, Geröllflächen, weglose Schrofen.	Gute Trittsicherheit. Gute Trekkingschuhe. Durchschnittliches Orientierungsvermögen. Elementare alpine Erfahrung.	Igl Compass (T3−) Piz Languard (T3) Piz Lunghin (T3+)
T4 Alpinwandern	Wegspur nicht zwingend vorhanden. An gewissen Stellen braucht es die Hände zum Vorwärtskommen. Falls markiert: weiß-blau-weiß. Gelände bereits recht exponiert, heikle Grashalden, Schrofen, einfache Firnfelder und apere Gletscherpassagen.	Vertrautheit mit exponiertem Gelände. Stabile Trekkingschuhe. Gewisse Geländebeurteilung und sehr gutes Orientierungsvermögen. Alpine Erfahrung. Bei Wettersturz kann ein Rückzug schwierig werden.	Piz Lischana (T4) Piz Julier (T4+)
T5 Anspruchsvolles Alpinwandern	Oft weglos. Einzelne einfache Kletterstellen. Falls Route markiert: weiß-blau-weiß. Exponiert, anspruchsvolles Gelände, steile Schrofen. Gletscher und Firnfelder mit Ausrutschgefahr.	Bergschuhe. Sichere Geländebeurteilung und sehr gutes Orientierungsvermögen. Gute Alpinerfahrung und im hochalpinen Gelände. Elementare Kenntnisse im Umgang mit Pickel und Seil.	Piz Platta (T5)
T6 Schwieriges Alpinwandern	Meist weglos. Kletterstellen bis II. Meist nicht markiert. Häufig sehr exponiert. Heikles Schrofengelände. Gletscher mit erhöhter Ausrutschgefahr.	Ausgezeichnetes Orientierungsvermögen. Ausgereifte Alpinerfahrung und Vertrautheit im Umgang mit alpintechnischen Hilfsmitteln.	Piz Kesch (T6)

Die Gesamtschwierigkeit der Tour bezieht sich immer auf die schwierigste Stelle! Manchmal verwende ich zusätzlich ein + oder ein −, um damit leicht erhöhte oder verminderte Anforderungen zu kennzeichnen. Die Gesamtschwierigkeit bezieht sich grundsätzlich nicht auf die Länge einer Tour!

Einführung

Anwendungs- und Interpretationshinweise des SAC zur Skala

Die Touren im Bereich des Berg- und Alpinwanderns werden jeweils unter der Annahme günstiger Verhältnisse bewertet, also bei guter Witterung und Sicht, trockenem Gelände, geeigneter Schnee- und Firnbedeckung usw. Unter »bewanderbaren Gletschern« versteht die Wanderskala Folgendes: Gletscher und Firnfelder, die im Sommer bei normalen Verhältnissen so weit ausgeapert sind, dass man allfällige Spalten sicher erkennen und ohne Spaltensturzgefahr umgehen kann (dies entspricht der Realität auf verschiedenen Hüttenwegen). Unter diesen Voraussetzungen ist eine Hochtourenausrüstung nicht erforderlich. Es versteht sich aber von selbst, dass auf solchen Touren bei ungünstigen Verhältnissen eine elementare Ausrüstung (Anseilmaterial, Steigeisen) und Kenntnisse über deren Anwendung erforderlich sein können.

Ein ernstes und immer wieder zu heiklen Situationen führendes Missverständnis ist die Annahme, dass Wandern dort aufhört, wo die Hochtourenskala einsetzt. In Wirklichkeit ist eine Alpinwanderung im oberen Schwierigkeitsbereich (T5, T6) in aller Regel bedeutend anspruchsvoller als beispielsweise eine Hochtour mit der Bewertung L (leicht; unschwierig im Alpenvereins-Sprachgebrauch). Ein wesentlicher Unterschied zur leichten Hochtour liegt darin, dass auf einer Route T5 oder T6 selten bis nie mit Seil oder sonstigen Hilfsmitteln gesichert werden kann und deshalb das entsprechende

Bergwärts: Typisches Blockgelände (T. 37)

Einführung

Unwegsam:
Anstieg zum
Piz Chalchagn
(T. 9)

Gelände absolut beherrscht werden muss, was ein hohes technisches und psychisches Niveau erfordert. Typische Beispiele dazu sind extrem steile Grashänge, wegloses Schrofengelände mit schlechtem Fels oder sehr exponierte Gratpassagen. Aufgrund der unterschiedlichen Merkmale einer typischen Hochtour und einer typischen »Extremwanderung« lässt sich ein Vergleich kaum anstellen, doch kann man davon ausgehen, dass eine T6-Route vergleichbare Anforderungen stellt wie eine Hochtour im Bereich von WS bis ZS– (im AV-Sprachgebrauch also mäßig schwierig bis schwierig!). In diesem Führer gibt es allerdings einen Gipfel, der nicht in dieses Konzept passt – der Piz Palü. Er wird als Hochtour (HT) eingestuft, d. h. er stellt zusätzliche Anforderungen durch einen spaltenreichen Gletscher und einen schmalen Firn- und Eisgrat. Er muss in jedem Fall mit entsprechender Ausrüstung (Seil, Steigeisen, Pickel) begangen werden. Wer sich die Tour nicht zutraut, nehme sich einen Bergführer (Infos: Bergsteigerschule Pontresina, CH-7504 Pontresina, Tel. +41/81/8 38 83 33, www.bergsteiger-pontresina.ch; Paul Züllig, Cazner Wiesen, CH-7430 Thusis, Tel. +41/79/3 61 13 46, Jahresprogramm mit Touren in Mittelbünden und im Oberengadin).

Alpine Gefahren

Ganz wichtig ist die Beobachtung der Wetterentwicklung. Die beginnt am besten schon bei der Vorbereitung der Tour zu Hause. Ratschläge von Einheimischen, Bergführern und Hüttenwirten sollten beachtet werden. Objektive Gefahren sind vor allem Steinschlag (bei Regen und nach Neuschnee!), Eis und Eisschlag. Steinschlag kann auch durch Wild (Gämsen, Steinböcke) ausgelöst werden; dieses hält sich nicht unbedingt an eine saubere Gehweise. Auch mit Gewittern im Hochgebirge ist nicht zu spaßen. Diese kommen allerdings selten ohne Vorzeichen, und man kann ihnen durch einen frühzeitigen Aufbruch oder nötigenfalls durch eine rechtzeitige Umkehr begegnen. Falls man doch in ein Gewitter kommt, ist es vor allem wichtig, Gipfel und Grate zu verlassen!

Block- und Schuttfelder bieten in der Regel keine technischen Probleme, aber sie verlangen Trittsicherheit. Bei vielen Gipfeln in diesem Führer werden Blockfelder gequert, und wer sich hier den Knöchel verstaucht, hat schnell ein Problem. Konzentration auf den nächsten Schritt und dazu eine flotte Gehweise (das lässt sich erlernen!) ist in Blockfeldern die halbe Miete. Schneefelder im harten und gefrorenen Zustand stellen eine der größten Gefahrenquellen dar. Hier helfen oft Stöcke, ein Pickel oder noch besser Steigeisen. Ich führe fast immer ein Paar vierzackige Grödel mit mir. Diese wiegen fast gar nichts und bieten eine unschätzbare Sicherheitsreserve, über die ich schon das ein oder andere Mal dankbar war.

Für Gletscherüberquerungen bei den Touren 2 und 28 ist Seilsicherung erforderlich. Bei kleinen Gletschern wie dem Vadret d'Agnel, die im aperen Zustand gut zu überqueren sind, braucht man normalerweise kein Seil. Auf alle Fälle empfiehlt es sich, vorher bei Hüttenwirten oder Bergführern Auskünfte über die jeweiligen Verhältnisse einzuholen.

Wichtig ist in diesem Zusammenhang auch die Akklimatisation; das gilt vor allem, wenn man im Oberengadin Hochtouren plant. Eine ausreichende Akklimatisation ist vernünftig und sinnvoll. Schließlich möchte man eine Tour zum Piz Palü genießen und nicht ständig nach Luft japsen müssen. Das Oberengadin liegt mit

Aussicht: Unterwegs zum Piz Julier (T. 16)

Einführung

über 1700 Metern schon recht hoch; von daher ist eine gute Akklimatisation einigermaßen schnell möglich. Mit der Besteigung von Gipfeln um die 3000 Meter macht man sich dann langsam, aber sicher fit für den Urlaubshöhepunkt, der dann vielleicht Piz Palü oder Piz Morteratsch heißt.

Stützpunkt: Chamonna Lischana (T. 48)

Unterkünfte, Hütten

Die angegebenen Öffnungszeiten der Hütten (vor allem des SAC) sind allgemeine Richtwerte. Je nach Sommerbeginn oder Wintereinbruch können diese unterschiedlich ausfallen. Um ganz sicherzugehen, ist eine telefonische Anfrage beim Hüttenwirt ratsam. Schon allein deswegen, weil man sich auch einen Übernachtungsplatz reservieren sollte. Dies gilt vor allem an schönen Wochenenden im Sommer und Herbst!

Militärische Übungen

Eine Besonderheit in der Schweiz sind die militärischen Übungen im Herbst. Diese sind im Engadin zwar nicht so verbreitet wie in anderen Regionen der Schweiz, können aber auch hier zu einem echten Ärgernis werden. Nämlich dann, wenn Wege und Steige gesperrt sind und man diese nicht passieren darf. Hier hilft nur, sich vorher zu informieren. In der Regel betrifft es überwiegend die Herbstmonate September bis November mit Schwerpunkt im Oktober. An Wochenenden finden in der Regel keine militärischen Schießübungen statt. Infos erhält man bei den regionalen Auskunftsstellen in Mels, Tel. +41/81/7 25 11 99 oder in S-chanf, Tel. +41/81/8 51 32 78 oder +41/81/8 51 33 20.

Mehrtägige Routenkombinationen

In diesem Tourenführer werden meist Tagestouren beschrieben, die man aber oft auch zu Mehrtagestouren verbinden kann. Zudem sind verschiedene Touren auch miteinander kombinierbar; besonders gut ist dies in den Tälern von Mittelbünden möglich. Einige Beispiele für mehrtägige Routenkombinationen:

- Von Muottas Muragl in die Val Bernina: Muottas Muragl – Chamanna Segantini – Alp Languard (oder Chamanna da Georgy) – Piz Languard – Fuorcla Pischa – Bernina Diavolezza
- Vom Avers ins Albulatal: Juf – (Piz Turba) – Stallerberg – Bivio – Tinizong – Fuorcla Tschitta – Preda
- Rundtour im Parc Ela: Preda – Fuorcla Tschitta – Tinizong – Bivio – Fuorcla d'Agnel – Chamanna Jenatsch – Spinas
- Vom Ofenpass nach Zernez oder Lavin: Ofenpass – Piz Daint – Cima del Serraglio – Munt la Schera – Murter – Zernez – Munt Baselgia – Lais da Macun – Lavin
- Ardez – Prui – Piz Minschun (oder Piz Clünas) – Motta Naluns – Piz Davo Lais – Val Sinestra

Abkürzungen

BAW	Bündner Arbeitsgemeinschaft für Wanderwege
LKS	Landeskarte der Schweiz
P.	kotierter Punkt der LKS ohne Namen
PTT	Schweizerische Post (Post, Telefon, Telegraf)
RhB	Rhätische Bahn
SAC	Schweizer Alpenclub
SAW	Schweizer Arbeitsgemeinschaft für Wanderwege
SBB	Schweizerische Bundesbahnen

Schiefergrat:
Piz Blaisun
(T. 14)

Einführung

Karten, Führer und Literatur

Diese Auflistung von Büchern und Führern über Engadin und Mittelbünden erhebt keinen Anspruch auf Vollständigkeit. Nicht alle sind problemlos in Deutschland, sondern besser vor Ort erhältlich. Die hier aufgeführten Titel erhalten zusätzliche Literaturhinweise. Weitere Bücher über Graubünden findet man bei beim Terra Grischuna Verlag unter www.terra-grischuna.ch oder unter www.graubuendenbooks.ch.

Karten

Zweifellos verfügen die Schweizer mit der Landeskarte der Schweiz (LKS) über die genauesten und schönsten Karten. In drei Maßstäben stehen dem Tourengänger sehr detailreiche Werke zur Verfügung. In der Regel reicht der Maßstab 1:50 000 (dreistellige Kartennummer) aus, zumindest wenn man sich auf markierten Wegen bewegt. Diese sind mittlerweile alle auch mit eingetragenen Wanderwegen erhältlich. Die Blattbezeichnung enthält dann den Zusatz »T«, also z. B. »268T Julierpass«. Die Zusammensetzung 5013 Oberengadin und 5017 Unterengadin im Maßstab 1:50 000 stellt die gesamte Region aufs Beste dar, allerdings ohne Eintrag der Wanderwege. Ausnahme: Tour 38, Schwarzhorn, ist auf Blatt 258 Bergün enthalten. Die 1:25 000 (vierstellige Kartennummer) ist in der Regel nur im weglosen Gelände erforderlich, aber sie ist von erlesener Schönheit. Leider braucht es für das hier beschriebene Gebiet 18 Blätter, wenn

Herb: Grat zum Monte Vago (T. 3)

man alles abdecken will. Wo ich es für nötig gehalten habe, sind sie zusätzlich angegeben. In diesen Fällen ist es angebracht, sie auch zu Rate zu ziehen, denn es handelt sich dabei um Touren, die ganz oder teilweise durch wegloses Gelände verlaufen. Die 1:100 000 (zweistellige Kartennummer) ist nur als Übersichtskarte und als Planungsgrundlage geeignet. Infos mit Blattschnitten gibt es unter www.swisstopo.ch. In Deutschland sind die Karten zwar auch erhältlich, aber häufig teurer als vor Ort. Von den Verkehrsvereinen werden oftmals Umgebungskarten in verschiedenen Maßstäben herausgegeben, die in der Regel auf der LKS basieren. Diese sind ebenfalls am einfachsten vor Ort erhältlich.

Duo: Zwei kleine Seeaugen (T. 17)

SAC-Führer
Wie der Alpenverein für die Ostalpen gibt auch der Schweizer Alpenclub (SAC) Führer über die Schweizer Berge heraus. Für Graubünden gibt es insgesamt zehn Bände: Zwei aktuelle und ausgezeichnete Bände von Manfred Hunziker stehen für die Berge Mittelbündens (Band 3 – Avers und Band 6 – Albula) zur Verfügung, und auch der Band 5 – Bernina von Pierino Giuliani wurde 2007 neu aufgelegt. Für Unterengadin und Val Müstair gibt es aktuell leider nur veraltete Ausgaben aus den 1980er Jahren (Bände 8, 9 und 10), die für Ziele außerhalb dieses Führers trotzdem brauchbar sind. Außerdem beinhalten sie interessante Beiträge über die rätoromanischen Ortsnamen sowie Hinweise zur Geologie und zum Schweizer Nationalpark (weitere Infos unter www.sac-verlag.ch).
- Bündner Alpen Bd. 3 – Avers
- Bündner Alpen Bd. 5 – Bernina und Val Poschiavo
- Bündner Alpen Bd. 6 – Mittelbünden (Albula)
- Bündner Alpen Bd. 8 – Silvretta und Samnaun
- Bündner Alpen Bd. 9 – Unterengadin und Val Müstair
- Bündner Alpen Bd. 10 – Mittleres Engadin und Puschlav
- Alpinwandern – Südbünden; gute Ergänzung zum vorliegenden Tourenführer; Marco Volken und Remo Kundert beschreiben eine zusammenhängende Rundtour durch die hier vorgestellten Regionen und einiges mehr. Erste Sahne!

Abgeschmolzen: Turbagletscher (T. 20)

Terra Grischuna Verlag
Die Nachfolger der früheren grünen Schweizer Wanderbücher, erschienen im Verlag Kümmerly & Frey, sind die *Bündner Wanderführer (Band 3 – Mittelbünden, Band 4 – Unterengadin, Band 5 – Oberengadin)*. Sie sind zwar farbig bebildert, aber nicht mehr so schön wie die alten Schweizer Wanderbücher.

Die Terra Grischuna *Ferien- und Freizeitbücher* beschreiben auf ca. 100 Seiten die jeweilige Region geschichtlich und kulturell sowie einzelne Wanderungen. Für die hier vorgestellten Regionen gibt es sieben verschiedene Bände (näheres unter www.terra-grischuna.ch).

Schorta, Andrea: Wie der Berg zu seinem Namen kam – Kleines rätisches Namenbuch; für alle, die sich für den Ursprung und die Entstehung der rätoromanischen Namen interessieren.

Diverse Autoren und Verlage
Baumann, Chasper: Engadin – Engiadina Bassa/Das Unterengadin; beschreibt sehr schön neben Wanderungen die einzelnen Orte im Unterengadin.

Biert, Balser: Die Via Engiadina im Unterengadin; erhältlich bei den Tourismusbüros vor Ort.

Dierendock, Bernard, Steinmann, Barbara und Hagmann, Luc: Alpinwanderungen Engadin und Südbünden, Werd Verlag; beschreibt anschaulich 20 alpine Wanderungen.

Janzing, Gereon: Kauderwelsch Band 197 – rätoromanisch, Reise Know-How Verlag; für alle, die sich für die rätoromanische Sprache interessieren.

Lisignoli, Guido: Bergell – Die schönsten Wanderungen; enthält neben dem Bergell auch Touren rund um Maloja und im Avers. Guter Führer von einem einheimischen Bergführer mit schönen Bildern mit vielen geschichtlichen und kulturellen Hinweisen. Erhältlich in der Buchhandlung Wega in St. Moritz.

Marcarini, Albano: Passwanderungen, Teil 1, Vom San Bernardino bis zum Bernina; schön aufgemachter Wanderführer für geschichtlich Interessierte, enthält u. A. Touren zum Septimer-, Muretto- und Berninapass. Erhältlich in der Buchhandlung Wega in St. Moritz.

Perego, Guiseppe: Ausflugsparadies Engadin, Montabella Verlag; schöner Bildwanderführer.

Robin, Klaus: Wanderführer durch den Schweizer Nationalpark, Ediziun Gratschla; beschreibt sämtliche Wanderungen im Nationalpark. Erhältlich am besten vor Ort.

Rochlitz, Karl-Heinz: Südtirol für Bergwanderer Band 1 und Wandern im Ortlergebiet, Tappeiner-Verlag, I – Lana; enthalten neben angrenzenden Gipfeln in Südtirol einige Ziele in der Val Müstair. Sehr genaue Führer, da (fast) alles vom Autor selbst begangen, wunderbare Fotos.

Staffelbach, Heinz: Der Schweizerische Nationalpark und das Val Müstair, Werd Verlag; schöner, großformatiger Bildband mit eindrucksvollen Aufnahmen und vielen interessanten Infos, dazu Beschreibung von vielen Wandermöglichkeiten im Nationalpark und einer Auswahl in der Val Müstair.

Vannucini, Mario: Grenztouren im Berninagebiet, Montabella Verlag; schöner Bildwanderführer mit Hochtouren in der Berninagruppe.

Entspannen: Chamanna Cluozza (T. 30)

Oberengadin: Auf Muottas Muragl (T. 12)

Oberengadin/Engiadin'Ota und Val Bernina

Für viele Besucher ist das *Oberengadin (Engiadin'Ota)* mit seiner Seenplatte und den Gletschergipfeln der Bernina der Inbegriff vom Engadin. Nicht umsonst nannte Walter Flaig, der bekannte Alpenschriftsteller, Oberengadin und Bernina den »Festsaal der Alpen«! Zweifellos finden sich hier auf engstem Raum viele landschaftliche Höhepunkte. Aber die bereits genannten Highlights sind nur ein Teil davon. Im Oberengadin gibt es noch viel mehr zu entdecken, wobei die vergletscherten Gipfel der Bernina und zum Teil auch die Seen fast allgegenwärtig sind. Zentrum des Oberengadins ist St. Moritz. Aber auch andere Orte wie Zuoz, Samedan, Pontresina oder Sils sind bedeutende Ferienorte. In den Dörfern nördlich von Samedan wird es deutlich ruhiger, und erst in Zuoz ist das touristische Angebot wieder größer.

Pontresina ist das Zentrum für Hochtouren in der Bernina, liegt es doch am Eingang zur *Val Bernina* und ist damit Ausgangspunkt für Touren rund um Morteratsch- und Persgletscher. Die Val Bernina ist zwar ein recht langes Seitental, zählt touristisch aber zum Ober-

Oberengadin/Engiadin'Ota und Val Bernina

engadin. Vom gleichnamigen Pass zieht es in nordwestlicher Richtung und mündet bei Samedan ins Oberengadin. Die mit einigen Seen geschmückte Region rund um den Berninapass bietet eine Fülle von lohnenden Touren, von bequemen Wanderungen an den Seen entlang bis zu anspruchsvollen Hochtouren in der Palü-Gruppe. Zählt man noch die Touren rund um die Forcola di Livigno und in der oberen Val Poschiavo dazu, dann hat man unzählige Möglichkeiten. Der Kontrast zwischen den viel begangenen markierten Wanderwegen und den populären Hochtouren einerseits sowie den einsamen Gipfeln andererseits ist enorm. Neben der Diavolezza gehört ein Besuch des Morteratschgletschers, der sich in den letzten Jahren allerdings stark zurückgezogen hat, zu den klassischen Wanderhöhepunkten. Lohnend für Wanderer sind die Ausflüge zur Chamanna Boval und zum Aussichtspunkt Chünetta, gleich oberhalb der Station Morteratsch. Ebenso lohnend ist ein Ausflug in die Val Roseg zum gleichnamigen Hotel. Nördlich von Pontresina erhebt sich die Languardkette mit lohnenden Höhenwegen und dem vielleicht schönsten Aussichtsberg für die Nordseite der Bernina, dem Piz Languard. Das Wandergebiet von Pontresina dürfte insgesamt das wohl abwechslungsreichste im Oberengadin sein. Im Gegensatz zu St. Moritz wird man hier nicht ständig mit den negativen Auswirkungen des Wintersports konfrontiert. Das liegt auch daran, dass sich die steilen Hänge oberhalb Pontresina definitiv nicht zum Skilaufen eignen. Sie sind nicht ohne Grund mit aufwändigen Lawinenverbauungen »garniert«.

Im Bereich von St. Moritz und Celerina wandert man auf vielen Wegen leider ständig durch von Liften und Pisten verbaute Hänge. Am Piz Nair und in der Mulde von Saluver findet sich kaum ein Hang ohne Lift. Ohne technische Anlagen geblieben ist dagegen der Rosatschkamm südlich des Lej da San Murezzan mit wunderbaren Wandermöglichkeiten. Samedan bietet noch immer naturnahe Wanderungen und über die Fuorcla Margunin auch einen schönen Übergang nach Spinas in der Val Bever an. Die absoluten Klassiker in dieser Region sind sicherlich Piz Julier und Piz Ot. Beide bieten markierte Routen für geübte und erfahrene Tourengänger und sind dementsprechend populär. Der mit einer Seilbahn von St. Moritz erschlossene Dreitausender Piz Nair kann auch als Ausgangspunkt für die umliegenden Gipfel und Pässe genutzt werden. So lässt sich beispielsweise die Chamanna Jenatsch auch aus dem Oberengadin rasch und ohne langen Talhatscher erreichen.

Weit weniger populär sind die Touren, die man von Bever, La Punt Chamues-ch (sprich: Tschamüschtsch), Madulain und Zuoz unternehmen kann. Einer der Gründe mag das Fehlen von herausragenden Gipfeln sein. Ausnahme ist der Piz Kesch, der ab Madulain über die Chamanna d'Es-cha erreicht wird. Er ist der überragende Gipfel über

Oberengadin/Engiadin'Ota und Val Bernina

dem mittleren Teil des Engadins. Zudem sind oft die Zustiege zu den Gipfeln überaus lang; das gilt besonders für die langen Seitentäler auf der östlichen Seite des Engadins. Weiter flussabwärts erreicht man mit S-chanf die erste Nationalparkgemeinde. Hier beginnt die bereits im Nationalpark gelegene und sehr populäre, weil wildreiche Val Trupchun (sprich: Truptschun).

Im südlichen Teil des Oberengadins gelegen, genießt Silvaplana vor allem in Surferkreisen einen ausgezeichneten Ruf, gilt doch der Lej da Silvaplana als der beste See zum Surfen in ganz Mitteleuropa. Wanderer und Bergsteiger kommen vor allem im Bereich der Seilbahnen zum Corvatsch bzw. zur Furtschellas auf ihre Kosten, allerdings mit den üblichen negativen Bildern des Wintersports. Das mondäne Sils hat bereits einen leicht südlichen Charakter. Es war schon in früheren Zeiten bei Dichtern äußert beliebt und gilt noch heute als Inbegriff der Romantik. Von hier bieten sich schöne Wanderungen in die Val Fex oder auch am Lej da Segl an. Lohnende Aussichtspunkte finden sich am gesamten Kamm, der von der Muott'Ota nach Süden zieht. Maloja ist bereits italienischsprachig und gehört zur Bergeller Gemeinde Stampa. Hier endet das Oberengadin ziemlich abrupt mit dem Abfall des Malojapasses.

Bernina: »Festsaal der Alpen« (T. 12)

Die Touren rund um Maloja stehen schon ganz im Zeichen einer südlichen Atmosphäre, die bereits an Touren im nördlichen und mittleren Tessin erinnern. Außerdem sind hier die Granitriesen der südlichen Bergeller Berge allgegenwärtig. Hausberg von Maloja ist der Piz Lunghin, der sich via Pass Lunghin und Septimerpass oder auch nach Casaccia im Bergell überschreiten lässt. Lohnende Wanderungen auf der anderen Talseite sind vor allem der Passo del Muretto, ein Grenzpass ins italienische Veltlin, der früher als Schmugglerpfad galt, sowie Lägh da Cavloc und Lägh da Bitabergh.

Munt Pers, 3207 m
Hochalpine Aussichtskanzel in der Bernina

1

T2+ 6 Std. ↑↓ 1114 Hm

Tourencharakter
Leichte Bergtour in hochalpiner Umgebung, ohne Kletterei und nirgends ausgesetzt. Allerdings ist im vielfach blockigen Gelände ein Mindestmaß an Trittsicherheit erforderlich.
Beste Jahreszeit
Juli bis September, vielfach noch im Oktober möglich.
Ausgangspunkt
Parkplatz bei der Talstation der Diavolezza-Seilbahn, 2093 m, direkt daneben die Station Bernina-Diavolezza der Bernina-Bahn der RhB.
Verkehrsanbindung
Bahnverbindung der RhB von Pontresina und Poschiavo (950), mit dem Pkw auf gut ausgebauter Straße von Pontresina oder Poschiavo.

Höhenunterschied
1114 Hm im Auf- und Abstieg.
Einkehr/Unterkunft
Berghaus Diavolezza, 2973 m (Tel. +41/81/8 39 39 00, www.diavolezza.ch).
Gehzeiten
Aufstieg 3.30 Std., Abstieg 2.30 Std., insgesamt 6 Std.
Markierung
BAW-Wegweiser und weiß-rot-weiße Markierung.
Karten
LKS 1:50 000, 5013 Oberengadin, 469T Val Poschiavo.
Infos
Pontresina Tourist Information (CH-7504 Pontresina, Tel. +41/81/8 38 83 00, www.pontresina.com); Diavolezza-Bahn (Tel. +41/81/8 39 39 38, www.diavolezza.ch).

Ruhig geht es am Munt Pers sicher nicht zu – dazu ist die Station der Diavolezza dann doch zu nahe. Es sei denn, man kommt am frühen Morgen oder erst am späten Nachmittag und Abend. Dann ist man vielleicht sogar allein und kann in aller Ruhe die hochalpine Szenerie über dem Vadret Pers genießen. Jeder Wanderer, der die Mindestanforderungen an die Ausrüstung erfüllt, kann auf diesem Gipfel hochalpines Flair erleben. Der Munt Pers bietet sich auch als Akklimatisationstour für den Piz Palü an. Selbstverständlich kann man mit der Bahn zur Diavolezza fahren, aber es lohnt sich, den Weg zumindest in einer

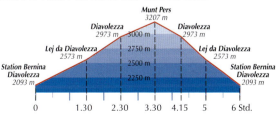

Oberengadin/Engiadin'Ota und Val Bernina

Richtung gemacht zu haben, denn er bietet einige landschaftlich sehr schöne Abschnitte.

Aufstieg Von der **Talstation** der **Diavolezza-Bahn** führt der ausgeschilderte Wanderweg zunächst in südlicher Richtung mehr oder weniger parallel zur Luftseilbahn. Um einer Felsbarriere auszuweichen, quert er weiter oben nach links zum **Lej da Diavolezza**, 2573 m. Hier wählen wir die linke Variante. Wir erreichen eine Gratschulter, den untersten Ausläufer des Saas Queder. Nun führt unser Steig zunächst mehr oder weniger direkt über dessen Gratrücken, um dann nach rechts in die Flanke zu queren. Ein kurzes Stück wieder in flacherem Gelände nach links, bevor uns eine weitere Rechtsquerung über ein Schneefeld in den hochgelegenen **Sattel**, 2973 m, der Diavolezza leitet. Von hier ist der Weiterweg zum Gipfel gut einzusehen. Der mit Platten ausgelegte Weg führt an der Westseite des Kamms entlang und steigt dabei zunächst kaum an. Am Fuß des Munt Pers beginnt

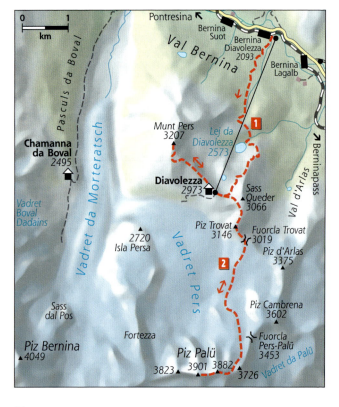

Munt Pers, 3207 m

Gewaltig: Piz Bernina und Vadret da Morteratsch

er in westlicher Richtung die gesamte Südflanke zu queren. Dabei durchschreitet man ein Blockfeld mit deutlich gröberen Blöcken (Trittsicherheit erforderlich). Zum Schluss führt der Steig in Kehren über den Südhang zum Gipfel des **Munt Pers** mit seinen zahlreichen, großen Steinmännern. Die wunderbare Rundsicht erweitert sich hier noch um Blicke in die Val Bernina und auf die gegenüberliegende Languardgruppe. Sogar ein kleines Stück Oberengadin bei Samedan ist zu sehen. Absolutes Highlight bleibt aber die hochalpine Kulisse der Bernina.

Abstieg Dieser erfolgt auf demselben Weg. Alternativ kann man vom Lej da Diavolezza auch in Richtung Berninapass absteigen und von dort per Zug zur Talstation zurückkehren.

Oberengadin/Engiadin'Ota und Val Bernina

2 Piz Palü, 3901 m
Auf das »Silberschloss«

  HT 7.30 Std. ↑↓ 928 Hm

Tourencharakter
Hochalpine Tour mit teils großen Spalten, komplette Gletscherausrüstung (und sicherer Umgang damit) notwendig, ebenso gute Kondition und Akklimatisation. Für »Nur-Wanderer« ist ein Bergführer unbedingt erforderlich! Nur bei sicherem Wetter begehen. Als Zweitagestour sinnvoll, mit einer Übernachtung im Berghaus Diavolezza.
Beste Jahreszeit
Juli bis September, nach einem trockenen Frühjahr auch schon im Juni, da der Gletscher im Spätsommer dann oft stark ausgeapert und vereist ist.
Ausgangspunkt
Vgl. Tour 1.

Verkehrsanbindung
Vgl. Tour 1.
Höhenunterschied
928 Hm im Auf- und Abstieg.
Einkehr/Unterkunft
Vgl. Tour 1.
Gehzeiten
Aufstieg 4.30 Std., Abstieg 3 Std., insgesamt 7.30 Std.
Markierung
Nur bis zur Diavolezza weiß-rot-weiße Markierung, zum Palü unmarkiert.
Karten
LKS 1:25 000, 1277 Piz Bernina; LKS 1:50 000, 5013 Oberengadin.
Infos
Vgl. Tour 1; Bergsteigerschule Pontresina (Tel. +041/81/8 38 83 33, www.bergsteiger-pontresina.ch).

Formvollendet steht er da mit seinen drei Pfeilern: Der Piz Palü ist eine Berggestalt, die es in dieser Form wohl nirgends sonst gibt. Die Engadiner nennen ihn zu Recht »das Silberschloss«. Leider ist auch am Palü die Klimaerwärmung nicht spurlos vorübergegangen, und die einst makellose Nordseite mit den drei Pfeilern apert immer mehr aus. Er ist wahrscheinlich der am meisten bestiegene Hochgipfel der Bernina und gleichzeitig auch der einfachste, wenn man über den

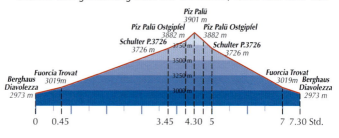

Piz Palü, 3901 m **2**

Seilschaft: Auf dem Vadret Pers

Normalanstieg von Osten auf- und absteigt. Da hier sehr viele Tourengänger unterwegs sind und weil man mit der Seilbahn quasi bis zum Einstieg hinauffahren kann, wird die Tour oftmals unterschätzt. Trotz Spur und der Tatsache, dass meist viele Menschen am Berg sind, muss ganz deutlich gesagt werden: Beim Piz Palü handelt es sich um eine hochalpine Tour, die neben der entsprechenden Ausrüstung auch Erfahrung verlangt! Ganz unverantwortlich ist es, morgens mit der ersten Bahn zur Diavolezza zu fahren und dann erst mit dem Aufstieg zu beginnen. Abgesehen davon, dass der Firn schon um die Mittagszeit weich und das Steigen mühsamer wird, erhöht sich auch die Gefahr eines Spaltensturzes ganz erheblich! Eine Übernachtung in der Diavolezza und ein früher Start am nächsten Morgen sind in jedem Fall vorzuziehen. So kann man am Nachmittag zuvor noch dem Munt Pers einen Besuch abstatten und die Route studieren. Wer nicht über die nötige Erfahrung verfügt, sollte sich in jedem Fall einem Bergführer anvertrauen. Die Bergsteigerschule Pontresina hat den Palü im Sommer jede Woche im Programm.

Aufstieg Zur **Diavolezza**, 2973 m, gelangen wir entweder wie in Tour 1 beschrieben oder mit der Bahn. Im Berghaus Diavolezza übernachten wir; eine Reservierung ist vor allem an Wochenenden dringend zu empfehlen. Von der Diavolezza steigen wir am nächsten Morgen zunächst auf gutem Steig über den Kamm und durch Blockwerk rechts am Sass Queder vorbei in die Lücke, 3008 m, zwischen diesem Gipfel und dem Piz Trovat. Zunächst etwas steigend, dann leicht fallend quert der weiterhin deutlich ausgeprägte Steig dessen Ostflanke bis zur **Fuorcla Trovat**, 3019 m. Nach einem kurzen Abstieg durch ein Blockfeld betreten wir den Vadret Pers, und es wird ange-

Oberengadin/Engiadin'Ota und Val Bernina

Hochalpin: Schmaler Grat zum Hauptgipfel

seilt. Der Gletscher ist meist gespurt; trotzdem ist jeglicher Leichtsinn völlig fehl am Platz! Die Spur führt zunächst in südsüdwestlicher Richtung auf den unteren Eisbruch zu. Dabei halten wir gebührend Abstand zum Piz Cambrena mit seinen Fels- und Eisabstürzen. Es besteht Stein- und Eisschlaggefahr! Weiter oben erreichen wir den Gletscherbruch, der sehr große Spalten aufweist, die unter Umständen zu Umwegen zwingen und bei aperen Verhältnissen, also bei weit geöffneten Spalten, auch den Einsatz von Eisschrauben verlangen. Oberhalb des Gletscherbruchs wird das Gelände ein wenig flacher und übersichtlicher. Die Spur führt uns danach wieder steiler auf die Schulter bei **P. 3726 m**. Von hier geht es sehr steil in Kehren über die ca. 35° steile Ostflanke zum **Ostgipfel**, 3882 m, des Piz Palü. Vorsicht vor den weit nach Norden herausragenden Wechten – Abbruchgefahr! Bereits hier kann man den Gipfelerfolg feiern; allerdings ist der Platz für eine gemütliche Gipfelrast nicht gerade üppig. Der Übergang zum Hauptgipfel verlangt absolute Trittsicherheit und Schwindelfreiheit, ist doch der Grat recht schmal und fällt auf beiden Seiten sehr steil ab. Am Hauptgipfel des **Piz Palü** erwartet uns eine fantastische Rund- und Fernsicht auf die anderen Gipfel der Bernina sowie ungezählte Berge im Bündner Land und in Norditalien (Bergamasker Alpen, Adamello). Auf der Gipfelhochfläche ist jedoch Vorsicht vor Spalten geboten!

Abstieg Dieser erfolgt in der Regel auf derselben Route. Die Überschreitung des Piz Palü über den Westgipfel Piz Spinas und den Fortezzagrat zur Chamanna Boval ist erheblich anspruchsvoller und wartet mit Kletterpassagen im II. Schwierigkeitsgrad auf, die im Abstieg bewältigt werden müssen.

Piz Ursera, 3032 m
Auf der Achse der Val Poschiavo

3

T4   5 Std.   ↑↓ 717 Hm

Tourencharakter
Größtenteils weglose Bergtour, die neben Trittsicherheit und Erfahrung in weglosen Blockhalden vor allem Orientierungssinn verlangt. Nicht bei schlechter Sicht, Nebel oder Regen und Schnee!

Beste Jahreszeit
Juli bis September, evtl. noch im Oktober möglich.

Ausgangspunkt
Forcola di Livigno, 2315 m, Grenzpass zwischen der Schweiz und Italien, Parkplätze auf beiden Seiten der Zollstation.

Verkehrsanbindung
Die Forcola di Livigno ist von beiden Seiten auf gut ausgebauter Straße erreichbar. Seit neuestem auch per Bus, allerdings nur wenig Kurse (Infos bei Autoservizi Silvestri, I-23030 Livigno, Tel. +39/03 42/99 62 83, www.silvestribus.it).

Höhenunterschied
717 Hm im Auf- und Abstieg.

Einkehr/Unterkunft
Unterwegs keine Einkehr, auf der Forcola di Livigno Rifugio Tridentina (Restaurant mit Zimmern, Tel. +39/03 42/99 60 33).

Gehzeiten
Aufstieg 3 Std., Abstieg 2 Std., insgesamt 5 Std.

Markierung
Rot-weiße Markierung bis in die Val dell'Orsera, später nur noch sehr spärliche Markierungen durch Steinmänner.

Karten
LKS 1:25 000, 1258 La Stretta, 1278 La Rösa; LKS 1:50 000, 5013 Oberengadin, 469T Val Poschiavo.

Infos
Livigno, zollfreier Ort, der gern und viel von Tagesausflüglern besucht wird (Tourist-Info, via Saroch 1098/a, c/o Plaza Plachéda, I-23030 Livigno/Sondrio, Tel. +39/03 42/05 22 00, www.livigno.it).

Betrachtet man den Piz Ursera von Westen, also etwa aus der Richtung vom Berninapass, so bekommt man nicht den Eindruck eines markanten und einprägsamen Gipfels. Ganz anders präsentiert er sich von der Grathöhe, also etwa vom Monte Vago oder vom eigenen Südgrat. Hier erkennt man eine kecke Spitze, die auf den Grat aufgesetzt ist. Der Berg trägt sogar ein Gipfelkreuz – in der Schweiz eher selten. Die Tour verlangt neben Gespür für die beste Route auch Erfahrung in zum Teil recht instabilen Blockhängen. Also definitiv keine Tour für Anfänger! Diese halten sich an den nördlich gelegenen Monte Vago; dieser ist markiert. Auf dem hier beschriebenen Anstieg wird auch der südliche Vorgipfel erreicht. Dabei handelt es sich zwar nur um eine

3 Oberengadin/Engiadin'Ota und Val Bernina

Gratschulter ohne echten Gipfelcharakter. Trotzdem lohnt gerade dieser Punkt einen Besuch, denn im Gegensatz zum Hauptgipfel überblickt man von hier wunderbar den oberen Teil der Val Poschiavo. Aber auch vom Gipfel ist die Rundsicht sehr schön. Vor allem der Gratverlauf hinüber zum Monte Vago bietet ein eindrucksvolles Bild. In ihrem ausgezeichneten Alpinwanderführer durch Südbünden beschreiben Marco Volken und Remo Kundert einen Anstieg, der mehr oder weniger direkt durch die Westflanke und zum Schluss über den letzten Abschnitt des Nordwestgrats zum Gipfel führt. Diese Alternative dürfte einen Tick anspruchsvoller sein als die hier beschriebene Route.

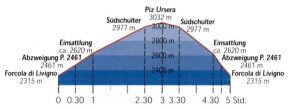

Piz Ursera, 3032 m 3

Schrofig: Piz Lagalb (l.) und Piz dals Lejs

Aufstieg Direkt südlich neben der Zollstation auf der **Forcola di Livigno** zweigt östlich der Straße der markierte Wanderweg in Richtung Monte Vago und Piz Ursera ab. Der Wegweiser gibt für den Piz Ursera 2904 m als Höhe an – damit kann nur ein Vorgipfel gemeint sein. Unser Weg steigt gleich ein wenig steiler an, um in Kehren den ersten Absatz zu erreichen. Nach einer Querung biegt der Weg in die Val dell'Orsera ein und führt am Bach kurz aufwärts. Kurze Zeit später erreicht man eine **Abzweigung**, 2461 m (nach links Anstieg zum Monte Vago, vgl. Tour 4). Wir halten uns rechts und steigen mehr oder weniger am Bach entlang in südsüdöstlicher Richtung durch das Hochtal. Bereits jetzt muss man aufpassen, um die Markierungen nicht zu verlieren. Nicht ohne Grund ist dieser Weg nicht in der SAW-Wanderkarte eingetragen! Unser nächstes Zwischenziel ist eine kleine **Einsattelung**, ca. 2620 m, zwischen dem Kamm, der vom namenlosen Gipfel, 3017 m, nach rechts herabzieht, und den kleinen Höckern rechts von uns. Der Sattel wird zum Schluss über ein kurzes Schuttfeld erreicht. Hier enden die Markierungen abrupt, und auch kein Wegweiser hilft weiter. Nun muss man sich ganz auf seinen Orientierungssinn verlassen. Wir steigen zunächst ein wenig in eine Mulde ab und dann auf den von rechts gesehen zweiten Kamm hinauf, der vom langen Südgrat des Piz Ursera ausgeht. Dieser führt zunächst

3 Oberengadin/Engiadin'Ota und Val Bernina

Wolkig: Piz Paradisin (l.) und Corn da Camp

durch Grasgelände, weiter oben durch Geröll. Ab und zu erleichtert ein Steinmann die Orientierung. Wir halten uns weiter oben den seltenen Steinmännern folgend wieder etwas mehr rechts, immer in Richtung der **Südschulter**, 2977 m. Diese erreichen wir zuletzt über eine ziemlich wüste und zum Teil auch recht bewegliche Geröllhalde. Ab der Südschulter gestaltet sich die Orientierung wieder deutlich einfacher. Die erste steilere Stufe im Gratverlauf können wir dabei entweder direkt überklettern (leicht) oder auch rechts im Schutt umgehen. Wir halten uns in nördlicher Richtung mehr oder weniger direkt an die Grathöhe. Dabei wechseln sich immer wieder steilere mit flacheren Abschnitten ab. Wir gelangen auf die Hochfläche, von der wir zum ersten Mal den kecken Gipfelspitz erblicken, den wir durch Blockfelder ohne Probleme erreichen. Am Schlussgrat brauchen wir noch ein paarmal die Hände und ein wenig Schwindelfreiheit. Dann stehen wir oben am Gipfelkreuz des **Piz Ursera** und können das Panorama meist allein genießen. Besonders interessant präsentieren sich die Gipfel rund um den Piz Paradisin sowie der Grat zum Monte Vago.

Abstieg   Dieser erfolgt auf derselben Route. Eine Kombination mit dem Monte Vago ist möglich (vgl. Tour 4), jedoch aufgrund der entsprechenden Gegensteigung auch recht anstrengend.

Monte Vago, 3059 m
Terra incognita über der Valle di Livigno

4

T3   4 Std.   ↑↓ 744 Hm

Tourencharakter
Wenig schwierige und kurze Tour auf einen lohnenden und im deutschsprachigen Raum weitgehend unbekannten Gipfel. Ein idealer Einstiegsdreitausender, um sich auf größere Ziele wie Piz Julier oder Piz Ot einzustimmen.
Beste Jahreszeit
Juli bis September, evtl. noch im Oktober möglich.
Ausgangspunkt
Vgl. Tour 3.
Verkehrsanbindung
Vgl. Tour 3.

Höhenunterschied
744 Hm im Auf- und Abstieg.
Einkehr/Unterkunft
Vgl. Tour 3.
Gehzeiten
Aufstieg 2.30 Std., Abstieg 1.30 Std., insgesamt 4 Std.
Markierung
Rot-weiße Markierung bis zum Gipfel.
Karten
LKS 1:50 000, 5013 Oberengadin, 469T Val Poschiavo.
Infos
Vgl. Tour 3.

Der Monte Vago liegt schon in Italien und ganz im Einzugsbereich der Valle Livigno. Er ist von der Forcola di Livigno schnell erreichbar und deshalb nicht ganz so einsam wie die meisten anderen Berge in dieser Gegend. Auf dem Gipfel wird man mehrheitlich Italiener antreffen, selten Schweizer und noch weniger Deutsche. Wir sind vier Stunden am Gipfel gesessen, haben gesehen, wie sich das Licht ständig verändert hat und wie weit im Norden immer wieder Fronten mit Regenschauern durchgezogen sind. Man kann den Gipfel auch mit dem Piz Ursera im

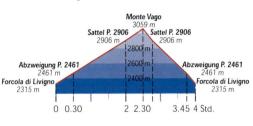

Süden kombinieren, aber es lohnt sich, für jeden der beiden Gipfel einen ganzen Tag einzuplanen. Das Hochtal von Livigno ist übrigens eine zollfreie Zone; dementsprechend kommen viele Urlauber von der Schweizer Seite zum Tanken oder Einkaufen hier herüber.

Aufstieg Wie bei Tour 3 beschrieben zur **Abzweigung**, 2461 m. Zum Monte Vago geht es links ab. Wir überqueren den Bach, und der

Oberengadin/Engiadin'Ota und Val Bernina

Schattig: Schlussgrat zum Monte Vago

Anstieg wird nun wieder steiler. Erneut führen uns einige Kehren nach oben, um die lange Querung durch die große Geröllhalde am Südwestfuß des Monte Vago zu erreichen. Links unten ist mittlerweile der Lago Vago sichtbar. Der einsame Bergsee liegt in einem Bergsturzkessel und ist nur in einer weglosen Querung von weiter unten erreichbar. Wir gelangen zur nächsten Stufe und stehen bald darauf im **Sattel**, 2906 m, vor dem Nordgrat des Monte Vago. Dieser sieht von hier zwar recht scharf und wild aus, bietet aber keine ernsthaften Probleme. Das Gestein ist gut gestuft und überhaupt nicht ausgesetzt. Der Anstieg führt meistens auf der rechten Seite des Grats oder über diesen direkt zum Gipfel des **Monte Vago** mit dem kleinen Gipfelkreuz. Oben angekommen werden wohl die meisten Besucher Mühe haben, die umliegenden Gipfel einzuordnen. Die Bernina bietet von hier einen ungewöhnlichen, aber fantastischen Anblick. Hinzu kommt der wunderbare Weitblick über das lange Hochtal von Livigno mit seinem Stausee; neben den Ortler-Riesen im Nordosten stehen viele unbekannte Gipfel der Livigno-Grosina-Alpen. Terra incognita!

Sonnig: Piz la Stretta (r.) vom Gipfel

Abstieg Dieser verläuft auf derselben Route.

Piz Campasc, 2598 m

Das kleine Horn am Berninapass

5

| T3- | 2.30 Std. | ↑↓ 345 Hm | |

Tourencharakter
Kurze und sehr lohnende Bergtour, die allerdings am steilen und teilweise leicht ausgesetzten Gipfelaufbau Trittsicherheit und Schwindelfreiheit erfordert. Auf keinen Fall bei Nässe!

Beste Jahreszeit
Juli bis Oktober.

Ausgangspunkte
Parkplatz am Passo del Bernina, 2329 m, oder Station Ospizio Bernina, 2253 m, der RhB.

Verkehrsanbindung
Bahnverbindung der RhB von Pontresina und Poschiavo (950), mit dem Pkw auf gut ausgebauter Straße von Pontresina oder Poschiavo.

Höhenunterschied
345 Hm im Auf- und Abstieg.

Einkehr/Unterkunft
Ospizio Bernina
(Tel. +41/81/8 44 03 03,
www.bernina-hospiz.ch).

Gehzeiten
Aufstieg 1.30 Std., Abstieg 1 Std., insgesamt 2.30 Std.

Markierung
BAW-Wegweiser und weiß-rot-weiße Markierung.

Karten
LKS 1:50 000, 5013 Oberengadin, 469T Val Poschiavo.

Infos
Pontresina Tourist Information
(vgl. Tour 1).

Zwischen den vielen hohen Gipfeln rund um den Berninapass ist der Piz Campasc (sprich: Kampasch) ein ganz kleiner Gipfel. Seine Lage sowie die Tatsache, dass er genau auf der Achse der Val Poschiavo liegt, machen ihn jedoch zur idealen Aussichtswarte, gerade richtig um Pläne für höhere Ziele zu schmieden. Der kurze Anstieg bietet zudem die Möglichkeit, auf dem Gipfel Sonnenauf- oder -untergang zu erleben. Oder aber als Alternative bei zweifelhaftem Wetter oder einfach nur, um mal einen gemütlichen Tourentag einzulegen. Vom Gipfel lassen sich die Züge auf der Bernina-Strecke beobachten.

Aufstieg Wer mit der Bahn anreist, steigt von der Bahnstation am besten auf dem ausgeschilderten und markierten Fahrweg bis zum **Ospizio Ber-**

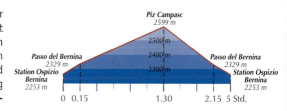

5 Oberengadin/Engiadin'Ota und Val Bernina

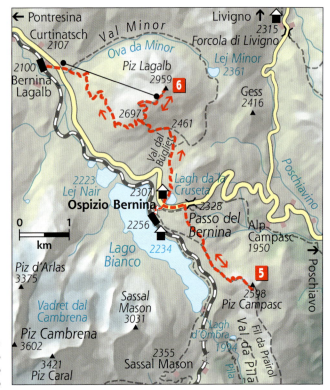

Talblick:
Val Poschiavo
und Lago
Poschiavo

nina und von dort nördlich der Passstraße am Lago da la Cruseta entlang bis zum Parkplatz auf der **Passhöhe**. Dort zweigt der markierte Steig rechts ab. Nur ein paar Meter weiter halten wir uns erneut rechts; der linke Weg führt nach La Rösa. Wir wandern nun zuerst in einem Rechtsbogen durch die reizvolle Buckel- und Seenlandschaft und dabei direkt auf unseren Gipfel zu. Er präsentiert sich als schmales Felshorn, bei dem man kaum an einen einfachen Anstieg glauben möchte. Trotz leichtem Auf und Ab kommen wir ihm rasch näher, und bereits am Gipfelaufbau gibt es eine große Blockhalde aus schönen Gneisen.

Piz Campasc, 2599 m 5

Gipfelblick: Piz Campasc

In Kehren steigen wir nun in Richtung Grathöhe und weiter oben zunächst direkt auf dem Kamm oder nur knapp darunter. Der Steig quert in die steile Flanke hinein. Auf diesem Abschnitt ist Vorsicht geboten, denn die Flanke fällt rechts von uns äußerst steil ab. Bald gelangen wir zum grasigen Gipfelplateau. Wir biegen nach links und erreichen rasch den Gipfel des **Piz Campasc** mit vielen Steinmännern. Er bietet eine wunderbare Rundsicht über die Region rund um den Berninapass. Von den Hochgipfeln der Bernina sieht man lediglich Piz Cambrena, Piz Palü und Piz Varuna. Am faszinierendsten sind allerdings die Tiefblicke auf die Val Poschiavo im Süden mit dem Lago di Poschiavo. Dazu die unbekannten Gipfel, die die Val Poschiavo rechts und links flankieren. Der Wunsch, in das südoffene Tal hinabzusteigen, kann fast übermächtig werden ...

Abstieg Dieser erfolgt auf derselben Route, kann jedoch auch um einen Abstieg zur Alpe Grüm verlängert werden.

Oberengadin/Engiadin'Ota und Val Bernina

6 Piz Lagalb, 2959 m
Leichter Gipfel mit Bernina-Panorama

  T2   4.30 Std.   ↑↓ 706 Hm

Tourencharakter
Einfache und kurzweilige Bergwanderung, die lediglich in der etwas steileren Südflanke Trittsicherheit erfordert.
Beste Jahreszeit
Juli bis Oktober.
Ausgangspunkte
Gebührenpflichtiger Parkplatz gegenüber vom Ospizio Bernina, 2329 m, bzw. Station Ospizio Bernina, 2253 m, der RhB.
Endpunkt
Talstation der Seilbahn zum Piz Lagalb, 2107 m, großer Parkplatz; Station Bernina-Lagalb der RhB.

Verkehrsanbindung
Vgl. Tour 5.
Höhenunterschied
706 Hm im Auf- und Abstieg.
Einkehr/Unterkunft
Vgl. Tour 5.
Gehzeiten
Aufstieg 2.30 Std., Abstieg 2 Std., insgesamt 4.30 Std.
Markierung
BAW-Wegweiser und weiß-rot-weiße Markierung.
Karten
LKS 1:50 000, 5013 Oberengadin, 469T Val Poschiavo.
Infos
Vgl. Tour 5.

Der Piz Lagalb zählt im Engadin zu den Aussichtswarten ersten Ranges. Die Seilbahn ist im Sommer mittlerweile nicht mehr in Betrieb, und so hält sich auch die Anzahl der Besucher in Grenzen. Trotz der Skipisten bietet der Berg erstaunlich schöne Anstiege, so vor allem den hier beschriebenen durch die Südflanke – einen Wanderweg, der von Beginn an schöne Ausblicke bietet, die sich zum Gipfel hin immer mehr steigern. Die Bernina zeigt sich von oben aus einer etwas ungewohnten Perspektive. Dazu gibt es schöne Ausblicke auf die Seenlandschaft rund um den Passo del Bernina und die Bergwelt rechts und links der Val Poschiavo. Bei dieser Überschreitung macht eine Anreise mit der Bahn Sinn.

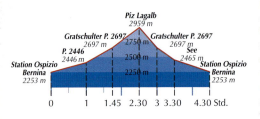

Aufstieg Von der **Bahnstation** wandern wir auf dem ausgeschilderten und markierten Fahrweg bis zum **Ospizio Bernina**. Der Wegweiser

Piz Lagalb, 2959 m 6

zeigt nach Norden, und wir folgen ihm zunächst auf einem Fahrweg unter einem Skilift hindurch in die Val dal Bügliet hinein. Beim unteren Wegweiser auf ca. 2400 m bleiben wir rechts. Weiter oben, bei P. 2446 m zweigt der Anstieg zum Gipfel links ab. Nach rechts geht es in Richtung Fuorcla Minor. Der Weg führt uns nun in die schroffe Südflanke des Piz Lagalb, quert diese zunächst und bringt uns dann in einigen Kehren bis auf den Grat bei **P. 2697 m**. Hier steht eine Ruhebank, und von links mündet der Anstieg von der Talstation der Seilbahn ein, den wir später im Abstieg begehen. Wir halten uns rechts und steigen auf weiterhin gutem Weg in Kehren über den Schuttkamm bis zur **Bergstation** der Seilbahn. Rasch erreichen wir dann den Gipfel des **Piz Lagalb** mit seiner schönen Rundsicht. Neben den beherrschenden Gipfeln der Bernina sind vor allem die Blicke auf die Berge interessant, welche die Val Poschiavo auf beiden Seiten begrenzen, und auf die Seenlandschaft am Berninapass. Im Norden bietet sich ein eher herbes Bild mit den Gipfeln zwischen Piz Languard und Piz Minor.

Abstieg Vom Gipfel zunächst wieder am Anstiegsweg hinab bis zur oben erwähnten Bank auf der Schulter. Hier halten wir uns rechts und steigen in Kehren in Richtung Talstation ab. Bei **P. 2465 m** befindet sich ein kleiner See, der gemeinsam mit den Gipfeln im Hintergrund ein schönes Bild vermittelt. Vor allem im unteren Bereich kommen wir leider auch durch Pistengelände. Allerdings halten sich die Verunstaltungen noch in erträglichen Grenzen. Problemlos erreichen wir die **Talstation** der Seilbahn bzw. die Station der RhB. Die Rückkehr zum Ausgangspunkt erfolgt dann mit der RhB.

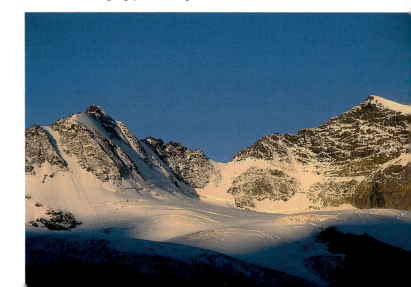

Sonnenaufgang: Piz Caral (l.) und Piz Cambrena

Oberengadin/Engiadin'Ota und Val Bernina

7 Piz Minor, 3049 m, und Piz dals Lejs, 3044 m
Einsame Dreitausender über der Traumwelt von Plaun dals Lejs

 T4   6 Std.
 ↑↓ 855 Hm

Tourencharakter
Sehr einsame und anstrengende Tour auf zwei selten besuchte Dreitausender. Obwohl technisch nicht schwierig, nur für tritt- und orientierungssichere Berggänger, die sich ohne Wege und Steige problemlos zurechtfinden. Bei schlechter Sicht oder Nebel ist von dieser Tour unbedingt abzuraten! Der Aufstieg zu den Lejs da Forcola bietet keine Probleme und ist für alle Wanderer, die auch einmal eine ruhige und abgelegene Ecke besuchen möchten, bestens geeignet.

Beste Jahreszeit
Juli bis September, Anfang Juli aber u. U. noch viel Schnee in den recht steilen Nordhängen.

Ausgangs-/Endpunkt
Forcola di Livigno, 2315 m, Grenzpass zwischen der Schweiz und Italien, Parkplätze auf beiden Seiten der Zollstation.

Verkehrsanbindung
Vgl. Tour 3.

Höhenunterschied
855 Hm im Auf- und Abstieg.

Einkehr/Unterkunft
Vgl. Tour 3.

Gehzeiten
Aufstieg 3 Std., Übergang 1 Std., Abstieg 2 Std., insgesamt 6 Std.

Markierung
Italienische Wegweiser und rot-weiße Markierung bis zu den Laghi Forcola, danach maximal Wegspuren und ganz selten Steinmänner.

Karten
LKS 1:25 000, 1258 La Stretta; LKS 1:50 000, 5013 Oberengadin, 469T Val Poschiavo.

Infos
Vgl. Tour 3.

Das hier vorgestellte Gipfelduo zählt sicherlich zu den einsamsten Gipfeln weit und breit. Hier herauf verirren sich nur wenige Tourengänger, und das aus gutem Grund: Für reine Wanderer ist der Anstieg zu mühsam und durch die steilen Schutthänge und die teilweise schwierige Orientierung auch zu beschwerlich. Für Bergsteiger der schärferen Richtung wiederum sind solche Touren in der Regel zu

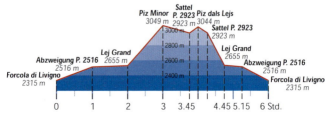

Piz Minor, 3049 m, und Piz dals Lejs, 3044 m

anspruchslos. So bleibt man meist allein und kann sich wie ein richtiger Pionier fühlen. Die seltenen Wegspuren im oberen Teil stammen meist von Wildtieren, die hier deutlich häufiger anzutreffen sind als Zweibeiner. Einsamkeit ist also garantiert! Allerdings sollte man nur bei sicherem Wetter aufbrechen. Bei Nebel besteht praktisch keine Chance, die Gipfel zu erreichen! Ebenso sollte man nach längeren Regenperioden, die in dieser Region allerdings eher selten sind, auf diese Tour verzichten. Auch darf man sich nicht von der für eine solche Route eher geringen Höhenmeterzahl täuschen lassen – es handelt sich um eine recht anstrengende Tour. Wer sich den rauen Gipfeln nicht gewachsen fühlt, der findet in den Laghi Forcola auf Plaun dals Lejs ein lohnendes Ziel – eine Hand voll Seen in grandioser Umgebung, eine kleine Traumwelt. Vom nahen Muot dals Lejs, 2707 m, über dem Lej Grand hat man zudem einen schönen Überblick von leicht erhöhter Stelle und quasi noch einen Minigipfel als Zugabe (T2, Aufstieg 2 Std.). Bereits die Landschaft oberhalb von La Stretta mit ihren kleinen Tümpeln ist einen Besuch wert. Insgesamt eine der schönsten Touren in den Bündner Alpen! Es ist auch möglich, die Gipfel von der Station

Gipfelrast: Berninagruppe vom Piz Minor

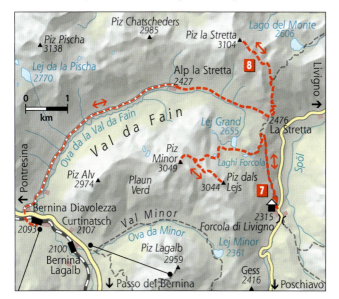

7 Oberengadin/Engiadin'Ota und Val Bernina

Stille: Lej Grand und Piz la Stretta

Bernina-Diavolezza durch die Val da Fain und über La Stretta zu erreichen (vgl. Tour 8). Diese Variante ist allerdings sehr anstrengend und nimmt mit beiden Gipfeln insgesamt gut 10–11 Stunden in Anspruch! Noch ein Hinweis zu den leicht abweichenden Bezeichnungen in dieser Region: Diese kommen daher, dass es sich um eine Grenzregion handelt – für die Romanen im Engadin heißen die Seen »ils Lejs«, für die Italiener in Livigno »i Laghi«.

Aufstieg Von der **Forcola di Livigno**, 2315 m, zweigt knapp nördlich der Passhöhe der markierte und ausgeschilderte Steig nach La Stretta und zu den Laghi Forcola ab. Er quert meist leicht ansteigend, z. T. auch in Kehren die unterste Flanke des Piz dals Lejs. Dieser Weg verlangt, obwohl er breit und gut angelegt ist, zumindest Trittsicherheit. Wir erreichen mit einem leichten Linksschwenk eine kleine **Hochfläche**, 2516 m. Hier verzweigen sich die Wege; rechts geht es hinab nach La Stretta. Wir halten uns links und steigen in gut angelegten Kehren bequem hinauf zu den Laghi Forcola. Bis zum **Lej Grand**, 2655 m, dem Großen See, ist der Weg markiert. Schon bis hierher ist die Tour sehr lohnend, und ab jetzt sollten wirklich nur die weitergehen, die den Anforderungen vollkommen gewachsen sind! Unser nächstes Zwischenziel ist der lange schuttige Kamm, der vom Piz dals Lejs in nordwestlicher Richtung hinabzieht. Dazu queren wir am Südufer des Sees, bis wir auf einem Rücken recht angenehm links in südlicher Richtung zu einem höher gelegenen kleinen See ansteigen können. Hier erkennt man rechts eine vom Bach ausgewaschene Schuttrinne, die von der oben erwähnten Kammhöhe uns entgegenzieht. Durch diese oder über den wesentlich steileren Rücken rechts davon zur Hochmulde zwischen den beiden Gipfeln. Die steilen

Piz Minor, 3049 m, und Piz dals Lejs, 3044 m

Schutthänge und insbesondere die Rinne sind nur bei absolut trockenen Verhältnissen zu begehen – auf gar keinen Fall bei Niederschlag oder nach längeren Regenperioden aufsteigen! Bei Unterspülung macht sich solch ein Hang gern auch mal selbstständig. Wegen möglicher Steinschlaggefahr ist es zudem ratsam, einigermaßen zügig ansteigen. Wer nur den Piz dals Lejs besuchen möchte (einfacher), steigt aus der darüber liegenden Hochmulde wie unten beschrieben zum Gipfel. Zum Piz Minor queren wir die Schuttmulde in westlicher Richtung, steigen aber nicht direkt in den Sattel, der dem Gipfel am nächsten liegt, sondern weiter nördlich zwischen zwei Felsinseln weniger steil empor. Auch den nächsten felsigen Ausläufer umgehen wir nördlich, also auf der rechten Seite. Hier stehen seit Juli 2007 zwei kleine Steinmänner zur Orientierung. Hinter den Felsen wenden wir uns wieder nach links und steigen durch den weichen Schutt etwas mühsam in die tiefste Einsattelung im Grat. Von hier aus folgen wir den deutlichen Wegspuren über den Kamm in östlicher Richtung bis zum Gipfel des **Piz Minor** mit Steinmann. Die Rundsicht ist beeindruckend: im Süden die Eismasse der Bernina, im Norden und Westen die raue Bündner Bergwelt. Unten in der Val Bernina fahren die Züge der Bernina-Bahn vorbei – Einsamkeit nur ein paar Schritte abseits der Zivilisation.

Übergang Es empfiehlt sich, den Abstieg durch die Schutthalden zügig, aber konzentriert in Angriff zu nehmen. In der oben erwähnten Schuttmulde zwischen den beiden Gipfeln queren wir in den namenlosen **Sattel**, 2923 m, zwischen Piz Minor und Piz dals Lejs. Hier liegt meist noch ein kleines Schneefeld, ein kümmerlicher Rest ehemaliger Vergletscherung, von der sogar noch im SAC-Führer aus dem Jahre 1984 die Rede ist. Über den steilen Rücken im weichen Schutt auf Wegspuren in Kehren ein wenig mühsam, aber einfach zur Hochfläche des westlichen Vorgipfels und mit kurzem Anstieg über den breiten Rücken auf den Hauptgipfel des **Piz dals Lejs** mit einigen Steinmännern. Die Rundsicht hat sich ein wenig verändert und mehr in östlicher Richtung orientiert. Dort zeigen sich im Hintergrund Ortler und Ötztaler Alpen; dazu gibt es überraschende Tiefblicke in die Val Poschiavo.

Abstieg Dieser erfolgt vom Piz dals Lejs bis in den **Sattel** im Grat und von dort direkt durch die Schuttmulde zur oben erwähnten Schuttrinne, die zu den **Seen** und zur **Forcola di Livigno** hinabführt.

Rückblick: Vom Piz dals Lejs zum Piz Minor

Oberengadin/Engiadin'Ota und Val Bernina

8 Piz la Stretta, 3104 m
Einsame Wege am Grenzkamm zur Valle di Livigno

  T3–   8.30 Std.   ↕ 1011 Hm

Tourencharakter
Lange und anstrengende Tour, die eine sehr gute Kondition erfordert. Meist auf gut markierten Wegen und Steigen. Zum Schluss auch weglose Abschnitte, die aber bei guter Sicht keine Orientierungsprobleme bereiten.
Beste Jahreszeit
Juli bis Oktober, allerdings sind die kurzen Tage im Oktober zu beachten!
Ausgangspunkt
Station Bernina-Diavolezza, 2093 m, der Bernina-Bahn der RhB, Parkplatz bei der Talstation der Diavolezza-Seilbahn direkt nebenan.
Verkehrsanbindung
Vgl. Tour 5.

Höhenunterschied
1011 Hm im Auf- und Abstieg.
Einkehr/Unterkunft
Unterwegs keine Einkehr.
Gehzeiten
Aufstieg 5 Std., Abstieg 3.30 Std., insgesamt 8.30 Std.
Markierung
BAW-Wegweiser und weiß-rot-weiße Markierung bis La Stretta, ab hier italienische Wegweiser und rot-weiße Markierungen. Im Gipfelbereich nur Steigspuren.
Karten
LKS 1:25 000, 1258 La Stretta; LKS 1:50 000 5013 Oberengadin, 469T Val Poschiavo.
Infos
Vgl. Tour 5.

Erreichen: Unterwegs zum Piz la Stretta

Der Grenzkamm zwischen dem Engadin und der italienischen Valle di Livigno zählt zu den einsamsten Bergregionen der Schweiz. Ein Grund dafür sind sicherlich die sehr langen Anstiege, die zumeist durch lange Täler führen. Hinzu kommt das Fehlen von spektakulären und namhaften Gipfeln sowie Gletschern. Auf den ersten Blick also eine eher herbe und eintönige Landschaft. Der Tourengänger, der jedoch auf diese Gipfel steigt, erlebt neben der Einsamkeit eine unglaubliche Weite, auch deswegen, weil kein überragender Gipfel

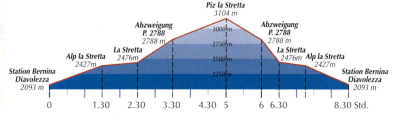

die Sicht versperrt. Natürlich sind die Zustiege lang und oft weglos, dafür gibt es aber auch keinen Massenandrang wie in den Bergen und Tälern der Bernina. Bei den Italienern heißt der Berg Monte Breva. Der weite Sattel von La Stretta bietet sich übrigens als sehr lohnendes Ziel für weniger ambitionierte Wanderer an (T1, Aufstieg 2.30 Std.).

Aufstieg Etwas westlich der Bahnstation **Diavolezza** der RhB zweigt in Richtung Norden der Fahr- und Güterweg in die Val da Fain ab. Er führt in einem langen Rechtsbogen gemütlich ansteigend zur **Alp la Stretta**, 2427 m. Unterwegs zeigen sich immer wieder Murmeltiere, und nicht wenige Wanderer kommen deswegen in diese Gegend. Bei der Alpe endet der Fahrweg, und es beginnt ein schöner Wanderweg durch das weite Hochtal. Am Bach und an kleineren Tümpeln vorbei sowie durch Hochmoorlandschaften führt er uns zur **Passhöhe** von **La Stretta**, 2476 m. Bereits eine Wanderung bis hierher ist sehr lohnend! Der Weg wird nun deutlich steiler und steigt in Kehren den Hang Richtung Norden an. Auf der ersten Terrasse queren wir bis zu einer **Abzweigung**, 2788 m. Hier geht es rechts zum Bivacco am Lago del Monte. Der Steig zum Piz la Stretta steigt linker Hand durch Blockfelder bis zu einem Sattel auf ca. 2900 m. Etwas unübersichtlich steigen wir weiter in westlicher Richtung auf die Kammhöhe im langen Südostgrat des Piz la Stretta. Der Pfad verläuft nun auf der Kammhöhe über zwei kleine Vorgipfel hinweg. Über den Schlusshang erreichen wir schließlich den Gipfel des **Piz la Stretta**. Die Aussicht lässt sich mit zwei Wörtern beschreiben: weit und herb. Vor allem die Gipfel der Livigno-Grosina-Alpen und die Albulaberge im Norden, Westen und Osten bieten eine raue, karge Landschaft. Im Süden glänzt die Bernina mit ihren Gletschern. Im Osten zeigen sich im Hintergrund die Gipfel der Ortlergruppe mit den schönen Firngipfeln um Cevedale und Palon della Mare.

Abstieg Dieser verläuft auf demselben Weg.

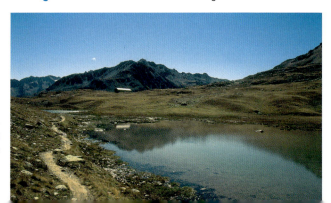

Bergidyll: Unterwegs nach La Stretta

Piz Chalchagn, 3154 m
Der einsame Gipfel mit dem unaussprechlichen Namen

9

T4 7.30 Std. ↑↓ 1258 Hm

Tourencharakter
Lange, anstrengende und weglose Bergtour auf einen unbekannten und einsamen Dreitausender. Trittsicherheit und Vertrautheit in z. T. auch steilerem Blockgelände sind absolute Voraussetzungen. Lohn für all die Mühen ist ein nicht alltägliches Gipfelerlebnis.

Beste Jahreszeit
Juli bis September, evtl. noch im Oktober möglich.

Ausgangspunkt
Station Morteratsch der RhB, gebührenpflichtige Parkplätze.

Verkehrsanbindung
Vgl. Tour 9.

Höhenunterschied
1258 Hm im Auf- und Abstieg.

Einkehr/Unterkunft
Unterwegs keine Einkehr, nur im Hotel Morteratsch (sehr freundliche Aufnahme). Oder, mit langem Umweg, über die Chamanna Boval – dann ist eine Einkehr allerdings auch sehr verdient.

Gehzeiten
Aufstieg 4.30 Std., Abstieg 3 Std., insgesamt 7.30 Std.

Markierung
Keine Markierungen, fast ausschließlich weglos, höchstens Steigspuren.

Karten
LKS 1:25 000, 1257 St. Moritz;
LKS 1:50 000, 5013 Oberengadin.

Infos
Vgl. Tour 9.

Der Piz Chalchagn (sprich: Tschaltschein) ist der nördlichste Ausläufer des mächtigen Morteratsch-Kammes. Er hat keinen markierten Anstieg oder Weg zu bieten. Wer jedoch bereit ist, die Mühen auf sich zu nehmen, der bekommt am Gipfel Einsamkeit und eine Aussicht geboten, die ihresgleichen sucht. Neben dem Anblick der Bernina-Giganten und des noch immer beeindruckenden Morteratsch Gletschers genießt man schöne Tiefblicke auf das Oberengadin. Es soll nicht verschwiegen werden, dass sich der Gipfel mit einigen Schutt- und

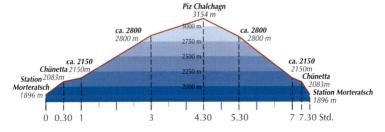

Blockfeldern zu verteidigen weiß. Bei schlechter Sicht ist der Aufstieg kaum zu finden. Insgesamt eine Tour für Individualisten, die sich auch im weglosen Gelände zurecht finden!

Aufstieg Von der **Station Morteratsch** führt der breite Weg vor der Kulisse des Morteratschgletschers in Richtung **Chamanna Boval**. Allerdings müssen wir den bequemen Weg bald verlassen. Beim Aussichtspunkt **Chünetta**, 2083m steigen wir auf schwachen Wegspuren in westlicher Richtung durch schütteren Wald. Bald wird es steiler. Auf ca. 2150 m wenden wir uns scharf nach links, um in südlicher Richtung durch eine Art Hochtälchen anzusteigen. Oberhalb der Baumgrenze erreichen wir wieder flacheres Gelände. Unser nächstes Etappenziel ist die von der Ostschulter des Berges nach Süden ziehende Rampe, die uns einen zwar mühsamen, aber einfachen Aufstieg ermöglicht. Wir halten uns grob in westlicher Richtung, um zum unteren Ausläufer der Rampe zu gelangen. Allerdings ist der Anstieg dorthin mit leichtem Auf- und Ab und einigen Umgehungen von Felsstufen verbunden. In der Rampe wird das Gelände zwar wieder steiler, aber wir erreichen ohne technische Probleme die Ostschulter des Berges. Von dort geht es nun über den breiten Kamm zum Gipfel mit seinem Steinmann. Die hochalpine Aussicht auf die Bernina wird man meist allein genießen. Der Berg gehört definitiv zu den ruhigen Zielen.

Abstieg Der Abstieg verläuft auf derselben Route.

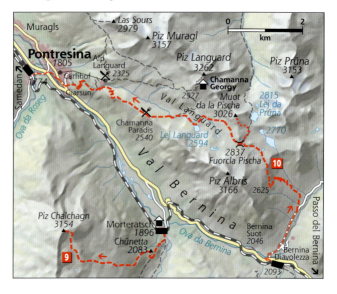

Fuorcla Pischa, 2848 m (Muot da la Pischa, 3026 m) 10
Überschreitung aus der Val Bernina nach Pontresina

T2+/T3   6 Std.   ↑ 755 Hm, ↓ 1026 Hm

Tourencharakter
Einfache Wanderung, die ein wenig Trittsicherheit verlangt. Dies gilt vor allem für die weglose Besteigung des Muot da la Pischa. In diesem Fall erhöht sich die Schwierigkeit aufgrund des weglosen Geländes auf T3 (zusätzlich 189 Hm Aufstieg).

Beste Jahreszeit
Juli bis September, vielfach noch im Oktober möglich.

Ausgangspunkt
Station Bernina-Diavolezza (vgl. Tour 8).

Verkehrsanbindung
Bahnverbindung der RhB von Pontresina und Poschiavo (950) (sinnvoll), mit dem Pkw auf gut ausgebauter Straße von Pontresina (weniger sinnvoll).

Höhenunterschied
Aufstieg 755 Hm, Abstieg 1026 Hm.

Einkehr/Unterkunft
Chamanna Paradis (Tel. +41/79/6 10 36 03); evtl. Bergrestaurant Alp Languard (Tel. +41/79/6 82 15 11).

Gehzeiten
Aufstieg 3 Std., Abstieg 3 Std., insgesamt 6 Std.; Abstecher zum Muot da la Pischa insgesamt knapp 1 Std.

Markierung
BAW-Wegweiser und weiß-rot-weiße Markierung; Abstecher zum Muot da la Pischa weglos und nicht markiert.

Karten
LKS 1:50 000, 5013 Oberengadin, 469T Val Poschiavo; für die weglose Besteigung des Muot da la Pischa auch LKS 1:25 000, 1257 St. Moritz.

Infos
Pontresina Tourist Information (vgl. Tour 1).

Selten bietet eine Passwanderung so viele Eindrücke und landschaftliche Höhepunkte wie diese. Nach der grünen Val da Fain folgt unterhalb der Fuorcla Pischa eine karge, raue und steinige Hochfläche, die sich auch auf der anderen Seite der Fuorcla fortsetzt. Beim Abstieg

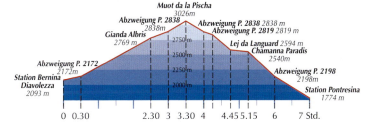

10 Oberengadin/Engiadin'Ota und Val Bernina

Angezuckert: Grat zum Piz Languard

zum Lej Languard kommt man bereits wieder ins Grüne, und der See selbst liegt wunderbar eingebettet in einer Mulde unter den Ausläufern des Piz Albris. Schließlich folgt mit der Chamanna Paradis noch ein Panoramahöhepunkt der Extraklasse! Die Tour kann man zudem noch mit dem Muot da la Pischa, einem unbekannten und ruhigen Vorgipfel des Piz Languard anreichern. Und auch der Piz Languard selbst ließe sich ohne allzu großen Aufwand in das Programm einbauen. Wenn man dann noch auf der Chamanna Georgy übernachtet und am anderen Tag via Steinbockweg (vgl. Tour 11) weiter nach Muottas Muragl steigt, kommt man in den Genuss einer kleinen »Wander-Haute-Route« im Oberengadin. Beim Abstieg gibt es ebenfalls viele Variationsmöglichkeiten. Alle Wege sind bestens beschildert und markiert und lassen sich ganz einfach mit der angegebenen SAW-Wanderkarte zusammenstellen. Mit etwas Glück kann man auf der Tour Steinböcke beobachten, denn am Piz Albris lebt die größte Steinbockkolonie der Schweiz. Die Anreise ist bei dieser Tour nur mit der RhB sinnvoll, denn sonst hat man nach der Überschreitung das Auto definitiv am falschen Ort stehen. Die Zugfahrt aus dem Engadin mit der Berninabahn durch die Val Bernina ist zudem ein einziger Genuss!

Aufstieg Etwas westlich der Bahnstation **Diavolezza**, 2093 m, zweigt in Richtung Norden der Fahr- und Güterweg in die Val da Fain ab. Er führt in einem langen Rechtsbogen gemütlich bis zu einem Wegweiser, 2172 m. Hier zweigt links unser markierter Wanderweg Richtung Fuorcla Pischa ab. Die Steigung nimmt deutlich zu, und wir steigen in Kehren über den steilen Wiesenhang links vom Tobelgraben der Val Pischa empor. Der Blick auf die Berninagipfel wird immer beeindruckender und lässt den steilen Anstieg fast vergessen. Weiter oben macht weichen wir nach links einer Felsstufe aus, um auf 2625 m gleich wieder in nördliche Richtung abzubiegen. Ein Tobel, der zu den beeindruckendsten Passagen der Tour zählt, wird gequert. Vorsicht bei Nässe und Schnee! Nach einem kurzen und knackigen Anstieg erreichen wir das Hochplateau von **Gianda**

Fuorcla Pischa, 2848 m (Muot da la Pischa, 3026 m) 10

d'Albris, 2769 m. Aus der steilen Flanke in das Hochtal kommend ändert sich die Landschaft nun schlagartig. Die **Fuorcla Pischa** ist schon erkennbar, und auf dem weiterhin guten Steig erreichen wir den Übergang. Dabei durchschreiten wir unterschiedlich gefärbte Gesteinszonen und befinden uns hier in einem geologischen recht bunten Bereich, wie an vielen Orten in Graubünden. Die auf der 1:50 000-Karte angegebene Höhe von 2837 m entspricht übrigens nicht der tatsächlichen Höhe der Fuorcla; diese bezieht sich auf die Abzweigung in die Val Prüna etwas weiter östlich davon.

Abstieg Von der **Fuorcla Pischa** zunächst ein Stück in Richtung Piz Languard. Der ein oder andere wird sicher noch Lust verspüren, hoch- und via Alp Languard nach Pontresina abzusteigen. Diejenigen, die mit dem Übergang und dem Muot da la Pischa genug getan haben, biegen kurz darauf bei **P. 2819 m** nach links und erreichen bald, zum Schluss über einen steilen Abstieg, den wunderschönen **Lej da Languard**, 2594 m. Hier lässt es sich bestens rasten und träumen! Außerdem gibt es sehr viele Murmeltiere, die uns Wanderer immer wieder »auspfeifen«. Auch am Weiterweg zur Chamanna Paradis begeistern wunderbare Landschaftsbilder in Hülle und Fülle. Zunächst steigen wir noch ein wenig ab, ignorieren insgesamt drei Abzweigungen nach rechts, die alle zum Piz Languard oder zur gleichnamigen Alp führen. Nach einer kleinen Gegensteigung von 54 Hm ist die **Chamanna Paradis**, 2540 m, erreicht. Was für ein fantastisches Plätzchen!

Hochplateau: Gianda d'Albris, Livigno-Berge

Die Bernina präsentiert sich wie üblich von ihrer schönsten Seite. Beim Abstieg nach Pontresina bummeln wir zunächst gemütlich den Rücken hinab und haben dabei noch ausgiebig Gelegenheit, uns an der traumhaften Rundsicht zu erfreuen. Kurz darauf eröffnet uns eine Abzweigung noch die letzte Möglichkeit, um die Alp Languard und damit die bequeme Talfahrt zu erreichen. Allerdings würde man so den schönen Wald God da Languard verpassen. Wir steigen deshalb den Rücken bis zum Bach **Ovel da Languard** ab. Diesen überschreiten und gleich danach links, 2198 m, um in den **God da Languard** einzutauchen. Selbst hierher verirren sich manchmal Steinböcke. Zunächst nur leicht fallend, weiter unten dann in Kehren,

10 Oberengadin/Engiadin'Ota und Val Bernina

Erhaben: Piz Palü (r.) über der Val Bernina

gelangen wir nach **Pontresina**, 1822 m, beim Carlihof oder in Giarsun. Wer allerdings zum Bahnhof muss, hat nochmals ein gutes Stück vor sich. Der Weg dorthin führt vom Ortszentrum in Pontresina an der Straße entlang und ist ausgeschildert. Es gibt auch Busse, die uns zum Bahnhof bringen. Die Rückkehr zum Ausgangspunkt erfolgt mit der RhB.

Höhenweg und Abstieg Wem der Sinn noch nach einem kleinen Gipfelerlebnis steht, der wendet sich bereits unterhalb der **Fuorcla** bei der **Abzweigung**, 2837 m, nach Norden, in Richtung Lej da Prüna. Wir folgen zunächst dem Steig, bis wir in westlicher Richtung in die tiefste Einsattelung im Kamm, der vom Muot da la Pischa nach Süden zieht, aufsteigen. Gleich oberhalb der kleinen Einsattelung kann man dem ersten etwas steileren Aufschwung in der schuttigen Ostflanke ausweichen. Dahinter steigen wir am besten gleich wieder auf die Kammhöhe und folgen dieser bis zur Gipfelkuppe des **Muot da la Pischa**. Die Rundsicht ist zwar durch die höheren Gipfel in der Umgebung ein wenig eingeschränkt, dafür ist man meist allein. Die Bernina versteckt sich zum Teil hinter dem Piz Albris. Beeindruckend zeigt sich dafür der Piz Languard. Dazu gibt es schöne Einblicke in die einsame Val Prüna im Norden. Wir steigen dann wieder bis zur Wegverzweigung bzw. in die **Fuorcla Pischa** ab.

Piz Languard, 3262 m
Der Klassiker über Pontresina

11

T3   7.30 Std.   ↑↓ 1440 Hm

Tourencharakter
Sehr lohnende Bergtour auf einen Super-Aussichtsberg. Stets gute Wege und Steige, die am Gipfelaufbau Trittsicherheit verlangen. Keinesfalls bei Neuschnee, dann kann der Schlussanstieg gefährlich werden. Wer von Pontresina auf- und absteigt, braucht eine sehr gute Kondition. Alternativ Auffahrt mit dem Lift zur Alp Languard, das erspart 513 Hm und insgesamt 2.30 Std. Gehzeit.

Beste Jahreszeit
Juli bis September, aufgrund der südseitigen Lage oft auch noch im Oktober machbar.

Ausgangspunkt
Pontresina, 1822 m, bzw. Alp Languard, 2325 m, mit dem Sessellift von Pontresina erreichbar.

Verkehrsanbindung
Vgl. Tour 9.

Höhenunterschied
1440 Hm im Auf- und Abstieg.

Einkehr/Unterkunft
Bergrestaurant Alp Languard (Tel. +41/79/6 82 15 11); Chamanna da Georgy (Tel. +41/81/8 33 65 65).

Gehzeiten
Aufstieg 4.30 Std., Abstieg 3 Std., insgesamt 7.30 Std.

Markierung
BAW-Wegweiser und weiß-rot-weiße Markierung.

Karte
LKS 1:50 000, 5013 Oberengadin, 469T Val Poschiavo.

Infos
Pontresina Tourist Information (vgl. Tour 1).

Es gibt nur wenige Alpengipfel in dieser Höhe, die so einfach zu erreichen sind wie der Piz Languard. Dabei mag man das gar nicht glauben, wenn man den schlanken Gipfel etwa von St. Moritz aus betrachtet. Noch beeindruckender zeigt sich der Berg von Osten und Norden. Der Anstieg ist für trittsichere Wanderer normalerweise ohne Probleme zu bewältigen, und nur bei Schnee könnte

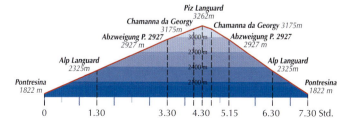

11 Oberengadin/Engiadin'Ota und Val Bernina

man in Schwierigkeiten kommen. Die Rundsicht zählt zu den schönsten weit und breit – die Bernina ist im Südhalbrund wie ein künstliches Panorama aufgestellt, und die Fernsicht reicht bis zum Tödi und zum Ortler.

Aufstieg Von **Pontresina** folgen wir der Ausschilderung am Carlihof vorbei. Kurz darauf bei einer Abzweigung halten wir uns rechts und steigen durch den Wald zunächst in einer langen Querung in südöstlicher Richtung an. Der Weg biegt in nordöstlicher Richtung um, und wir erreichen nach vielen Kehren flacheres Gelände. Am Bach entlang bis zu einer weiteren Abzweigung. Hier links und zu einer Alphütte auf der unteren **Alp Languard**, von wo der Weg wieder in Kehren nach rechts hinaufführt zur Bergstation, 2325 m. (Wer bis hierher den Sessellift benutzt, erspart sich etwa 1.30 Std. Gehzeit.) Von der Alp

Flaggen: Schweiz und Graubünden bei der Chamanna Georgy

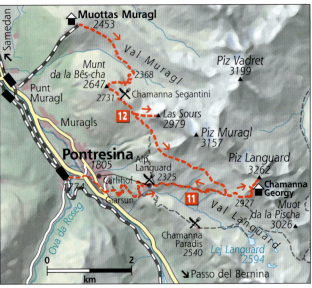

Piz Languard, 3262 m 11

Languard zunächst gemächlich in nordöstlicher Richtung bergan. Der Gipfel ist schon von hier aus sichtbar, und wir kommen ihm nur langsam näher. Dafür weitet sich die Rundsicht auf Bernina, Oberengadin und Albulaberge. Nach einigen Kehren mündet von links der Steinbockweg, und in einer weiteren Querung erreichen wir endlich den Gipfelaufbau des Piz Languard. Der sieht von hier doch recht steil aus, aber der Steig nützt geschickt die natürlichen Stufen aus und ist an keiner Stelle wirklich ausgesetzt. Schon bald nimmt die Steilheit wieder ab. Über ein großes Blockfeld gelangen wir zur **Chamanna da Georgy**, 3175 m, mit ihrer grandiosen Aussichtsterrasse. Von hier ist es zum Gipfel nur noch ein Katzensprung von 15–20 Minuten. Der Steig führt durch felsiges Gelände und ist zwar auch jetzt nicht wirklich schwierig, verlangt aber doch ein Mindestmaß an Trittsicherheit. Am trigonometrischen Signal des **Piz Languard** bietet sich eine fantastische Rundsicht. Außer den Gipfeln der Bernina sieht man Ortler und Ötztaler Alpen, Adamello sowie unzählige Bündner Berge. Besonders schön ist auch der Blick auf St. Moritz mit seinem See.

Gipfelsignal: Hinten rechts der Ortler

Abstieg Dieser verläuft auf derselben Route.

Oberengadin/Engiadin'Ota und Val Bernina

12 Las Sours, 2979 m, und Steinbockweg
Panoramaweg mit Gipfelzugabe

  T2+ 6 Std. ↑ 690 Hm, ↓ 819 Hm

Tourencharakter
Einfache Bergtour, die an manchen Stellen Trittsicherheit verlangt. Der Aufstieg zum Westgipfel von Las Sours führt durch blockiges Gelände, der Steig ist jedoch immer gut ausgeprägt, nicht ausgesetzt und ohne Kletterei. Der Steinbockweg ist ein gut ausgebauter Wanderweg, der an drei kurzen Stellen mit Drahtseilen gesichert ist, ansonsten problemlos.

Beste Jahreszeit
Juli bis Oktober.

Ausgangspunkt
Punt Muragl, 1738 m, Talstation der Standseilbahn nach Muottas Muragl (Tel. +41/81/8 42 83 08).

Endpunkt
Bergstation Alp Languard, 2325 m (Tel. +41/81/8 42 62 55, www.bergbahnenengadin.ch).

Verkehrsanbindung
Bahnstation Punt Muragl der RhB (950); mit dem Pkw von Pontresina bzw. Samedan und St. Moritz, Parkplätze.

Höhenunterschied
690 Hm im Aufstieg, 819 Hm im Abstieg.

Einkehr/Unterkunft
Berghotel Muottas Muragl (Tel. +41/81/8 42 82 32, www.muottasmuragl.ch); Chamanna Segantini (Tel. +41/79/6 81 35 37); Bergrestaurant Alp Languard (Tel. +41/79/6 82 15 11).

Gehzeiten
Aufstieg 3.30 Std., Höhenweg 2.30 Std, insgesamt 6 Std.

Markierung
BAW-Wegweiser und weiß-rot-weiße Markierung, Gipfelanstieg nur schwach markiert.

Karten
LKS 1:50 000, 5013 Oberengadin, 268T Julierpass.

Infos
Samedan Tourist Information (CH-7503 Samedan, Tel. +41/81/8 51 00 60, www.engadin.stmoritz.ch); Pontresina Tourist Information (vgl. Tour 1).

Hoch über Pontresina erheben sich Las Sours – »die Schwestern«. Sie fallen schon von weitem wegen ihrer steilen Hänge auf, die mit riesigen Lawinenverbauungen garniert sind. Obwohl es sich eigentlich nur um einen Vorgipfel im Westgrat des mächtigen Piz Muragl handelt, ist die westliche Spitze ein respektabler Aussichtsgipfel. Dabei erreichen wir nur das westliche Eck des Westgipfels; der Übergang zum etwas höheren Osteck ist mit ausgesetzter Kletterei verbunden und bringt aussichtsmäßig keinen Gewinn. Auch ohne Gipfelbesteigung eine sehr lohnende Tour. Dazu gibt es

Las Sours, 2979 m, und Steinbockweg 12

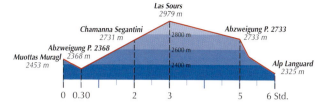

vielseitige Kombinationsmöglichkeiten mit anderen Wegen oberhalb von Pontresina.

Aufstieg   Von **Muottas Muragl** folgen wir zunächst dem Fahrweg, der leicht fallend in die Val Muragl führt und uns einen Höhenverlust von 85 m beschert. Wir überschreiten den Bach und verlassen den Fahrweg nach links, um über einen steilen Hang in Kehren anzusteigen. Weiter oben queren wir eine Blockhalde auf einem wunderschön gelegten Plattenweg auf die Schulter des **Munt da la Bês-cha** hinaus. Eine Bank lädt zum Verweilen ein. In kurzem Anstieg gelangen wir zur **Chamanna Segantini**, 2731 m, einen Panoramaplatz erster Güte! Hinter der Hütte trennen sich die Wege; rechts abwärts verläuft der Steinbockweg. Gipfelstürmer halten sich links und erreichen einen kleinen **Sattel** vor dem Gipfelaufbau. Der Anstieg verläuft vor allem im unteren Teil oft über schöne Platten, die

Wanderfreuden: Bei der Chamanna Segantini

12 Oberengadin/Engiadin'Ota und Val Bernina

Geschützt: Lawinenverbauungen über Pontresina

Markierungen sind seltener. In vielen Kehren steigen wir auf den **Westgipfel** von **Las Sours** und sind beeindruckt von der Wildheit des Massivs. Vor allem der Westturm des Piz Muragl ragt wie ein drohender Finger in den Himmel. Nach Süden und Westen ist die Sicht frei, und wir genießen eine hübsche Aussicht auf die Oberengadiner Seenplatte.

Gesichert: Passage am Steinbockweg

Höhenweg und Abstieg Wir steigen wieder bis zum oben erwähnten **Sattel** und zum von oben schon sichtbaren Wegweiser am **Steinbockweg**. Dieser führt uns nun in leichtem Auf und Ab quer durch die

steile Südflanke der Sours. Unterwegs gibt es zwei Abstiegsmöglichkeiten nach Pontresina oder zur Alp Languard. Wir queren aber noch einige Zeit große Blockfelder, bevor der Weg über Rasenhänge die Abzweigung erreicht, an der von links der Steig vom Piz Languard herunterkommt. Wir halten uns hier rechts und steigen auf dem breiten Weg hinab zur **Alp Languard**, die schon kurz nach der erwähnten Abzweigung sichtbar ist. Von hier entweder per Sessellift oder zu Fuß in 1.30 Stunden hinab nach Pontresina (vgl. Tour 10).

Piz da l'Ova Cotschna, 2716 m, und Piz Mezdi, 2992 m

13

Auf die Hausberge von St. Moritz-Bad

T2+ 6 Std. ↑↓ 1323 Hm bzw. ↑↓ 1213 Hm/937 Hm

Tourencharakter
Einfache Gipfeltouren auf guten Wegen und Steigen, an manchen Stellen ist Trittsicherheit nötig. Die Anstiege sind immer bestens ausgeprägt und ohne Probleme zu finden. Wer beide Gipfel gemeinsam besteigen will, sollte über eine gute Kondition verfügen.

Beste Jahreszeit
Juli bis Oktober.

Ausgangspunkt
St. Moritz-Bad, 1779 m, mehrere Bushaltestellen im Ort, meist gebührenpflichtige Parkplätze.

Verkehrsanbindung
Busverbindung von St. Moritz und Silvaplana (940.80), ebenso mit dem Pkw.

Höhenunterschied
1323 Hm bzw. 1213 Hm/937 Hm im Auf- und Abstieg.

Einkehr/Unterkunft
Unterwegs keine Möglichkeiten, evtl. in St. Moritz-Bad.

Gehzeiten
Aufstieg 2.30 Std., Übergang 1.30 Std., Abstieg 2 Std., insgesamt 6 Std.

Markierung
BAW-Wegweiser und weiß-rot-weiße Markierung, im oberen Abschnitt eher spärlich markiert.

Karten
LKS 1:50 000, 5013 Oberengadin, 268T Julierpass.

Infos
Kur- und Verkehrsverein St. Moritz (Via Maistra 12, CH-7500 St. Moritz, Tel. +41/81/8 37 33 33, www.engadin.stmoritz.ch).

Bestiegen: Am Piz da l' Ova Cotschna

Im Süden und Südosten von St. Moritz erheben sich die Gipfel des Rosatschkamms. Zwei davon sind mit einem markierten Steig erschlossen. Man kann beide Gipfel an einem Tag machen oder sich für jeden einen ganzen Tag Zeit nehmen und den einen im Sommer, den anderen vielleicht im Herbst besuchen. Beide Gipfel sind gleich lohnend und ergänzen sich hinsichtlich der Aussicht. Während diese vom Piz Mezdi von der hochalpinen Welt der Bernina dominiert wird, ist auf dem vorgeschobenen Piz da

13 Oberengadin/Engiadin'Ota und Val Bernina

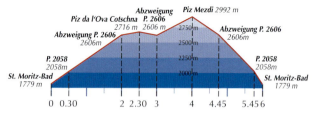

l'Ova Cotschna der Blick auf die Oberengadiner Seen das absolute Highlight – es geht auch mal ohne Bernina-Blick. Eine der schönsten Touren im Oberengadin!

Aufstieg In St. Moritz-Bad zeigen uns einige Wegweiser die Richtung. Bei einem großen Kinderspielplatz ist der eigentliche Ausgangspunkt. Hier geht es gleich steiler in Kehren durch den Wald, der an eine parkartige Landschaft erinnert. Wir folgen dann einer Forststraße, bis wir zweimal rechts abbiegend den Wald verlassen. Im Gebüsch quert unser Weg mehrfach Bäche. Ende Juni ist hier die Alpenrosenblüte bereits in vollem Gange, und im September sind die Sträucher dann rot gefärbt. Nach einem scharfen Rechtsknick leitet uns der Weg mit einer langen Querung durch Gneisbänke an den unteren Rand des Hochkars, das zwischen den beiden Gipfeln hinabzieht. Durch dieses steigen wir auf der linken Seite in vielen Kehren an und queren oben angelangt zu einem Wegweiser, 2606 m. Zum Piz da l'Ova Cotschna zweigen wir rechts ab; der Weg ist bestens einzusehen. Wir queren die mit einigen kleinen Bergseen gezierte Hochfläche.

Unterwegs: Zum Piz da l' Ova Cotschna

Piz da l'Ova Cotschna, 2716 m, und Piz Mezdi, 2992 m **13**

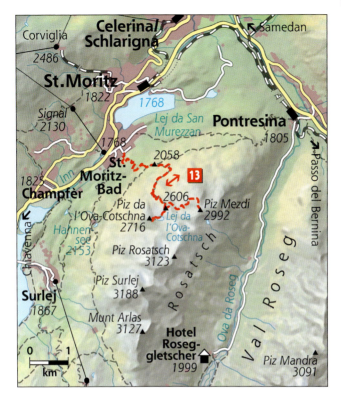

Neben dem **Lej da l'Ova Cotschna** fallen besonders zwei auf: einer sieht aus wie ein Herz, der andere wie eine Sprechblase. Ein kurzer steiler Hang wird in Kehren überwunden. Vom Sattel erreichen wir rasch das Gipfelzeichen am **Piz da l'Ova Cotschna**. Schöner Tiefblick auf die Seenplatte des Oberengadins, dahinter die Bergeller Berge und die Albulaalpen.

Übergang Zurück bei der Wegverzweigung queren wir um den ersten Gratausläufer herum in ein schuttgefülltes Hochkar. Wir halten auf den Kamm zu, der vom Gipfel in nordwestlicher Richtung herabzieht, und erreichen über diesen in Kehren die breite Hochfläche des **Piz Mezdi** mit seinen vielen Steinmännern. Vom Gipfel überblickt man weite Teile des Oberengadins und genießt einen wunderbaren Blick auf die Hochgipfel der Bernina.

Abstieg Dieser verläuft auf derselben Route.

Oberengadin/Engiadin'Ota und Val Bernina

14 Piz Blaisun, 3200 m
Schiefergipfel in beeindruckender Runde

| T3+ | 6 Std. | ↑↓ 944 Hm |

Tourencharakter
Bis zur Fuorcla Pischa recht einfache Tour, Gipfelanstieg anspruchsvoller. Trittsicherheit ist bei der Gipfelbesteigung ebenso wichtig wie eine gute Kondition (weicher Schieferschutt).
Beste Jahreszeit
Juli bis September.
Ausgangspunkt
Parkplatz bei Punt Granda, 2256 m, auf der Engadiner Seite der Albulapassstraße.
Verkehrsanbindung
Nur per Pkw von La Punt oder Bergün erreichbar. Keine PTT-Busse über den Albulapass.
Höhenunterschied
944 Hm im Auf- und Abstieg.
Einkehr/Unterkunft
Chamanna d'Es-cha, 2594 m (SAC Bernina, bewirtet von Juli–Oktober, Tel. +41/81/8 54 17 74, www.bernina.ch); Albula-Hospiz (Tel. +41/81/4 07 12 96, www.albulahospiz.ch).
Gehzeiten
Aufstieg 3.30 Std., Abstieg 2.30 Std., insgesamt 6 Std.
Markierung
Bis zur Fuorcla Pischa BAW-Wegweiser und weiß-rot-weiße Markierung, dann nur mehr Steigspuren.
Karten
LKS 1:25 000, 1237 Albulapass; LKS 1:50 000, 5013 Oberengadin.
Infos
La Punt Tourist Information (CH-7522 La Punt Chamues-ch, Tel. +41/81/8 54 24 77, www.engadin.stmoritz.ch).

Nördlich der Albulastraße erhebt sich eine Bergkette, die aus Sedimenten (Dolomit und Kalkschiefer) besteht. Die hellen Gipfel bilden einen auffallenden Kontrast zu den Bergen nördlich (Piz Kesch) und südlich (Kette der Crasta Mora), die aus kristallinen Gesteinen aufgebaut sind. Das Haupt dieser Kette, der Piz Üertsch, ist für Bergwanderer deutlich zu anspruchsvoll. Etwas niedriger, dafür aber einfacher zu besteigen ist der Piz Blaisun. Er ist nicht überlaufen, bietet einen fantastischen Anblick des Piz Üertsch und eine schöne Fernsicht.

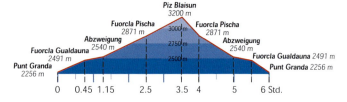

Piz Blaisun, 3200 m 14

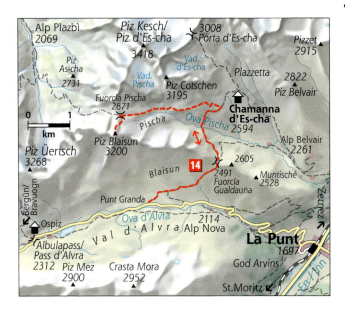

Aufstieg Gegenüber vom Parkplatz zeigt uns der Wanderwegweiser die Richtung an. Der Weg führt durch die Alpweiden der **Alps d' Alvra** leicht ansteigend in nordöstlicher Richtung zur **Fuorcla Gualdauna**, 2491 m. Am Gegenhang nördlich ist bereits die Chamanna d'Es-cha zu erkennen. Wir queren nun die obere Val d'Es-cha in leichtem Auf und Ab, überschreiten den Bach Ova Pischa und steigen wieder leicht an zur Abzweigung vom Hüttenweg auf ca. 2540 m. Am Wegweiser zweigen wir links in Richtung Fuorcla Pischa ab. Zunächst quert der Weg den Südhang des Piz Cotschen, um dann leicht in das Hochtälchen von Pischa abzusteigen. Nun wechseln sich steilere mit flacheren Passagen ab. Bald darauf erreichen wir die **Fuorcla Pischa**, 2871 m. Hier wird zum ersten Mal der Blick auf die vielseitige Bergwelt Mittelbündens frei. Von der Fuorcla auf Wegspuren in Kehren über den steilen Schieferhang zum Gipfel des Piz Blaisun. Bei gefrorenem Boden ist hier Vorsicht geboten! Bei guten Verhältnissen bereitet der Anstieg trittsicheren Tourengängern aber keine Probleme. Die Aussicht wird nur im Norden durch den mächtigen Piz Kesch eingeschränkt. Im Süden die Bernina, im Osten hinter den Livigno-Alpen die Ortler-Gruppe. Im Westen und Südwesten die Albulaberge mit dem eindrucksvollen Piz Üertsch im Vordergrund. Dahinter die Plessurberge und die Glarner Alpen.

Abstieg Dieser verläuft auf derselben Route.

Oberengadin/Engiadin'Ota und Val Bernina

15 Piz Ot, 3246 m
Auf die perfekte Pyramide

| T4 | 7 Std. | ↑↓ 1525 Hm |

Tourencharakter
Anspruchsvolle Bergtour auf einen markanten Gipfel, der bis oben markiert ist. Gute Kondition, sicheres Wetter und vor allem trockene Verhältnisse sind Voraussetzung. Auf gar keinen Fall bei Nässe oder gar nach Neuschnee – die Granitfelsen verwandeln sich dann in extrem glatte Rutschbahnen!

Beste Jahreszeit
Juli bis September.

Ausgangspunkt
Spinas, 1815 m, Bahnstation der RhB in der Val Bever.

Endpunkt
Samedan, 1721 m, Bahnstation der RhB, Parkplätze.

Verkehrsanbindung
Spinas ist nur mit den Zügen der RhB zwischen Samedan und Bergün (940) zu erreichen; Halt nur auf Verlangen. Samedan ist Verkehrsknotenpunkt im Oberengadin und sowohl per Zug (940, 960) als auch mit dem Pkw bestens erreichbar.

Einkehr/Unterkunft
Unterwegs keine. In Spinas Berggasthaus Suvretta Spinas (Tel. +41/81/8 52 54 92, www.spinas-bever.ch).

Höhenunterschied
1525 Hm im Auf- und Abstieg.

Gehzeiten
Aufstieg 4 Std., Abstieg 3 Std., insgesamt 7 Std.

Markierung
BAW-Wegweiser und weißrot-weiße Markierung bis zur Abzweigung des eigentlichen Gipfelanstiegs. Ab hier weiß-blauweiße Markierung.

Karten
LKS 1:25 000, 1257 St. Moritz; LKS 1:50 000, 5013 Oberengadin.

Infos
Samedan Tourist Information (CH-7503 Samedan, Tel. +41/81/8 51 00 60, www.samedan.ch).

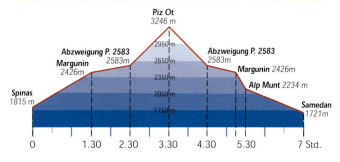

Piz Ot, 3246 m **15**

Sicher lässt sich darüber streiten, ob der Piz Ot, die »Hohe Spitze«, nun wirklich eine perfekte Pyramide ist. Wer den Gipfel allerdings von Norden, z. B. von der Fuorcla Crap Alv gesehen hat, wird dem nicht widersprechen: Als gleichschenklige Pyramide zeigt er sich von hier dem Tourengänger. Dass man diesen Gipfel auf einem markierten Steig relativ einfach besteigen kann, mag man von hier aus nicht glauben. Relativ einfach bedeutet: Trittsicherheit und Schwindelfreiheit sind auch auf dem Normalanstieg von der Südseite absolute Voraussetzung. Sehr lohnend ist die Überschreitung von Spinas nach Samedan.

Abzweigung: Piz da la Funtauna (l.) und Piz Ot

Aufstieg Von **Spinas** folgen wir dem markierten Weg über eine schöne Lichtung in den Wald und durch diesen in die **Valletta da Bever**. Durch das enge und steile Tälchen gelangen wir ziemlich flott in den kleinen **Sattel** von **Margunin**, 2426 m. Hier kommt von links der Anstieg von Samedan herauf. Durch die Hochmulde der Valletta zuerst noch recht gemütlich bis zur Abzweigung, 2583 m, und auf dem weiß-blau-weiß markierten Steig zum Piz Ot nach

15 Oberengadin/Engiadin'Ota und Val Bernina

> **Tipp**
> Für weniger ambitionierte Wanderer oder auch bei schlechten Verhältnissen bietet sich der kleine Gipfel des Cho d'Valletta, 2493 m, als Ausweichtour an. Er ist vom Sattel bei Margunin in ca. 20 Minuten (T2) einfach erreichbar und lässt sich leicht in Richtung Samedan überschreiten. Schöne Sicht auf das Engadin, die Bernina und den Piz Ot.

rechts. Er führt zunächst noch durch gerölldurchsetzten Rasen, später durch Blockfelder. Wir halten auf den großen Vorbau unter dem Gipfel zu und erreichen über diesen die Gipfelfelsen. Der Steig, der durch die Südostflanke hinaufführt, ist ab hier teilweise mit Drahtseilen und Geländern gesichert und bisweilen auch ein wenig ausgesetzt. Ganz oben legt sich das Gelände wieder zurück, und dann stehen wir auf dem **Piz Ot**. Die Rundsicht bietet neben Tiefblicken ins Engadin auch eine wunderbare Aussicht auf die Bernina und die wilden Gipfel der Keschgruppe im Norden.

Abstieg Bis **Margunin** bleiben wir am Aufstiegsweg, dort zweigen wir rechts nach Samedan ab. Am Hang entlang erreichen wir die **Alp Munt**, 2234 m. Anschließend deutlich steiler hinunter, an einer Rippe zwischen zwei Tobeln entlang. Unterhalb dieser nimmt die Steilheit wieder ab, und wir erreichen die schön gelegene Kirche von **St. Peter**, 1795 m, und weiter absteigend **Samedan**. Die Rückkehr zum Ausgangspunkt erfolgt mit der RhB.

Überragend: Piz Ot von Süden

Piz Julier, 3380 m
Auf das alpine Wahrzeichen von St. Moritz

16

T4+ 6 Std. ↑↓ 1219 Hm

Tourencharakter
Anspruchsvolle Bergtour auf den markanten Aussichtsgipfel über dem Oberengadin. Trittsicherheit und Schwindelfreiheit sind am teilweise ausgesetzten Grat zwingend erforderlich. Auf gar keinen Fall bei Nässe oder gar nach Neuschnee – die Granitfelsen verwandeln sich in extrem glatte Rutschbahnen!

Beste Jahreszeit
Juli bis September.

Ausgangspunkt
Chamanna dal Stradin, 2161 m, auf der Engadiner Seite der Julierstraße. Sie liegt genau dort, wo die Hochspannungsleitung die Straße kreuzt; beschränkte Parkmöglichkeiten.

Verkehrsanbindung
Per Pkw von Silvaplana und Bivio auf der gut ausgebauten Julierstraße. Haltestelle der PTT-Busse von Silvaplana nach Bivio (900.84), in beide Richtungen je drei Kurse täglich.

Höhenunterschied
1219 Hm im Auf- und Abstieg.

Einkehr/Unterkunft
Unterwegs keine.

Gehzeiten
Aufstieg 3.30 Std., Abstieg 2.30 Std., insgesamt 6 Std.

Markierung
BAW-Wegweiser und weiß-blau-weiße Markierung.

Karten
LKS 1:50 000, 5013 Oberengadin; LKS 1:25 000, 1257 St. Moritz.

Infos
Silvaplana Tourist Information (CH-7513 Silvaplana, Tel +41/81/8 38 60 00, www.engadin.stmoritz.ch).

Egal, von welcher Seite man den Piz Julier betrachtet – es ist kaum zu glauben, dass dort hinauf ein guter, markierter Steig führt, der den erfahrenen Tourengänger ohne größere Schwierigkeiten zum Gipfel leitet. Dieser wurde in den 1990er

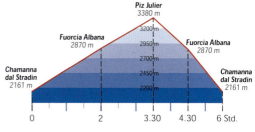

Jahren deutlich ausgebessert und ist längst nicht mehr so verfallen, wie noch in einigen älteren Publikationen beschrieben. Trotzdem sind Trittsicherheit und Schwindelfreiheit zwingende Voraussetzungen. Der Berg wird rätoromanisch auch Piz Güglia genannt. Hier wird der

16 Oberengadin/Engiadin'Ota und Val Bernina

vor einigen Jahren neu markierte Anstieg von Süden, von der Chamanna dal Stradin an der Julierstraße, als Alternative zum üblichen Anstieg von Champfèr vorgeschlagen.

Aufstieg Nördlich der Straße mit der weiß-blau-weißen Markierung sogleich richtig steil über einen Wiesenhang empor. Westlich des Bachs **Ovel da Munteratsch** auf dem Steig in die Hochmulde von Munteratsch, über der sich der Piz Julier mit seiner eindrucksvollen Südwand erhebt. Das Gelände wird steiniger; wir durchqueren die ersten Geröllfelder und halten auf die tiefste Einsattelung zwischen

Felsig: Piz Julier aus der Fuorcla Albana

Piz Julier, 3380 m — 16

Piz Julier und Piz Albana zu. In einem Linksbogen steigen wir über einen steilen Geröllhang zur **Fuorcla Albana**, 2870 m (kleiner Unterstand), hinauf. Der hier ansetzende Grat zum Piz Julier heißt **Crasta da la Senda**, »der Grat mit dem Weg«. Unser Steig verläuft größtenteils auf der linken Seite des Grats. Wenn man sich an die Markierungen hält, kann man nicht fehlgehen.

Steinig: Unterhalb der Fuorcla Albana

An ausgesetzten Stellen sind auch Ketten und Geländer angebracht – jedoch nicht auf der gesamten Route! Weiter oben führt der Steig in die steile Südwand hinaus; aufgrund des gut gestuften Gesteins hält sich jedoch auch hier die Ausgesetztheit in Grenzen. Wenn wir uns dann endlich am Gipfel wähnen, erleben wir noch eine Überraschung – wir stehen erst am Vorgipfel. Zum Hauptgipfel müssen wir noch kurz in eine kleine Scharte hinab und erreichen auf der anderen Seite den Gipfel des **Piz Julier**. Aufgrund seiner Höhe und seiner Lage bietet sich von hier eine famose Aussicht: genau über dem Lej da Silvaplana die Bernina, dazu unzählige Bündner Gipfel. Vor allem die Albula- und Aversberge bieten ein interessantes Bild.

> **Tipp**
> Man kann den Piz Julier auch überschreiten: von der Fuorcla Albana auf markiertem Weg in nordöstlicher Richtung durch Geröllhänge und das Tal Suvretta da San Murezzan hinab nach Champfèr oder St. Moritz. Zeitbedarf ab Fuorcla Albana 2.30 Stunden; die Gesamtgehzeit erhöht sich dann auf insgesamt 7 Stunden.

Abstieg Dieser erfolgt auf derselben Route.

Oberengadin/Engiadin'Ota und Val Bernina

17 Piz Grevasalvas, 2932 m
Über die »weißen Platten«

T2+   6.30 Std.   ↑↓ 1270 Hm

Tourencharakter
Einfache Bergtour, die im oberen Teil Trittsicherheit im blockigen Gelände und auf den Platten erfordert. Orientierung einfach, da reichlich markiert. Allerdings ist es im obersten Teil manchmal einfacher, sich nicht direkt an die Markierungen zu halten, sondern an die vielfach gut herausgebildeten Wegspuren.
Beste Jahreszeit
Juli bis Oktober. Vorsicht allerdings bei Schneeauflage!
Ausgangspunkt
Plaun da Lej, 1805 m, am Lej da Segl.
Endpunkt
Maloja, 1809 m.
Verkehrsanbindung
Haltestelle Plaun da Lej der Engadin- und PTT-Busse zwischen St. Moritz und Maloja (940.80), Parkplatz; Maloja gleichfalls per Bus und Pkw erreichbar, Parkplätze.
Höhenunterschied
1270 Hm im Auf- und Abstieg.
Einkehr/Unterkunft
Unterwegs keine.
Gehzeiten
Aufstieg 3.30 Std., Abstieg 3 Std., insgesamt 6.30 Std.
Markierung
BAW-Wegweiser und weiß-rotweiße Markierung.
Karten
LKS 1:50 000, 5013 Oberengadin, 268T Julierpass.
Infos
Sils Tourist Information (CH-7514 Sils Maria, Tel. +41/81/8 38 50 50, www.sils.ch); Kur- und Verkehrsverein Maloja (CH-7516 Maloja, Tel. +41/81/8 24 31 88, www.maloja.ch).

Vom Lej da Segl nimmt man den flachen Gipfel kaum wahr, und auch von Norden, von Bivio, macht er nur wenig Eindruck – Piz Lagrev und Piz Lunghin stehlen im die Show. Seit einigen Jahren führt ein markierter Steig zum Gipfel. Die Aussicht von der breiten Gipfelhoch-

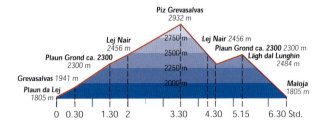

Piz Grevasalvas, 2932 m — 17

fläche auf die Aversberge und über den Piz Lunghin hinweg auf die Bergeller Berge ist prächtig. Dazu steht der Gipfel auf der Achse des Oberhalbsteins, mit Bivio und dem Lai da Marmorera. Den Namen »Grevasalvas«, die weißen Platten, trägt der Gipfel nur zu recht.

Aufstieg In **Plaun da Lej** zweigt ein Fahrweg ab, auf dem der Weg zum Piz Grevasalvas bereits angegeben ist. Über diesen erreichen wir schon bald das von Postkarten bekannte Sommerdörflein **Grevasalvas**. Hier zweigt unser Anstieg, nun auf einem Wanderweg, nach rechts ab und beschreibt eine weite Rechtskehre. Er durchzieht den gesamten Hang oberhalb von Grevasalvas in westlicher Richtung immer genau auf unseren Gipfel zu, der an den hellen Gesteinen und dem flachen Aufbau gut erkennbar ist. Bald gelangen wir in ein Hochtal, und bei einem Wegweiser zweigt unser Weg nach rechts ab. Er steigt in Kehren kräftig zum in einem Bergsturzkessel gelegenen **Lej Nair**, 2456 m, an, der selbst ein recht häufig besuchtes Wander-

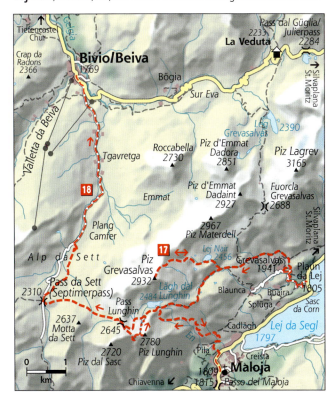

17 Oberengadin/Engiadin'Ota und Val Bernina

ziel bildet. Die Landschaft wird nun deutlich alpiner, und nach einigen Kehren erreichen wir eine große Platte, für die Trittsicherheit notwendig ist. Außerdem ist nun verstärkt auf die Markierung zu achten. Über Platten und durch Blockfelder führt der Anstieg in Richtung auf die Kammhöhe zu, die bei ca. 2820 m erreicht wird. Nun mehr oder weniger direkt am Kamm oder leicht links davon zum Gipfel des **Piz Grevasalvas** mit seiner fantastischen Rundsicht, zu der auch die Oberengadiner Seen zählen.

Abstieg Wir steigen wieder hinab in das Hochtal unterhalb des **Lej Nair**. Bei der Abzweigung halten wir uns rechts und steigen durch das Hochtal bis in einen kleinen **Sattel**. Dort beginnt der Weg die steile Flanke zum **Lägh dal Lunghin** zu queren, immer mit Blick auf den Piz Lunghin. Manch einer wird Lust bekommen, diesen Gipfel noch mitzunehmen (ab dem Lägh da Lunghin hin und zurück ca. 1.30 Std., recht anstrengend). Der Abstieg nach **Maloja** verläuft im umgekehrten Sinn wie in Tour 18 beschrieben. Die Rückkehr zum Ausgangspunkt erfolgt mit dem Bus.

Idyllisch: Sommerdörfchen Grevasalvas

Natürlich: Lej Nair mit Piz Lagrev

Piz Lunghin, 2780 m
Über die dreifache Wasserscheide vom Engadin ins Surses

T3+ 6 Std. ↑ 971 Hm, ↓ 1011 Hm

Tourencharakter
Abwechslungsreiche Bergtour, die am sehr steilen Gipfelaufbau unbedingt Trittsicherheit und auch Schwindelfreiheit verlangt. Dies gilt besonders auch für den Gratübergang vom Pass Lunghin zum Piz Lunghin. Der Gipfelanstieg ist nicht ohne Grund weiß-blau-weiß markiert! Ohne Gipfelbesteigung eine sehr einfache Tour.

Beste Jahreszeit
Juli bis September. Aufgrund der nordseitigen Lage kann sich der Schnee hier länger halten. Dann ist auf alle Fälle erhebliche Vorsicht geboten!

Ausgangspunkt
Maloja, 1809 m, Parkplatz im Ort.

Endpunkt
Bivio, 1769 m, im Surses, Parkplatz im Ort.

Verkehrsanbindung
Bushaltestelle Maloja Posta, Engadin- und PTT-Busse zwischen St. Moritz und Maloja (940.80), gute Straße von St. Moritz, Parkplätze; PTT-Busse zwischen St. Moritz und Bivio (900.84), vom Oberengadin erreichbar über die Julierpassstraße.

Höhenunterschied
Aufstieg 971 Hm, Abstieg 1011 Hm.

Einkehr/Unterkunft
Unterwegs keine, nur in Maloja und Bivio.

Gehzeiten
Aufstieg 3 Std., Abstieg 3 Std., insgesamt 6 Std.

Markierung
BAW-Wegweiser und weiß-rot-weiße Markierung, der Gipfelanstieg vom Pass Lunghin ist weiß-blau-weiß markiert.

Karten
LKS 1:50 000, 5013 Oberengadin, 268T Julierpass.

Infos
Kur- und Verkehrsverein Maloja (vgl. Tour 17); Kur- und Verkehrsverein Bivio (Hauptstrasse, CH-7457 Bivio, Tel. +41/081/6 84 53 23, www.bivio.ch).

Zweifellos ist der Piz Lunghin ein erstklassiger Aussichtsberg mit südlichem Flair und erinnert an ähnliche Touren im mittleren und nördlichen Tessin. Vom Hochtal des Oberengadins am Lej da Segl führt die Tour über den Gipfel und den gleichnamigen Pass hinab ins Surses (Oberhalbstein). Was die Tour zusätzlich aufwertet, ist die Überquerung der dreifachen Wasserscheide am Pass Lunghin. Es ist der orografisch wohl bedeutendste Punkt der Alpen – von hier brechen die Bergbäche zu drei verschiedenen Meeren auf, via Inn und Donau ins Schwarze Meer, via Julia und Rhein zur Nordsee sowie über Maira

18 Oberengadin/Engiadin'Ota und Val Bernina

und Po zur Adria. Der Lägh dal Lunghin gilt zudem als Innquelle. Und beim Abstieg nach Bivio berühren wir noch den Septimerpass (Pass da Sett), der bereits im Mittelalter begangen wurde. Also eine Tour mit vielen Highlights! Bei einer Überschreitung lohnt sich in jedem Fall die Anreise mit dem Postauto. Zwischen St. Moritz und Bivio gibt es aber nur wenige Busverbindungen, pro Tag je drei in beide Richtungen.

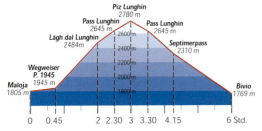

Aufstieg Von der Post in **Maloja** wandern wir etwa 500 m an der Straße entlang in Richtung Sils, bis ein Wegweiser in Richtung Pass Lunghin nach links zeigt. Auf diesem Wanderweg, der sich bald mit einem Fahrweg vereinigt, zum Weiler **Pila**. Dort verlassen wir den Fahrweg auf dem ausgeschilderten Weg nach rechts. Zunächst leicht abwärts, dann über einen Bach und auf der anderen Seite schräg den Hang empor. In steilen Kehren unter einer Felswand entlang und teils über Steintreppen und Platten hinauf in ein Bachtal. Nach links hinaus auf die nächste Stufe und über einen kurzen Hang zu einem weiteren Wegweiser, 1945 m. Dort halten wir uns links und steigen in teils lang gezogenen Kehren die schönen Weidehänge empor bis in ein kleines Hochtal. Auch hier hat das schottische Hochlandrind schon Einzug gehalten. Wieder geht es in Kehren auf die nächste Stufe, dann haben wir den **Lägh dal Lunghin**, 2484 m, die Innquelle, erreicht. In westlicher Richtung weiter und auf dem Weg durch das

Wild: Piz Lunghin Südseite

Piz Lunghin, 2780 m — 18

fast vegetationsloses Hochtal bis zum **Pass Lunghin**, 2645 m. Von hier über eine weiß-blau-weiß markierte Wegspur teilweise recht ausgesetzt am Kamm zum Gipfel. Dabei sind auch einige hohe Stufen zu nehmen, die für Trittsichere aber kein Problem darstellen. Der Schlussanstieg ist sehr steil, aber ebenfalls gut zu gehen. Wichtig ist dabei sauberes Gehen, um keinen Steinschlag auszulösen. Über einige Kehren im Schutt hinauf zum Gipfel des **Piz Lunghin**, der nach Süden überaus steil abbricht. Die Aussicht reicht wegen der vielen höheren umgebenden Gipfel zwar nicht allzu weit, wir befinden uns jedoch inmitten einer ganz gewaltigen Szenerie. Dafür sorgen vor allem die Granitriesen, die sich jenseits des Bergells erheben. Im Westen die Weite der Aversberge. Beeindruckend auch die nahen Gipfel der Lagrevgruppe. Die Eisriesen der Bernina bilden von hier eher nur den dekorativen Hintergrund über dem Lej da Segl.

> **Tipp:** Wenn wir schon mal in Bivio sind und uns einen Überblick über die Bergwelt in der Umgebung verschaffen wollen, dann bietet sich die Roccabella, 2730 m, südöstlich über Bivio als lohnendes Ziel an. Sie ist problemlos erreichbar (T2, weiß-rot-weiße Markierung, Gesamtzeit 5 Std., 961 Hm im Auf- und Abstieg). Sehr schöne Rundsicht über die Bergwelt rund um den Julierpass und das obere Surses!

Abstieg Zunächst steigen wir wieder bis zum Pass Lunghin ab. Dort wenden wir uns nach Westen, um auf gutem Weg zunächst noch durch Schutt, bald aber schon durch Hochweiden zum **Septimerpass**, 2310 m, abzusteigen. Nördlich breitet sich die weite Fläche der Alp da Sett aus. Überhaupt ist die Nordseite des Septimer trotz der umgebenden Berge durch eine fast grenzenlose Weite gekennzeichnet. Von der Passhöhe bietet sich nochmals ein schöner Rückblick auf die Bergeller Berge. Ab jetzt wandern wir auf einem geschichtsträchtigen Weg, der schon von den Römern benutzt wurde. Zunächst noch auf einem Wanderweg, ab der Brücke bei P. 2136 m dann auf einem Fahrweg problemlos hinab nach **Bivio**. Die Rückkehr zum Ausgangspunkt erfolgt mit dem Bus.

> **Tipp:** Auf alten Römerwegen von Bivio ins Bergell – der gemütliche Anstieg von Bivio zum Septimerpass ist für jedermann zu bewältigen. Dabei wandert man durch eine erstaunlich weite Landschaft. Der Charakter der Wanderung ändert sich allerdings beim Abstieg von der Passhöhe ins Bergell. Das Tal wird immer enger und die Berge scheinen immer steiler in den Himmel zu wachsen. Von der Weite auf der Nordseite ist nicht mehr viel übrig. Der historische Weg über den Pass wurde auf der Bergeller Seite 1991 wieder instand gesetzt. Eine einfache, bestens markierte und ausgeschilderte Wanderung auf alten Wegen mit starken Kontrasten (T1, Gesamtzeit 4 Std., Aufstieg 541 Hm, Abstieg 852 Hm)! Und wer unbedingt noch ein kleines Gipfelerlebnis haben möchte, steigt vom Pass noch weglos zur Motta da Sett, 2637 m, auf (T2, Aufstieg 30 Min.).

Gipfelvariante Falls wir nicht die Überschreitung durchführen wollen, können wir im Abstieg am ersten kleinen Sattel unter dem Gipfel die Wegspur wählen, die nach rechts durch die Schutthalde hinab führt. Sie leitet uns ohne Probleme bis zum Lägh dal Lunghin. Die Gesamtgehzeit beträgt in diesem Fall 5 Stunden.

Mittelbünden: Savognin im Oberhalbstein (T. 19)

Mittelbünden/Grischun Central

Der Begriff »*Mittelbünden*« ist eher ein geografischer. Dazu zählen die Täler Surses (Oberhalbstein) und Val d'Alvra (Albulatal). Das Avers zwar liegt vor allem verkehrstechnisch bereits ganz im Einzugsbereich des Hinterrheins; da es aber viele lohnende Passwanderungen zwischen dem Avers und dem Surses gibt, soll dieses Hochtal ebenfalls kurz vorgestellt werden. Die gesamte Region ist überwiegend romanisch geprägt. Ausnahmen bilden das deutschsprachige Avers sowie die Gemeinde Bivio, in der überwiegend italienisch gesprochen wird. In Mittelbünden ist der Unterschied zwischen touristisch stark entwickelten Ortschaften und solchen ohne oder mit nur wenig Tourismus noch deutlicher als im Engadin ausgeprägt. Während z. B. Savognin im Oberhalbstein zu den führenden Skidestinationen in Graubünden zählt, zeigen andere Orte an der Julierstraße noch einen recht ursprünglichen Charakter, wie z. B. Sur oder Mulegns. Savognin ist der einzige Ort, der sich definitiv dem harten Tourismus verschrieben hat. Ansonsten hat sich die Region, in der es mehr Wanderwege als Skipisten gibt, ihren ursprünglichen Charakter größtenteils bewahrt. Man findet noch Dörfer mit gewachsenen Ortsbildern. Auf den Bergen im Albula oder im Avers ist man trotz der zahlreichen und bei Schweizer Wanderern recht populären Passwanderungen oft allein unterwegs. Markierte Routen zu den Gipfeln sind eher selten. Ein wichtiger Schritt, diese Ursprünglichkeit sowohl naturell als auch kulturell zu

Mittelbünden/Grischun Central

erhalten, ist die geplante Gründung des Parc Ela, der von allen 21 Gemeinden der Täler Surses und Albula getragen wird. Hierbei handelt es sich nicht um einen weiteren Nationalpark, sondern um einen Naturpark, in dem es primär um das Zusammenleben zwischen Pflanzen, Tieren und Menschen geht. Noch gibt es den Park nicht, denn dazu ist in der Schweiz eine Änderung der Bundesverfassung nötig, und so verzögert sich der für Sommer 2007 vorgesehene Start weiter. Es wird sich zeigen, ob solche Modellregionen wie der Parc Ela Zukunft haben. Einige der hier vorgestellten Touren berühren den Park, die Überschreitung der Fuorcla Tschitta verläuft z. B. teilweise auf der Veia Parc Ela, einer mehrtägigen Route, die den gesamten Park durchquert. Weitere Infos gibt es unter www.parc-ela.ch.

Das weite Hochtal des Avers mit seinen zum Teil recht langen Seitentälern bietet vor allem großzügige Passwanderungen und Überschreitungen. Aber auch viele Gipfel sind leicht erreichbar, darunter einige sehr lohnende Dreitausender. Das deutschsprachige Tal wurde durch die Walser besiedelt. Die Ortschaft Juf ist übrigens die höchste ganzjährig bewohnte Gemeinde der Alpen. Aufgrund der enormen Höhenlage der Dörfer zwischen 1700 und 2100 Meter halten sich die Höhenunterschiede für Tourengänger in Grenzen. Außer den Passübergängen gibt es kaum markierte Routen, und man ist auf vielen Gipfeln allein unterwegs, erhält ganz spezielle Eindrücke und fühlt sich auf so manchem Gipfel fast wie ein Pionier. Neben den hier beschriebenen Touren auf den Piz Turba und aufs Gletscherhorn sind vor allem Piz Piot und Piz Gallagiun interessante Ziele. Erster bietet eine recht kurze Tour von Juf aus, zweiter ist nur auf zwei sehr langen Anstiegen zu erreichen (entweder von Stettli in der Val Madris oder von Soglio im Bergell, jeweils über den Pass da Prasgnola). Von den Pässen werden einige hier im Führer erwähnt; lohnend sind außerdem der Bergalgapass und die Fallerfurgga. Weiter im Westen der Aversberge finden sich mit dem Piz Timun und dem Pizzo Stella noch weitere schöne Gipfel, die allerdings schon im Einzugsbereich der italienischen Seite des Splügenpasses bzw. der Val Ferrera, der Talstufe unterhalb des Avers, liegen.

Das Surses (Oberhalbstein) hat einen deutlich anderen Charakter. Hier dominiert nicht die Weite wie im Avers, sondern das Tal ist tiefer eingeschnitten und wird auf beiden Seiten von steilen Bergflanken eingerahmt. Nur im unteren Abschnitt bei Savognin sowie ganz oben in Bivio weitet sich das Tal. Unter den lohnenden Wanderungen sind an erster Stelle die unzähligen Passwanderungen ins Albulatal, ins Avers oder in die Val Ferrera zu nennen. Markierte Gipfelmöglichkeiten sind auch hier eher selten. Von Bivio ist der Anstieg zur Roccabella markiert und von Cunter im untersten Talabschnitt die aussichtsreiche Kuppe der Motta Palousa. Empfehlens-

Mittelbünden/Grischun Central

werte Wanderungen und Gipfeltouren finden sich auch auf der Westseite des Tals, in der Curvergruppe. Hier ist vor allem die Wallfahrtskirche Ziteil zu erwähnen, von der aus man noch die Dolomitburg des Piz Toissa weglos und steil, aber unschwierig ersteigen kann. Dazu kommen einige lohnende und teilweise anspruchsvolle Hochtouren wie Piz Platta oder die Pizs da Bravuogn (Bergüner Stöcke). Letztere verlangen absolute Kletterfertigkeit und Vertrautheit mit brüchigem Dolomitgestein.

Die Val d'Alvra (Albulatal) zieht sich vom Albulapass herab und mündet bei Sils/Thusis ins Domleschg, den untersten Abschnitt des Hinterrheintals. In diesem Führer werden vor allem die obersten Talabschnitte um Bergün und Preda gewürdigt. Neben der beschriebenen Tour über die Fuorcla da Tschitta sind auch die Übergänge ins Davoser Seitental Sertig, über Sertigpass und Ducanfurgga von Bedeutung. Die einfachste Gipfelmöglichkeit rund um Bergün, neben dem hier beschriebenen Piz Darlux, ist der breite Rasenhügel des Cuolm da Latsch. Auf der anderen Talseite kann man auf den Chavagl Grond steigen und diesen nach Filisur überschreiten. Unter den Hochtourenmöglichkeiten des Tals nimmt der Piz Kesch, der »König Mittelbündens«, die Hauptstellung ein.

Im unteren Teil des Albulatals finden sich vor allem auf der nördlichen Seite, im Plessurgebirge, lohnende Wander- und Gipfeltouren. Hier sei kurz der Weg über die Furcletta zur Ramozhütte des SAC und weiter nach Arosa genannt.

Abgeschieden: Juf im obersten Avers (T. 20)

Von Bivio nach Savognin
Ein Tag auf der Veia Surmirana

19

T1 6 Std. ↑ ca. 450 Hm, ↓ ca. 950 Hm

Tourencharakter
Einfache Bergwanderung, stets auf guten Wanderwegen. Eine gute Kondition ist allein schon wegen der Länge, aber auch wegen der Gegensteigungen recht angenehm. Die Tour kann zwischendurch mehrfach durch einen Talabstieg abgebrochen werden. In die Höhenmeterangaben sind einige kleinere Gegensteigungen mit eingerechnet.

Beste Jahreszeit
Juli bis Oktober, evtl. auch schon im Juni oder noch im November.

Ausgangspunkt
Bivio, 1769 m, an der Julierpassstraße, Bushaltestelle, Parkplätze.

Endpunkt
Savognin, 1207 m, Hauptort im Surses, Bushaltestelle, Parkplätze.

Verkehrsanbindung
Haltestelle in Bivio und Savognin der PTT-Busse von Chur bzw. St. Moritz (900.85); per Pkw von St. Moritz über den Julierpass oder von Chur via Tiefencastel nach Savognin.

Höhenunterschied
Aufstieg ca. 450 Hm, Abstieg ca. 950 Hm.

Einkehr/Unterkunft
Berggasthaus Piz Platta, 1975 m auf Tigias (Alp Flix, bewirschaftet Ende Mai bis Ende Oktober, CH-7456 Sur, Tel. +41/81/6 59 19 29, www.flix.ch).

Gehzeiten
2.30 Std. bis Alp Flix, 3.30 Std. bis Savognin, insgesamt 6 Std.

Markierung
BAW-Wegweiser und weiß-rot-weiße Markierung.

Karten
LKS 1:50 000, 5013 Oberengadin; Wanderkarte Parc Ela.

Infos
Kur- und Verkehrsverein Bivio (Hauptstrasse, CH-7457 Bivio, Tel. +41/081/6 84 53 23, www.bivio.ch); Savognin Tourismus im Surses (CH-7460 Savognin, Tel. +41/81/6 59 16 16, www.savognin.ch).

Für die meisten Bergfreunde ist das Surses, auf Deutsch Oberhalbstein, lediglich Transitstrecke auf dem Weg über den Julierpass zu den wesentlich bekannteren Bergzielen im Oberengadin. Dabei handelt es sich um ein sehr interessantes Tal mit vielen schönen Tourenmöglichkeiten. Eine davon ist die Veia Surmirana, ein

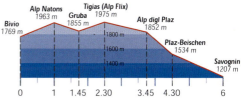

19 Mittelbünden/Grischun Central

Einsam: Piz Arblatsch

Höhenweg, der am Julierpass beginnt, via Bivio nach Savognin und von dort via Salouf und Obermutten nach Thusis im Domleschg führt. Nachfolgend wird der zentrale Abschnitt der Veia Surmirana zwischen Bivio und Savognin vorgestellt. Wer die gesamte Route begehen möchte, benötigt dafür mindestens zwei, eher drei Tage. Auf der Wanderung werden von den Ortschaften nur Bivio und Savognin berührt. Wer auch die anderen, meist recht kleinen Orte besuchen will, dem bieten sich zwischendurch immer wieder Abstiegsmöglichkeiten. Mit der Wanderkarte Parc Ela im Gepäck kann man sich solche Alternativen einfach zusammenstellen. Schlagzeilen machte das Surses im Frühjahr 2006, als das Projekt einer Fusion der neun Gemeinden im Tal abgelehnt wurde. Bei einer Annahme wäre die flächenmäßig größte Gemeinde der Schweiz entstanden.

Unser Ausgangsort Bivio ist der Hauptort im obersten Talabschnitt des Surses. Der Name Bivio bedeutet »zwei Wege« bzw. »Abzweigung«. Hier trennten sich im Mittelalter die bedeutenden Wege über die Pässe Septimer und Julier. Auch heute ist Bivio ein nettes Passdorf mit einem ganz speziellen Charakter und leicht südlichem Flair. Unterwegs durchqueren wir die traumhaft weite Hochfläche der Alp Flix, die an schönen Sommer- und Herbsttagen das Ziel vieler Ausflügler ist.

Aufstieg Von **Bivio** wandern wir in nördlicher Richtung ca. 5 Minuten an der Straße entlang. Wir überqueren eine Brücke nach rechts, wo uns der Wegweiser die Richtung der **Veia Surmirana** anzeigt, und tauchen bald darauf in den Wald ein. Wer sich durch die Wanderung nicht richtig ausgelastet fühlt, kann hier nebenbei beim Vitaparcours überschüssige Kräfte abbauen. Der Weg kreuzt immer wieder Fahrwege und benutzt diese zum Teil auch. In einer Kurve zweigt die Veia Surmirana nach rechts ab, und zum ersten Mal steigt unser Weg steiler an. Über eine Hochfläche erreichen wir die **Alp Natons**, 1963 m, hoch über dem Lai

19 Mittelbünden/Grischun Central

Gemeinsam: Lai da Marmorera mit Piz Forbesch (l.) und Piz Arblatsch

da Marmorera. Auf einem Fahrweg verlieren wir wieder ein wenig an Höhe, bevor der Wanderweg nach rechts abzweigt. Die Route quert nun den Wald oberhalb des Dorfes Marmorera. Dieses musste an anderer Stelle neu aufgebaut werden, weil das alte Dorf 1954 in den Fluten des Lai da Marmorera unterging, den man für die Stromversorgung für die Stadt Zürich aufstaute. Nach einer längeren Querung oberhalb des Sees erreichen wir die Lichtung von **Gruba**, 1855 m. Dort halten wir uns rechts und gelangen bald nach **Salategnas** und **Tigias**, 1975 m, auf der **Alp Flix**. Beeindruckend ist der Blick zum Piz Arblatsch, der uns seit der Alp Natons auf der anderen Talseite begleitet, und zum Piz Platta.

Abstieg Wir folgen weiterhin der ausgeschilderten Route über die Hochfläche der Alp Flix, durch **Tgalucas** und **Cuorts**, 1863 m. Kurz darauf gelangen wir zu den **Lais da Flix**, die sich auf der linken Seite des Weges befinden und den Gästen der Alp Flix einen kleinen Rundgang anbieten. Wir aber wandern weiter am Hang entlang, bis sich sich auf einer Lichtung bei **P. 1936 m** der Blick auf das untere Surses öffnet. Wir halten uns rechts und wandern steiler bergab, vorbei an der **Alp digl Plaz**, 1852 m, die links liegen bleibt. Wir gelangen bald auf einen Fahrweg, der von rechts, von der Alp Surnegn, herabkommt. Auf diesem, den wir ab und zu auch abkürzen können, in Kehren hinab nach **Plaz-Beischen**, 1534 m. Auch hier rechts und, nach einer kleinen Gegensteigung, in die untere **Val d'Err**. Zunächst ein Stück weit auf der Fahrstraße talauswärts, bis weiter unten ein Wanderweg nach links abzweigt und oberhalb von Tinizong am Hang entlangführt. Der Charakter und die Vegetation ändern sich hier schlagartig; wir wandern nun durch einen Birkenwald und erreichen bald **Savognin**, 1207 m, den Hauptort des Surses. Die Rückkehr zum Ausgangspunkt erfolgt mit dem Bus.

Piz Turba, 3018 m
Vom Avers ins Oberhalbstein

20

| T3 | 6 Std. | ↑ 1100 Hm, ↓ 1457 Hm | |

Tourencharakter
Größtenteils einfache Bergtour auf einen lohnenden und nicht überlaufenen Dreitausender in einer der ruhigeren Ecken der Schweiz. Ab der Forcellina nur mit Steinmännern markiert, die Wegspuren sind jedoch gut zu finden. Am Gipfelaufbau Trittsicherheit erforderlich.

Beste Jahreszeit
Juli bis September, evtl. auch noch Oktober.

Ausgangspunkt
Avers-Juf, 2126 m, Endstation der PTT-Busse, Parkplatz.

Endpunkt
Bivio, 1769 m, an der Julierpassstraße, Bushaltestelle, Parkplätze.

Verkehrsanbindung
Das Avers ist per Pkw nur vom Hinterrheintal aus erreichbar, ebenso mit den PTT-Bussen von Thusis (940.30 und 940.40, umsteigen in Andeer); teils schmale Straße.

Höhenunterschied
Aufstieg 1100 Hm, Abstieg 1457 Hm.

Einkehr/Unterkunft
Unterwegs keine.

Gehzeiten
Aufstieg 3 Std., Abstieg 3 Std., insgesamt 6 Std.

Markierung
BAW-Wegweiser und weiß-rot-weiße Markierung von Juf bis zur Forcellina und vom Stallerberg nach Bivio. Der Gipfelanstieg ist mit Steinmännern markiert, die Überschreitung von Uf da Flüe weglos, aber bei guter Sicht leicht zu finden.

Karten
LKS 1:25 000, 1276 Val Bregaglia, 1256 Bivio; LKS 1:50 000, 5013 Oberengadin.

Infos
Avers Tourismus (CH-7447 Avers, Tel. +41/81/6 67 11 67, www.viamalaferien.ch); Kur- und Verkehrsverein Bivio (vgl. Tour 19).

Vielfältig sind die Möglichkeiten, um über hohe Pässe vom Avers in die benachbarten Täler Oberhalbstein und Bergell zu gelangen; allein von Juf nach Bivio gibt es drei Alternativen. Die Übergänge sind recht kurz und lassen sich daher gut mit einer Besteigung des Piz Turba kombinieren. Dazu wird hier noch eine Überschreitung der flachen Erhebung Uf da Flüe und des Stallerbergs vorgeschlagen. Man könnte aber auch von der Forcellina zum Septimerpass und nach Bivio absteigen. Oder vom Septimerpass via Pass Lunghin nach Maloja gelangen. Oder direkt ins Bergell ... Wie gesagt, es gibt viele Möglichkeiten.

20 Mittelbünden/Grischun Central

Aufstieg Von **Juf** wandern wir zunächst am Bach entlang bis zum **P. 2185 m**. Hier steigt der Weg am linken Hang in vielen Kehren bis knapp unter die Fuorcla da Valletta. Wir queren am Hang entlang unter den Hängen von Sur al Cant bis in die **Forcellina**, 2672 m. Ab jetzt gibt es nur noch Wegspuren und Steinmänner, die uns den Weg zeigen. Von der Forcellina zunächst in südlicher Richtung durch eine schöne und herbe Gletscherschlifflandschaft zur Schuttterrasse unter dem Piz Turba. Bis vor einigen Jahren gab es hier noch den kleinen Turbagletscher; heute ist dieser fast ganz verschwunden. Nur im Frühsommer

Piz Turba, 3018 m 20

gibt es hier noch ein paar Schneereste, und auch unter dem Piz Forcellina hält sich noch ein winziger Rest. Am westlichen Rand der Schuttfläche entlang überschreiten wir einen kleinen Bach und steigen schließlich steiler auf den Westgrat des **Piz Turba**. Über diesen erreichen wir dann den Gipfel mit seiner wunderbaren und für Gebietsneulinge ungewöhnlichen Aussicht: Neben der Vielzahl der Bündner Gipfel ist die karge Landschaft der Aversberge sehr beeindruckend.

> **Tipp**
> Neben dem Piz Turba bietet sich von Juf auch der Piz Piot, 3053 m, als weiterer einfacher Dreitausender an. Er ist über die Juferalpa und das Juferjoch, 2766 m, zum Teil mühsam über Blockhalden erreichbar (T3+, insgesamt 5 Std., 927 Hm im Auf- und Abstieg). Sehr herbe und weite Rundsicht!

Übergang Wir steigen zurück in die **Forcellina** und queren am Hang entlang in die **Fuorcla da la Valletta**, 2586 m. Vom Sattel in nördlicher Richtung durch Gras und Schrofen auf die Hochfläche des **Uf da Flüe**, 2774 m. Der Gipfel bietet ebenfalls eine schöne Rundsicht. Über die vielen Buckel der Nordseite steigen wir hinab zum **Stallerberg**, 2581 m, einen in früheren Zeiten sehr bedeutenden Passübergang vom Avers nach Bivio.

Abstieg Vom Stallerberg auf dem guten Wanderweg in nordöstlicher Richtung zunächst größtenteils flach durch schöne Hochmoore und über Alpweiden. Erst am Südhang des **Crap da Radons** wird der Abstieg steiler, und wir wandern oberhalb der **Valletta da Beiva** am Hang hinab nach **Bivio**. Die Rückkehr zum Ausgangspunkt erfolgt mit dem Bus und der RhB.

Talschluss: Piz Turba (l.) und Piz Piot

21 Gletscherhorn, 3107 m
Einsamer Dreitausender im Avers

 T3+ 6 Std. ↑↓ 1119 Hm

Tourencharakter
Einsame und teils weglose Bergtour auf einen überaus lohnenden Aussichtsgipfel, die vor allem Orientierungssinn voraussetzt. Für selbstständige und trittsichere Tourengänger, die sich auch im unwegsamen und steilen Schutt zurechtfinden.

Beste Jahreszeit
Juli bis September, vielfach noch im Oktober möglich.

Ausgangspunkt
Avers-Juppa, 2004 m, Haltestelle der PTT-Busse, Parkplatz beim Eingang ins Bergalgatal, 1988 m.

Verkehrsanbindung
Das Avers ist per Pkw nur vom Hinterrheintal aus erreichbar, ebenso mit den PTT-Bussen von Thusis (940.30 und 940.40, umsteigen in Andeer); teils schmale Straße.

Höhenunterschied
1119 Hm im Auf- und Abstieg.

Einkehr/Unterkunft
Unterwegs keine.

Gehzeiten
Aufstieg 3.30 Std., Abstieg 2.30 Std., insgesamt 6 Std.

Markierung
BAW-Wegweiser und weiß-rot-weiße Markierung bis zum Verlassen des Wanderwegs, dann weg- und markierungslos.

Karten
LKS 1:25 000, 1276 Val Bregaglia; LKS 1:50 000, 5013 Oberengadin.

Infos
Avers Tourismus (vgl. Tour 20).

Einfache Dreitausender gibt es im Avers eine ganze Reihe. Dies liegt vor allem an den weichen Schiefergesteinen, die weniger steile Berge bilden als Granite und Gneise. Einer dieser Gipfel ist das Gletscherhorn, das durch seine weit nach Süden vorgeschobene Lage bereits südliches Flair atmet. Die Rundsicht vom Gipfel ist zwar nicht unbedingt spektakulär und es fehlen auch wilde Tiefblicke, dafür genießt man eine grandiose Fernsicht bis zum Monte Rosa. Der Berg steht zudem auf der Achse des Oberengadins; so gibt es auch in diese Richtung schöne Ausblicke. Aufgrund der Tatsache, dass der Ausgangspunkt im Avers recht hoch liegt, halten sich die Anstrengungen

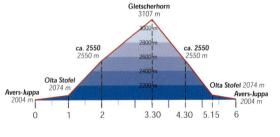

Gletscherhorn, 3107 m 21

Vorgipfel:
Piz Predarossa
und Albula-
berge

in Grenzen. Für die Besteigung sind jedoch Bergerfahrung und Trittsicherheit erforderlich. Die Gipfelrast wird man in der Regel allein verbringen.

Aufstieg In **Avers-Juppa** folgen wir dem Wegweiser in Richtung Bergalgapass, steigen am markierten Bergweg zunächst ein wenig ab und, am Parkplatz vorbei, auf dem breiten Wirtschaftsweg ins Bergalgatal hinein. Das Gletscherhorn zeigt sich von hier als hinterster Gipfel auf der linken Talseite. Die Steigung nimmt kaum zu, und wir passieren die Alphütten von **Olta Stofel**, 2074 m. Aus dem Wirtschafts- wird ein nun steilerer Wanderweg, der uns über eine Grashalde auf die Hochstufe von **Uf da Büela** führt. Von hier können wir bereits die Route zum Gipfel einsehen. Links begleiten uns seit längerem Schrofenbänke, die wir auf ca. 2550 m verlassen und nach links in östlicher Richtung abbiegen. Dabei halten wir auf das Schutttälchen zu, das zwischen Gletscherhorn und Piz Predarossa herabzieht. Dorthin gelangen wir über felsdurchsetztes Grasgelände. Im unteren Teil ist das Tälchen einfach zu begehen, nach oben hin nimmt die Steigung zu und zu Beginn der Saison liegt hier in der Regel auch noch ein großes Schneefeld, der Rest eines ehemaligen Gletschers. Über Geröll und Schnee steuern wir nun den Sattel zwischen Gletscherhorn und Piz Predarossa an. Von hier zum Schluss auf Wegspuren durch den Schutt über den Nordostgrat auf den Gipfel des **Gletscherhorns**. Die Rundsicht wird vor allem durch die Weite der Aversberge geprägt, die der Piz Platta dominiert.

Abstieg Dieser verläuft auf derselben Route.

93

Mittelbünden/Grischun Central

22 Piz Platta, 3392 m
Audienz beim König der Aversberge

 T5   10 Std.   ↑↓ 1910 Hm

Tourencharakter
Anspruchsvolle Hochtour mit kleinem Gletscher und leichter Kletterei am Gipfelaufbau. Diese ist zwar nicht allzu schwierig, aber auf gar keinen Fall etwas für Ungeübte oder gar Anfänger! Als Tagestour möglich, besser aber als Zweitagestour.
Beste Jahreszeit
Juli bis September.
Ausgangspunkt
Mulegns, 1482 m, an der Julierpassstraße.
Verkehrsanbindung
Haltestelle Mulegns der PTT-Busse von Chur nach Bivio (900.85); per Pkw von Bivio oder von Chur via Tiefencastel und Savognin, Parkplatz.
Höhenunterschied
1119 Hm im Auf- und Abstieg.
Einkehr/Unterkunft
Wanderhaus Tga, ca. 1927 m (Tel. +41/81/6 84 55 95, Mobil +41/79/4 13 06 73, Anmeldung empfehlenswert).
Gehzeiten
1.30 Std. bis Tga, weitere 4.30 Std. zum Gipfel, Abstieg 4 Std., insgesamt 10 Std.
Markierung
BAW-Wegweiser und weiß-rot-weiße Markierung bis zur Bachquerung auf 2270 m, anschließend nur noch Wegspuren und Steinmänner, vor allem am Gipfelaufbau.
Karten
LKS 1:25 000, 1256 Bivio; LKS 1:50 000, 5013 Oberengadin.
Infos
Savognin Tourismus im Surses (CH-7460 Savognin, Tel. +41/81/6 59 16 16, www.savognin.ch); Kur- und Verkehrsverein Bivio (Hauptstrasse, CH-7457 Bivio, Tel. +41/081/6 84 53 23, www.bivio.ch).

Man kennt ihn gut, von weit her und von vielen Gipfeln ist er zu sehen: Hoch über allen anderen Bergen im Avers erhebt sich der Piz Platta, einer der eindrucksvollsten Gipfel in Graubünden. Der Anstieg von

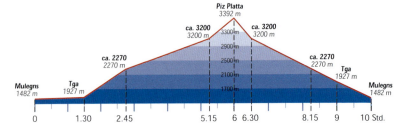

Piz Platta, 3392 m 22

Tga ist für erfahrene Tourengänger durchaus machbar, und auch der kleine, mittlerweile stark abgeschmolzene Vadret da Piz Platta bietet normalerweise keine Schwierigkeiten. Trotzdem ist eine solide Bergerfahrung absolut notwendig, und wer darüber nicht in ausreichendem Maß verfügt, nehme sich einen Bergführer! Der Piz Platta wird mitunter auch überschritten; die Route ins Avers über das Tälihorn ist jedoch deutlich anspruchsvoller und verlangt direkt am Grat zum Tälihorn ausgesetzte Kletterei im II. Schwierigkeitsgrad.

Weglos:
Anstieg zum
Piz Platta

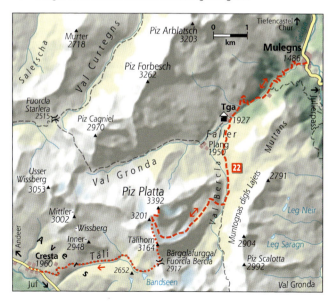

22 Mittelbünden/Grischun Central

Alpin: Piz Platta von Tga

Aufstieg Von **Mulegns** auf dem markierten Wanderweg immer der Fahrstraße entlang durch die Val Faller zur Alpsiedlung von **Tga**, ca. 1927 m. Hier ist eine Übernachtung allemal empfehlenswert, ansonsten wird es eine sehr anstrengende Tour. Außerdem ist das Wanderhaus von Tga gemütlich und gut bewirtschaftet. Am zweiten Tag überqueren wir auf der Brücke den Bach und folgen dem markierten Wanderweg in die **Val Bercla**, Richtung Fallerfurgga. Etwa auf 2270 m überqueren wir den Bach nach Westen und finden auf der anderen Seite eine Wegspur, die unter einer Felswand entlang hinauf ins Hochkar von Platta führt. Am oberen Ende der Felsstufe wenden wir uns nach links und steigen in südwestlicher Richtung zunächst über Grasschrofen, später dann über Schutt und Geröll zum **Vadret da Piz Platta**. Dieser bietet normalerweise keine Schwierigkeiten und wird zunächst in westlicher, weiter oben in nördlicher Richtung überquert. Bei aperen Verhältnissen sind jedoch Pickel und Steigeisen empfehlenswert. Wir gelangen in das Geröllkar unter dem Gipfelaufbau und queren an den Fuß der Gipfelmauer, nördlich von **P. 3201 m**. Auf Wegspuren steigen wir durch diese auf; dabei sind uns immer wieder Steinmänner bei der Orientierung behilflich. Über die obersten Blockhalden erreichen wir schließlich den Gipfel des **Piz Platta** mit seiner weiten Rundsicht. Man überblickt einen Großteil von Graubünden, dazu kommt eine Fernsicht, die bis zum Monte Rosa, zu den Hochgipfeln der Berner Alpen und zum Ortler reicht.

Tipp

Alternative Abstiegsroute: Man klettert über den Grat zum Tälihorn und steigt auf Wegspuren den Südgrat in die Bärgglafurgga, 2917 m, ab. Durch eine steile Schuttrinne erreicht man die Bandseen, 2643 m. Von hier auf markiertem Bergweg durch das Täli hinab nach Cresta, 1960 m, im Avers (3.30 Std. vom Gipfel bis Cresta, 1433 Hm im Abstieg, Kletterei bis II).

Abstieg Dieser erfolgt auf derselben Route.

Tschima da Flix, 3301 m, und Piz d'Agnel, 3205 m   **23**
Durchquerung der südlichen Albulaberge

T4   11.30 Std.   ↑ 1598 Hm, ↓ 1988 Hm

Tourencharakter
Lange, abwechslungsreiche Bergtour, die vor allem Erfahrung im weglosen und leicht vergletscherten Gelände sowie Orientierungssinn voraussetzt. Trittsicherheit sollte dabei selbstverständlich sein.

Beste Jahreszeit
Juli bis September, evtl. auch noch im Oktober.

Ausgangspunkt
La Veduta, 2233 m, an der Westrampe des Julierpasses oder Straßenkehre westlich unterhalb, 2205 m, mit Parkplatz.

Endpunkt
Spinas, 1815 m, Bahnstation der RhB in der Val Bever.

Verkehrsanbindung
Haltestelle La Veduta der PTT-Busse von Silvaplana nach Bivio (900.84), in beide Richtungen je drei Kurse täglich. Julierpass auf gut ausgebauter Straße von Silvaplana und Bivio erreichbar. Spinas ist nur mit den Zügen der RhB zwischen Samedan und Bergün (940) zu erreichen (Halt nur auf Verlangen!).

Höhenunterschied
Aufstieg 1598 Hm, Abstieg 1988 Hm.

Einkehr/Unterkunft
Chamanna Jenatsch (Jenatschhütte), 2652 m (SAC Bernina, bewirtet von Juli–Okt., Tel. +41/81/8 33 29 29, www.chamanna-jenatsch.ch); Berggasthaus Suvretta Spinas (Tel. +41/81/8 52 54 92, www.spinas-bever.ch).

Gehzeiten
Aufstieg 3.30 Std. bis zur Chamanna Jenatsch, weitere 3.30 Std. auf beide Gipfel, Abstieg nach Spinas 4.30 Std., insgesamt 11.30 Std.

Markierung
BAW-Wegweiser und blau-weiß-blaue Markierung bis zur Chamanna Jenatsch, Gipfelanstiege nur mit Steinmännern markiert, Abstieg nach Spinas weiß-rot-weiße Markierung.

Karten
LKS 1:25 000, 1256 Bivio, 1257 St. Moritz, 1237 Albulapass; LKS 1:50 000, 5013 Oberengadin.

Infos
Kur- und Verkehrsverein Bivio (vgl. Tour 22); Bever Tourist Information (CH-7502 Bever, Tel. +41/81/8 52 49 45, www.engadin.stmoritz.ch).

Wie viele andere Gebirgsgruppen der Bündner Alpen bieten auch die Albulaberge einiges an Abwechslung. Bedingt durch den geologischen Aufbau und die verschiedenen Gesteinsarten auf oftmals kleinstem Raum, erlebt man eine Vielfalt, die in vielen anderen Gebirgsgruppen der Alpen in dieser Form nicht vorhanden ist. Die hier vorgestellte Durchquerung des südlichen Teils zwischen Julierpass

23 Mittelbünden/Grischun Central

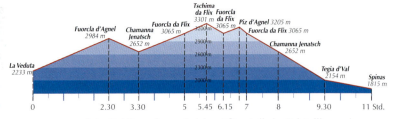

und der Val Bever bewegt sich größtenteils im Kristallin, und nur zu Beginn, beim Aufstieg zur Fuorcla d'Agnel, treffen wir auch Sedimente an. Die Gesteine bieten immer wieder unterschiedliche Farben und Formen, und wer die orange-rote Südseite der Tschima da Flix vom Piz d'Agnel aus in der Spätsommersonne leuchten gesehen hat, wird dieses großartige Bild nie vergessen! In zwei Tagen liefert diese Durchquerung viele eindrucksvolle Bilder – ursprüngliche Hochtäler, einen kleinen Gletscher, eine nette Hütte und dazu zwei schöne Aussichtsgipfel mit leicht hochalpinem Flair. Übernachtet wird in der gemütlichen Chamanna Jenatsch. Der apere Vadret d'Agnel weist in der Regel kleine Spalten auf, die jedoch meist gut erkennbar sind, außer bei Neuschnee. Die Überquerung bereitet normalerweise keine Probleme, jedoch ist der Gletscher im Spätsommer und Herbst meist vereist; dann sind Steigeisen kein Luxus. Die Markierung führt zudem in Abstiegsrichtung rechts am Gletscher vorbei; allerdings

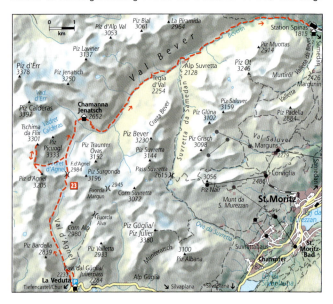

Tschima da Flix, 3301 m, und Piz d'Agnel, 3205 m 23

ist hier auf Steinschlag vom Piz Surgonda zu achten! Es ist in jedem Fall zweckmäßig, sich vorher telefonisch in der Hütte über die Verhältnisse am Gletscher zu informieren. Wer sich jedoch den Übergang über den Gletscher nicht zutraut, kann auch den Aufstieg von Spinas absolvieren. Allerdings ist diese Variante mühsamer und deutlich weniger abwechslungsreich. Eine weitere Möglichkeit wäre der Zugang von der Bergstation am Piz Nair oberhalb von St. Moritz. Besonders schön ist die Tour im Spätsommer bzw. frühen Herbst, also in den Monaten September und Oktober.

Steinschlag: Piz d'Agnel von der Cima da Flix

Aufstieg Vom **Julierhospiz** oder von der **Veduta** folgen wir dem markierten Wanderweg, der in die **Val d'Agnel** hineinführt. Zunächst noch flach verlaufend, steigt er bald steiler an und leitet in das mittlere Talbecken. Zwar zeigen sich hier keine spektakulären Gipfel, aber der Talboden mit dem mäandrierenden Bach bietet wunderschöne Bilder. Wir steuern immer gerade auf die Fuorcla d'Agnel zu, die tiefste Einsattelung im Grat zwischen Piz d'Agnel links und Piz Surgonda rechts. Der Steig ist dabei immer gut erkenntbar und nicht zu verfehlen. Zum Schluss in Kehren zum Teil durch Schutt in die **Fuorcla d'Agnel**, 2984 m. Auf der Nordseite der Scharte liegt der **Vadret d'Agnel**, der nun absteigend überquert wird. Die Umgehung des Gletschers östlich durch Schutt ist nicht unbedingt empfehlenswert, da sich immer wieder Steine aus den Flanken des Piz Surgonda lösen. Die Spaltengefahr ist auf diesem kleinen Gletscher als gering einzustufen; trotzdem ist Vorsicht geboten! Am nördlichen Gletscherrand auf einer Spur hinab zur **Chamanna Jenatsch**, 2652 m. Die auf einem kleinen Hügel gelegene, freundliche Hütte wird bestens bewirtschaftet, und man fühlt sich hier willkommen. An Abgeschiedenheit und Ruhe ist die Lage der Hütte kaum zu überbieten. Sie wird zudem im Frühjahr während der Skitourensaison deutlich mehr besucht als im Sommer und Herbst.

Am zweiten Tag steigen wir den Weg wieder bis zum See zurück, der sich im Gletschervorfeld gebildet hat. Wir bräuchten heute den Gletscher nicht zu betreten, sondern könnten auch in seinem Moränenvorfeld bleiben; das wäre jedoch eine sehr mühsame Angelegenheit.

23 Mittelbünden/Grischun Central

Bequemer ist es, am Gletscherrand zu bleiben. Allerdings muss man hier ab Spätsommer mit Eis rechnen, und zudem kommen auch immer wieder mal Felsbrocken vom Piz d'Agnel herab – deshalb nicht zu nahe am Berg gehen! Wir halten uns immer in Richtung auf die tiefste Einsattelung im Grat zu und erreichen auf Wegspuren durch Blockwerk die **Fuorcla da Flix**, 3065 m. Dort grüßen bereits die Gipfel des Avers und im Hintergrund die Bergeller Berge. Wir wenden uns zunächst in nördlicher Richtung, um dem höheren Gipfel des Tages entgegenzusteigen. Über Blockwerk und Schutt gelangen wir ohne Schwierigkeiten auf die **Tschima da Flix** und dürfen eine wunderbare Rundsicht genießen, die an klaren Tagen sogar bis zum Lago di Como reicht, mit seinem »Bewacher« auf der linken Seite, dem Monte Legnone. Auch die Tiefblicke ins Oberhalbstein sowie der nahe Piz Calderas vermitteln eindrückliche Bilder.

Übergang Wir steigen wieder in die **Fuorcla da Flix** hinab und rücken dann auf guten Wegspuren unserem zweiten Gipfel am heutigen Tage zu Leibe. Was von weitem so aussieht, als könnte der Steig ein wenig ausgesetzt sein, entpuppt sich beim Anstieg als einfach und sehr bequem. So erreichen wir auch den Gipfel des **Piz d'Agnel** ohne Schwierigkeiten. Auch er bietet eine sehr schöne Rundsicht, vor allem Richtung Süden und zur Bernina. Im Norden versperren Tschima da Flix und Piz Picuogl den Blick in die Ferne. Beide geben aber mit ihren leuchtenden Gesteinen selbst ein schönes Bild ab.

Aper: Vadret d'Agnel und Piz d'Agnel

Abstieg Vom Gipfel via **Fuorcla da Flix** hinab zur **Chamanna Jenatsch**. Von der Hütte auf gutem Wanderweg zunächst noch ein wenig steiler in Kehren hinab in die **Val Bever**. Das Tal ist zwar sehr beeindruckend, aber mindestens genauso lang wie schön! Die Gletscher haben hier deutliche Spuren hinterlassen. Wir erreichen die Alphütte **Tegia d'Val**, 2154 m, und die **Alp Suvretta**. Über den breiten Güterweg hinab zur **Station Spinas**, 1815 m. Die RhB bringt uns per Zug entweder Richtung Preda/Bergün oder Bever/St. Moritz. Man lasse sich übrigens nicht täuschen – der Abstieg von der Hütte nach Spinas dauert fast genauso lang wie der Aufstieg! Dies liegt vor allem daran, dass der Weg im unteren und mittleren Teil nur eine geringe Steigung aufweist, vielfach sogar flach verläuft.

Piz Surgonda, 3196 m

Der Berg mit der »Trikolore«

24

T3– 5 Std. ↑↓ 991 Hm

Tourencharakter
Einfache Bergtour, die neben ein wenig Trittsicherheit auch Orientierungssinn voraussetzt. Teilweise weglos, aber keine Kletterei. Aufgrund der etwas höheren Anforderungen bei der Orientierung ist der Schwierigkeitsgrad leicht angehoben.
Beste Jahreszeit
Juli bis Oktober.
Ausgangspunkt
La Veduta (vgl. Tour 23).
Verkehrsanbindung
Haltestelle La Veduta der PTT-Busse von Silvaplana nach Bivio (900.84), in beide Richtungen je drei Kurse täglich; Julierpass auf gut ausgebauter Straße von Silvaplana und Bivio erreichbar.

Höhenunterschied
991 Hm im Auf- und Abstieg.
Einkehr/Unterkunft
Unterwegs keine. Julierhospiz La Veduta (Tel. +41/81/6 84 18 38, www.laveduta.ch).
Gehzeiten
Aufstieg 3 Std., Abstieg 2 Std., insgesamt 5 Std.
Markierung
BAW-Wegweiser und weiß-rot-weiße Markierung bis zum Verlassen des Weges auf etwa 2660 m, anschließend weglos oder nur noch Wegspuren.
Karten
LKS 1:25 000, 1256 Bivio; LKS 1:50 000, 5013 Oberengadin.
Infos
Kur- und Verkehrsverein Bivio (vgl. Tour 22).

Von Süden sieht er fast wie eine »Trikolore« aus – in drei verschiedenen Farben erstrahlen die Gesteine. Der Piz Surgonda gehört zu den einfachen Dreitausendern, und der Anstieg von der Veduta am Julierpass ist auch nicht allzu lang. Dafür braucht es ein wenig Orientierungssinn. Nicht jedem Wanderer gefallen solch karge Mondlandschaften. Andererseits bieten gerade diese weniger populären Gipfel die Ruhe und Einsamkeit, die sich viele wünschen und die man auf den Modegipfeln nur selten erlebt. Schließlich kann man den Gipfel auch in die Durchquerung der südlichen Albulaberge einbauen (vgl. Tour 23), wobei man aller-

24 Mittelbünden/Grischun Central

»Trikolore«:
Piz Surgonda
von Südwesten

dings wieder ein Stück weit nach Süden absteigen und eine Gegensteigung zur Fuorcla d'Agnel in Kauf nehmen muss.

Aufstieg Wie bei Tour 23 auf dem Weg zunächst flach in die **Val d'Agnel** hinein. Bald etwas steiler, auf der östlichen Seite des Bachs bleibend, in Kehren bergan. Weiter oben wird der Bach auf einer Brücke überquert, und nach einer weiteren Steigung erreichen wir einen flachen Talboden. Wir bleiben auf dem markierten Wanderweg, bis auf ca. 2660 m von rechts ein flacher Schuttrücken herabzieht. Dieser endet ein wenig nördlich der tiefsten Einsattelung zwischen Piz Surgonda links und dem Dolomitklotz des Corn Alv rechts und vermittelt uns den einfachsten Zugang zum Südgrat des

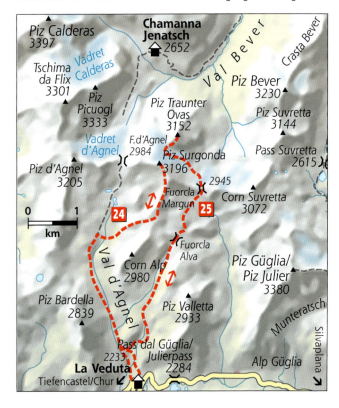

Piz Surgonda, 3196 m — 24

Piz Surgonda. Wir überqueren den Bach möglichst frühzeitig, um weitere Bachquerungen zu vermeiden. Anschließend bleiben wir am einfachsten immer auf dem Rücken, bis dieser mit dem Südgrat des Piz Surgonda auf ca. 2950 m zusammentrifft. Hier halten wir uns links, um über den Grat anzusteigen. Dabei sind uns Wegspuren behilflich, meist etwas unterhalb des Grats auf der Westseite. Auch wenn sich der Rücken nach oben hin aufsteilt, umgehen wir problemlos den Ostgipfel und erreichen so den Sattel, der uns noch vom Hauptgipfel trennt. Auf Wegspuren durch grünlich gefärbten Blockschutt zum Gipfelsteinmann auf dem **Piz Surgonda**. Trotz der teilweise höheren Gipfel in der näheren Umgebung bietet die Aussicht vor allem Weite und karge Landschaft. Herausragende Gestalt ist der Piz Julier, dahinter gleich die Bernina. Weite Ausblicke nach Süden und schroffe Gipfel im Norden runden das Bild ab.

Eindrucksvoll: Piz Julier und Bernina

Abstieg Dieser verläuft auf derselben Route.

Mittelbünden/Grischun Central

25 Piz Traunter Ovas, 3152 m
Versteckter Gipfel über der hintersten Val Bever

 T4   6 Std.   ↑↓ 947 Hm

Tourencharakter
Bergtour mit hochalpinem Anstrich, oft weglos und in der Regel sehr einsam. Die Überquerung des Vadret da Traunter Ovas am nördlichen Rand bietet normalerweise keine Schwierigkeiten. Vor einer Umgehung des kleinen Gletschers im Geröll wird gewarnt – das Gelände ist dort außerordentlich beweglich!

Beste Jahreszeit
Juli bis September.

Ausgangspunkt
La Veduta (vgl. Tour 23).

Verkehrsanbindung
Vgl. Tour 24.

Höhenunterschied
947 Hm im Auf- und Abstieg.

Einkehr/Unterkunft
Vgl. Tour 24.

Gehzeiten
Aufstieg 3.30 Std., Abstieg 2.30 Std., insgesamt 6 Std.

Markierung
Zu Beginn bis zum Verlassen des Wegs markiert, später nur Steigspuren und seltene Steinmänner.

Karten
LKS 1:25 000, 1256 Bivio; LKS 1:50 000, 5013 Oberengadin.

Infos
Kur- und Verkehrsverein Bivio (vgl. Tour 22).

Normalerweise ist der Piz Traunter Ovas ein Gipfel für Skibergsteiger; Sommerfrischler verirren sich nur selten auf diesen Berg. Er bietet Abgeschiedenheit und Ruhe im Überfluss und dazu einen Anstieg von großer landschaftlicher Schönheit. Was hier oben zählt, ist die Intimität innerhalb der südlichen Albulaberge. Ringsum stehen die höheren Gipfel versammelt, und wir nehmen ihre Parade ab.

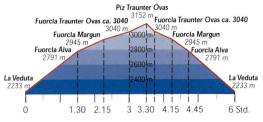

Allerdings erfordert die Tour erfahrene und selbstständige Tourengänger, die sich in weglosem Gelände problemlos zurechtfinden.

Aufstieg Wie bei Tour 23 in die **Val d'Agnel**. Nach knapp 15 Minuten zweigen wir nach rechts in nordöstlicher Richtung auf unmarkierten Steigspuren ab. Dieser Weg ist kein »offizieller« Wanderweg, sondern wird vermutlich am häufigsten von Vieh begangen. Er ist aber in der

Piz Traunter Ovas, 3152 m — 25

Bescheiden: Kleines Gipfelkreuz in großer Runde

Karte als Steig eingetragen, und wir wandern in einer Mischung aus Bachbett und Grasrinne hinauf. Weiter oben wird der kleine Bach nach rechts überschritten, und wir durchqueren ein schönes, einsames Hochtal in nördlicher Richtung. Die Steigspuren werden weiter oben im Schutt wieder ausgeprägter, und links unter einer Felsstufe vorbei erreichen wir die **Fuorcla Alva**, 2791 m, und kurz darauf links haltend die Hochfläche nordöstlich des Corn Alv. Ab hier wird das Gelände ein wenig unübersichtlich, aber die Fuorcla Margun, unser nächstes Ziel, ist bereits erkennbar. Am einfachsten ist es, einigermaßen hoch anzusteigen, um dann in die flache Mulde unter dem Übergang zu queren. Problemlos gelangen wir dann in kurzem Anstieg in die **Fuorcla Margun**, 2945 m. Im Nordwesten ist der Piz Traunter Ovas von hier erstmals sichtbar. Nun folgt das wohl anspruchsvollste Stück, die leicht fallende Querung im steilen, zum Teil festgebackenen Schutt, unter dem die Reste des **Vadret da Traunter Ovas** liegen. Trittsicherheit ist hier allemal von Nöten, bei Vereisung kann daraus eine heikle Angelegenheit werden! So direkt wie möglich, aber mit Sicherheitsabstand zum möglichen Steinschlag aus den Flanken des Piz Surgonda durchschreiten wir die Schuttfelder, die der Gletscher bei seinem Rückzug zurückgelassen hat, und überqueren den Gletscher an seinem nordöstlichen Rand. Nicht in die Schuttfelder rechts davon ausweichen, das Gelände dort ist sehr lebendig! Wir erreichen die **Fuorcla Traunter Ovas**, ca. 3040 m, umgehen rechts haltend die untersten Felsen und folgen dem einfachen Südwestkamm auf leichten Wegspuren bis zur Südschulter. Von hier ist es nur noch ein Katzensprung über den nun schmäleren und felsigen Grat zum kleinen Gipfelkreuz am **Piz Traunter Ovas**. Die Rundsicht ist aufgrund der höheren Gipfel ringsum eingeschränkt, dafür aber eindrucksvoll und recht herb. Die Albulaberge dominieren, und nur im Osten zeigen sich fernere Berggruppen.

Abstieg Dieser verläuft auf derselben Route.

Mittelbünden/Grischun Central

26 Fuorcla da Tschitta, 2831 m
Vom Albulatal ins Oberhalbstein

T2+   6.30 Std.   ↑ 1084 Hm, ↓ 1599 Hm

Tourencharakter
Einfache Bergwanderung, die aufgrund der Länge der Tour jedoch eine sehr gute Kondition voraussetzt. Trittsicherheit ist im oberen Teil auf beiden Seiten der Fuorcla angenehm.

Beste Jahreszeit
Juli bis September. Im Frühsommer und im Herbst oft Schneefelder auf der Nordseite der Fuorcla.

Ausgangspunkt
Station Preda der RhB, 1789 m, im Albulatal, gebührenpflichtiger Parkplatz.

Endpunkt
Tinizong, 1232 m, Ortschaft im Oberhalbstein knapp südlich von Savognin.

Verkehrsanbindung
Bahnverbindung der RhB zwischen Bever im Engadin und Bergün im Albulatal (940), mit dem Pkw auf der gut ausgebauten Albulapassstraße von Bergün ins Engadin. PTT-Bus ab Tinizong nach Tiefencastel oder Bivio (900.85), mit dem Pkw auf der gut ausgebauten Julierpassstraße.

Höhenunterschied
Aufstieg 1084 Hm, Abstieg 1599 Hm.

Einkehr/Unterkunft
Unterwegs keine.

Gehzeiten
Aufstieg 3.15 Std., Abstieg 3.15 Std., insgesamt 6.30 Std.

Markierung
BAW-Wegweiser und weiß-rot-weiße Markierung.

Karten
LKS 1:50 000, 5013 Oberengadin, 258T Bergün; Wanderkarte Parc Ela.

Infos
Bergün Tourismus (Hauptstr. 83, CH-7482 Bergün, Tel. +41/81/4 07 11 52, www.berguen.ch); Savognin Tourismus im Surses (CH-7460 Savognin, Tel. +41/81/6 59 16 16, www.savognin.ch).

Riesig: Piz Ela über der Fuorcla da Tschitta

Ursprünglich sollte die Tour den Untertitel »Überschreitung im Parc Ela« tragen. Aber dessen Realisierung lässt noch auf sich warten. Trotzdem ist die Überschreitung der Fuorcla da Tschitta großzügig und landschaftlich sehr abwechslungsreich und bietet vor allem eine große geologische Vielfalt. Logisch, dass wir diese Tour am besten mit öffentlichen Verkehrsmitteln bewältigen.

Fuorcla da Tschitta, 2831 m 26

Aufstieg Vom Bahnhof in **Preda** folgen wir dem Wegweiser an der Bahnlinie zunächst leicht absteigend zur Alpsiedlung von **Naz**, 1747 m. Durch schönen Lärchenwald erreichen wir die Abzweigung bei der **Alp Mulix**, 1953 m, und folgen dem rechten Weg, der leicht oberhalb des Bachs in die **Val Tschitta** führt. Im flachen Talhintergrund überqueren wir bei **P. 2295 m** den Bach auf einer Brücke. Unser Anstieg wird nun deutlich steiler. Weiter oben

Bewacht: Die Laiets zwischen mächtigen Kalkburgen

Markiert: Ostseite der Fuorcla mit Piz Ela

gibt es zwei Alternativen: Wir wählen die rechte, die kurz nach rechts quert, um gleich wieder nach links ein wenig unübersichtlich und fast weglos und steil zu einer Schutthalde zu führen. Von dort erreichen wir links haltend die zweite Variante. Diese führt zunächst ein wenig steiler geradeaus empor, wird allerdings gleich wieder zu einem bequemen Steig. Die Umgebung ändert sich nun; dominierten bisher steile Grashänge, befinden wir uns nun inmitten der Blockhalden. Schräg ansteigend erreichen wir die letzte Stufe unterhalb des Übergangs und in Kehren die **Fuorcla da Tschitta**. Hier erblickt man hinter den Albulabergen sogar die Bernina; sehr schön auch der Piz Kesch mit seinen Trabanten und beeindruckend die Riesengestalt des Piz Ela direkt über uns. Im Westen der größte der Laiets mit der Pizza Grossa darüber. Vom kleinen gelblichen Hügel nördlich der Fuorcla erschließt sich die Rundsicht noch besser.

Abstieg Auf der Nordseite der Fuorcla steigen wir durch Schieferschutt in Kehren hinab. Bei Schnee ist in diesem Abschnitt Vorsicht geboten. Auf einem gutem Wanderweg gelangen wir zum größten See der **Laiets**, 2594 m, der sich unter dem Piz Ela ausbreitet. An dessen Westseite vorbei und in einem großen Bogen erreichen wir die steilen Hänge, die uns in die Mulde von **Cotschna** hinabführen. Ab hier folgen wir dem Wirtschaftsweg durch die **Val d'Err**, der unten in eine Fahrstraße übergeht. Diese lässt sich an zwei jeweils ausgeschilderten Stellen auf Wanderwegen abkürzen und führt uns ohne Schwierigkeiten hinab nach **Tinizong**. Die Rückkehr zum Ausgangspunkt erfolgt mit dem Bus und der RhB.

Piz Darlux, 2642 m, und Tschimas da Tisch, 2872 m

Bergüner Aussichtsberge

T2+ 7.30 Std. ↑↓ 1533 Hm

Tourencharakter
Einfache Tour auf zwei lohnende Gipfel, die aber eine sehr gute Kondition erfordert. Im Blockgelände und beim steilen Abstieg unter dem Murtel da Fier ist unbedingt Trittsicherheit nötig! Bei Nässe ist von dieser Passage abzuraten.

Beste Jahreszeit
Juli bis Oktober.

Ausgangspunkt
Bergün, 1383 m, Hauptort im oberen Albulatal, Bahnhof der RhB, Parkplätze etwas weiter taleinwärts bei der Talstation der Sesselbahn nach Darlux.

Verkehrsanbindung
Bahnverbindung der RhB zwischen Chur und dem Engadin (940); mit dem Pkw aus dem Engadin nur über den Albulapass erreichbar, gut ausgebaute Straße von Filisur bzw. Chur.

Höhenunterschied
1533 Hm im Auf- und Abstieg.

Einkehr/Unterkunft
Bergrestaurant La Diala (Tel. +41/81/4 07 12 55) bei der Bergstation der Sesselbahn. Im Sommer nicht immer in Betrieb, deshalb vorher anrufen.

Gehzeiten
3.30 Std. bis zum Piz Darlux, weitere 1 Std. zur Tschimas da Tisch, Abstieg insgesamt 3 Std.

Markierung
BAW-Wegweiser und weiß-rot-weiße Markierung.

Karten
LKS 1:50 000, 5013 Oberengadin, 258T Bergün; Wanderkarte Parc Ela.

Infos
Bergün Tourismus (vgl. Tour 26).

In seinem ausgezeichneten SAC-Clubführer Bündner Alpen, Band 6, schreibt Manfred Hunziker: »Der Piz Darlux ist der Bergüner Aussichtsberg par excellence.« Dem kann nicht widersprochen werden, denn der Gipfel bietet neben einem Überblick über Bergün auch eine sehr schöne Rundsicht auf die umliegenden Gipfel der Albulaberge.

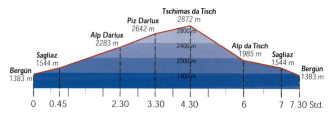

27 Mittelbünden/Grischun Central

Von der Tschimas da Tisch weitet sich die Rundsicht nochmals, allerdings auf Kosten des freien Blicks auf Bergün. Blickfang während der Tour ist der stets präsente Piz Ela, einer der schönsten und eindrucksvollsten, aber auch schwierigsten Berge in Graubünden. Zugleich ist er der zweithöchste Dolomitgipfel der Alpen. Die Routen zum Gipfel haben mit Wandern nun überhaupt nichts mehr zu tun, sondern bieten langwierige und verzwickte Kletterrouten, auf denen sich auch schon erfahrene Alpinisten verstiegen haben. Wer sich für diesen Berg interessiert, der greife zum oben erwähnten SAC-Führer. Der Piz Darlux dagegen bietet sich auch als Einstiegstour an, und auf der Tschimas da Tisch gibt es mehrere Möglichkeiten für eine Überschreitung. Hier wird der Übergang über den Murtel da Fier nach Süden vorgeschlagen. Alternativ kann man auch gen Norden nach Chants absteigen oder mit einer Gegensteigung die Fuorcla Pischa und so die Chamanna d'Es-cha erreichen. Ab dem Piz Darlux ist man oft allein unterwegs. Wer plant, den Aufstieg mit der Sesselbahn zu verkürzen, sollte sich vorher unbedingt telefonisch nach den Betriebszeiten erkundigen, denn die Bahn ist im Sommer nur sehr eingeschränkt in Betrieb.

Kammwärts: Piz Kesch (l.) und Piz Blaisun

Aufstieg Vom Parkplatz bei der **Talstation** der Sesselbahn führt unser markierter Weg in östlicher Richtung durch Wald, bis wir auf einen Fahrweg treffen. Diese Kreuzung erreichen auch Wanderer, die von Bergün bis hierher auf dem markierten Fahrweg angestiegen sind. Gemeinsam nun auf dem Fahrweg zur auf einer Waldlichtung gelegenen Alpsiedlung **Sagliaz**, 1544 m. Hier beginnt der Anstieg über den langen Westkamm

Piz Darlux, 2642 m, und Tschimas da Tisch, 2872 m — 27

des Piz Darlux. In großen Kehren windet sich der Fahrweg durch den Wald empor; leider bieten sich selten Möglichkeiten, die Kehren abzukürzen. Nur einmal, im unteren Teil gibt es eine – dabei können wir den Aussichtspunkt **Crap Sol igls Munts** besuchen. Weiter oben erreichen wir **Darlux**, 1974 m, die Mittelstation der Sesselbahn, und schließlich die Bergstation auf der **Alp Darlux**, 2283 m. Bereits von hier haben wir sehr schöne Ausblicke ins Albulatal, und unser Gipfel ist mittlerweile auch ins Blickfeld gerückt. Über den grasigen Kamm steigen wir problemlos zum **Piz Darlux**, 2642 m. Hier wird zum ersten Mal auch der Blick zum Piz Kesch frei, dazu zeigen sich im Norden die wilden Gipfel der Ducankette.

Übergang Zum Hauptgipfel des heutigen Tages müssen wir zunächst wieder ein paar Höhenmeter in einen Sattel, 2598 m, absteigen. Der weitere Anstieg folgt nun immer dem leichten, breiten Kamm mit sehr moderater Steigung. Am Gipfel der **Tschimas da Tisch** befinden wir uns am höchsten Punkt dieser kleinen Untergruppe und genießen eine großartige Rundsicht auf den Piz Kesch und seine Trabanten, die Bergüner Stöcke mit dem wuchtigen Piz Ela und aufs Plessurgebirge jenseits des Albulatals.

Wolken: Albulatal vom Piz Darlux

Rundtour: Tschimas da Tisch vom Murtel da Fier

Abstieg Der Südostgrat ist zwar steiler als unser Aufstiegsweg, aber auf einem guten Weg einfach zu begehen. Wir erreichen einen kleinen Sattel im Grat, wo nach links ein Steig nach Chants abzweigt. Wir bleiben auf der Kammhöhe oder knapp darunter und steigen für kurze Zeit durch ein Blockfeld. Kurz vor dem **Murtel da Fier** geht es rechts steil hinab. Da die Wegspur im stark abschüssigen Gras nur schwach ausgeprägt ist, sollte man absolut trittsicher sein. Wir erreichen den obersten Talboden der **Val Tisch**. Hier hält sich immer noch recht lang im Frühsommer der Altschnee. Bis zur **Alp da Tisch**, 1985 m, folgen wir dem Wanderweg, immer mit Blick auf den Piz Ela. Bei der Alp geht der Wanderweg in einen Fahrweg über, der in Kehren zu einer Abzweigung kurz vor Sagliaz hinableitet. Hier können wir auch auf einem Wanderweg nach links abzweigen. Das lohnt sich allerdings nur für diejenigen, die das Auto bei der Sesselbahn abgestellt haben. Wanderer, die via **Sagliaz** nach **Bergün** wollen, bleiben auf dem Fahrweg.

Tipp
Ein weiterer leichter Gipfel über dem Albulatal ist der Cuolm da Latsch, 2298 m. Die breit gelagerte Bergkuppe ist von Bergün über Latsch erreichbar und bietet eine schöne Aussicht auf Bergün und die Albulaberge (T1, Gesamtzeit ca. 4.30 Std., 915 Hm im Auf- und Abstieg).

Piz Kesch, 3418 m
Von Norden auf den König Mittelbündens

28

T6 (bis II)   9.15 Std.   ↑↓ 1656 Hm

Tourencharakter
Anspruchsvolle Hochtour, die neben einer guten Kondition auch Erfahrung auf Gletschern und im Fels sowie gute Verhältnisse und sicheres Wetter verlangt. Einige Stellen im II. Schwierigkeitsgrad! Nur mit kompletter Ausrüstung (Seil, Steigeisen, Pickel), für »Nur-Wanderer« definitiv zu schwierig!

Beste Jahreszeit
Juli bis September.

Ausgangspunkt
Chants, 1822 m, oberste Alpsiedlung in der Val Tuors, gebührenpflichtige Parkplätze etwas weiter unter bei Punts d'Alp, 1762 m.

Verkehrsanbindung
Nach Chants verkehren ab Bahnhof Bergün im Sommer Kleinbusse (Info und Reservation: Post Latsch, Tel. +41/81/4 07 11 52 oder +41/79/6 80 23 38); mit dem Pkw von Bergün auf schmaler, teils asphaltierter Bergstraße erreichbar.

Höhenunterschied
1656 Hm im Auf- und Abstieg.

Einkehr/Unterkunft
Chamanna digl Kesch (Keschhütte; 2632 m, SAC Davos, bewirtet von Juni–Okt., Tel. +41/81/4 07 11 34, www.kesch.ch).

Gehzeiten
2.45 Std. bis zur Keschhütte, weitere 3 Std. zum Gipfel, Abstieg insgesamt 3.30 Std.

Markierung
BAW-Wegweiser und weiß-rot-weiße Markierung bis zur Keschhütte, anschließend bis zum Gletscher einzelne Steinmänner.

Karten
LKS 1:25 000, 1237 Albulapass; LKS 1:50 000, 5013 Oberengadin.

Infos
Bergün Tourismus (vgl. Tour 26).

Nördlich der Bernina ist er der König – der Piz Kesch, höchster Gipfel der Albulaberge; die Davoser nennen ihn sogar »Majestät«. Und das ist er tatsächlich, denn im Gegensatz zum Piz Linard in der Silvretta, der von einigen fast gleich hohen Gipfeln umgeben wird, steht der Kesch weit und breit allein. Das verspricht eine erstklassige Rundsicht, die vom Monte Rosa im Wallis bis zum Langkofel in den Dolomiten reicht! Allerdings ist der Kesch definitiv kein Wandergipfel. Hier sind Erfahrung und eine entsprechende Ausrüstung erforderlich. Die Gipfelwand wartet mit einigen Stellen im II. Schwierigkeitsgrad auf, vor allem, wenn man der brüchigen Flanke ausweichen und mehr über den festeren Nordostgrat aufsteigen möchte. Und der Vadret da Porchabella kann durchaus Spalten haben! Wer sich also nicht absolut

28 Mittelbünden/Grischun Central

sicher ist, nehme sich einen Bergführer. Abgesehen davon, dass die Tour in einem Tag kaum zu schaffen ist, lohnt sich eine Übernachtung auf der Keschhütte allemal. Sie wurde im Jahr 2000 komplett neu erbaut und nach modernsten technischen und ökologischen Standards ausgerüstet. Dafür erhielt sie auch schon mehrere Preise und Gütesiegel. Die Hüttenwirte Ruedi und Erika Käser kümmern sich bestens um die Gäste. Ruedi Käser ist zudem selbst Bergführer und gibt gerne Tipps und Hinweise über die beste Route zum Gipfel und den Zustand des Gletschers.

Aufstieg Vom Parkplatz in **Punts d'Alp** wandern wir auf der Fahrstraße bis nach **Chants**. Hier halten wir uns rechts. Kurz darauf, vor der Brücke über die **Ava da Salect**, wählen wir die linke Alternative. Weiter oben, beim letzten Haus, halten wir uns rechts und erreichen durch lichten Wald das Hochtälchen von **Salect**. Der Aufstieg führt nun immer nördlich des Bachs am Südhang des Piz Forun entlang durch schöne, mit einzelnen Felsblöcken durchsetzte Alpweiden bis zum **P. 2520 m**, wo von rechts der Wirtschaftsweg heraufkommt. Auf diesem erreichen wir rasch die schon sichtbare **Keschhütte**.

Am nächsten Morgen folgen wir den Steigspuren in südöstlicher Richtung auf das Moränenvorfeld des **Vadret da Porchabella**. Auf

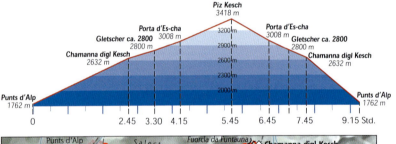

Piz Kesch, 3418 m 28

ca. 2800 m betreten wir den Gletscher und seilen an. Der kleine Gletscher apert jedes Jahr relativ rasch aus, und so sind Spalten in der Regel vor allem im unteren Teil gut erkennbar. Vorsicht schadet trotzdem nicht! Am östlichen spaltenarmen Gletscherrand steigen wir bis kurz unter die Porta d'Es-cha mit ihrem beeindruckenden Windkolk an. Ohne die Lücke zu betreten, wenden wir uns bereits darunter nach Westen und halten uns nun normalerweise in der Gletschermitte. Auf meist gespurter Route steigen wir auf die Felsen des Piz Kesch zu. Erst zum Gipfelaufbau hin wird der Gletscher ein wenig steiler. Bevor wir richtig in die Felsen einsteigen, empfängt uns ein steiler Geröllhang, der in Richtung Nordostgrat führt. Vor allem im Aufstieg empfiehlt es sich, über den Grat anzusteigen. Der Fels ist hier entschieden besser als in der leicht brüchigen Flanke. Wichtig ist außerdem ein sauberes Gehen und Klettern, um andere Tourengänger nicht durch Steinschlag zu gefährden. Dies gilt vor allem auch für den Abstieg! Über die Felsen des Nordostgrats (einige Stellen II) klettern wir zum Gipfel des **Piz Kesch**. Die Aussicht gehört zu den weitesten und ausgedehntesten in den Bündner Alpen. Man überblickt praktisch so gut wie alle Bündner Gipfel, vor allem die Bernina präsentiert sich von hier oben prächtig.

Majestätisch: Piz Kesch vom Anstieg zum Piz Forun

Abstieg   Dieser verläuft auf derselben Route.

Mittelbünden/Grischun Central

29 Igl Compass, 3016 m
Auf die Schieferpyramide über dem Albulapass

 T3- 6 Std. ↑↓ 1227 Hm

Tourencharakter
Größtenteils einfache Tour auf markierten Wegen und Steigen. Im Schlussanstieg zur Fuorcla Zavretta im Frühsommer oft noch große Schneefelder. Dann steigen die Anforderungen an die Trittsicherheit. Eine solide Kondition schadet auch nicht.

Beste Jahreszeit
Juli bis September.

Ausgangspunkt
Station Preda der RhB, 1789 m, im Albulatal, gebührenpflichtiger Parkplatz.

Verkehrsanbindung
Bahnverbindung der RhB zwischen Bever im Engadin und Bergün im Albulatal (940); mit dem Pkw auf der gut ausgebauten Albulapassstraße von Bergün ins Engadin.

Höhenunterschied
1227 Hm im Auf- und Abstieg.

Einkehr/Unterkunft
Unterwegs keine. Hotel Preda Kulm (CH-7482 Preda, +41/81/4 07 11 46, www.preda-kulm.ch); Albula-Hospiz (Tel. +41/81/4 07 12 96, www.albulahospiz.ch).

Gehzeiten
Aufstieg 3.30 Std., Abstieg 2.30 Std., insgesamt 6 Std.

Markierung
BAW-Wegweiser und weiß-rot-weiße Markierung bis zur Fuorcla Zavretta, dann mit Steinmännern markierter Steig zum Gipfel.

Karten
LKS 1:25 000, 1237 Albulapass; LKS 1:50 000, 5013 Oberengadin.

Infos
Bergün Tourismus (vgl. Tour 26).

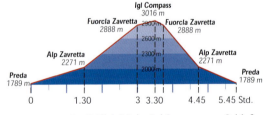

Preda ist für mich so etwas wie der Inbegriff von Graubünden – abgeschieden gelegen, zwischen unbekannten Bergen und ringsherum Lärchenwälder. Ähnlich wie der Piz Blaisun weiter östlich ist der Igl Compass aus Schiefer aufgebaut und ermöglicht so einen relativ einfachen Anstieg. Die Tour ist sehr abwechslungsreich – zuerst durch Lärchenwälder, dann über Alpmatten, später durch Schutt und im Frühsommer auch über Schneefelder zur Fuorcla Zavretta und zum Schluss über einen kurzen Kamm zum Gipfel mit seinen vielen Steinmännern. Die Rundsicht über die Albulaberge im Süden und die Bernina dahinter ist großartig.

Igl Compass, 3016 m 29

Der Aufstieg vom Albulapass ist zwar wesentlich kürzer, aber die landschaftlichen Bilder, die man beim Anstieg von Preda erhält, kann er nicht bieten. In diesem Fall benötigt man für den Auf- und Abstieg insgesamt etwa 4 Stunden.

Aufstieg Von der Bahnstation **Preda** folgen wir zunächst dem markierten Wanderweg Richtung Fuorcla Zavretta in nordöstlicher Richtung in Kehren durch einen Wald aus Kiefern und Lärchen. Bei der Abzweigung bei **P. 2125 m** halten wir uns links und erreichen in einer nur wenig ansteigenden Querung die **Alp Zavretta**, 2271 m, im gleichnamigen Tal. Der Anstieg wird nun steiler und führt uns durch noch überwiegend grasiges Gelände auf die nächste Stufe mit einer kleinen Erhebung, 2608 m, von der wir den weiteren Anstieg gut einsehen können. Ab jetzt bewegen wir uns im Schutt und Geröll, der Weg ist aber weiterhin einfach und leitet in den obersten Teil der Val Zavretta. Zunächst bleiben wir noch im Talgrund in der Nähe des Bachs; ab ca. 2740 m steigt der Weg dann wieder deutlich steiler an. In weiten Kehren durch Schutt und Schnee hinauf zum breiten Sattel der **Fuorcla Zavretta**, 2888 m. Hier kommt von der anderen Seite der Anstieg vom Albulapass herauf. Auf der Nordseite thront über uns der gewaltige Piz Üertsch. Wir wenden uns nach rechts in südwestlicher Richtung und steigen über den Schuttrücken auf guten Steigspuren problemlos zum Gipfel des **Igl Compass**. Neben den Albulabergen und der Bernina bietet sich ein unmittelbarer Tiefblick auf den Albulapass.

Wegweisend: Fuorcla Zavretta mit Igl Compass (l.)

Abstieg Dieser verläuft auf derselben Route.

Val Müstair: Piz Daint vom Piz Dora (T. 34)

Münstertal/Val Müstair und Schweizer Nationalpark

Auf den ersten Blick mag eine gemeinsame Vorstellung des Schweizer Nationalparks mit der Val Müstair nur wenig Sinn machen. Jedoch streben beide gemeinsam das Biosphären-Gütesiegel der UNESCO, »Biosfera Val Müstair – Parc Naziunal«, an. Dieses Projekt soll die Region durch ein sinnvolles Zusammenwirken der Bereiche Gesellschaft und Natur die Erhaltung und Entwicklung der Natur- und Kulturlandschaft stärken und den Lebensraum für zukünftige Generationen erhalten.

Als dritter weltweit und als erster in Europa wurde 1914 der *Schweizer Nationalpark* gegründet. Oberste Ziele sind die Entwicklung der Natur ohne menschliche Eingriffe und die Forschung. Der Park liegt in den Gebirgsgruppen der Livigno-Grosina-Alpen und der Sesvenna-Lischana-Gruppe. Geologisch handelt es sich überwiegend um Sedimente; kristalline Gesteine findet man lediglich im Bereich von Macun. Der Park hat eine recht strenge Parkordnung. Er wurde zu einer Zeit gegründet, als es nur wenig oder gar keinen Tourismus in den Alpen gab. Damals war es problemlos möglich, den Bewegungsdrang der Besucher auf einige wenige markierte Wege und Plätze zu

Münstertal/Val Müstair und Schweizer Nationalpark

begrenzen. Heute wäre das wohl kaum mehr möglich, wie andere Nationalparks in den Alpen zeigen. Die Wege und Steige sind im Park bestens markiert und ausgeschildert; es handelt sich meist um Tal- und Passwanderungen. Von den vielen Gipfeln im Park dürfen lediglich zwei bestiegen werden: Munt la Schera und Piz Quattervals. Im Jahre 2000 wurde der Park per Volksentscheid in der Gemeinde Lavin um die einzigartige Seenplatte von Macun erweitert. Dieses Gebiet ist quasi eine Exklave, liegt es doch außerhalb des eigentlichen Parkgebiets. Zusätzliche Erweiterungen für eine Randzone wurden von den Stimmberechtigten der anderen Orte (Zernez und Tarasp) abgelehnt. Der Nationalpark ist zweifellos ein bedeutender Anziehungspunkt im Unterengadin und in der Val Müstair und ein wichtiger wirtschaftlicher Faktor für die Region. Weitere Informationen erhält man im Nationalparkhaus Zernez (Öffnungszeiten vom 17.05.–22.10. täglich, jeweils von 8:30–18 Uhr, Di bis 22 Uhr, Tel. +41/81/8 56 13 78, www.nationalpark.ch). Im Jahr 2008 wird das neue Nationalparkzentrum in Zernez eröffnet.

Die *Val Müstair* (sprich Müschtaier), das Münstertal, ist zwar durch den Ofenpass vom Engadin getrennt und öffnet sich nach Südtirol hin, gehört aber zum selben Kulturraum wie das Engadin. Es ist als eher ruhige und abgeschiedene und vom Massentourismus verschonte Region bekannt. Die Gemeinden haben ihren ursprünglichen Charakter bewahrt und zeigen noch typisch romanische Ortsbilder. Mit einer Ausnahme liegen alle Orte an der Kantonstraße, die vom Ofenpass in Richtung italienische Grenze führt. Lü befindet sich auf einer Terrasse über dem Tal und ist die höchstgelegene politische Gemeinde der Alpen. Bekannt wurde das Tal vor allem durch das karolingische Clostra da San Jon (Kloster St. Johann) in Müstair. Es soll um 785 von Karl dem Großen gegründet worden sein und ist das einzige mittelalterliche Kloster auf Schweizer Boden. Mittlerweile gehört es zum Weltkulturerbe der UNESCO. Natürlich gibt es in diesem Tal viele einfache und lohnende Aussichtsberge. Geologisch werden die meisten Gipfel aus Sedimenten aufgebaut; kristalline Gesteine sind selten, so z. B. am Piz Terza und Piz Dora oder im Chavalatschkamm. Der nahe Nationalpark macht das Tal ebenso attraktiv wie die Nähe zu Südtirol und zur Ortlergruppe, zu der die Gipfel südlich des Tals gehören. Sie bestehen zumeist aus Kalken, Dolomiten und Kalkschiefern. Als lohnendster Aussichtsberg darf wohl der Piz Daint über dem Ofenpass bezeichnet werden, der neben einer kurzen Erreichbarkeit eine fantastische Fernsicht zu bieten hat. Zum erweiterten Tourengebiet des Tals zählen auch Ziele im Vinschgau und in der Ortlergruppe. Diese sind vielfach sogar schneller zu erreichen als Ziele im Engadin. Infos gibt es bei Turissem Val Müstair (Chasa cumünala, CH-7532 Tschierv, Tel. +41/81/8 58 58 58, www.val-müstair.ch).

Münstertal/Val Müstair und Schweizer Nationalpark

Das Tal hat im Jahr 2005 durch einen »neuen Bewohner« Schlagzeilen gemacht – ein Bär, der aus dem Trentino einwanderte, hinterließ für einige Wochen seine Spuren im Tal. Dabei wurde er mehrfach gefilmt. Er konnte sich aber im Gegensatz zu Bruno wieder ungehindert verabschieden. In der Schweiz werden schon lange Überlegungen angestellt und Strategien ausgearbeitet, sich zukünftig darauf besser einzustellen, mit Bären und Wölfen zu leben. (Wer sich dafür interessiert, erhält Infos unter www.pronatura.ch und unter www.nationalpark.ch.) So werden in der Schweiz zum Schutz der Schaf- und Ziegenherden nicht nur vor Bären, sondern auch vor anderen Wildtieren Herdenschutzhunde eingesetzt. Da diese nicht unbedingt zwischen Bären einerseits und Menschen andererseits unterscheiden, bietet man in der Val Müstair sogar geführte Wanderungen an, bei denen das richtige Verhalten im Umgang mit Herdenschutzhunden erklärt wird. Zudem gibt es in vielen Wandergebieten (auch im Bereich des vorliegenden Buchs) Infotafeln, die auf die Arbeit dieser Hunde und über das richtige Verhalten bei Begegnungen hinweisen (Infos unter www.herdenschutzschweiz.ch). Eine weitere Besonderheit auf den Alpweiden dieser Region und im Unterengadin ist die so genannte Mutterkuhhaltung. Auf Infotafeln werden Wanderer auf das richtige Verhalten gegenüber den Tieren hingewiesen (nähere Infos dazu unter www.svamh.ch; vgl. auch Tour 33).

Juwel: Lai da Rims und Piz Lad (T. 35)

Murter, 2545 m
Überschreitung im Nationalpark

30

T2+ 7 Std. ↑ 1219 Hm ↓ 1516 Hm

Tourencharakter
Einfache, aber durch die Gegensteigungen recht anstrengende Überschreitung im Schweizer Nationalpark. Neben einer guten Kondition ist an einigen Stellen Trittsicherheit erforderlich, beim Abstieg zur Chamanna Cluozza ist sogar ein Drahtseil angebracht. Bei Schnee und Nässe nicht empfehlenswert. Als Tages- oder Zweitagestour mit Übernachtung in der Chamanna Cluozza durchführbar.
Beste Jahreszeit
Juni bis Oktober.
Ausgangspunkt
Bushaltestelle Vallun Chafuol, 1768 m, Parkplatz P10, an der Westrampe der Ofenpassstraße.
Endpunkt
Zernez, 1473 m, Zentrum im mittleren Engadin, Bahnhof der RhB, Parkplätze im Ort.
Verkehrsanbindung
PTT-Bus von Zernez bzw. Müstair (960.20); gut ausgebaute Straße von Zernez bzw. vom Ofenpass.
Höhenunterschied
Aufstieg 1219 Hm, Abstieg 1516 Hm.
Einkehr/Unterkunft
Chamanna Cluozza, 1882 m (bewirtet Ende Juni bis Mitte Oktober, Tel. +41/81/8 56 12 35, www.nationalpark.ch).
Gehzeiten
Aufstieg 3 Std., Abstieg 4 Std., insgesamt 7 Std.
Markierung
BAW-Wegweiser und weiß-rot-weiße Markierung.
Karten
LKS 1:50 000, 5017 Unterengadin, 259T Ofenpass.
Infos
Infozentrum Nationalparkhaus (CH-7530 Zernez, Tel. +41/81/8 56 13 78, www.nationalpark.ch); Tourismus-Info Zernez (CH-7530 Zernez, Tel. +41/81/8 56 13 00, www.topengadin.ch).

Im Schweizer Nationalpark gibt es einige sehr schöne Übergänge, von denen zwei in diesem Führer vorgestellt werden – die sehr abwechslungsreiche Tour über den Murtergrat gehört dabei zu den Klassikern. Gipfel- und Wegabstecher sind nicht möglich, da man im Schweizer Nationalpark die markierten Wege keinesfalls verlassen darf.

Aufstieg Von **Vallun Chafuol** auf dem Weg hinab zur Bücke über den **Spöl**, 1648 m. Auf der anderen Seite wieder steil bergan und in vielen Kehren durch Lärchenmischwald zügig empor. Mehrere Lichtungen bieten immer wieder schöne Aus- und Tiefblicke auf die

30 Münstertal/Val Müstair und Schweizer Nationalpark

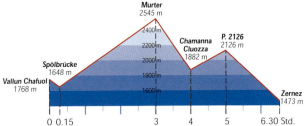

Nationalparkregion und den gestauten türkisfarbenen Spöl. Weiter oben wird der Wald lichter, und oberhalb von **P. 2060 m** wandern wir über mit Legföhren bestandene Weiden. Der Weg wird nun deutlich flacher, und bald haben wir freie Sicht auf den Sattel. In einer längeren Querung und mit ein paar Kehren erreichen wir den Übergang am **Murter**. Von hier erblicken wir eine neue Welt: die Val Cluozza mit den wilden und einsamen Gipfeln rund um den Piz Quattervals.

Abstieg Zunächst recht steil in Kehren auf der Westseite hinab. Bei **P. 2235 m** queren wir die Dolomitschrofenflanke unterhalb des Piz Terza und erreichen in anhaltend steilem Abstieg durch wunderschönen Lärchenwald die **Chamanna Cluozza**, 1882 m. Von hier müssen wir noch ein weiteres Stück bis zur Brücke über die **Ova da Cluozza**, 1804 m, absteigen. Nun erwartet uns eine saftige Gegen-

Murter, 2545 m **30**

steigung. Der Weg hoch über der unteren Val Cluozza ist landschaftlich allerdings sehr schön, vor allem die Querung einiger Tobel beeindruckt sehr, und immer wieder begeistern uns schöne Rückblicke. Bei **P. 2126 m** haben die Steigungen ein Ende, und wir wandern über den unteren Rücken des Murtaröl hinab, verlassen dann den Nationalpark und erreichen den Waldrand und die Wiesen oberhalb von Zernez. Über die Forststraße, eine Holzbrücke und zum Schluss an der Straße entlang gelangen wir bald nach **Zernez**. Die Rückkehr zum Ausgangspunkt erfolgt mit dem Bus.

Nordföhn: Berge im Nationalpark und Spöl Stausee

Münstertal/Val Müstair und Schweizer Nationalpark

31 Munt la Schera, 2587 m
Leichte Gipfelüberschreitung im Nationalpark

T2 4.30 Std. ↑ 793 Hm ↓ 619 Hm

Tourencharakter
Einfache, kurze Gipfelüberschreitung im Schweizer Nationalpark; sehr abwechslungsreiche Tour mit interessanten Ausblicken. Die Wege und bezeichneten Rastplätze im Park dürfen auf keinen Fall verlassen werden!

Beste Jahreszeit
Juni bis Oktober.

Ausgangs-/Endpunkt
Parkplatz P5, Bushaltestelle knapp westlich vom Hotel Il Fuorn, 1794 m.

Endpunkt
Hotel Buffalora, 1968 m, Bushaltestelle, Parkplatz P10. Beide Hotels liegen an der Westrampe der Ofenpassstraße.

Verkehrsanbindung
Vgl. Tour 30.

Höhenunterschied
Aufstieg 793 Hm, Abstieg 619 Hm.

Einkehr/Unterkunft
Hotel Nationalpark SA (CH-7530 Il Fuorn/Zernez, Tel. +41/81/8 56 12 26, www.ilfuorn.ch); Berggasthaus Buffalora (Tel. +41/81/8 56 16 32, wwww.berggasthaus-buffalora.ch).

Gehzeiten
Aufstieg 2.30 Std., Abstieg 2 Std., insgesamt 4.30 Std.

Markierung
BAW-Wegweiser und weiß-rot-weiße Markierung.

Karte
LKS 1:50 000, 5017 Unterengadin, 259T Ofenpass.

Infos
Vgl. Tour 30.

Im Schweizer Nationalpark gibt es nur zwei Gipfel, die auf markierten Wegen bestiegen werden dürfen: Der Piz Quattervals stellt allerdings einige Anforderungen und bleibt den sehr erfahrenen Tourengängern vorbehalten. Der Munt la Schera ist ein breiter Buckel ohne eigentliche Gipfelbildung, dafür aber mit weiter und schöner Hochfläche – eines der einfachsten und kürzesten, aber auch schönsten Ziele in diesem Buch! Vor allem im frühen Herbst während der Brunft der Hirsche, wenn diese in den Wäldern auf der Westseite des Berges um die Wette röhren. Und wenn dazu im Süden die klare Sicht bis zur Bernina reicht. Für die eher bescheidene Höhe ist es hier oben oft recht kalt, da die Winde aus allen Richtungen über die Gipfelhochfläche fegen.

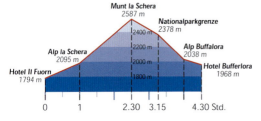

Munt la Schera, 2587 m — 31

Schauen: Berge im Nationalpark vom Gipfel

31 Münstertal/Val Müstair und Schweizer Nationalpark

Rasten: Alp la Schera

Aufstieg Wer mit dem Bus anreist, wandert von der Haltestelle auf markiertem Weg rechts neben der Straße zum Parkplatz P5 und von hier weiter in den Wald. Unterwegs kann man beobachten, wie sich der Wald ohne menschliche Einflüsse entwickelt – zum Teil wandert man durch einen echten Märchenwald, manchmal fühlt man sich aber auch in eine gepflegte Parklandschaft versetzt. Zwischendurch quert unser Weg eine Schutthalde, die vom Gipfel herabzieht.

Wir umrunden den Berg auf seiner Westseite und erreichen die wunderschöne Lichtung der **Alp la Schera**, 2095 m, einen Rastplatz von erlesener Schönheit! In östlicher Richtung nun durch die Südflanke unseres Berges bis zu einer Abzweigung, bei der unser Gipfelanstieg links abbiegt. Wir steigen nun steiler in Kehren bis auf die Hochfläche und vom obersten Wegweiser kurz in westlicher Richtung zum Gipfelsteinmann des **Munt la Schera** mit Aussicht auf den Lago di Livigno, die Ortlergruppe und die Gipfeln im Nationalpark.

Abstieg Vom obersten Wegweiser zunächst in östlicher Richtung im Bogen über die weite Gipfelhochfläche und dann südlich zum Weg hinab, der die Südflanke durchzieht. Hier halten wir uns links und erreichen mit kleineren Gegensteigungen den Sattel nördlich des Munt Buffalora und die Nationalparkgrenze, 2378 m. Weiterhin in östlicher Richtung hinab zu den Weiden von Buffalora und über den Wirtschaftsweg hinab zur **Alp Buffalora**, 2038 m. Bis zum **Berghaus Buffalora** an der Ofenpassstraße ist es nur noch ein Katzensprung über die im Sommer normalerweise ausgetrocknete Ova da Fuorn. Die Rückkehr zum Ausgangspunkt erfolgt mit dem Bus.

Cima del Serraglio, 2685 m

32

Unbekannte Welt über dem Lago di Livigno

T3+   5.30 Std.   ↑↓ 717 Hm

Tourencharakter
Einsame und teils mühsame, aber bis zum nördlichen Vorgipfel einfache Tour. Der Übergang zum Nord- und vor allem dann zum Hauptgipfel setzt eine solide Trittsicherheit und Erfahrung im weglosen Gras- und Schrofengelände voraus. Mit gutem Orientierungssinn lassen sich oft Wegspuren erkennen, die den Anstieg erleichtern. Man lasse sich nicht durch den geringeren Höhenunterschied täuschen – die Horizontaldistanz ist recht groß und eine solide Kondition deshalb unerlässlich!

Beste Jahreszeit
Juli bis Oktober.

Ausgangspunkt
Hotel Buffalora, 1968 m, an der Westrampe der Ofenpassstraße, Bushaltestelle, Parkplatz P10.

Verkehrsanbindung
Vgl. Tour 30.

Höhenunterschied
717 Hm im Auf- und Abstieg.

Einkehr/Unterkunft
Berggasthaus Buffalora (vgl. Tour 31).

Gehzeiten
Aufstieg 3 Std., Abstieg 2.30 Std., insgesamt 5.30 Std.

Markierung
BAW-Wegweiser und weiß-rot-weiße Markierung bis Jufplaun, Gipfelanstieg unmarkiert.

Karten
LKS 1:50 000, 5017 Unterengadin, 259T Ofenpass; Wanderkarte Val Müstair.

Infos
Turissem Val Müstair (Chasa Cumünala, CH-7532 Tschierv, Tel. +41/81/8 58 58 58, www.val-muestair.ch).

Wer die Cima del Serraglio besteigt, wird mit dem Gefühl zurückkehren, eine ganz spezielle Welt gesehen zu haben. Die umgebenden und teilweise deutlich höheren Gipfel sind im deutschsprachigen Raum genauso unbekannt wie unser Ziel – terra incognita! Die Aussicht ist zwar in drei Richtungen eingeschränkt, aber die Wildheit der umgebenden Gipfel beeindruckt. Immerhin bleibt der Blick frei, um im Norden die Berge rund um den Ofenpass und den Nationalpark zu studieren. Und der Tiefblick auf den

32 Münstertal/Val Müstair und Schweizer Nationalpark

Alpweiden: Jufplaun und Cima del Serraglio (l.)

einzigartigen Fjord des dunkelblauen Lago di Livigno gehört zu den stärksten Eindrücken dieser Tour.

Aufstieg Der Wegweiser gegenüber vom **Hotel Buffalora** zeigt uns die Richtung an. Über die **Ova dal Fuorn** und Wiesen erreichen wir die **Alp Buffalora**, 2038 m. Rechts daran vorbei steigt der Fahrweg in Kehren zu einer Abzweigung bei einer kleinen Hütte, 2195 m, an. Hier halten wir uns links. Die Cima del Serraglio zeigt sich bereits im Hintergrund als Rücken mit zwei Spitzen. Der höhere Hauptgipfel ist allerdings von hier nicht sichtbar. Ein Fahrweg bringt uns auf die schöne Hochebene von **Jufplaun**, die wie viele an den Nationalpark angrenzende Gebiete intensiv beweidet wird. Dabei handelt es sich oft um Herden mit der so genannten Mutterkuhhaltung. Zum Teil bedingt durch strengere Tierschutzbestimmungen, sömmern die Kälber gemeinsam mit den Muttertieren auf den Weiden. Diese Form der Nutztierhaltung wird in Graubünden immer populärer. Die Wanderer werden auf Schildern dazu angehalten, einen Sicherheitsabstand zu den Tieren einzuhalten. Auch Kühe können ihre Kälber verteidigen! Unterhalb der Hütte **Chasa da Cunfin** zweigt nach rechts ein schmaler Pfad ab, dem wir bis zur **Fuorcla del Gal**, 2279 m, folgen. Von hier halten wir uns in südöstlicher Richtung auf den nördlichsten Sattel links unterhalb unseres Gipfels zu und queren von dort in die Nordostflanke hinein. Das geübte Auge findet immer wieder gute Weg-

Cima del Serraglio, 2685 m   32

spuren, die um einen Rücken herumführen; danach halten wir uns mehr südwestlich. Weiter oben können wir in den Schuttflanken ebenfalls Wegspuren entdecken; wir steigen zur Kammhöhe an, die wir beim Steinmann am **nördlichen Vorgipfel**, ca. 2640 m, erreichen. In der Tiefe erblicken wir den Lago di Livigno. Spätestens wenn wir die Kammhöhe erreicht haben und mit einigen Aufs und Abs über den First nach Süden steigen, wird uns klar, dass wir uns hier auf einem

Übergang: Südgipfel (l.) vom Nordgipfel

besonderen Fleckchen Erde befinden. Der Grat wird nun schmäler, ist an einer kurzen Stelle auch mit einfacher Kletterei verbunden und erfordert dort Trittsicherheit und Schwindelfreiheit. Auf keinen Fall bei Eis und Schnee begehen! Wir erreichen den **Nordgipfel**, 2664 m, und erblicken erst jetzt den recht mächtigen Hauptgipfel. Wer hier bereits genug hat, kann nun den Tag und die Aussicht genießen. Alle anderen steigen am Grat entlang weiter in den tiefsten Sattel, 2597 m, ab. Die Wegspur, die von hier in die östliche Flanke hinausquert, ist schon seit einiger Zeit sichtbar. Wir folgen dieser um zwei Gratrücken herum, bis wir über steile Grasstufen nach rechts wieder zum Grat hinaufsteigen können. Über die breite Hochfläche zum Gipfelsteinmann auf der **Cima del Serraglio**. Sehr schön zeigt sich von hier die Cima di Piazzi im Süden, die noch einen recht beeindruckenden Gletschermantel trägt. Ganz wild präsentiert sich im Südosten das gewaltige Massiv des Piz Murtaröl und seiner Trabanten. Den dazwischen gelegenen Lago di San Giacomo di Fraéle dürften auch nur die wenigsten Wanderer kennen. Im Westen steht die Kalkburg des Monte Cassa del Ferro, im Norden die Engadiner Berge und in der Tiefe blinkt der Lago di Livigno.

Tiefe: Lago di Livigno und Engadiner Gipfel

Abstieg Dieser erfolgt auf derselben Route. Man lasse sich nicht täuschen – der Abstieg dauert ob der zahlreichen Gegensteigungen und Flachstrecken fast genauso lang wie der Aufstieg! Wer sich trotzdem nicht richtig ausgelastet fühlt, der kann noch den Munt la Schera besteigen. Dabei überschreitet man diesen ab der oben beschriebenen Abzweigung bei der Hütte, 2195 m, in umgekehrter Richtung, wie in Tour 31 beschrieben.

33 Piz Daint, 2968 m
Auf die Schieferpyramide über dem Ofenpass

T3–   4.30 Std.   ↑↓ 922 Hm

Tourencharakter
Größtenteils einfache Bergtour, die jedoch am Gipfelaufbau und bei der Querung von Geröllhalden Trittsicherheit verlangt. Konditionell nicht besonders anstrengend. Bei der Kombination mit dem Il Jalet kurze Gegensteigung.
Beste Jahreszeit
Juli bis September, oft auch noch im Oktober möglich.
Ausgangspunkt
Pass dal Fuorn/Ofenpass, 2149 m, Parkplätze, Bushaltestelle.
Verkehrsanbindung
Vgl. Tour 30.

Einkehr/Unterkunft
Hotel Restaurant Süsom Givè (Tel. +41/81/8 58 51 82).
Gehzeiten
Aufstieg 2.30 Std., Abstieg 2 Std., insgesamt 4.30 Std.
Markierung
BAW-Wegweiser und weiß-rot-weiße Markierung.
Karten
LKS 1:50 000, 5017 Unterengadin, 259T Ofenpass; Wanderkarte Val Müstair.
Infos
Vgl. Tour 33.

Über dem Ofenpass erhebt sich der größtenteils aus Kalkschiefern aufgebaute Piz Daint; seine Lage über der Passfurche macht ihn zum idealen Aussichtsberg. Da er zudem rasch und nicht allzu schwierig erreichbar ist, wird er deutlich häufiger besucht als die meisten anderen Gipfel in der näheren Umgebung. Am Gipfel erwartet den Tourengänger neben dem großen Kreuz eine Rundsicht, die von den nahen Eisriesen der Ortlergruppe eine Fernsicht bis zur Bernina und zu den Glarner Alpen bietet. In der folgenden Beschreibung wird zudem eine Überschreitung des Il Jalet vorgeschlagen. Der kleine Gipfel schenkt uns einen schönen Blick zum Piz Daint und ist übrigens für weniger ambitionierte Wanderer ein lohnendes Ziel für sich, bietet er doch einen schönen Blick über die Region um den Ofenpass bis hin zum Ortler.

Neuland: Am Westkamm mit Piz Murtaröl (l.)

Aufstieg Auf der **Ofenpasshöhe** beginnt der ausgeschilderte Weg. Dieser steigt durch Latschen an und führt auf

Piz Daint, 2968 m 33

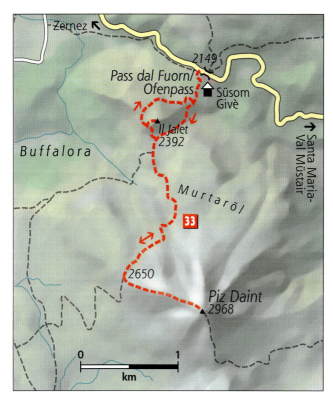

die Felsen des Il Jalet zu. Der gut ausgebaute Steig quert dessen Ostflanke und ist mit Stufen, Drahtseil und Geländern sogar ein wenig gesichert. Über ein paar steilere Serpentinen erreichen wir den kleinen Sattel, 2289 m,

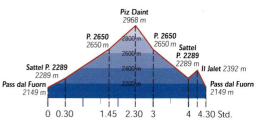

südöstlich des Il Jalet. Unser Weg zweigt kurz darauf nach links ab und leitet wieder steiler in südöstlicher Richtung durch den Rasenhang. Wir erreichen eine Art Plateau vor den riesigen Schutthalden des Piz Daint und durchqueren diese auf einem guten, wenig mühsamen Weg. (Allerdings sollte man schauen, ob sich im Gelände über uns vielleicht Wild befindet, das Steinschlag auslösen könnte.) Oberhalb der Schutthalden wird es kurzzeitig wieder ein wenig steiler,

Münstertal/Val Müstair und Schweizer Nationalpark

bevor wir die Hochfläche, 2650 m, am langen Westkamm des Piz Daint erreichen. Der Steig führt nun immer am bzw. knapp unterhalb des Westkamms entlang, zunächst noch ein wenig steiler auf der Nordseite, später dann eher südlich davon. Zum Schluss mühen wir uns in Kehren über den Schutthang, der uns zum breiten und geräumigen Gipfel des **Piz Daint** mit Kreuz führt. Die Aussicht von hier oben kann man ohne Übertreibung als phänomenal bezeichnen, steht der Gipfel doch über der Ofenpassfurche: im Norden die Kalkgipfel der Sesvenna-Lischana-Gruppe mit vielen einsamen Bergen, die sich im Nationalpark befinden. Über den unbekannten Gipfeln im Süden erheben sich die weißen Gletscherberge der Bernina, und der Ortler mit seinen Trabanten ist hier schon recht nahe.

Abstieg Wir steigen zunächst wieder am Anstiegsweg bis in den oben erwähnten Sattel vor dem **Il Jalet** ab, um dann in einem kurzen, aber steilen Anstieg den Gipfel, 2392 m, zu erreichen. Von der Gipfelhochfläche kurz wieder am Südrücken hinab und bei der Wegverzweigung nach rechts. Durch eine Mulde wandern wir hinüber zur Westflanke, queren diese und erreichen knapp oberhalb der Passhöhe wieder den Aufstiegsweg.

Ausblick: Unterwegs zum Piz Daint

Piz Dora, 2951 m

Zwischen Ortler und Nationalpark

34

T2+ 6.30 Std. ↑↓ 1287 Hm

Tourencharakter
Technisch einfache, aber konditionell recht anspruchsvolle Bergtour. Flache und steilere Abschnitte wechseln sich ab. Im Hochsommer ist zudem ein früher Aufbruch sinnvoll, da der gesamte Anstieg der Morgensonne ausgesetzt ist.

Beste Jahreszeit
Juli bis Oktober.

Ausgangspunkt
Tschierv, 1664 m, Parkplatz bei der Chasa Cumünala Gemeindehaus, PTT-Bushaltestelle in Tschierv-Plaz.

Verkehrsanbindung
Gut ausgebaute Straße über den Ofenpass bzw. von Mals in Südtirol, PTT-Bus zwischen Zernez und Müstair (960).

Höhenunterschied
1287 Hm im Auf- und Abstieg.

Einkehr/Unterkunft
Unterwegs keine.

Gehzeiten
Aufstieg 4 Std., Abstieg 2.30 Std., insgesamt 6.30 Std.

Markierung
BAW-Wegweiser und weiß-rot-weiße Markierung.

Karten
LKS 1:50 000, 5017 Unterengadin, 259T Ofenpass; Wanderkarte Val Müstair.

Infos
Vgl. Tour 33.

Zwischen den Kalkgipfeln Piz Daint und Piz Turettas erhebt sich der aus Gneis aufgebaute Piz Dora. Er zeigt keine markante Form und ist recht einfach zu be-

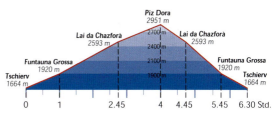

steigen – allerdings braucht man eine gute Kondition. Die vielseitige Aussicht vom Ortler zur Bernina wird man dafür zumeist allein genießen. Als Ziel für weniger ambitionierte Wanderer bietet sich der kleine und sehr schön gelegene **Lai da Chazforà** an.

Aufstieg Von **Tschierv** wandern wir kurz an der Straße talabwärts bis zur Kirche in Plaz. Direkt nach der Kurve zweigt rechts der markierte Wanderweg in Richtung **Lai da Chazforà** ab. Unser Gipfelziel ist hier noch nicht angeschrieben. Durch einen schönen Lärchenwald und über moorige Lichtungen steigend erreichen wir eine Forststraße. Auf dieser bis zu einer Abzweigung und dort nach rechts zur kleinen Hütte von **Funtauna Grossa**, 1920 m. Wir queren eine Weide und steigen wieder steiler durch den Wald an, bis zu einer kleinen Schäferhütte, 2200 m. An dieser vorbei führt unser Steig in südöstlicher Richtung in Kehren bald auch durch Blockfelder mit einigen schönen kleinen Tälchen. Wieder mehr südwestlich erreichen wir die Kammhöhe vor dem **Lai da Chazforà**, 2593 m Der Wegweiser zeigt nun den Weiterweg zum **Piz Dora** an. Dazu müssen wir zunächst ein wenig in die tiefste Einsattlung, 2563 m, im Kamm absteigen. Der Steig quert dann kurz ein Blockfeld, um gleich darauf wieder die Kammhöhe zu erreichen. Er folgt ihr, wendet sich kurz unter dem Gipfel nach rechts und leitet in einer Rechtsschleife, zuletzt durch ein Schutttälchen, zum Gipfel des **Piz Dora** mit Steinmann und Wetterstation. Beeindruckend zeigen sich von hier der Piz Daint mit seinen gewaltigen Schutthängen und die unbekannten Gipfel südlich der Val Mora rund um den Piz Murtaröl.

Abstieg Dieser erfolgt auf derselben Route. Wer noch fit ist und über genügend Reserven verfügt, der kann vom Sattel am Lai da Chazforà in südwestlicher Richtung in die Val Mora und via Döss Radond nach Sta. Maria absteigen. Allerdings wird dann eine richtig lange Tour daraus: Fast 4.30 Std vom Gipfel bis nach Sta. Maria, mit einer Gegensteigung von 139 m.

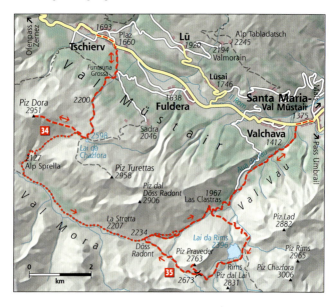

Piz Praveder, 2768 m
Gipfel über dem Lai da Rims

35

T2+ 6.30 Std. ↑↓ 1388 Hm

Tourencharakter
Konditionell anspruchsvolle Bergtour ohne besondere Schwierigkeiten. Lediglich bei gefrorenem Boden könnte der Anstieg unterhalb des Lai da Rims ein wenig heikel sein. Zudem ist beim Abstieg in den Schutthalden ein Mindestmaß an Trittsicherheit erforderlich.
Beste Jahreszeit
Juli bis September.
Ausgangspunkt
Santa Maria, 1375 m, Hauptort der Val Müstair, Parkplätze, PTT-Bushaltestelle.
Verkehrsanbindung
Vgl. Tour 35.
Höhenunterschied
1388 Hm im Auf- und Abstieg.
Einkehr/Unterkunft
Unterwegs keine.
Gehzeiten
Aufstieg 4 Std., Abstieg 2.30 Std., insgesamt 6.30 Std.
Markierung
BAW-Wegweiser und weiß-rot-weiße Markierung.
Karte
LKS 1:50 000, 5017 Unterengadin, 259T Ofenpass; Wanderkarte Val Müstair.
Infos
Vgl. Tour 33.

Die Überschreitung des Piz Praveder ist eine abwechslungsreiche und landschaftlich eindrucksvolle Tour. Neben Lärchenwäldern, Alpweiden und steilen Wegpassagen wartet noch ein schöner Bergsee auf uns. Der Lai da Rims wird von Einheimischen gern als »schönster See in den Alpen« gepriesen – wer ihn besucht hat, wird das gut nachvollziehen können. Dass man einen großen Teil der Wanderung auf Forststraßen zurücklegen muss, ist der einzige Schönheitsfehler dieser sonst sehr lohnenden Tour!

Aufstieg Von **Sta. Maria** wandern wir ein kurzes Stück an der Straße entlang in Richtung Valchava. Beim Wegweiser, auf dem zunächst nur der Lai da Rims angeschrieben ist, zweigen wir links ab und folgen dem Wirtschaftsweg, der sich zum Teil in Kehren die **Val Vau** hinaufwindet. Wir erreichen ebene Wiesen, die als Mutterkuhweiden genutzt wer-

Träumen: Lai da Rims und Piz dal Lai

35 Münstertal/Val Müstair und Schweizer Nationalpark

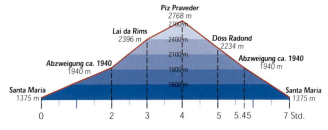

den. Schilder machen darauf aufmerksam, gegenüber den Kühen und Kälbern den notwendigen Sicherheitsabstand einzuhalten. Nach der Überquerung der **Aua da Vau** wandern wir durch einen schönen Lärchenwald. Hier gibt es endlich auch ein paar markierte Abkürzungen, die uns einige der Kehren ersparen. Auf ca. 1940 m zweigt der Steig zum Lai da Rims nach links ab. Nun folgt der landschaftlich wohl eindrucksvollste Abschnitt: In vielen Kehren und Querungen schlängelt sich der Steig durch die steile Flanke empor ins Hochtal von Rims. Leicht fallend wandern wir zum **Lai da Rims**, 2396 m, wo der Wegweiser unser Gipfelziel angibt. Der Weg führt links am See vorbei und steigt am Hang wieder steiler an. Noch eine Querung und ein kurzer Anstieg, dann haben wir den Sattel, 2673 m, unter dem Gipfel erreicht.

Für den Gipfelanstieg nun entweder mit der Markierung von links weiter oder direkt über den grasigen Südrücken zum **Piz Praveder** hinauf. Die Rundsicht ist aufgrund der umgebenden höheren Gipfel zwar ein wenig eingeschränkt, aber sehr schön. Der Ortler lugt gerade noch über den Piz Umbrail, und in der Ferne zeigen sich die Ötztaler Alpen.

Alternativen: Sattel unterhalb des Piz Praveder

Abstieg Zurück am Wegweiser im Sattel folgen wir den Markierungen in südlicher Richtung, die gleich nach rechts in die Tiefe absteigen, um zunächst in Kehren und dann in einer langen Querung die Dolomitschutthalden zu überwinden. Immer wieder windet sich der Steig überraschend um ein Eck herum, werden scheinbar hohe Abbrüche problemlos überwunden. Über Alpweiden gelangen wir auf den Sattel von **Döss Radond**, 2234 m. Von hier müssen wir fast den gesamten Abstieg durch die **Val Vau** auf dem Fahrweg zurücklegen, der ab ca. 1940 m wieder mit unserem Anstiegsweg identisch ist.

Piz Terza, 2909 m

36

An der Grenze zu Südtirol

T2 5 Std. ↑↓ 989 Hm

Tourencharakter
Einfache Bergtour ohne jegliche technische Schwierigkeiten, die allerdings eine solide Kondition verlangt.
Beste Jahreszeit
Juli bis Oktober.
Ausgangspunkt
Lü, 1920 m, gebührenpflichtiger Parkplatz am Ortseingang, Endstation der PTT-Busse.
Verkehrsanbindung
PTT-Bus von Fuldera nach Lü (960.25); gut ausgebaute Straße von Sta. Maria bzw. Fuldera.
Höhenunterschied
989 Hm im Auf- und Abstieg.

Einkehr/Unterkunft
Beim Abstieg unterhalb des Pass da Costainas liegt die Alp Champatsch (Tel. +41/79/3 07 52 64, kurzer Abstecher vom Weg).
Gehzeiten
Aufstieg 3 Std., Abstieg 2 Std., insgesamt 5 Std.
Markierung
BAW-Wegweiser und weiß-rot-weiße Markierung; Abstecher zum Muntet ohne Markierung.
Karten
LKS 1:50 000, 5017 Unterengadin, 259T Ofenpass; Wanderkarte Val Müstair.
Infos
Vgl. Tour 33.

Im Gegensatz zu den meisten Gipfeln der Sesvenna-Lischana-Gruppe baut sich der Piz Terza aus kristallinen Gesteinen auf. Ebenfalls aus Kristallin sind noch die Gipfel um den Piz Sesvenna, die Berge rund ums Rojental sowie der Kessel von Macun. Am Piz Terza sorgt das für über-

wiegend weiche Formen. Der breit gelagerte Gipfel ist daher leicht ersteigbar und bietet einen weiten Rundblick, der nur im Norden durch höhere Gipfel ein wenig eingeschränkt wird. Dazu gibt es mehrere Möglichkeiten für Rundtouren, von denen eine hier vorgestellt wird.

Aufstieg Beim Wegweiser am Ortseingang in **Lü** halten wir uns rechts und steigen auf einem Fahrweg in mehreren Kehren zur **Alp Valmorain**, 2194 m. Hier können wir wählen, ob wir links herum oder rechts über die **Alp Tabladatsch**, 2245 m, ansteigen. Beide Wege

36 Münstertal/Val Müstair und Schweizer Nationalpark

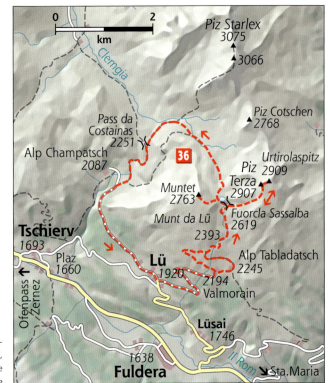

Ausgangspunkt: Lü, dahinter die Ofenpasssenke

Piz Terza, 2909 m 36

Zielpunkt: Gipfelhochfläche am Piz Terza

vereinigen sich auf etwa 2320 m wieder. Gemeinsam geht es nun auf etwas undeutlichem Weg zu einer kleinen Hütte. An dieser rechts vorbei und über einen kleinen, mit Blöcken durchsetzten Rücken. Auf dem nun wieder deutlicheren Steig erreichen wir den kleinen **See** unterhalb der **Fuorcla Sassalba**, 2619 m. Wir steigen nicht ganz in den Sattel hinauf, sondern halten uns bereits am Wegweiser rechts. Deutlich steiler, aber weiterhin einfach in Kehren durch Schrofengelände bergan zum Doppelgipfel des **Piz Terza**, der zwar zwei Eckpunkten hat, aber eher einer Hochfläche gleicht: westlich der niedrigere **Schweizer Gipfel**, 2907 m, mit Steinmann und östlich der **Südtiroler Gipfel** mit Gipfelkreuz und -buch. Letzterer heißt übrigens auch Urtirolaspitz. Die Rundsicht wird beherrscht vom Ortler und den nahen Ötztaler Alpen. Dazwischen die Grödner Dolomiten und die drei Tofanen. Im Süden und Westen viele unbekannte Bündner Gipfel im und rund um den Nationalpark.

Übergang und Abstieg Bis zur **Fuorcla Sassalba** wie im Aufstieg. Am Wegweiser wenden wir uns rechts und erreichen in kurzem Anstieg den eigentlichen Übergang mit dem kleinen tiefblauen **See**. Der Abstieg von der Fuorcla Sassalba zum Pass da Costainas verläuft zunächst flach und steigt dann über eine Stufe auf den breiten Boden der **Alp Costainas** hinab. In einem lang gezogenen Linksbogen umrunden wir den Muntet an seiner Basis. Dabei ist im hohen Gras stets gut auf die Markierung zu achten! Durch Latschengebüsch zum weiten **Pass da Costainas**, 2251 m, und auf dem breiten Fahrweg einfach hinab nach **Lü**.

Tipp: Von der Fuorcla Sassalba können wir noch den Muntet, 2763 m, mitnehmen. Er bietet eine nette Rundsicht und ist leicht erreichbar. Der Anstieg verläuft im unteren Teil auf der Kammhöhe, weiter oben dann eher rechts darunter. Oft sind Wegspuren zu entdecken, und man gelangt ohne Probleme rasch zum Gipfelsteinmann (T2, Aufstieg 144 Hm, 20 Min.).

Unterengadin: Von der Ruine Chastè Steinsberg (T. 43)

Unterengadin/Engiadina Bassa

Weit mehr als das Oberengadin hat sich das *Unterengadin/Engiadina Bassa* seine Ursprünglichkeit bewahrt. Neben der Surselva ist es die Region, in der sich das Rätoromanische am besten erhalten hat. Zwar gibt es auch hier harten Tourismus in Form von Skigebieten, aber der beschränkt sich, abgesehen von Samnaun, fast ausschließlich auf Motta Naluns oberhalb von Scuol. Ansonsten überwiegt der Eindruck der freundlichen Dörfer, von denen Guarda als Paradebeispiel gilt und dem Ardez in nichts nachsteht. Ftan und Sent liegen in prächtiger Höhenlage und bieten ein schönes Panorama der gegenüberliegenden Unterengadiner Dolomiten. Bei einer Fahrt flussabwärts durch das Tal ändert sich der Charakter von alpin hin zu mediterran-trocken. Der letzte größere Ort, Ramosch, zeigt denn auch weder den typischen Engadiner Charakter noch die Engadiner Häuser. Die Dächer sind eher flach und erinnern schon ein wenig an Italien. Das liegt zum Teil auch daran, dass der Ort nach Bränden von italienischen Maurern wieder aufgebaut wurde.

Aber auch der Charakter der Landschaft ist grundverschieden zum Oberengadin. Während dort der Inn zumeist gemächlich durch das Hochtal fließt, hat er im Unterengadin eine tiefe Schlucht gegraben und damit auch den Charakter des Tals wesentlich mitgestaltet. Die orografisch rechte Seite des Inns wird von den so genannten Unterengadiner Dolomiten beherrscht. In diesem Bereich gibt es aufgrund

Unterengadin/Engiadina Bassa

des brüchigen Dolomitgesteins nur wenige einfache Gipfelmöglichkeiten, die überwiegend in der Lischanagruppe liegen. Eine Tour zum Piz Lischana gehört zu den schönsten im gesamten Engadin.

Bei Scuol zweigt nach Süden ins Innere der Sesvenna-Lischana-Gruppe die Val S-charl ab, das einzige bewohnte Tal (nur im Sommer!) im Inneren des Gebirges mit einem sehr speziellen, weil abgeschiedenen und ursprünglichen Charakter. Es dient als Ausgangspunkt für die Gipfel auf der Ostseite des Tals. Die Gipfel auf der Westseite gehören größtenteils zum Schweizer Nationalpark und dürfen zumindest von dieser Seite nicht bestiegen werden. Zudem ist der Dolomit in der Pisocgruppe sehr brüchig und die Touren nur etwas für sehr erfahrene Bergsteiger, die mit solchem Gelände bestens vertraut sind.

Zu den populärsten Zielen im Unterengadin zählen die Lais da Macun, die seit 2000 zum Schweizer Nationalpark gehören. Sie werden oft im Rahmen einer Überschreitung von Zernez nach Lavin oder umgekehrt besucht. Ansonsten wird im Bereich der Nuna- und Macungruppen fast nur Einsamkeit geboten mit wenigen markierten Gipfeln und Pässen. Außer der bereits erwähnten Tour zu den Lais da Macun seien in diesem Zusammenhang noch die Fuorcla da Stragliavita von Zernez nach Ardez und der Gipfel des Piz Giarsinom genannt. Die Unberührtheit wird auch durch die geringe Anzahl der SAC-Hütten dokumentiert: Im Unterengadin findet man lediglich drei davon.

Linksseitig wird der Inn von den südlichen Ausläufern der Silvretta und der Samnaungruppe begleitet. Der Kontrast zu den hellen Dolomitgesteinen auf der anderen Seite könnte kaum größer sein, bestehen doch die Gipfel hier meist aus dunklen kristallinen Gneisen. Aber auch hier gibt es Ausnahmen, denn die Gipfel um den Piz Tasna und die Samnaunberge sind größtenteils aus Sedimenten (Liaskalk) aufgebaut. Auf dieser Seite des Tals wurden ebenso nur wenige Gipfel durch markierte Bergwege erschlossen: neben dem Piz Arina bei Vnà noch der Piz Clünas bei Ftan und der Piz Chastè bei Susch. Die schwierige und anstrengende Tour auf den höchsten und vielleicht schönsten Gipfel im Unterengadin, den Piz Linard, kann man keinesfalls mehr als Bergwanderung bezeichnen. Dafür gibt es sehr lohnende Passübergänge; einige davon führen durch die Silvretta in die benachbarten österreichischen Täler, so z. B. von Ardez über den Pass Futschöl zur Jamtalhütte oder via die Fuorcla da Tasna zur Heidelberger Hütte. Diese kann man auch von Vnà bzw. Sent über den Cuolmen d'Fenga, den Fimberpass, erreichen. Von Lavin führt eine anspruchsvolle Route durch die bereits hochalpine Welt der Val Lavinuoz, über die Fuorcla Zadrell und durchs Vernelatal nach Klosters. Dorthin gelangt man auch einfacher durch die Val Sagliains und über den Vereinapass. Von Klosters ist eine Rückkehr mit der RhB problemlos möglich. Zudem besteht auch die Möglichkeit einer Rundtour – vom

Unterengadin/Engiadina Bassa

Vereinapass kann man via den Pass da Fless und Röven an der Flüelapassstraße nach Susch absteigen. Bei Martina an der Grenze zu Österreich warten noch zwei sehr lohnende Aussichtspunkte auf die Bergwanderer. Zum einen der mächtige Piz Lad, der den untersten Teil des Tals beherrscht und gewaltige Tiefblicke ins Unterengadin bietet; von der Schweizer Seite ist er jedoch nur mit viel Aufwand zu besteigen. Deshalb kommen die meisten Tourengänger von der Reschener Alm auf Südtiroler Seite, von der man in ca. 2.30 Stunden problemlos zum Gipfel steigt. Mit noch weniger Aufwand kann man von der Norberthöhe, dem kleinen Straßenpass zwischen Martina und Nauders in Tirol, die Schöpfwarte erreichen. Auch sie bietet schöne Tiefblicke, und man kann die Tour noch über die Sellesköpfe zu einer netten Rundtour erweitern.

Ganz besonders schön sind im Unterengadin die Herbstmonate Oktober und – wenn man Glück hat – November. Auf der linken Talseite, am Südhang der Silvretta, leuchten dann die Lärchen in Gold, Orange und Gelb. Dazu ein stahlblauer Himmel und mit Neuschnee überzuckerte Gipfel. Jetzt sind kaum noch Wanderer unterwegs, selbst auf normalerweise viel begangenen Routen wie der Via Engiadina. Zwar wurden viele Bergbahnen und Buslinien für den Winter schon eingestellt, dafür ist es aber so richtig ruhig! Dann noch in der Sonne liegen und die Wärme genießen. Für mich die schönste Jahreszeit in den Bergen – die Bilder von der Via Engiadina in diesem Führer sprechen für sich …

Höhenweg: Ftan mit Unterengadiner Dolomiten (T. 43)

Munt Baselgia, 2945 m
Im Zauberreich der Lais da Macun

37

| T3– | 8 Std. | ↑ 1472 Hm ↓ 1533 Hm | |

Tourencharakter
Lange und zum Teil anstrengende Tour, die eine solide Kondition erfordert. In Gipfelnähe zudem Trittsicherheit notwendig. Nicht zu früh im Jahr angehen, da auf der Nordseite der Fuorcletta da Barcli noch viel Schnee liegen kann! Man unterschätze auch die Dauer des Abstiegs nicht, zum Schluss kleine Gegensteigung nach Lavin.
Beste Jahreszeit
Juli bis September.
Ausgangspunkt
Zernez, 1473 m, Zentrum im mittleren Engadin, Bahnhof der RhB, Parkplätze im Ort.
Endpunkt
Lavin, 1432 m, im Unterengadin, Bahnhof der RhB, Parkplätze im Ort.
Verkehrsanbindung
Bahnverbindung der RhB zwischen Samedan und Scuol (960); mit dem Pkw auf gut ausgebauten Straßen aus allen Richtungen erreichbar.
Höhenunterschied
Aufstieg 1472 Hm, Abstieg 1533 Hm.
Einkehr/Unterkunft
Unterwegs keine.
Gehzeiten
Aufstieg 4.30 Std., Abstieg 3.30 Std., insgesamt 8 Std.
Markierung
BAW-Wegweiser und weiß-rot-weiße Markierung.
Karten
LKS 1:50 000, 5017 Unterengadin, 259T Ofenpass, 249T Tarasp.
Infos
Tourismus-Info Zernez (vgl. Tour 30); Lavin Turissem (CH-7543 Lavin, Tel. +41/81/8 62 20 40, www.lavin.ch).

Der Munt Baselgia (sprich: Baseltscha) bildet keinen besonders markanten Gipfelpunkt. Er ist eher ein lang gezogener Gratrücken, der den einfachsten Übergang von Zernez nach Lavin oder umgekehrt ermöglicht. Der Blick vom Gipfel auf die Lais da Macun gräbt sich beim Betrachter ein und hinterlässt einen tiefen Eindruck. Die

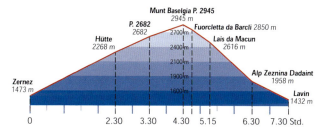

37 Unterengadin/Engiadina Bassa

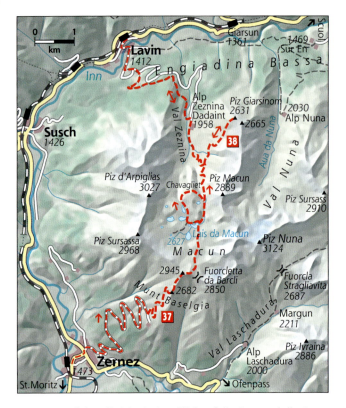

Momente auf dem Gipfel mit dem Blick auf die Seen und die Berge dahinter wird man nie mehr vergessen! Der gesamte Kessel von Macun gehört seit dem Jahr 2000 zum Schweizer Nationalpark. Allerdings bildet er eine Art Exklave und hängt nicht mit dem übrigen Parkgebiet zusammen. Trotzdem ist vom Gipfel des Munt Baselgia bis zur Stufe unterhalb der Seen ein Abweichen vom markierten Wanderweg verboten. Das romanische Wort Baselgia bedeutet übrigens Kirche – wir steigen also auf den Kirchberg von Zernez. Er steht genau auf der Achse des mittleren Engadins und bietet neben dem Blick auf die Seen den vielleicht schönsten Überblick über das Tal zwischen Zernez und Samedan. Zweifellos eine der Top-Touren im Engadin!

Aufstieg Vom Bahnhof in **Zernez** folgen wir den Wegweisern der Hauptstraße entlang bis zur großen Kreuzung, an der sich die Hauptverkehrsstraßen treffen. Diese überqueren wir und spazieren unterhalb der Kirche vorbei zu einer Abzweigung. Hier ist es egal, wie wir

Munt Baselgia, 2945 m

uns entscheiden, denn beide Alternativen treffen nach ca. 15 Minuten weiter oben wieder zusammen. Links herum ist es schöner, da wir hier einem Wanderweg durch den Wald folgen, der den Fahrweg abkürzt. Wir treffen dann wieder auf diesen und folgen ihm kurz, bis nach rechts ein Wanderweg abzweigt. Wir wechseln dann mehrmals ohne Orientierungsschwierigkeiten zwischen den bestens beschilderten und markierten Fahr- und Wanderwegen. Wer morgens zeitig dran ist, kann einen großen Teil des Anstiegs im Schatten bewältigen. Kurz vor einer Hütte, 2268 m, die wie die anderen auch für die Erstellung der gigantischen Lawinenverbauungen errichtet wurde, verlassen wir endgültig den Fahrweg nach links. Unser nun etwas steilere Anstieg führt durch die Lawinenverbauungen und teilweise durch Blockfelder in Kehren bis zum eigentlichen Munt Baselgia, 2682 m. Dieser Vorsprung wird auf der Karte als Munt Baselgia bezeichnet und gewährt bereits einen sehr schönen Tiefblick auf Zernez, das mittlere Engadin und viele Gipfel der Region. Nordöstlich über uns ragt die runde Kuppel unseres Gipfels in den blauen Himmel. Über den Kamm steigen wir steil dem Gipfel entgegen, passieren ein großes Blockfeld und erreichen rasch den **Munt Baselgia** mit Steinmann und Gipfelbuch. Und was für eine Aussicht! Unten im Kessel liegen die Perlen der Macunseen, umgeben von unbekannten und einsamen Gneisgipfeln. Dahinter die Berge der Südsilvretta und des Samnaun. Im Süden

Schönheit: Lai dal Dragun und Südsilvretta

37 Unterengadin/Engiadina Bassa

Perlen: Lais da Macun mit Südsilvretta

hinter den Bergen des Nationalparks die Eisgipfel der Bernina. Rechts vom Engadin die komplette Ostfront der Albulaberge. Im Osten über der Ofenpassregion der Ortler mit seinen Trabanten. Bilder von unbeschreiblicher Schönheit!

Abstieg Vom Gipfel in östlicher Richtung am Blockgrat entlang hinab in die **Fuorcletta da Barcli**, 2850 m. Hier weist uns eine Tafel auf den Beginn des Nationalparks hin. Der Steig wendet sich nach links und führt in Kehren durch die Schutt- und Blockhalden hinab. Vom Gipfel bis zum unteren Ende der Blockhalden ist bei Schnee Vorsicht geboten! Wir erreichen eine Art Rücken, der uns zu den Seen, 2616 m, hinunterleitet. Dort (Wegweiser) bietet sich die Möglichkeit eines Rundganges an, der an einigen Seen vorbei bis zum **Lai dal Dragun**, 2628 m, dem nördlichsten See, führt, hinter dem sich grandios die Silvrettaberge aufbauen. Von hier können wir in einem Rechtsbogen zur unten erwähnten Abzweigung absteigen oder wieder zurück zum Wegweiser östlich der Seen. Von diesem steigen wir am Bach entlang hinab auf eine Wiesenstufe mit prächtigem Blick zum Piz Linard. Hier kommt von links der oben erwähnte Rundweg hinab. Durch die Schutthalden des Piz Macun in Kehren teils recht steil in die **Val Zeznina** hinunter und zur **Alp Zeznina Dadaint**, 1958 m. Von hier gelangen wir wie in Tour 38 beschrieben nach **Lavin**. Die Rückkehr zum Ausgangspunkt erfolgt mit der RhB.

Piz Giarsinom, 2631 m
Beeindruckendes Silvrettapanorama

38

T2+   6 Std.   ↑↓ 1238 Hm

Tourencharakter
Einfache Bergtour, die im oberen Teil Trittsicherheit verlangt. Eine gute Kondition schadet ebenfalls nicht. Die Markierungen sind gegen den Gipfel hin sehr dünn und die Wegspuren nicht immer und überall erkennbar. Nicht bei starker Nässe und Schnee oder schlechter Sicht.
Beste Jahreszeit
Juli bis Oktober.
Ausgangspunkt
Lavin, 1432 m, Bahnhof der RhB, Parkplätze im Ort.
Verkehrsanbindung
Bahnverbindung der RhB zwischen Zernez und Scuol (960), mit dem Pkw auf gut ausgebauter Straße.

Höhenunterschied
1238 Hm im Auf- und Abstieg.
Einkehr/Unterkunft
Alp Zeznina Dadaint, 1958 m, während der Alpsaison bewirtet.
Gehzeiten
Aufstieg 3.30 Std., Abstieg 2.30 Std., insgesamt 6 Std.
Markierung
BAW-Wegweiser und weiß-rot-weiße Markierung.
Karten
LKS 1:50 000, 5017 Unterengadin, 249T Tarasp, 259T Ofenpass.
Infos
Lavin Turissem (CH-7543 Lavin, Tel. +41/81/8 62 20 40, www.lavin.ch).

Der Piz Giarsinom bildet eigentlich nur eine Schulter und den nördlichsten Ausläufer des Piz Macun. Da er aber weit gegen das Engadin vorgeschoben ist, bietet er eine schöne Übersicht über das Unterenga-

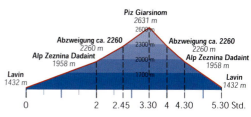

din von Lavin bis Ramosch. Im Norden ist die gesamte Südsilvretta mit ihren Hauptgipfeln Piz Linard, Verstanclahorn, Piz Buin und Fluchthorn wie ein künstliches Panorama aufgestellt. Ein sehr lohnendes und nicht überlaufenes Ziel!

Aufstieg   Von **Lavin** steigen wir zuerst ein wenig zum Inn ab, den wir auf der schönen Holzbrücke, 1412 m, überqueren. Hier zweigt unser Weg nach rechts ab. Vorerst ist auf den Wegweisern nur der Aussichtspunkt Murtera angegeben, ein Punkt knapp unterhalb des Piz Giarsinom. Über Wiesen führt der Fahrweg bis zum Waldrand.

Unterengadin/Engiadina Bassa

Dort halten wir uns links. Bereits kurze Zeit später, bei einer Grillstelle, zweigt der Weg rechts ab, um eine Kehre der Fahrstraße abzukürzen. Auf dieser noch ein Stück weiter, bevor der Steig nach Macun am Waldrand nach links führt. Durch schönen Nadelmischwald um das Massiv des Piz Mezdi herum. Bald erreichen wir offeneres Gelände und zwischen den Bäumen zeigen sich immer mehr Gneisblöcke. Die Macun-Nuna-Gruppe ist neben den Gipfeln rund um den Piz Sesvenna die einzige Untergruppe der Sesvenna-Lischana, die aus kristallinen Gesteinen besteht. Nach der Überquerung der Aua da Zeznina bringt uns ein Güterweg zur **Alp Zeznina Dadaint**, 1958 m. Die Hütte ist während der Alpzeit einfach bewirtschaftet. Ab jetzt bewegen wir uns auf einem »echten« Wanderweg und steigen über Alpweiden in Kehren an. Bei einem kleinen Bach auf 2260 m zweigt der Steig zum Gipfel links ab. Er führt dann in nördlicher Richtung, teils horizontal, teils mit steileren Anstiegen talauswärts. Er erfordert mitunter Trittsicherheit und man muss auch auf die Markierungen achten. Drei Gräben werden gequert. Auf **Murtera**, ca. 2500 m, ist nur noch ein Wegweiser angebracht, der uns den Schlussanstieg weist. Über eine Art Rücken steigen wir die letzten Höhenmeter weglos zum Gipfelsteinmann des **Piz Giarsinom** mit prächtigem Engadinblick und Silvrettapanorama auf. Wer zusätzlich noch ein wenig Sicht nach Süden haben möchte, muss vom Gipfelsteinmann in südlicher Richtung zu P. 2669 m aufsteigen.

Abstieg Dieser erfolgt auf derselben Route. Im Abstieg auf gar keinen Fall zu weit nach rechts abdrängen lassen. Man gerät sonst leicht in steiles Gelände, unter dem schrofige Abbrüche lauern! Dies gilt vor allem bei schlechter Sicht.

Abgerundet: Piz Giarsinom (Bildmitte) von Ardez

Piz Chastè, 2850 m
Gipfelrast vor dem Piz Linard

39

T3+ 6.30 Std. ↑↓ 1424 Hm

Tourencharakter
Anstrengende Bergtour, die neben einer guten Kondition auch für die steilen und abschüssigen Grashänge am Gipfelaufbau absolute Trittsicherheit erfordert (Teleskopstöcke unbedingt empfehlenswert!). Keinesfalls bei Nässe und Schnee begehen. Bis zum Startplatz der Gleitschirmflieger Fahrweg, dann meist nur noch Steigspuren und Markierungen.
Beste Jahreszeit
Juli bis September, evtl. auch im Oktober noch möglich.
Ausgangspunkt
Susch, 1426 m, Talort an der Ostrampe der Flüelapassstraße, Parkplätze im Ort.

Verkehrsanbindung
Bahnverbindung der RhB von Zernez nach Scuol (960); mit dem Pkw auf gut ausgebauter Straße von Scuol oder Zernez.
Höhenunterschied
1424 Hm im Auf- und Abstieg.
Einkehr/Unterkunft
Unterwegs keine.
Gehzeiten
Aufstieg 4.00 Std., Abstieg 2.30 Std., insgesamt 6.30 Std.
Markierung
BAW-Wegweiser und weiß-rot-weiße Markierung, im oberen Teil allerdings eher spärlich.
Karten
LKS 1:50 000, 5017 Unterengadin, 249T Tarasp, 259T Ofenpass.
Infos
Vgl. Tour 38.

Bei Susch macht der Inn eine markante Biegung um etwa 90 Grad; direkt über diesem Knie erhebt sich der Piz Chastè. Schöne Talblicke sind damit garantiert, und das Unterengadin liegt bis Ardez offen vor uns. Der Gip-

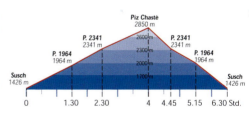

fel bildet eigentlich nur den südöstlichen Ausläufer des mächtigen Piz Murtera; gleichwohl bietet er eine famose und zum Teil hochalpine Rundsicht. Einen noch schöneren Tiefblick auf das Unterengadin als vom Gipfel hat man vom Startplatz der Gleitschirmflieger.

Aufstieg Direkt bei der Abzweigung der Straße zum **Flüelapass** biegt nördlich der Susasca die für den öffentlichen Verkehr gesperrte,

39 Unterengadin/Engiadina Bassa

Spannend: Flessgruppe vom Gipfel

im unteren Teil asphaltierte Fahrstraße ab, die in mehreren langen Kehren nach oben leitet. Auch wenn sie durch lichten Wald führt und schon von Anfang an schöne Ausblicke bietet, wäre ein die langen Kehren abkürzender Wanderweg wünschenswert. Auf 2341 m erreichen wir einen Startplatz für Gleitschirmflieger mit Windsack. Hier steht kein Wegweiser, aber auf einem großen Felsblock oberhalb der Straße sind Markierungen aufgemalt. Ab jetzt finden wir oft nur noch schwach ausgeprägte Steigspuren, und manchmal fragt man sich, ob es sich dabei tatsächlich um den Steig oder um Wildspuren handelt. Davon gibt es hier tatsächlich recht viel: neben Schneehühnern auch Steinböcke und Murmeltiere. Der Steig leitet in nordwestlicher Richtung knapp unterhalb der Kammhöhe zum Gipfelaufbau, wo wir in die Südflanke queren. Der Anstieg wird deutlich steiler und führt über zum Teil recht hohe Trittstufen. An einer steilen Grashalde müssen wir genau in der Falllinie nach rechts oben. Dieser Abschnitt erfordert besonders im Abstieg eine solide Trittsicherheit. Nach oben hin wird es noch steiler, dafür werden die Stufen ausgeprägter. Auf der Kammhöhe legt sich der Berg deutlich zurück, und wir erreichen problemlos über ein Geröllfeld und den Vorgipfel den Gipfelsteinmann am **Piz Chastè**. Der Piz Linard, höchster Gipfel der Silvretta, die Plattenhörner und die wilden Gesellen der Flessgruppe dominieren das Panorama im Nordhalbrund. Dazu gibt es schöne Tiefblicke in die wilde Val Sagliains und auf Susch, das man allerdings noch wesentlich besser vom Gipfelsteinmann (den man schon vom Tal aus erkennen kann) knapp unterhalb des Gipfels sieht.

Abstieg Dieser erfolgt auf derselben Route.

Schwarzhorn, 3146 m
Der Klassiker über dem Flüelapass

T2+   5 Std.   ↑↓ 814 Hm

Tourencharakter
Leichte, aber hochalpine Bergwanderung. Jeder körperlich fitte, trittsichere und normal ausgerüstete Bergwanderer kann diesen Gipfel erreichen. Das früher große Schneefeld unter der Schwarzhornfurgga ist im Hochsommer mittlerweile praktisch komplett verschwunden.

Beste Jahreszeit
Juli bis September, bedingt durch die südseitige Lage des Anstiegs oft auch noch im Oktober machbar.

Ausgangspunkt
Bushaltestelle Abzweigung Schwarzhorn, direkt beim Beginn des Weges. Parkplatz ca. 1,5 km unterhalb der Flüelapasshöhe auf der Engadiner Seite. Weitere Parkplätze unterhalb oder auf der Passhöhe. In diesem Fall von dort zum Beginn des Anstiegs absteigen.

Verkehrsanbindung
PTT-Bus von Zernez nach Davos (910.75); mit dem Pkw auf gut ausgebauter Straße von Susch oder von Davos über den Flüelapass.

Höhenunterschied
814 Hm im Auf- und Abstieg.

Einkehr/Unterkunft
Unterwegs keine. Hospiz am Flüelapass (Tel. +41/81/4 16 17 47, www.flueela-hospiz.ch).

Gehzeiten
Aufstieg 3 Std., Abstieg 2 Std., insgesamt 5 Std.

Markierung
BAW-Wegweiser und weiß-rot-weiße Markierung.

Karten
LKS 1:50 000, 258 Bergün, 258T Bergün.

Infos
Verkehrsverein Susch – Società da trafic (CH-7542 Susch, Tel. +41/81/ 8 60 02 40, www.susch.ch).

Wenn man das Schwarzhorn von Norden, z. B. vom Schottensee auf der Passhöhe, betrachtet, mag man gar nicht an eine leichte Besteigungsmöglichkeit dieses Berges denken. Über den Südkamm lässt sich der stolze Gipfel jedoch ohne Schwierigkeiten ersteigen. Die Umgebung des Flüelapasses machte vor allem im Sommer 2007 Schlagzeilen. Ein aus dem Trentino eingewanderter Bär hielt sich für mehrere Tage in der Region des Passes auf. Dabei »plünderte« er auch einige auf der Pass-

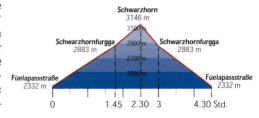

40 Unterengadin/Engiadina Bassa

höhe aufgestellte Mülltonnen. In dieser Gegend werden nun so genannte Herdenschutzhunde eingesetzt, die Schaf- und Ziegenherden vor Raubtieren schützen sollen (vgl. S. 120).

Aufstieg Vom Parkplatz, 2332 m, der an schönen Wochenenden relativ schnell gefüllt ist, steigen wir am markierten Wanderweg in südlicher Richtung um den Ausläufer des Schwarzchopfs herum und erreichen das Hochtal von Radönt, wo links der Weg zur Chamanna da Grialetsch abzweigt. Es folgt zunächst eine längere Querung durch einen Wiesenhang, die uns weiter oben dann in Kehren in die ersten Geröllfelder führt. Dahinter in einigen Kehren ein wenig steiler auf eine Hochfläche unterhalb der Schwarzhornfurgga. Hier zweigt links erneut ein Steig zur Chamanna da Grialetsch bzw. nach Dürrboden im Dischmatal ab. Kurz darauf erreichen wir die **Schwarzhornfurgga**, 2883 m, die uns bereits ein schönes Panorama der Albulaberge bietet. Der Steig wendet sich in nördlicher Richtung

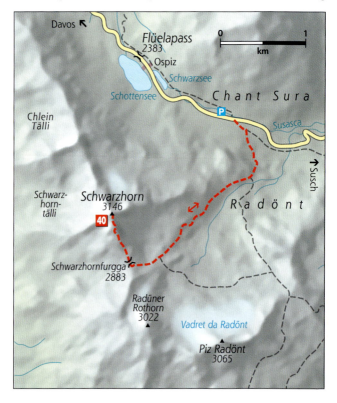

Schwarzhorn, 3147 m — 40

Steil: Schwarzhorn vom Schottensee

über den Kamm, der nur im untersten Teil etwas steiler ist und zum Gipfel hin immer breiter wird. In großen, gut angelegten Kehren steigen wir durch die Blöcke ohne Schwierigkeiten zum breiten Gipfel des **Schwarzhorns** empor. Die Fernsicht auf alle wichtigen Bündner Gipfel, dazu Ortler und Ötztaler Alpen, ist großartig. Im Süden steht die Bernina, im Westen glänzen Adula, Tödi und Berner Alpen. Im Nordwesten die Ostschweizer Berge mit Pizol, Säntis und Churfirsten und im Norden die von dieser Seite betrachtet ungewohnt kahle Silvretta. Sehr schön sind auch die Tiefblicke auf den Flüelapass mit seinen Seen.

Abstieg Dieser erfolgt auf derselben Route.

> **Hinweis**
> Von der Schwarzhornfurgga war früher ein Abstieg nach Dürrboden im Dischmatal und weiter nach Davos möglich. In den 1990er Jahren war der Weg allerdings zeitweise wegen Muren unpassierbar und deshalb auch gesperrt. Er ist zwar im Gelände noch immer sichtbar, wird aber nicht mehr unterhalten und nicht mehr markiert. Wer diese Überschreitung einplant, erkundige sich vorher über den Zustand des Weges. Alternativ führt eine markierte Route via Chamanna da Grialetsch nach Dürrboden hinab.

Unterengadin/Engiadina Bassa

41 Piz Clünas, 2793 m
Panoramarunde über Ftan

 T2   5 Std.   ↑↓ 729 Hm

Tourencharakter
Einfache Bergwanderung, stets auf guten Wegen, lediglich im Gipfelbereich ist Trittsicherheit angenehm.
Beste Jahreszeit
Juli bis Oktober, evtl. auch schon im Juni und noch im November.
Ausgangspunkt
Bergstation der Sesselbahn von Ftan, 2064 m.
Endpunkt
Ftan, 1633 m, Haltestelle PTT-Bus, verschiedene Parkmöglichkeiten im Ort und beim Sessellift (gebührenpflichtig).
Verkehrsanbindung
PTT-Bus von Scuol nach Ftan (960.50); gut ausgebaute Straße von Scuol, schmale Straße von Ardez.
Höhenunterschied
729 Hm im Auf- und Abstieg.
Einkehr/Unterkunft
Restaurant Prümaran Prui etwa 10 Min. östlich der Bergstation (Tel. +41/81/8 64 03 40, www.prui.ch); Alp Laret, 2188 m, während der Alpzeit bewirtet.
Gehzeiten
Aufstieg 2.30 Std., Abstieg 2.30 Std., insgesamt 5 Std.
Markierung
BAW-Wegweiser und weiß-rot-weiße Markierung.
Karten
LKS 1:50 000, 5017 Unterengadin, 249T Tarasp.
Infos
Ftan Turissem (CH-7551 Ftan, Tel. +41/81/8 64 05 57, www.ftan-turissem.ch).

Trotz der eher bescheidenen Höhe bietet der Piz Clünas eine sehr schöne Rundsicht, die nur im Norden durch den mächtigen Piz Minschun eingeschränkt wird. Zusammen mit der Rundtour zum Lai da Minschun und über den Muot da l'Hom ergibt sich eine nette und aussichtsreiche Panoramarunde für jedermann. Selbst ohne Gipfelbesteigung ist die Runde lohnend! Den Aufstieg können wir uns mit der Sesselbahn verkürzen oder aber ohne Aufstiegshilfe in einer guten Stunde über markierte Wege bewältigen.

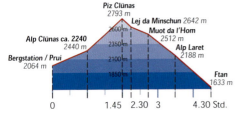

Aufstieg Von **Ftan** schweben wir zunächst mit dem Sessellift in die Höhe. Gleich hinter der **Bergstation**, 2064 m, führt der Weg nach links in

Piz Clünas, 2793 m 41

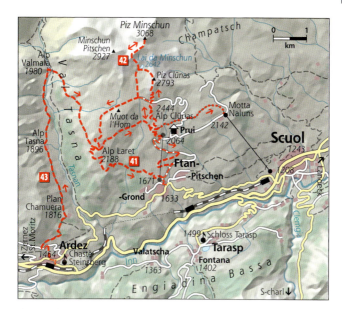

den Lärchenmischwald hinein. Schon bald erreichen wir einen Fahrweg, auf dem wir ein kurzes Stück nach links abwärts steigen, bevor der Wanderweg wieder nach rechts abzweigt. Über Alpweiden auf einem Rücken entlang; nach vielen Kehren kreuzen wir auf der **Alp Clünas**, ca. 2440 m, erneut einen Fahrweg. Alle, die auf den Gipfel verzichten wollen (was allerdings schade wäre!), halten sich hier links und treffen kurz darauf bei der unten erwähnten Alphütte

Terrasse: Ftan mit Unterengadiner Dolomiten

41 Unterengadin/Engiadina Bassa

Endspurt: Schlussanstieg zum Piz Clünas

wieder auf die beschriebene Route. Unser Anstieg wird nun deutlich steiler, aber auch aussichtsreicher. In vielen Kehren und an großen Lawinenverbauungen vorbei erreichen wir den Gipfel des **Piz Clünas** mit seinem wunderbaren Tiefblick auf Ftan und der fantastischen Aussicht auf die Unterengadiner Dolomiten. Das Gipfelbuch befindet sich übrigens in einem kleinen Kästchen auf dem wenig höheren Nordgipfel.

Abstieg Dieser führt kurzzeitig etwas steiler hinab zum wunderbar gelegen **Lai da Minschun**, 2642 m, einem »Tummelplatz für gute Gedanken«, wie sich Walter Pause einmal über einen anderen Bergsee ausdrückte. Vom See meist am kleinen Bach entlang in Richtung der Alphütte, die sich unten am Fahrweg befindet und die von oben gut erkennbar ist. Auf dem Fahrweg halten wir uns am Wegweiser westlich in Richtung Ftan. Bald schon zweigt links eine Spur ab zum Aussichtspunkt Muot da l'Hom. Allerdings kommt man hier in ökologisch sehr sensibles Gelände (Hochmoor). Deshalb ist es besser, noch kurz weiter am Fahrweg zu bleiben, um bei der nächsten Abzweigung dann nach links abzubiegen und so die kleinen Steinmänner und die Wetterfahne am **Muot da l'Hom**, 2512 m, mit dem Tiefblick auf Ftan zu erreichen. Zurück auf dem Fahrweg bis zur **Alp Laret**, 2188 m. Wir folgen dem Fahrweg noch einige Zeit, bis nach links ein Wanderweg in Richtung Ftan abzweigt. Durch wunderschönen Lärchenwald hinab bis zu einer Fahrstraße, auf der man die **Talstation** des Sessellifts in **Ftan** erreicht.

Piz Minschun, 3068 m
Dreitausender in der Südsilvretta

42

 T3+ 5 Std. ↑↓ 1004 Hm

Tourencharakter
Für trittsichere Tourgänger eine sehr schöne und nicht zu lange Tour. Bei Schnee und Eis ist der Südwestgrat allerdings mit Vorsicht zu genießen! Dies gilt insbesondere für das Felsband unterhalb von P. 2898 m.
Beste Jahreszeit
Juli bis September.
Ausgangspunkt
Bergstation der Sesselbahn, 2064 m, in Ftan (vgl. Tour 41).
Verkehrsanbindung
Vgl. Tour 41.
Höhenunterschied
1004 Hm im Auf- und Abstieg.
Einkehr/Unterkunft
Restaurant Prümaran Prui (vgl. Tour 41).
Gehzeiten
Aufstieg 3 Std., Abstieg 2 Std., insgesamt 5 Std.
Markierung
BAW-Wegweiser und weiß-rot-weiße Markierung bis zum Lai da Minschun. Später nur noch Wegspuren und Steinmänner.
Karten
LKS 1:25 000, 1199 Scuol; LKS 1:50 000, 5017 Unterengadin.
Infos
Vgl. Tour 41.

Hoch über dem Unterengadin bietet der Piz Minschun neben einer sehr schönen Fernsicht vor allem einen gewaltigen Blick auf die Südostseite der höchsten Silvrettagipfel. Im Alpenvereinsführer Silvretta von Walther Flaig wurde der Berg noch als »Wilder Geselle« bezeichnet. Zwar stürzt der hier beschriebene Südwestgrat auf der Südseite steil in die Tiefe, aber mittlerweile hat sich ein kleines Steiglein herausgebildet. Bei guten Bedingungen sind der Anstieg und die Orientierung für erfahrene Tourgänger daher recht einfach.

Aufstieg Wie in Tour 41 beschrieben zum Fahrweg auf der **Alp Clünas**. Diesem folgen wir bis zu einem Bach, wo nach rechts die Markierung zum Lai da Minschun abzweigt. Über Alpweiden kurz zum **Lai da Minschun**, 2642 m. Links vom felsigen Südwestgrat des Piz Minschun zieht ein breiter und recht steiler Schutthang hinab.

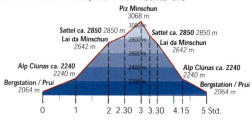

Oben endet er in einem flachen Sattel, der unser nächstes Ziel ist. Wir passieren den See links und steigen auf Wegspuren zunächst noch über felsdurchsetzte Alpweiden, schon bald aber durch steiles Geröll in Richtung des oben erwähnten Schuttsattels. Der Schutt- und Geröllhang wird nach oben hin immer steiler, aber das gute Steiglein führt uns rasch und ohne Probleme zum Sattel, ca. 2850 m, zwischen Piz Minschun und Minschun Pitschen. Bereits hier präsentieren sich einige der höchsten und wildesten Gipfel der Silvretta, und beim weiteren Anstieg wird die Rundsicht immer großartiger! Nun nicht der rot-gelben Markierung (Wildschongebiet) folgen, sondern der Wegspur, welche die große Felsstufe über uns auf einem schmalen Band links umgeht und uns auf die Schieferschutthalden des Südwestgrats führt. Von hier sind der Gipfel und der Schlussanstieg mit der Wegspur bestens einzusehen. Zunächst halten wir uns am Südwestgrat, der nach rechts steil abfällt, um weiter oben wieder in die Flanke hineinzuqueren. Zum Gipfel hin wird der Anstieg nochmals steiler und mühsamer. Am Gipfel des **Piz Minschun** erwartet uns neben der grandiosen Aussicht ein nettes kleines Gipfelhäuschen mit Buch. Highlights der Rundsicht sind Fluchthorn, Piz Buin, Piz Linard und ihre Trabanten. Die Fernsicht reicht bis zur Wildspitze, zum Ortler, zur Bernina und zur Adula. Im Norden sind die Rote Wand (!) überm Pass Futschöl, Parseierspitze und Zugspitze zu sehen.

Abstieg Dieser erfolgt auf derselben Route.

Zackig: Unterengadiner Dolomiten vom Lej da Minschun

Von Ardez nach Ftan
Lärchenträume auf der Via Engiadina

43

T2– 5.30 Std. ↑ 840 Hm ↓ 640 Hm

Tourencharakter
Einfache Bergwanderung, stets auf guten Wanderwegen, lediglich bei der Querung der rutschigen Tobel in den steilen Hängen über der Val Tasna sowie zwischen der Alp Laret und Prui ist Trittsicherheit angenehm. Die Höhenmeterangaben beinhalten auch kleinere Gegensteigungen (geschätzt).

Beste Jahreszeit
Juli bis Oktober, evtl. auch schon im Juni oder noch im November.

Ausgangspunkt
Ardez, 1432 m, Bahnhof der RhB, Parkplätze direkt am Bahnhof.

Endpunkt
Ftan, 1633 m (vgl. Tour 41).

Verkehrsanbindung
Bahnverbindung der RhB von Zernez und Scuol (960), Straße von Susch nach Scuol. PTT-Bus von Ftan nach Scuol (960.50); gut ausgebaute Straße von Scuol, schmale Straße von Ardez.

Höhenunterschied
Aufstieg 840 Hm, Abstieg 640 Hm.

Einkehr/Unterkunft
Vgl. Tour 41.

Gehzeiten
2.30 Std. bis Alp Valmala, 1 Std. bis Alp Laret, 2 Std. bis Ftan, insgesamt 5.30 Std.

Markierung
BAW-Wegweiser und weiß-rot-weiße Markierung.

Karten
LKS 1:50 000, 5017 Unterengadin, 249T Tarasp.

Infos
Ardez Turissem (CH-7546 Ardez, Tel. +41/81/8 62 23 30, www.ardez.ch); Ftan Turissem (vgl. Tour 41).

Die Via Engiadina ist ein Höhenweg, der das gesamte Engadin von Maloja bis Martina durchzieht. Im Unterengadin führt er meist am Sonnenhang der Südsilvretta entlang. Da es sich hier nicht um einen

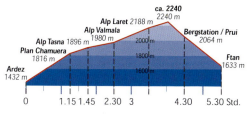

Weitwanderführer handelt, wird nur ein besonders schöner Abschnitt vorgestellt. Für Interessierte, die den gesamten Höhenweg erwandern möchten, ist bei den Tourismusbüros ein kleiner Führer über die Via Engiadina im Unterengadin erhältlich. Ardez, unser Ausgangspunkt, steht Guarda in punkto Schönheit kaum nach. Wer durch die Hauptstraße des Dorfes läuft, findet sich in einem unverfälschten

43 Unterengadin/Engiadina Bassa

Ausruhen:
Bei der Ruine
Steinsberg
über Ardez

Engadiner Dorf wieder. Hinzu kommt die eindrucksvoll gelegene Ruine Chastè Steinsberg, die sich ohne allzu großen Aufwand in die Tour mit einbauen lässt. Ftan, Endpunkt unserer Tour, bietet vielleicht nicht das Ortsbild von Ardez oder Guarda, dafür aber eine Aussicht, die ihresgleichen sucht: Das Panorama der Unterengadiner Dolomiten ist einzigartig und bietet gleichzeitig schöne Einblicke in die Täler und Kammern dieser eindrucksvollen Berge. Besonders schön ist die hier vorgeschlagene Etappe Ende Oktober oder Anfang November, wenn die Lärchen golden leuchten und man auf den Südhängen der Silvretta noch im T-Shirt laufen kann. Falls man die Tour besonders früh (Juni) oder spät (November) im Jahr unternimmt, ist es ratsam, sich über die Verhältnisse in den Tobeln der Val Tasna vorab zu informieren. Eventuell empfiehlt sich eine Umgehung weiter unten im Talboden.

Aufstieg Vom Bahnhof in **Ardez** folgen wir dem Wegweiser auf der Straße ins Dorf hinauf. Beim Dorfbrunnen können wir nach rechts den oben erwähnten Abstecher zur Chastè Steinsberg unternehmen (hin und zurück ca. 15 Minuten) mit einem schönen Überblick über die Region von Ardez und die Bergwelt des Unterengadins. Wer darauf verzichtet, folgt beim Dorfbrunnen kurz der Hauptstraße

Von Ardez nach Ftan

nach links durch das Dorf. Direkt hinter der Kirche halten wir uns rechts, wandern aus dem Dorf hinaus und steigen den Hang über einen Fahrweg in nördlicher Richtung an bis zu einem Wegweiser. Dort sind die Via Engiadina und unser nächstes Ziel, die Alp Valmala, angeschrieben. Wir wenden uns nach links und bleiben zunächst auf dem breiten Fahrweg. Weiter oberhalb am Waldbeginn zweigt die Via Engiadina nach rechts und führt uns mitten in den traumhaften Lärchenwald hinein.

Kurz darauf können wir uns entscheiden, ob wir lieber nach links dem Wanderweg folgen oder rechts auf dem Fahrweg bleiben möchten. Beide treffen bald schon wieder auf einer Lichtung bei P. 1740 m zusammen. Wir steigen weiter nach **Plan Chamuera**, 1816 m, mit schönem Blick auf die Unterengadiner Dolomiten. Nun beginnt die lange Querung hoch über der Val Tasna. Dabei ist in den Tobelgräben Trittsicherheit erforderlich. In leichtem Auf und Ab erreichen wir die **Alp Tasna**, 1896 m, kurz darauf den Talboden und auf dem Fahrweg die **Alp Valmala**, 1980 m. Hinter den Alphütten

Bewundern: Piz Lischana und Piz San Jon von Prui

Staunen: Pisoc- und Plavnagruppe von Prui

43 Unterengadin/Engiadina Bassa

Genießen: Plan Chamuera mit Nunagruppe

halten wir uns rechts und steigen deutlich steiler den Hang hinauf. Weiter oben wird es wieder flacher und der Weg quert den gesamten Hang in südöstlicher Richtung bis zur **Alp Laret**, 2188 m, die in traumhafter Lage über dem Unterengadin liegt.

Abstieg Oberhalb der Hütten beginnt die Querung nach Prui. Dazu müssen wir zunächst noch ein wenig bis zum höchsten Punkt der Wanderung auf ca. 2240 m ansteigen. Die Querung unter den Südhängen des Muot da l'Hom ist der der wohl schönste Abschnitt unserer Wanderung. Der Weg senkt sich und erreicht die Mulde von **Clünas**. Nach einer kurzen Gegensteigung auf einem Fahrweg halten wir uns bei **P. 2133 m** rechts und folgen dem Wanderweg durch den schönen, lichten Lärchenwald in Kehren zur **Bergstation**, 2064 m, der Sesselbahn nach Prui. Von hier führt der Abstieg meistens auf einem Fahrweg hinab nach **Ftan**. Aufgrund der schönen Aussicht lohnt sich dieser Abstieg trotz Fahrweg. Bald schon erreichen wir Ftan mit der Bushaltestelle bei der Post auf der linken Straßenseite. Die Rückkehr zum Ausgangspunkt erfolgt mit dem Bus und der RhB.

Tipp

Variante: Bei der Abzweigung bei P.2133 m ist es auch möglich, links auf dem Fahrweg mit einer weiteren kleinen Gegensteigung zur Bergstation von Motta Naluns zu wandern. Von dort entweder per Seilbahn oder zu Fuß nach Scuol.

Piz Davo Lais, 3027 m
Der Berg hinter den Seen

44

T3+ 7 Std. ↑ 1065 Hm ↓ 1685 Hm

Tourencharakter
Anstrengende Bergtour, die eine gute Kondition erfordert (mehrere Gegensteigungen). Trittsicherheit ist im weglosen Kalkschiefer immer von Vorteil, Gleiches gilt für den steilen Anstieg zur Fuorcla Davo Lais. Unterwegs gut auf die Markierungen achten! Bei schlechter Sicht nicht zu empfehlen. Teilweise recht einsam.

Beste Jahreszeit
Juli bis September, evtl. noch im Oktober möglich.

Ausgangspunkt
Bergstation, 2142 m, der Seilbahn von Scuol nach Motta Naluns.

Endpunkt
Hotel Val Sinestra, 1522 m.

Verkehrsanbindung
Bahnverbindung der RhB nach Scuol von Pontresina (960) und Landquart (910). PTT-Bus von Val Sinestra nach Sent bzw. Scuol (960.65). Schmale Fahrstraße von und nach Val Sinestra, z. T. Naturstraße mit Ausweichstellen.

Höhenunterschied
Aufstieg 1065 Hm, Abstieg 1685 Hm.

Einkehr/Unterkunft
Unterwegs keine. Hotel Val Sinestra im gleichnamigen Tal (CH-7554 Sent, Tel. +41/81/8 66 31 05, www.sinestra.ch).

Gehzeiten
Aufstieg 4 Std., Abstieg 3 Std., insgesamt 7 Std.

Markierung
BAW-Wegweiser und weiß-rot-weiße Markierung bis zur Fuorcla Davo Lais, danach nur noch spärliche Steigspuren.

Karten
LKS 1:25 000, 1199 Scuol, 1179 Samnaun; LKS 1:50 000, 5017 Unterengadin.

Infos
ENGADIN/Scuol Tourismus (CH-7550 Scuol, Tel. +41/81/8 61 22 22, www.engadin.com); Bergbahnen Motta Naluns (Tel. +41/81/ 8 61 14 14); Sent Turissem (CH-7554 Sent, Tel. +41/81/ 8 64 15 44, www.sent.ch).

Nicht umsonst heißt er Piz Davo Lais – er ist der »Berg hinter den Seen«. Ein richtig abgelegener Gipfel, der mehr von Skitourengängern bestiegen wird und im Sommer eher selten Besuch bekommt. Selbst die Tourengänger, die von Motta Naluns zur nahen Heidelberger Hütte oder umgekehrt wandern, lassen ihn zumeist rechts liegen. So richtig einsam ist es dann im Herbst; man begegnet kaum anderen Tourengängern und verbringt die Gipfelrast meist allein – gemeinsam mit dem großen Gipfelsteinmann. Der Gipfel ist jedoch

44 Unterengadin/Engiadina Bassa

nicht ganz einfach zu besteigen. Technisch zwar unschwierig, wartet der Anstieg von Motta Naluns aber mit einer langen Wegstrecke und einigen Gegensteigungen auf. Wer allerdings solche Mühen auf sich nimmt, den erwartet ein recht ursprüngliches Gipfelerlebnis, trotz Steig und Markierungen zur Fuorcla Davo Lais. Hinzu kommt eine schöne Rundsicht mit einigen wilden Gesellen wie Fluchthorn und Stammerspitz, und es präsentieren sich viele Gipfel der Ostalpen, vom

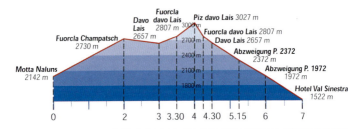

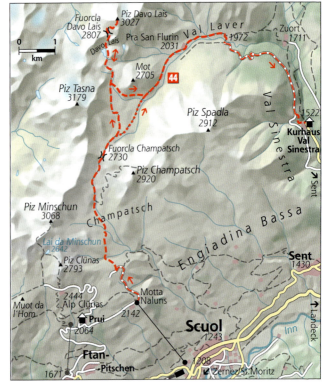

Piz Davo Lais, 3027 m 44

Verwall über die Ötztaler bis hin zur Ortlergruppe. Achtung: Der letzte Bus von Val Sinestra fährt um ca. 18 Uhr ab – bitte einkalkulieren, denn der Abstieg vom Gipfel ist lang – sehr lang …

Entdecken: Piz davo Lais (l.) von der Fuorcla Champatsch

Aufstieg Von der Bergstation auf **Motta Naluns**, 2142 m, müssen wir zunächst auf einem Fahrweg das Skigebiet durchqueren. Das ist allerdings weit weniger schlimm als in anderen Regionen der Alpen. Die Erdbewegungen halten sich hier in erträglichen Grenzen, außer vielleicht unter dem Piz Champatsch. Der Anstieg zur Fuorcla Champatsch ist ausgeschildert, zieht sich aber in die Länge, da wir einige kleine Tälchen ausgehen müssen. Das Schlussstück zum Übergang verläuft auf gutem Weg durch eine Blockhalde. Bald darauf stehen wir in der **Fuorcla Champatsch**, 2730 m. Der Abstieg auf der Nordseite ist recht steil und vor allem bei gefrorenem Boden mit Vorsicht zu genießen. Eventuell links durch das Blockfeld ausweichen. Bald zweigt nach links der Weg in Richtung Heidelberger Hütte ab. Auf diesem weiter und an einem kleinen See vorbei. Im leichten Auf und Ab erreichen wir eine

> **Tipp**: Wem der Gipfel zu weit ist, für den bietet die Tour über die Fuorcla Champatsch nach Val Sinestra eine lohnende, einfachere und kürzere Alternative. Dabei lässt man die Abzweigung zur Heidelberger Hütte einfach links liegen und wandert auf dem markierten Weg durch die Val Laver zum Endpunkt der Tour (T2+, insgesamt 5 Std.).

weitere Abzweigung, bei der wir uns erneut links halten. Durch ein Tälchen und nach der Querung eines Schieferschutthangs passieren wir den obersten See auf **Davo Lais**, 2657 m, an seiner rechten Seite. Nun folgt ein sehr steiler Anstieg durch einen Geröllhang. Die Markierungen leiten uns aber sicher in die **Fuorcla Davo Lais**, 2807 m. Wir wenden uns nach rechts und bleiben zunächst am teilweise grasigen Kamm, der von der Südschulter des Gipfels herabzieht. Wo die Rasenschöpfe enden, queren wir nach links in die Flanke hinein bis zu einer kleinen Felsbank. Hier folgen wir Wegspuren, die uns im weichen Schieferschutt durch die steile Flanke bis zum obersten Südgrat und über diesen zum Gipfel des **Piz Davo Lais** führen. Die Rundsicht vereinigt in schönster Weise wilde Gipfel in der näheren Umgebung mit einer weiten Fernsicht, die vom Cevedale bis zum Lechquellengebirge reicht. Frappierende Tiefblicke fehlen zwar gänzlich, aber das ist wohl der Preis für einen »versteckten Gipfel«.

Abstieg Dieser verläuft zunächst auf derselben Route, am See vorbei bis zur erwähnten oberen (zweiten) Abzweigung. Hier halten wir uns links und steigen durch steile Grashänge, immer gut auf die Markierung achtend, hinab in Richtung Talboden der obersten Val Laver. Dabei können wir links vom Bach bleiben und treffen bei **P. 2372 m** auf die Stelle, an der der Weg von der Fuorcla Champatsch nach Sinestra den Bach kreuzt. Diesem folgen wir absteigend bis zur Alphütte von **Pra San Flurin**, 2031 m. Von hier gibt es mehrere Alternativen: Am bequemsten ist es, auf der Fahrstraße bis zur Abzweigung bei **P. 1972 m** zu bleiben. Dort halten wir uns rechts und folgen der Fahrstraße, die sich ziemlich in die Länge zieht, bis **P. 1655 m**. Von hier führt ein recht steiler, aber markierter Abstieg zum **Hotel Val Sinestra**, 1522 m. Die Rückkehr zum Ausgangspunkt erfolgt mit dem Bus. Wer den letzten Bus verpasst, muss ca. 7 Kilometer auf der Straße nach **Sent** laufen.

Hoch: Piz Tasna (r.) über dem See Davo Lais

Crap Putèr, 2363 m
Aussichtskanzel über dem Unterengadin

45

T2   5.30 Std.   ↑↓ 1068 Hm

Tourencharakter
Einfache Bergwanderung, stets auf guten Wegen, lediglich im Gipfelbereich ist ein wenig Trittsicherheit angenehm.
Beste Jahreszeit
Juni bis Oktober.
Ausgangspunkt
Tarasp-Fontana, 1402 m, Endstation der Busse von Scuol, Parkplatz Val Plavna (ausgeschildert) oberhalb des Orts.
Verkehrsanbindung
Tarasp-Fontana, 1402 m, PTT-Bus von Scuol (960.55), gute Fahrstraße von Scuol.

Höhenunterschied
1068 Hm im Auf- und Abstieg.
Einkehr/Unterkunft
Unterwegs keine.
Gehzeiten
Aufstieg 3 Std., Abstieg 2.30 Std., insgesamt 5.30 Std.
Markierung
BAW-Wegweiser und weiß-rot-weiße Markierung.
Karten
LKS 1:50 000, 5017 Unterengadin, 249T Tarasp, 259T Ofenpass.
Infos
Tarasp-Vulpera Turissem (CH-7553 Tarasp, Tel. +41/81/8 61 20 52, www.tarasp.ch).

Es gibt im Unterengadin deutlich höhere Berge. Aufgrund seiner vorgeschobenen Lage ist der Crap Putèr jedoch eine vorzügliche Aussichtskanzel. Das Unterengadin lässt sich von Lavin bis Ramosch überblicken, und im Norden nehmen wir die Parade der Silvrettagipfel ab. Dazu kommen Einblicke in die Täler Val Plavna und die Val Sampuoir sowie die nahen und trotzdem unnahbaren Gipfel der Unterengadiner Dolomiten. Der kurze Abstecher zur Aussichtswarte der Mottana ist unbedingt empfehlenswert und

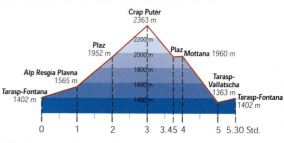

auch als eigenes Ziel für all jene geeignet, denen der Anstieg zum Crap Putèr zu weit ist. Wer den Pkw auf dem Parkplatz abstellt, muss am Schluss nochmals einen kurzen, aber knackigen Gegenanstieg zum Parkplatz bewältigen.

45 Unterengadin/Engiadina Bassa

Aufstieg Bei der Post in **Tarasp Fontana** ist der Weg zum Crap Putèr bereits ausgeschildert. Auf steiler Straße durch das Dorf erreichen wir den Parkplatz Val Plavna. Auf einem breiten Fahrweg wandern wir in den untersten Teil der Val Plavna hinein, bis kurz hinter der **Alpe Resgia Plavna**, 1565 m. Dort rechts ab und kurz zur **Alp Laisch**, 1803 m. Erneut rechts, bis auf **Plaz**, 1952 m, der Wanderweg zum Gipfel nach links abzweigt. (Alle, die nicht zum Crap Putèr wandern, können bereits hier wie unten beschrieben nach rechts zur Mottana abzweigen.) Durch schöne Lärchenmischwälder geht es nun steiler empor. Wir passieren die **Alphütte von Fuorcla**, 2143 m, und erreichen kurz darauf die Wiesen östlich unterhalb des Gipfels. An einem großen Fels mit der Aufschrift »Ardez« halten wir uns rechts. (Wir können zwar auch auf dem unteren, deutlich besser ausgeprägten Weg weiterwandern, müssen dann aber kurz oberhalb einer Geröllhalde queren, wobei Trittsicherheit erforderlich ist.)

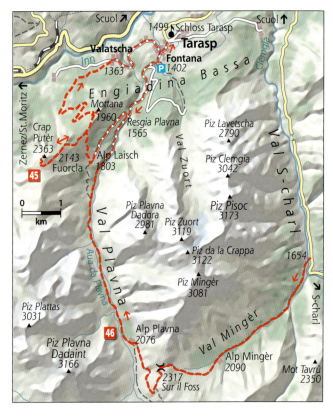

Crap Putèr, 2363 m 45

Weiter oben treffen sich die beiden Alternativen wieder, und wir steigen über die Südseite auf den geräumigen Gipfel des **Crap Putèr**, auf dem sogar zwei Bänke stehen. Um direkt ins Tal schauen zu können, müssen wir ein wenig zum Rand (Vorsicht!) der Gipfelhochfläche absteigen. Von den Gipfeln ringsum beeindrucken vor allem der Piz Linard, der höchste Gipfel des Unterengadins, und die wilden Gipfel der Pisoc- und Plavnagruppe.

Abstieg Vom Gipfel steigen wir zunächst wieder ab bis zum Wegweiser auf Plaz. Dort queren wir fast eben durch die dicht bewaldete Flanke, zum Schluss mit kurzen Aufstieg zur Aussichtswarte der **Mottana**, 1960 m, mit Blick ins Unterengadin. Absteigend halten wir uns sofort rechts und steigen die Forststraße in Kehren hinab. Erst kurz vor der Ortschaft **Tarasp-Valatscha**, 1363 m, verlassen wir den Wald. Die Straße entlang bummeln wir zurück nach **Tarasp-Fontana**.

Eingerahmt:
Piz Pisoc

Unterengadin/Engiadina Bassa

46 Sur il Foss, 2317 m
Rund um die Pisocgruppe

T2–   5.15 Std.   ↑ 663 Hm ↓ 915 Hm

Tourencharakter
Einfache und größtenteils gemütliche Bergwanderung. Aufstieg bis zum Sattel Sur il Foss kurz und ohne Schwierigkeiten. Deutlich längerer Abstieg durch die Val Plavna, in einer kurzen Hangquerung unterhalb des Sattels ist Trittsicherheit angenehm. Die Wege und bezeichneten Rastplätze im Nationalpark dürfen auf keinen Fall verlassen werden!

Beste Jahreszeit
Juni bis Oktober.

Ausgangspunkt
Bushaltestelle Val Mingèr, 1654 m, in der Val S-charl.

Endpunkt
Tarasp-Fontana, 1402 m, Endstation der Busse von Scuol, Parkplatz Val Plavna.

Verkehrsanbindung
Val Mingèr, PTT-Bus von Scuol (960.60), schmale, geschotterte Fahrstraße von Scuol mit Ausweichstellen. Tarasp-Fontana, PTT-Bus nach Scuol (960.55), gute Fahrstraße nach Scuol.

Höhenunterschied
Aufstieg 663 Hm, Abstieg 915 Hm.

Einkehr/Unterkunft
Alp Plavna, 2076 m, Speisen und Getränke während der Alpbewirtschaftung im Sommer.

Gehzeiten
Aufstieg 2.15 Std., Abstieg 3 Std., insgesamt 5.15 Std.

Markierung
BAW-Wegweiser und weiß-rot-weiße Markierung.

Karten
LKS 1:50 000, 5017 Unterengadin, 259T Ofenpass, 249T Tarasp.

Infos
Infozentrum Nationalparkhaus (CH-7530 Zernez, Tel. +41/81/ 8 56 13 78, www.nationalpark.ch); ENGADIN/Scuol Tourismus (vgl. Tour 44); Tarasp-Vulpera Turissem (vgl. Tour 45).

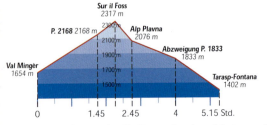

Im Nationalpark sind es vor allem die Passwanderungen, die lohnende Touren ermöglichen. Eine davon ist die Überquerung von Sur il Foss im nordöstlichen Zipfel des Nationalparks. Dabei umrunden wir die Gruppe des Piz Pisoc, eine der wildesten und einsamsten Berggruppen der Schweiz. Selbst wer nur durch die Val Mingèr auf den Sattel steigt,

Absteigen: Wanderer in der Val Plavna

46 Unterengadin/Engiadina Bassa

Aufsteigen: Unterhalb Sur il Foss im Nationalpark

erhält einen schönen Eindruck des Nationalparks. Allerdings bietet auch der Abstieg durch die Val Plavna sehr eindrucksvolle Bilder, obwohl dieses Tal nicht mehr zum Nationalpark gehört. Bei der Anreise bieten sich mal wieder die PTT-Busse an; mit dem Auto ist es nur bis Scuol sinnvoll.

Aufstieg Vom Parkplatz bzw. der Postautohaltestelle überqueren wir die Brücke in die Val Mingèr und erreichen durch Wald die schöne Lichtung von **Plan Mingèr**. Der Weg steigt zumeist gleichmäßig und wenig steil an. Dabei queren wir mehrfach den im Sommer ausgetrockneten Bach. Meist führt uns der Weg durch lichten Wald. Auf 2168 m befindet sich ein schöner Rastplatz, von denen viele im Nationalpark eingerichtet wurden. Ab hier durchqueren wir eine parkartige, mit Arven bestandene Landschaft und erreichen kurz darauf den Sattel **Sur il Foss**.

Abstieg Wir verlassen den Nationalpark und queren ein kurzes Stück in südlicher Richtung bis zu einer Wegverzweigung. Hier nach rechts und nun deutlich steiler in nördlicher Richtung den Hang hinab. Nach einer längeren Querung erreichen wir die **Alp Plavna**, 2076 m. Aus dem Wanderweg wird nun ein breiter Wirtschaftsweg, der durch die lange Val Plavna in nördlicher Richtung talauswärts leitet. Auf beiden Seiten begrenzen wilde Gipfel das Tal, durch das wir nun wie durch ein Tor abwärts wandern. Beeindruckend ist vor allem die breite Schuttebene von Pradatsch, die wir durchqueren. Bei der Wegverzweigung auf 1833 m befinden wir uns wieder in einer parkartigen Landschaft. Nach rechts abzweigen und geradewegs in diese Parklandschaft hinein. Bald schon lassen wir den Wald hinter uns und erreichen die schöne Hochmulde von **Tarasp-Fontana** mit See und Schloss. Die Rückkehr zum Ausgangspunkt erfolgt mit dem Bus.

Piz Rims, 3067 m, und Piz Cristanas, 3092 m
Grenzerfahrungen

  8 Std. ↑↓ 1352 Hm

T3

Tourencharakter
Sehr anstrengende Bergtour in ursprünglicher Landschaft. Am Grat und im Gipfelbereich einige Gegensteigungen, gute Kondition unerlässlich. Trittsicherheit erforderlich, vor allem am Grat und im steilen Kalkschutt. Überall Wege und Steigspuren vorhanden. Kaum Orientierungsprobleme. Unterwegs nimmt man mit dem Schadler noch einen dritten Gipfel mit.

Beste Jahreszeit
Juli bis September, evtl. noch im Oktober möglich.

Ausgangspunkt
S-charl, 1810 m, Sommerdorf im gleichnamigen Seitental des Unterengadins, Endstation der PTT-Busse von Scuol, gebührenpflichtiger Parkplatz vor dem Ort auf der rechten Seite.

Verkehrsanbindung
PTT-Bus von Scuol (960.60); schmale, geschotterte Fahrstraße von Scuol mit Ausweichstellen.

Höhenunterschied
1352 Hm im Auf- und Abstieg.

Einkehr/Unterkunft
Alp Sesvenna, 2098 m, Speisen und Getränke während der Alpbewirtschaftung im Sommer.

Gehzeiten
Aufstieg 4.30 Std., Abstieg 3.30 Std., insgesamt 8 Std.

Markierung
BAW-Wegweiser und weiß-rot-weiße Markierung bis zur Fuorcla Sesvenna, danach nur noch Steigspuren und Steinmänner.

Karten
LKS 1:25 000, 1219 S-charl; LKS 1:50 000, 5017 Unterengadin.

Infos
ENGADIN/Scuol Tourismus (vgl. Tour 44).

Grenzerfahrungen machen wir auf dieser Tour in zweierlei Hinsicht: Zum einen befinden wir uns am Gipfelkamm auf der Landesgrenze zu Südtirol, und zum anderen bewegen wir uns in unterschiedlichen Gesteinsarten. Dadurch ist die Tour recht abwechslungsreich und

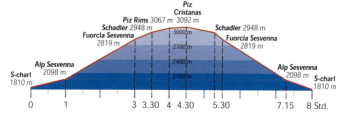

47 Unterengadin/Engiadina Bassa

landschaftlich grandios. Am südlichen Ende des Hochplateaus von Rims stehen die beiden Dreitausender Piz Rims und Piz Cristanas. Beide sind aus Sedimenten aufgebaut – so wie der Großteil der Gipfel in der Lischanagruppe. Sie stehen dadurch im krassen Gegensatz zu den Gipfeln aus dunklen Kristallingesteinen weiter südlich rund um den Piz Sesvenna. Auf dieser Tour erleben wir gleich mehrfach den Gesteinswechsel. Im Sattel zwischen Schadler und Piz Rims ist die Grenze, die wir hier überschreiten, besonders deutlich zu sehen. Die lange Wanderung mag als Gesamttour für manche Wanderer zu anstrengend sein; das ist aber kein Grund, sie nicht in Erwägung zu ziehen, denn es gibt unterwegs mehrere Zwischenziele wie z. B. die Fuorcla Sesvenna, den Schadler oder auch den Piz Rims, die allesamt sehr lohnend sind. Allein schon das ursprüngliche Hochtal der Val Sesvenna lohnt einen Besuch. Definitiv eine der schönsten Touren im Engadin! Die Höhe von 3067 m des Piz Rims ist nur in der LKS 1:25 000 angegeben. In Südtirol erhält man übrigens ein Faltblatt, auf dem eine Rundtour ab der Sesvennahütte über insgesamt sechs Dreitausender vorgeschlagen wird: Piz Rims – Piz Cristanas – Piz d'Immez – Piz Cotschen – Piz da l'Aua – Piz Lischana.

> **Tipp**
> In S-charl, wo früher intensiv Bergbau betrieben wurde, gibt es ein kleines Museum. Der Ort ist zudem eine Oase der Stille und lohnt einen Besuch, auch wenn man mal keine Touren unternehmen, sondern einfach nur ausspannen möchte. Besonders lohnend im Herbst. Nette und kurze Ziele bilden die »Mots«: Mot Tavrü, Mot dal Gajer und Mot Madlein. Alle sind leicht erreichbar.

Piz Rims, 3067 m, und Piz Cristanas, 3092 m **47**

Dazu kommt noch der Abstieg via Lais da Rims und Schlinigpass zurück zur Hütte. Eine echte Gewalttour für Konditionsbolzen, die locker 10 Stunden oder mehr in Anspruch nehmen dürfte!

Gratwegs: Piz Cristanas vom Piz Rims

Aufstieg Am Dorfplatz mit Brunnen in **S-charl** zeigt uns der Wegweiser die Richtung an. Zunächst laufen wir auf einem breiten Güterweg in nördlicher Richtung in die Val Sesvenna hinein und erreichen bald die **Alp Sesvenna**, 2098 m. Kurz oberhalb der Alphütte zweigt unser Weg nach rechts ab und verliert ein wenig an Höhe. Er führt uns zunächst am Rand eines schönen und lichten Lärchenwalds entlang. Am nördlichen Hang geht es dann wieder etwas steiler bis in die flache Talstufe von **Marangun**. Hier wird deutlich, dass die Val Sesvenna ein typisches und recht ursprüngliches Hochgebirgstal ist, und vor allem auf dieser etwas flacheren Stufe mäandriert die Aua da Sesvenna nach Lust und Laune. Dazu gibt es Hochmoore statt einem Wirtschaftsweg. Nachdem wir eine Zeit lang am mäandrierenden Bach entlang gelaufen sind, steilt sich der Weg auf. Mittlerweile bewegen wir uns bereits im Gneisgestein. Über einen steilen Wiesenhang erreichen wir die nächste Stufe. Nach einem kurzen, aber sehr steilen und knackigen Anstieg verläuft die Wegspur wieder deutlicher flacher durch Geröll bis zum Gletschersee des Piz Sesvenna. Zunächst ein wenig unübersichtlich führt unser Steig am linken Hang empor und in mehreren Kehren in die **Fuorcla Sesvenna**, 2819 m. Hier enden

Unterengadin/Engiadina Bassa

die Markierungen, und wir betreten die Grenze zu Südtirol. Von dieser Seite kommt der Anstieg von der Sesvennahütte herauf, die man unterhalb ebenso erkennbar kann wie den Sesvennasee unter dem Föllakopf. Die meisten Tourengänger kommen von dieser Seite her. In Richtung Norden steigen wir wieder steiler über den zunächst sehr breiten Rücken des **Schadler**, 2948 m, an. Im Gipfelbereich wird der Kamm schmäler und verläuft im ständigen Auf und Ab. Während wir wieder gewonnene Höhenmeter preisgeben, um in den Sattel nördlich des Schadler zu steigen, baut sich der Piz Rims mit seinen Kalkfelsen mächtig vor uns auf. Aber auch der steile Geröllhang wird in Kehren auf guten Steigspuren einfach überwunden. Zum Schluss geht es wahlweise links, rechts oder direkt durch die Mitte zum Gipfel des **Piz Rims**. Von hier steigen wir kurz in einen kleinen Sattel ab und auf einer guten Wegspur über den Grat problemlos weiter zum Gipfel des **Piz Cristanas**. Der Gang über den First in über 3000 Metern Höhe ist ein Erlebnis, das man unbedingt in vollen Zügen genießen sollte! Die Aussicht reicht außerordentlich weit: Zugspitze, Wildspitze, Dolomiten, Ortler, Adamello, Bernina, Tödi, Silvretta und Patteriol sind die Blickgrenzen.

Abstieg   Dieser verläuft auf derselben Route.

Vergletschert: Piz Sesvenna und Vadret da Sesvenna

Piz Lischana, 3105 m
Der Klassiker in den Unterengadiner Dolomiten

48

T4   9.30 Std.   ↑↓ 1687 Hm

Tourencharakter
Anspruchsvolle Tour auf den einzigen für »Normalverbraucher« machbaren Dreitausender in den Unterengadiner Dolomiten. Absolute Trittsicherheit und Schwindelfreiheit erforderlich. Nicht bei Regen, Neuschnee und Eis! Die Anstrengungen lassen sich mit einer Übernachtung in der vorbildlich geführten Chamonna Lischana auf zwei Tage verteilen. Für Konditionsstarke aber auch gut an einem Tag machbar. Die hier angegeben Zeiten gelten ab dem Parkplatz. Wer von Scuol aufsteigt, hat nochmals mehr als 200 Hm zu bewältigen bzw. gut 1.30 Std. Mehrzeit insgesamt!
Beste Jahreszeit
Juli bis September, evtl. noch im Oktober möglich.
Ausgangspunkt
Scuol, 1198 m, Hauptort im Unterengadin, oder Parkplatz San Jon, ca. 1420 m, bzw. Bushaltestelle San Jon, 1389 m.
Verkehrsanbindung
Bahnverbindung der RhB von Pontresina (960) und Landquart (910); PTT-Bus von Scuol Richtung S-charl (960.60). Teilweise schmale Fahrstraße von Scuol, Abzweigung zum Hüttenparkplatz ausgeschildert.
Höhenunterschied
1687 Hm im Auf- und Abstieg.
Einkehr/Unterkunft
Chamonna Lischana/Lischanahütte, 2500 m (SAC Engiadina Bassa, bewirtet von Ende Juni bis Mitte Oktober, Tel. +41/81/8 64 95 44).
Gehzeiten
Aufstieg 5.30 Std., Abstieg 4 Std., insgesamt 9.30 Std.
Markierung
BAW-Wegweiser und weiß-rot-weiße Markierung bis zur Abzweigung auf der Fuorcla da Rims, danach unmarkierter Steig.
Karten
LKS 1:25 000, 1199 Scuol; LKS 1:50 000, 5017 Unterengadin.
Infos
ENGADIN/Scuol Tourismus (vgl. Tour 44).

Südlich von Scuol erheben sich die Unterengadiner Dolomiten als beeindruckende Nordfront der Sesvenna-Lischana-Gruppe. Die hellen Dolomitgesteine stehen im krassen Gegensatz zu den dunklen Gneisgipfeln der Silvrettaberge. Die Unterengadiner Dolomiten sind Teil eines geologischen Fensters, des so genannten Engadiner Fensters. Gesteine aus Sedimenten, Hauptdolomit und andere, sind in kristalline Gesteine (Gneise) eingeschlossen und treten hier an die Oberfläche. Grund dafür ist die Grenze der zwei Gesteinsdecken-

48 Unterengadin/Engiadina Bassa

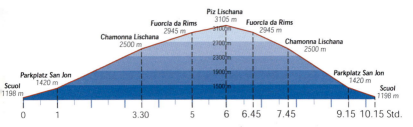

systeme Ostalpin und Penninikum. Unser Gipfel besteht im obersten Teil aus Radiolarit, einem Sediment, das aus Mikroorganismen aufgebaut und in längst vergangenen Zeiten in der Tiefsee abgelagert wurde. Den Piz Lischana kennt man übrigens recht gut; er ziert gemeinsam mit Schloss Tarasp so manches Kalender- und Postkartenbild. Den besten Überblick über die wilden Gipfel der Unterengadiner Dolomiten hat man übrigens von Ftan, aber auch von Sent und Ardez. Die Tour zum Piz Lischana gehört zu den lohnendsten, aber auch anspruchsvollsten Touren in diesem Führer. Wer das Glück hat, an einem Traumtag im Oktober am Gipfel zu stehen, wird diesen zu den schönsten zählen! Dazu ein Abend auf der Chamonna Lischana, wenn tief unten in Scuol die Lichter leuchten, und ein netter Hüttenwirt, der neben einer guten Küche auch gerne Auskunft über die aktuellen Verhältnisse am Berg und sonstige Tourenmöglichkeiten

Mächtig: Gipfelkopf des Piz Lischana vom Vorgipfel

Piz Lischana, 3105 m — 48

gibt. In der Nähe der Hütte sind auch immer wieder Steinböcke zu beobachten.

Aufstieg Von **Scuol** folgen wir dem Weg in Richtung Chamonna Lischana, der mehrfach die Straße nach S-charl kreuzt, oder wir nehmen den Bus bis zur oben erwähnten Haltestelle und wandern ein kurzes Stück der Straße entlang zum Parkplatz der Hütte. Von hier führt der Weg zunächst wieder ein wenig flacher direkt in die Val Lischana hinein, die sich zwischen Piz San Jon und Piz Lischana hinabzieht. Die Hütte ist oben auf einem Absatz schon vom Tal aus erkennbar. Die Lärchen lichten sich, das Gelände steilt sich auf und die Aussicht weitet sich. Der gut angelegte Weg steigt in vielen Kehren bergan, und wir erreichen schon bald die **Chamonna Lischana**, 2500 m, die sich rechts vom Weg auf einem kleinen Absatz befindet. Oberhalb der Hütte führt der Steig durch karge und steile Alpweiden und quert die ersten Schuttfelder. Durch eine Rinne und in Kehren

Gratwandern: Unterwegs zum Piz Lischana

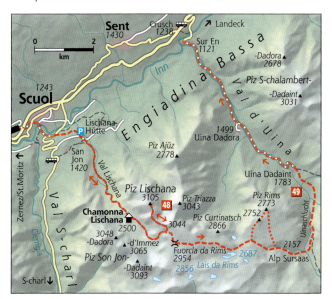

48 Unterengadin/Engiadina Bassa

Rötlich: Gipfel aus Radiolarit, hinten die Ortleralpen

erreichen wir die nächste Stufe. Zur Sattel hinauf queren wir nochmals eine Schutthalde; dann stehen wir in der **Fuorcla da Rims**, 2954 m, keiner engen Scharte im üblichen Sinn, sondern eher eine Art Hochplateau. Der Kontrast in dieser Weite zur engen Val Lischana ist auch dementsprechend. Wir wenden uns in nordwestlicher Richtung und erreichen im Zickzack durch Schutt den Vorgipfel, 3044 m. Hier sehen wir zum ersten Mal den Grat, der zum **Piz Lischana** hinüberleitet, und auch das kleine Weglein ist gut erkennbar. Es führt uns in leichtem Auf und Ab auf den Gipfel zu. Im Sattel, wo die steile Schuttrinne zur Chamonna Lischana beginnt, teilt sich der Steig. Vor allem im Aufstieg ist die obere Variante zu empfehlen, denn sie führt auf der Kammhöhe direkt auf den roten Gipfelkopf aus Radiolarit zu. Am letzten Vorgipfel stehen wir dann direkt unter dem beeindruckenden Gipfel. Der Schlussanstieg durch den rötlichen Schutt ist zwar nochmals recht steil, aber für trittsichere Geher ohne Probleme. Und dann stehen wir endlich am großen Gipfelsteinmann mit Buch und genießen eine famose Rundsicht. Neben unzähligen Engadiner Gipfeln zeigen sich Ötztaler, Ortler, Cima di Piazzi, Bernina und Tödi und viele unbekannte, wilde Berge. Beeindruckend sind aber auch die Tiefblicke ins Unterengadin.

Abstieg Dieser verläuft auf derselben Route. Unermüdliche steigen, wie in Tour 49 beschrieben, via Rims und Val d'Uina nach Sur En ab.

Lais da Rims und Val d'Uina
Durchquerung der Lischanagruppe

49

| T3- | 9 Std. | ↑ 1747 Hm ↓ 1833 Hm | |

Tourencharakter
Lange und anstrengende Überschreitung von Scuol über das Hochplateau von Rims nach Sur En. Trittsicherheit an einigen Stellen erforderlich. Die Tour wäre zwar auch an einem Tag machbar, eine Übernachtung in der schönen Chamonna Lischana ist jedoch empfehlenswert. Bei Nebel und schlechter Sicht teils recht schwierige Orientierung auf dem Hochplateau von Rims. Bei Nässe auch wegen möglichem Steinschlag in der Uinaschlucht nicht zu empfehlen. Für die Besteigung des Piz Rims sind zusätzlich rund 200 Hm Gegensteigung und ca. 1.30 Std. Mehrzeit einzuplanen.

Beste Jahreszeit
Juli bis September, evtl. noch im Oktober möglich.

Ausgangspunkt
Scuol, 1198 m, Hauptort im Unterengadin, bzw. Bushaltestelle San Jon, 1389 m.

Endpunkt
Sur En, 1121 m, Teilort von Sent, Bushaltestelle.

Verkehrsanbindung
Bahnverbindung der RhB von Pontresina (960) und Landquart (910); PTT-Bus von Scuol Richtung S-charl (960.60). PTT-Bus von Sur En nach Scuol (960.76).

Höhenunterschied
Aufstieg 1747 Hm, Abstieg 1833 Hm.

Einkehr/Unterkunft
Vgl. Tour 48.

Gehzeiten
Aufstieg 5 Std., Abstieg 4 Std., insgesamt 9 Std.

Markierung
BAW-Wegweiser und weiß-rot-weiße Markierung, Abstecher zum Piz Rims weglos und nicht markiert.

Karten
LKS 1:25 000, 1199 Scuol; LKS 1:50 000, 5017 Unterengadin.

Infos
ENGADIN/Scuol Tourismus (vgl. Tour 44).

Die Durchquerung der Lischanagruppe ist an landschaftlichen Höhepunkten kaum zu überbieten. Weite Hochflächen mit Seen wechseln sich mit tief eingeschnittenen Tälern wie der eindrucksvollen Uinaschlucht ab. Unterwegs braucht man auch nicht auf ein Gipfelerlebnis zu verzichten: Zum einen kann man den Piz Lischana (vgl. Tour 48) oder aber den hier vorgestellten Piz Rims besteigen. Er ist zwar nicht so hoch wie die anderen Gipfel ringsum, aber er bietet eine schöne Aussicht auf die Ortlergruppe, dazu gewaltige Tiefblicke in die Val d'Uina und eine interessante Szenerie ringsum. Die Anreise mit dem

Unterengadin/Engiadina Bassa

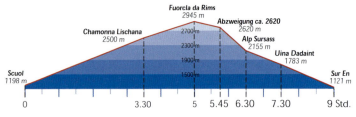

Pkw macht nur bis Scuol wirklich Sinn. Ab dort sollte man unbedingt auf den Bus in Richtung Val S-charl umsteigen; ansonsten muss man am zweiten Tag nochmals knapp 300 Höhenmeter zum Auto hinaufsteigen – nach einer so langen Tour sind das keine allzu guten Aussichten! Falls man unterwegs den einen oder anderen Gipfel mitnehmen und auch mal eine längere Rast einlegen möchte, ist ein früher Aufbruch wichtig – der letzte Bus ab Sur En nach Scuol fährt bereits um 17 Uhr! Dies ist der einzige kleine Schönheitsfehler dieser abwechslungsreichen Durchquerung. Nebenbei bemerkt: Die oftmals vorgeschlagene Überschreitung von der Hütte via Fuora da l'Aua nach S-charl ist bedeutend anspruchsvoller, vor allem in dieser Richtung. Einfacher wäre sie umgekehrt, also im Aufstieg von S-charl aus. Der Hüttenwirt gibt gerne Auskunft.

Breit: Piz San Jon über der Val Lischana

Aufstieg und Überschreitung Von **Scuol** steigen wir wie in Tour 48 beschrieben zur **Chamonna Lischana** hinauf und übernachten am besten dort. Am zweiten Tag folgen wir wie bei Tour 48 dem Steig bis in den weiten und aussichtsreichen Sattel der **Fuorcla da Rims**, 2954 m. Hier wenden wir uns kurz in Richtung Süden bis zur eigentlichen Abzweigung. Geradeaus verläuft der oben erwähnte, zum Teil heikle und anspruchsvolle Steig nach S-charl. Unser Weg führt östlich links hinab in Richtung Lais da Rims. Das Gelände ist stark gegliedert, und es wechseln sich steile mit flachen Etappen ab. Dabei erfordern einige Stellen auch Trittsicherheit. Der Weg ist jedoch immer gut erkennbar und die Orientierung bei guter Sicht einfach. Bald gelangen wir zum untersten und größten See der **Lais da Rims**, der in einer Mulde vor sich hinträumt. An einem Minisee vorbei und mit einer kurzen Gegensteigung erreichen wir einen Wegweiser auf ca. 2620 m. Tourengänger, die zum Piz Rims wollen, verlassen hier den Weg nach links, wie unten beschrieben. Alle ohne Gipfelambitionen oder mit wenig Zeitreserven bleiben am Weg und steigen zum Talboden der **Alp Sursaas**, 2155 m, ab. Nach der Bachüberquerung halten wir uns links und stehen kurz darauf beim Einstieg in die Uinaschlucht. Was für ein ohrenbetäubendes Brausen der Bach hier verursacht! Der in die Felsen gesprengte und gut angelegte Steig führt auf der rechten Seite der Schlucht hinab zu den Lärchenwäldern von **Uina Dadaint**, 1783 m. Ab jetzt bleiben wir immer auf der Fahrstraße bis nach **Sur En**. Dieser letzte Anschnitt zieht sich ganz schön in die Länge! Die Rückkehr zum Ausgangspunkt erfolgt mit dem Bus.

Gipfelvariante Beim Wegweiser auf ca. 2620 m verlassen wir den Weg und halten uns in nordöstlicher Richtung genau auf den Südwestgipfel des Piz Rims zu. Das gestaltet sich zunächst ein klein wenig umständlich, müssen wir doch durch leicht verkarstetes Gelände ansteigen und immer wieder kleine Umwege gehen. Sobald wir jedoch den Fuß des Berges erreichen, gibt es nur eine logische Richtung – immer am Kamm entlang zum Südwestgipfel des Piz Rims, 2752 m. Beim Übergang zum etwas höheren Hauptgipfel verlieren wir zwar wieder ein wenig an Höhe, eine Umgehung des Vorgipfels auf der Südseite bringt aber kaum Zeitgewinn und ist weniger schön. Also wieder hinab in die tiefste Einsattlung und dann beliebig und problemlos von Südwesten zum Gipfel des **Piz Rims**, 2773 m, hinauf. Beeindruckend ist vor allem der Tiefblick in die Val d'Uina. Im Westen erhebt sich die steile Flanke des wilden Piz Triazza, über dem links sogar noch der spitze und an seinem roten Gestein erkennbare Piz Lischana hervorlugt. Der Abstieg erfolgt am besten direkt durch die Südflanke bis zu den zwei kleinen Seen auf ca. 2560 m. An diesen rechts vorbei treffen wir wieder auf den Weg Richtung Val d'Uina.

Namenlos: Kleiner See auf Rims

Unterengadin/Engiadina Bassa

50 Piz Arina, 2828 m
Graspyramide über dem Unterengadin

 T3–   6 Std.   ↑↓ 1226 Hm

Tourencharakter
Größtenteils einfache Bergwanderung, die jedoch beim steilen Abstieg vom Gipfel kurzzeitig etwas höhere Anforderungen stellt. Neben einer guten Kondition ist ein ebenso guter Orientierungssinn notwendig, da die Markierungen stellenweise sehr spärlich und oft verblasst sind.
Beste Jahreszeit
Juli bis Oktober, oft schon im Juni möglich.
Ausgangspunkt
Vnà, 1602 m, Teilort von Ramosch, hoch über dem Unterengadin, Endstation der PTT-Busse von Ramosch, kleiner Parkplatz am Ortseingang auf der rechten Seite.
Verkehrsanbindung
PTT-Bus von Ramosch (960.80); gut ausgebaute Fahrstraße von Ramosch.
Höhenunterschied
1226 Hm im Auf- und Abstieg.
Einkehr/Unterkunft
Unterwegs keine.
Gehzeiten
Aufstieg 3.30 Std., Abstieg 2.30 Std., insgesamt 6 Std.
Markierung
BAW-Wegweiser und weiß-rot-weiße Markierung.
Karten
LKS 1:25 000, 1199 Scuol, 1179 Samnaun; LKS 1:50 000, 5017 Unterengadin.
Infos
Turissem Ramosch-Vnà (CH-7556 Ramosch, Tel. +41/79/2 30 29 30, www.ramosch-vna.ch).

Der Piz Arina ist der südlichste Gipfel der Samnaungruppe. Obschon »nur« ein Vorgipfel des deutlich höheren Muttlers, bildet er eine recht mächtige und selbstständige Pyramide. Die Überschreitung des Berges ist die ideale Tour und in beiden Richtungen lohnend. Wer in der hier beschriebenen Richtung aufsteigt, kann morgens länger im kühlen Schatten wandern. Im Herbst, wenn man die Sonne sucht, wäre es andersherum wohl schöner. Die Aussicht bietet neben den Unterengadiner Bergen auch Bilder von den Gletschergipfeln der Ötztaler Alpen sowie der Ortler- und der Berninagruppe. Dazu groß und mächtig im nördlichen Halbrund die höchsten

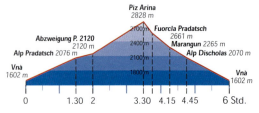

Piz Arina, 2828 m **50**

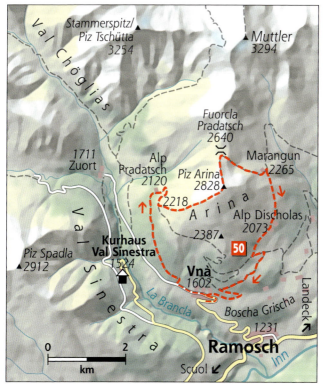

Aufgebaut: Am Südwestgrat, mit Stammerspitz (l.) und Muttler

50 Unterengadin/Engiadina Bassa

Starten: Vnà, der Ausgangs- und Endpunkt

Gipfel der Samnaunberge mit Stammerspitz, Muttler, Piz Malmurainza und Piz Mundin.

Aufstieg Vom Parkplatz am Ortseingang von **Vnà** wandern wir ins Dorf hinauf. Am großen Dorfplatz zeigt der Wegweiser zwei Möglichkeiten. Wir halten uns links und bummeln hoch über der Val Sinestra auf dem Fahrweg entlang. Bereits nach kurzer Zeit zweigt nach rechts ein Güterweg ab, der uns sogleich steil nach oben bringt. Er steigt zunächst unerbittlich an, bis er nach einiger Zeit auf ca. 2000 m wieder etwas flacher verläuft. Bald erreichen wir die **Alp Pradatsch**, 2076 m, die links unten bleibt. Nun heißt es ein wenig aufpassen, um die richtige Abzweigung bei **P. 2120 m** nicht zu verpassen. Wir folgen dem schmalen Weg noch bis über einen Bach und zweigen bei ein paar Felsbrocken nach rechts ab. Der zunächst kaum erkennbare Weg wird sogleich wieder etwas besser und führt im Bogen rechts in den lichten Lärchenwald oberhalb der Alpe. Im Wald wendet er sich wieder mehr nach links, und bei einem kleinen Steinmann und einem markierten

Piz Arina, 2828 m 50

Pflock, 2218 m, biegen wir erneut nach links und steigen nun auf den langen Rücken, Chant Pradatsch, der vom Piz Arina herunterzieht. Auch hier sind kaum Markierungen zu sehen, dafür weisen uns ab jetzt einige große Steinmänner den Weiterweg. Dieser ist zwar nicht immer gut ausgeprägt, aber dank der Steinmänner gut zu finden. Während des Aufstiegs über den Rücken beeindruckt uns der mächtige Stammerspitz. Knapp unter dem Gipfel erreichen wir ein kleines Tälchen, das uns an durchaus bizarren Schieferfelsen vorbei im Bogen zum Gipfelgrat führt. Dabei queren wir noch eine kleine Blockhalde. Am Kamm entlang erreichen wir schließlich den Gipfel des **Piz Arina** mit seinem Kreuz. In der Schweiz sind Gipfelkreuze eher eine Seltenheit, zumal in Graubünden. Meist ziert ein Steinmann den Gipfel oder auch eine ganze Gruppe von Steinmännern. Ein wunderschöner Engadinblick, die für viele unbekannte Ostseite der Silvretta und dazu eine Fernsicht bis zum Ortler und zur Bernina und zu anderen Gletschergebirgen werden uns hier oben geboten.

Abstieg Vom Gipfel aus halten wir uns im oberen Teil des Nordgrates eher ein wenig links. Dort setzt eine Wegspur ein, die uns zunächst durch Schieferschutt steil in Kehren bis in die **Fuorcla Pradatsch**, 2661 m, bringt. Dabei durchsteigen wir auch eine kleine und steile Rinne. Auf diesem Abschnitt sind Trittsicherheit und Vorsicht angebracht. Beim großen Steinmann, der sich noch ein wenig oberhalb der tiefsten Einsattelung der Fuorcla befindet, halten wir uns scharf rechts und steigen auf deutlichen Wegspuren den steilen Grashang hinab bis zu einem kleinen Steinmann. Auch im nächsten Grashang sind die Wegspuren nur sehr undeutlich, aber wenigstens sind auf einigen Felsblöcken Markierungen zu sehen. Wir überschreiten einen Bach und folgen bis zu den Hütten von **Marangun**, 2265 m, den recht undeutlichen Wegspuren. Bei den Alphütten treffen wir wieder auf einen Fahrweg, der uns gemütlich fallend zu den Hütten der **Alp Discholas**, 2070 m, bringt. Weiter unterhalb bewegen wir uns im lichten Lärchenwald in einer parkartigen Landschaft. Wir folgen nun immer den Wegweisern in Richtung Vnà und können zwischendurch auch mal den Fahrweg über einen Wanderweg abkürzen. Anschließend steigen wir wieder auf der Fahrstraße abwärts. Bei einer Kehre, bereits weit unten und ohne Wegweiser, halten wir uns links. Es folgt noch eine Rechtskurve, bis wir schließlich den Wald verlassen und bald den Ort **Vnà** erreichen.

Ankommen: Gipfel des Piz Arina, hinten der Muttler

Tiefblick: Oberengadin vom Piz Chalchagn (T. 9)

Register

Abkürzungen 19
Albulapass 68, 117
Alp Buffalora 126, 128
Alp Clünas 155, 157
Alp da Tisch 112
Alp Darlux 111
Alp digl Plaz 88
Alp Discholas 187
Alp Flix 88
Alp la Schera 126
Alp la Stretta 52
Alp Laisch 168
Alp Languard 60, 64
Alp Laret 156, 162
Alp Mulix 107
Alp Munt 72
Alp Natons 86
Alp Plavna 172
Alp Pradatsch 186
Alp Sesvenna 175
Alp Suvretta 100
Alp Tabladatsch 137
Alp Tasna 161
Alp Valmala 161
Alp Valmorain 137
Alp Zavretta 117
Alp Zeznina Dadaint 146, 148
Alpine Gefahren 17
Ardez 159
Ausrüstung 12
Avers 83, 89, 92
Avers-Cresta 96
Avers-Juf 90
Avers-Juppa 93

Bergalgatal 93
Berghaus Buffalora 126, 128
Bergün 84, 110
Bernina Diavolezza,
 Station 30, 52, 56
Bernina Lagalb, Station 45
Bivio 81, 85, 91

Chamanna Cluozza 122
Chamanna d' Es-cha 68
Chamanna da Georgy 61
Chamanna dal Stradin 74
Chamanna digl Kesch,
 Keschhütte 114
Chamanna Jenatsch 99
Chamanna Paradis 57
Chamanna Segantini 63

Chamonna Lischana 179, 182
Champfèr 75
Chants 114
Chastè Steinsberg 160
Cho d' Valletta 72
Chünetta 54
Cima del Serraglio 127
Crap Putèr 167
Cuolm da Latsch 112

Davo Lais 165
Diavolezza 30, 33
Döss Radond 134, 136
Dürrboden, Dischmatal 153

Einführung 9

Flüelahospiz 151
Flüelapass 151
Forcellina 90
Forcola di Livigno 37, 39,
 48
Ftan 154, 157, 159
Funtauna Grossa 134
Fuorcla Albana 75
Fuorcla Alva 105
Fuorcla Champatsch 165
Fuorcla d' Agnel 99
Fuorcla da Flix 100
Fuorcla da Rims 180, 182
Fuorcla Davo Lais 165
Fuorcla de la Valletta   91
Fuorcla del Gal 128
Fuorcla Gualdauna 69
Fuorcla Margun 105
Fuorcla Pischa (Albula) 69
Fuorcla Pischa
 (Pontresina) 55
Fuorcla Pradatsch 187
Fuorcla Sassalba 139
Fuorcla Sesvenna 175
Fuorcla Traunter Ovas 105
Fuorcla Trovat 33
Fuorcla Tschitta 106
Fuorcla Zavretta 117
Fuorcletta da barcli 146

Gehzeiten 14
Gianda d' Albris 56
Gletscherhorn 92
God da Languard 57
Grevasalvas 77

Hotel Il Fuorn 124
Hotel Restaurant Süsom
 Givè 130
Hütten 18

Igl Compass 116
Il Jalet 131

Jufplaun 128
Julierpass 99, 102, 104

Karten 22
Klima 12

La Stretta 52
La Veduta 99, 102, 104
Lägh dal Lunghin 78, 80
Laghi Forcola 46
Lai da Chazforà 134
Lai da Minschun 156, 157
Lai da Rims 136
Lai dal Dragun 14
Laiets 108
Lais da Flix 88
Lais da Macun 146
Lais da Rims 181
Las Sours 62
Lavin 146, 147
Lej da Diavolezza 30
Lej da Languard 57
Lej Grand 48
Lej Nair 77
Literatur 24
Lü 119, 137

Maloja 28, 78, 80
Margunin 71
Markierungen 15
Militärische Übungen 18
Mittelbünden, Grischun
 Central 82
Monte Vago 39
Morteratsch, Station   54
Motta da Sett 81
Motta Naluns 162, 165
Mottana 169
Mulegns 96
Münstertal, Val Müstair
 119
Munt Baselgia 143
Munt da la Bês-cha 63
Munt la Schera 124

189

Munt Pers 29
Muntet 139
Muot da l' Hom 156
Muot da la Pischa 55
Muot dals Lejs 47
Muottas Muragl 63
Murtel da Fier 112
Murter 121
Murtera 148

Naz 107

Oberengadin 26
Oberhalbstein, Surses 83
Olta Stofel 93
Ospizio Bernina 41, 44
Ospizio Bernina, Station 41, 44

Parc Ela 83
Pass da Costainas 139
Pass dal Fuorn, Ofenpass 130
Pass Lunghin 81
Passo del Bernina, Berninapass 42
Pila 80
Piz Arina 184
Piz Blaisun 68
Piz Campasc 41
Piz Chalchagn 53
Piz Chastè 149
Piz Clünas 154
Piz Cristanas 173
Piz d' Agnel 97
Piz da l' Ova Cotschna 65
Piz Daint 130
Piz dals Lejs 46
Piz Darlux 109
Piz Davo Lais 163
Piz Dora 133
Piz Giarsinom 147
Piz Grevasalvas 76
Piz Julier 73
Piz Kesch 113
Piz la Stretta 50
Piz Lagalb 44
Piz Languard 59
Piz Lischana 177
Piz Lunghin 78, 79
Piz Mezdi 65
Piz Minor 46
Piz Minschun 157
Piz Ot 70

Piz Palü 32
Piz Palü, Ostgipfel 34
Piz Platta 94
Piz Praveder 135
Piz Rims (Lischanagruppe) 183
Piz Rims (Val S-charl) 173
Piz Surgonda 101
Piz Terza 137
Piz Traunter Ovas 104
Piz Turba 89
Piz Ursera 35
Plan Chamuera 161
Plaun da Lej 77
Plaun dals Lejs 48
Plaz-Beischen 88
Pontresina 26, 58, 60, 64
Porta d' Es-cha 115
Postauto 11
Pra San Flurin 166
Preda 84, 107, 117
Pru 154, 157, 162
Punt Granda 69
Punts d' Alp 114

Rätoromanisch 9
Reisen 11
Resgia Plavna 168
Rhätische Bahn 11
Roccabella 81
Rosatschkamm 65
Routenkombinationen 20

SAC-Führer 23
SAC-Skala 16
Sagliaz 110
Samedan 27, 72
Savognin 85
Schadler 176
S-charl 141, 174, 175
Schwarzhorn 151
Schwarzhornfurgga 152
Schweizer Nationalpark 118, 121, 124, 143, 170
Schwierigkeiten 15
Scuol 163, 179, 182
Septimerpass, Pass da Sett 81
Spinas 71, 100
Spöl 121
St. Moritz 27, 75
St. Moritz-Bad 66
Sta. Maria 134, 135
Stallerberg 91

Steinbockweg 62
Sur En 183
Sur il Foss 170
Susch 149

Tälihorn 96
Tarasp-Fontana 168
Tarasp-Valatscha 169
Tga 96
Tigias 88
Tinizong 108
Tschierv 133
Tschima da Flix 97
Tschimas da Tisch 109

Uf da Flüe 91
Uina Dadaint 183
Uinaschlucht 183
Unterengadin 140
Urtirolaspitz 139

Vadret d' Agnel 99
Vadret da Piz Platta 96
Vadret da Porchabella 114
Vadret da Traunter Ovas 105
Val Bercla 96
Val Bernina 26
Val Bever 100
Val Cluozza 122
Val d' Agnel 99, 102, 104
Val d' Alvra, Albulatal 84
Val d' Err 88, 108
Val d' Uina 181
Val da Fain 52, 56
Val dal Bügliet 45
Val dell' Orsera 37
Val Laver 166
Val Mingèr 172
Val Plavna 172
Val Sinestra 166
Val Tisch 112
Val Tschitta 107
Val Vau 135
Val Zavretta 117
Val Zeznina 146
Valletta da Bever 71
Vallun Chafuol 121
Veia Surmirana 85
Via Engiadina 159
Vnà 186

Wetter 12

Zernez 123, 144

Zauber der Alpen

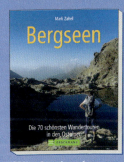

ISBN 978-3-7654-4637-5

ISBN 978-3-7654-5011-2

ISBN 978-3-7654-4304-6

Das komplette Programm unter
www.bruckmann.de

BRUCKMANN

DER AUTOR

Peter Deuble, Jahrgang 1967, ist schon seit seiner Kindheit in den Bergen unterwegs. Mit dabei ist immer eine Spiegelreflexkamera. Mittlerweile ist so ein großes Archiv von einigen tausend Dias entstanden. Als Schweiz-Fan ist er besonders gern in Graubünden unterwegs. Er lebt am Bodensee und ist beruflich in den Bereichen Coaching, Schulung sowie Aus- und Weiterbildung tätig.

Unser komplettes Programm:

www.bruckmann.de

Produktmanagement und Lektorat: Anette Späth
Layout: BUCHFLINK Rüdiger Wagner, Nördlingen
Repro: Cromika sas, Verona
Kartografie: Rolle-Kartografie, Holzkirchen
Printed in Italy by Printer Trento
Herstellung: Thomas Fischer

Alle Angaben dieses Werkes wurden vom Autor sorgfältig recherchiert und auf den aktuellen Stand gebracht sowie vom Verlag geprüft. Für die Richtigkeit der Angaben kann jedoch keine Haftung übernommen werden. Für Hinweise und Anregungen sind wir jederzeit dankbar. Bitte richten Sie diese an:
Bruckmann Verlag
Lektorat
Postfach 80 02 40
D-81602 München
E-Mail: lektorat@bruckmann.de

Bildnachweis:
Alle Aufnahmen vom Autor außer S. 20 (Heinz Enz).
Umschlagvorderseite: Am Piz Grevasalvas (T. 17).
Umschlagrückseite: Lais da Macun (T. 37).
S. 1: Lischanagruppe von Prui (T. 43).

Die Deutsche Nationalbibliothek –
CIP-Einheitsaufnahme
Ein Titeldatensatz für diese Publikation ist bei der Deutschen Nationalibliothek erhältlich.

© 2008 Bruckmann Verlag GmbH, München

Alle Rechte vorbehalten
ISBN 978-3-7654-4629-0